Marktstrukturelle Kriterien bei der kartellrechtlichen Beurteilung vertikaler Bindungen im europäischen und im tschechischen Kartellrecht

EUROPÄISCHE INTEGRATION UND INTERNATIONALE WIRTSCHAFTSBEZIEHUNGEN

Rechtswissenschaftliche Studien

Herausgegeben von Peter Behrens

Band 9

PETER LANG
Frankfurt am Main · Berlin · Bern · Bruxelles · New York · Oxford · Wien

Katerina Buchtova

Marktstrukturelle Kriterien bei der kartellrechtlichen Beurteilung vertikaler Bindungen im europäischen und im tschechischen Kartellrecht

PETER LANG
Europäischer Verlag der Wissenschaften

Bibliografische Information Der Deutschen Bibliothek
Die Deutsche Bibliothek verzeichnet diese Publikation in der Deutschen Nationalbibliografie; detaillierte bibliografische Daten sind im Internet über <http://dnb.ddb.de> abrufbar.

Zugl.: Hamburg, Univ., Diss., 2003

D 18
ISSN 0948-8774
ISBN 3-631-52209-6

www.peterlang.de

Für meine Schwester Jana

Inhaltsübersicht

Inhaltsverzeichnis

Abkürzungsverzeichnis

ABl.	Amtsblatt der Europäischen Gemeinschaft
a. F.	alte Fassung
BGB	bürgerliches Gesetzbuch
EA	Europa-Abkommen
EEA	Einheitliche Europäische Akte
EG	Europäische Gemeinschaften, Europäische Gemeinschaft (nach dem EGV)
EGV	Vertrag zur Gründung der Europäischen Gemeinschaft
Ent.	Entscheidung
EU	Europäische Union
EuG	Europäisches Gericht erster Instanz
EuGH	Gerichtshof der Europäischen Gemeinschaften
EUV	Vertrag zur Gründung der Europäischer Union
EWG	Europäische Wirtschaftsgemeinschaft
EWGV	Vertrag zur Gründung der Europäische Wirtschaftsgemeinschaft
EWR	Europäischer Wirtschaftsraum
EWRV	Vertrag über den Europäischen Wirtschaftsraum
FIW	Forschungsinstitut für Wirtschaftsverfassung und Wettbewerb e. V.
FKVO	Fusionskontrollverordnung
Franchise-GVO	Verordnung der Kartellbehörde Nr. 5/2000 Sb. vom 22.12.1999 über die Genehmigung einer allgemeinen Ausnahme gemäß § 3 Abs. 1 und § 4 Abs. 1 GSWW
GA	Generalanwalt
GSWW	Gesetz Nr. 63/1991 Sb. über den Schutz des wirtschaftlichen Wettbewerbs
GVO	Gruppenfreistellungsverordnung(en)
HHI	Herfindahl-Hirschmann-Index
HS.	Halbsatz
IO	*Industrial Organization*
KMU	kleine und mittlere Unternehmen
KOM	Dokumente der Kommission der Europäischen Gemeinschaft
MOE	Mittel- und Osteuropa
OEM	*Original Equipment Manufacturer*
RgW	Rat für gegenseitige Wirtschaftshilfe
Rs.	Rechtssache
Sb.	Sbírka zákonů [Gesetzessammlung]

Slg.	Sammlung der Entscheidungen des EuGH und des EuG
Slg. Ent.	Sammlung der Entscheidungen der tschechischen Kartellbehörde
spol. s r. o./s. r. o.	společnost s ručením omezeným [Gesellschaft mit beschränkter Haftung]
US	Ústavní soud [Verfassungsgericht]
verb. Rs.	verbundene Rechtssachen
Vertriebs-GVO	GVO Nr. 1983/83, GVO Nr. 1984/83, GVO Nr. 4087/88
VO	Verordnung
WBB	Bericht über die Wettbewerbspolitik

Abkürzungsverzeichnis der Zeitschriften

ALJ	Antitrust Law Journal
CMLR	Common Market Law Review
ECLR	European Competition Law Review
ELR.	European Law Review
EMP	Evropské a mezinárodní právo [Europäisches und Internationales Recht]
EuR	Europarecht
EuZW	Europäische Zeitschrift für Wirtschaftsrecht
IRevLawEcon	International Review of Law and Economics
NJW	Neue Juristische Wochenschrift
OER	Osteuropa Recht
RMC	Revue du Marché Commun
WiRO	Wirtschaft und Recht in Osteuropa
WuW	Wirtschaft und Wettbewerb
ZHR	Zeitschrift für das gesamte Handelsrecht und Wirtschaftsrecht
ZfgG	Zeitschrift für das gesamte Genossenschaftswesen
ZgS	Zeitschrift für die gesamte Staatswissenschaft

A. Einleitung

Vertikale Bindungen stellen einen sich rasch entwickelnden Bereich dar. Diese Tatsache spiegelt sich auch in der Änderung der Betrachtungsweise und entsprechend in der rechtlichen Regelung wider. Die bisherige Regelung, welche auf präskriptiver Basis aufgebaut war und vertikale Beschränkungen insbesondere anhand deren Übereinstimmung mit den in den Gruppenfreistellungsverordnungen enthaltenen Bestimmungen beurteilte, entsprach nicht mehr der wirtschaftlichen Realität. Gefordert wurde ökonomische Analyse als Grundlage für eine neue Regelung und gesamte Änderung der Bewertung dieser Beschränkungen. Die zentrale Rolle spielen dabei marktstrukturelle Kriterien.

Die Auswirkungen vertikaler Bindungen können ambivalent sein: Sie hängen von dem Wettbewerb auf dem Markt ab. Dieser wird anhand marktstruktureller Kriterien charakterisiert. Die neue Regelung in Form der GVO Nr. 2790/1999 und der Leitlinien über vertikale Beschränkungen führt zum einen eine Vereinfachung der bisherigen Regeln, zum anderen verstärkte Anwendung ökonomischer Beurteilungskriterien ein.

Die Fragestellung dieser Arbeit betrifft die Bedeutung marktstruktureller Kriterien in der Bewertung vertikaler Bindungen im EG-Kartellrecht und im tschechischen Kartellrecht, in der Entscheidungspraxis des EuGH, des EuG, der Kommission und der tschechischen Kartellbehörde.

Die Einbeziehung des „tschechischen Elements" hängt mit der Tatsache zusammen, dass diese Arbeit im Rahmen des Graduiertenkollegs Integrationsforschung mit dem Forschungsschwerpunkt „Osterweiterung der EU: Strategien der wirtschaftlichen und rechtlichen Annäherung" entstand.

Die Arbeit ist folgendermaßen aufgebaut: Zunächst (Kapitel B. I.) werden der Untersuchungsbereich abgegrenzt und die Entwicklungstendenzen im Vertrieb dargelegt. Die Abgrenzung erfolgt gemäß den Leitlinien über vertikale Beschränkungen. Des Weiteren werden die Koordinationsmöglichkeiten auf der vertikalen Ebene gezeigt. Neben vertikaler Integration und der Koordination über den Markt können Unternehmen ihre Tätigkeit mittels vertikaler Bindungen als hybrider Organisationsformen koordinieren.

Des Weiteren folgt die Darstellung der wirtschaftlichen und wettbewerblichen Auswirkungen vertikaler Bindungen (Kapitel B. II.). Die ökonomische Kategorisierung bedarf nicht einer solchen detaillierten Analyse der einzelnen Beschränkungen wie es bei der juristischen Beurteilung der Fall ist. Die Grundlage für die wettbewerbliche Bedeutung vertikaler Bindungen ist deren Auswirkung auf den markeninternen Wettbewerb und auf den Markenwettbewerb. Es werden Koordinationsprobleme und entsprechende vertikale Bindungen als Lösungsansätze dargelegt.

In dem rechtlichen Teil (Kapitel C. EG-Kartellrecht und tschechisches Kartellrecht im Bereich vertikaler Beschränkungen) werden die entsprechenden Bestimmungen vorgestellt. Dabei wird besonderer Wert auf marktstrukturelle Kriterien im Recht gelegt: Beurteilung der Spürbarkeit der Wettbewerbsbeschränkung und die neue Regelung – die GVO Nr. 2790/1999. Im Rahmen des tschechischen Kartellrechts wird auch die Rechtsharmonisierung als Teil der Beitrittsvorbereitung angesprochen.

Das „marktstrukturelle" Kapitel (Kapitel D) befasst sich zunächst mit der Charakterisierung der Elemente der Marktstruktur. Dann folgt die Untersuchung der ökonomischen Analyse im Bereich vertikaler Beschränkungen, welche mit der Darlegung der allgemeinen Regeln und Analysemethoden gemäß der GVO Nr. 2790/1999 und der Leitlinien über vertikale Beschränkungen fortgesetzt wird.

Im Anschluss werden die einzelnen vertikalen Beschränkungen untersucht. Diese Untersuchung umfasst die bisherige Entscheidungspraxis im EG-Kartellrecht und – wenn relevante Entscheidungen vorhanden sind – im tschechischen Kartellrecht sowie die neue Betrachtungsweise, welche auf marktstrukturellen Kriterien basiert. Die Ergebnisse der Untersuchung werden in der Schlussfolgerung dargelegt.

B. Begriffsdefinition. Wirtschaftliche und wettbewerbliche Bedeutung vertikaler Bindungen

I. Definition vertikaler Bindungen; Entscheidungsgründe in Bezug auf vertikale Koordination

1. Begriff der vertikalen Bindung

Die Bindungen zwischen den verschiedenen Produktions- und Vertriebsstufen werden als vertikale Bindungen eingestuft. Der Unterscheidung zwischen vertikalen und horizontalen Bindungen bzw. zwischen den durch diese Bindungen verursachten Beschränkungen liegt vor allem die Tatsache zugrunde, dass sich die einzelnen Unternehmen auf unterschiedlichen wirtschaftlichen Stufen befinden und nicht direkt miteinander im Wettbewerb stehen, wie es der Fall bei horizontalen Bindungen ist, d. h. Bindungen zwischen Unternehmen auf der gleichen Produktions- oder Vertriebsstufe. Das EG-Kartellrecht erfasst in Art. 81 EGV beide Kategorien, vertikale wie horizontale Bindungen.[1]

Diese Unterscheidung spielt eine wichtige Rolle in Bezug auf die kartellrechtliche Beurteilung der Bindung. Kartellrechtlich werden nämlich vertikale Bindungen als weniger gefährlich für den Wettbewerb als horizontale Bindungen betrachtet.[2] Als Beispiel einer solchen Betrachtungsweise sind die unterschiedlichen Marktanteilsschwellen für horizontale und vertikale Beschränkungen bei Vereinbarungen von geringer Bedeutung in der Bagatellbekanntmachung[3] oder die Regelung über Marktanteilsschwellen in der neuen GVO Nr. 2790/1999[4] zu nennen.

---

[1] Verb. Rs. 56/64 und 58/64, *Consten/Grundig*, vom 13.7.1966, Slg. 1966, 321, 387; Rs. 32/65, *Italien/Kommission*, vom 13.7.1966, Slg. 1966, 457, 485.

[2] S. z. B. *Hildebrand*, The Role of Economic Analysis in the EC Competition Rules, S. 241; Leitlinien zur GVO Nr. 2790/1999 über vertikale Beschränkungen, Mitteilung der Kommission vom 24.5.2000, ABl. C 291 vom 13.10.2000, S. 1. Im Weiteren „Leitlinien über vertikale Beschränkungen." S. Rn. 100. Vgl. auch C. I. 2. b. (1) (d) ii. (iii) Anwendung des Spürbarkeitskriteriums durch die Kommission. S. Fn. 3.

[3] Bekanntmachung der Kommission 97/C 372/04 über Vereinbarungen von geringer Bedeutung, die nicht unter Art. 85 Abs. 1 EGV fallen, ABl. C 372 vom 9.12.1997, S. 13. [im Weiteren „Bagatellbekanntmachung"]. Gemäß Nr. 9 lit. a gilt eine Marktanteilsschwelle von 5% für horizontale Vereinbarungen und gemäß Nr. 9 lit. b eine Marktanteilsschwelle von 10% für vertikale Vereinbarungen. Sonst sollte insbesondere die neue Verordnung der Kommission über die Anwendung von Art. 81 Abs. 3 EGV auf Gruppen von vertikalen Vereinbarungen und aufeinander abgestimmten Verhaltensweisen (s. Fn. 4) hervorgehoben werden, weil sie eine Marktanteilsschwelle von 30% einführt: Es wird angenommen – sofern der Marktanteil des Lieferanten diese Marktanteilsschwelle nicht überschreitet –, dass die vertikale Bindung im allgemeinen zu einer Verbesserung

Diese Arbeit befasst sich ausschließlich mit vertikalen Beschränkungen. Die neben vertikalen Beschränkungen im Vertrieb auch auftretenden Beschränkungen, welche als horizontal zu bezeichnen wären, oder diejenigen, die aus beiden Elementen zusammen-gesetzt sind (duale Vertriebssysteme), werden nur insoweit betrachtet, wie dies im Zusammenhang mit vertikalen Bindungen notwendig ist. Das horizontale Element in solchen Vereinbarungen ist z. B. dadurch präsent, dass der Hersteller ein duales Distributionssystem einführt, in dem er – neben der Produktion und dem Vertrieb durch Dritte – seine Produkte auch selbst vertreibt. So kann dann diese Bindung sowohl von der horizontalen als auch von der vertikalen Ebene betrachtet werden. Ein anderes Beispiel wäre eine Franchisevereinbarung mit Herstellungslizenzübertragung im Gegensatz zu einer Franchisevereinbarung im Vertrieb. Die Unterscheidung baut darauf auf, ob der Produzent (oder Franchisegeber) und seine Vertriebshändler (oder Franchisenehmer) als tatsächliche oder potenzielle Wettbewerber zu betrachten sind. Die einzelnen Funktionen der Parteien in dem Vertriebsprozess sind eher von geringerer Bedeutung.

a. Vertikale Bindung als Vereinbarung oder als Ausdruck des Missbrauchs einer marktbeherrschenden Stellung

Vereinbarungen können definiert werden als „zwei- oder mehrseitige Übereinkünfte, durch die wenigstens einer der Partner zu einem bestimmten Tun oder Unterlassen rechtlich oder faktisch verpflichtet wird."[5] Der vertraglichen Grundlage wird eine bloße faktische Grundlage in solchen Fällen gleichgestellt, in denen vorgesehen ist, dass die eventuelle Nichtbefolgung auf eine bestimmte Art und Weise sanktioniert wird. Falls keine Sanktionen oder Zwangsmaßnahmen vorgesehen werden und die Übereinkunft trotzdem befolgt wird, kann sie im EG-Kartellrecht in die Kategorie der aufeinander abgestimmten Verhaltensweisen fallen.[6]

Bei vertikalen Bindungen ist besonders die Tatsache von großer Bedeutung, dass die Unternehmen nicht unmittelbar im Wettbewerb stehen, sondern dass eines der Unternehmen auf der vor- oder nachgelagerten Stufe tätig

---

der Produktion oder des Vertriebs führt. S. ausführlich unten: C. I. Rechtliche Bewertung vertikaler Bindungen im Rahmen des EG-Kartellrechts.

[4] Verordnung (EG) Nr. 2790/1999 der Kommission über die Anwendung von Art. 81 Abs. 3 EGV auf Gruppen von vertikalen Vereinbarungen und aufeinander abgestimmten Verhaltensweisen, ABl. L 336 vom 29.12.1999, S. 21, im Weiteren „GVO Nr. 2790/1999".

[5] *Gleiss/Hirsch*, Kommentar zum EG-Kartellrecht, S. 65, Rn. 74.

[6] Vgl. C. I. Rechtliche Bewertung vertikaler Bindungen im Rahmen des EG-Kartellrechts und II. Tschechisches Kartellrecht in Bezug auf vertikale Bindungen. Harmonisierung des tschechischen Kartellrechts.

ist. Dies kann jedoch auch zur faktischen Abhängigkeit führen, welche dann Druckausübung zur Folge haben kann. Diese tritt oft in Form von Auferlegung verschiedener Beschränkungen auf. Als Beispiel kann die Situation im Einzelhandel in Bezug auf den Trend zur Konzentration und hier insbesondere die Position der großen Einzelhandelsketten, genannt werden. Hier wandelte sich die anfängliche Abhängigkeit des Vertriebs von der Produktionsstufe mit der zunehmenden Stärkung der Position und der Bedeutung der Vertriebshändler zur Abhängigkeit der Hersteller von den großen Einzelhandelsketten.[7]

Vertikale Bindungen entstehen jedoch nicht nur aufgrund von Vereinbarungen; sie können auch aufgrund des Missbrauchs einer marktbeherrschenden Stellung erfolgen. In solchen Fällen ist das marktstrukturelle Kriterium – die marktbeherrschende Stellung – die Voraussetzung für die Erfassung durch das Kartellrecht. Solche Fälle werden in dieser Untersuchung gelegentlich als Vergleichsbeispiele verwendet.

b. Aufteilung vertikaler Beschränkungen aufgrund ihrer Erscheinungsformen

Die Leitlinien zur GVO Nr. 2790/1999 über vertikale Vereinbarungen unterteilen vertikale Beschränkungen anhand deren Erscheinungsformen in vier Gruppen. Es handelt sich um Markenzwang, Vertriebsbeschränkung, Preisbindung beim Wiederverkauf und Marktaufteilung. Viele Vereinbarungen können dabei mehr als eine der Erscheinungsformen aufweisen. So kann es vorkommen, dass nicht alle Arten vertikaler Bindungen oder Kombinationen hiervon ausdrücklich erwähnt werden. Sie sollen jedoch entsprechend gemäß den Leitlinien behandelt werden – nach den gleichen Grundsätzen wie die in den Leitlinien aufgelisteten Beschränkungen.

(1) Markenzwang

Durch den Markenzwang wird der Käufer „entweder ausdrücklich oder über eine Anreizregelung dazu verpflichtet, ein bestimmtes Produkt und dessen Substitute nur von einem Lieferanten zu beziehen."[8] Erscheinungsformen sind u.a. „dem Käufer auferlegte Wettbewerbsverbote und Bezugsmengen, häufig in Form einer Verpflichtung oder einer zwischen Lieferant und Käu-

---

[7] S. insbesondere C. II. 1. c. Novellierungsvorschläge. Im EG-Kartellrecht s. z. B. Rs. 27/76, *United Brands*, vom 14.2.1978, Slg. 1978, 207; Rs. 26/75, *General Motors*, vom 13.11.1975, Slg. 1975, 1367. In diesen Fällen war neben der wirtschaftlichen Abhängigkeit bereits eine marktbeherrschende Stellung der jeweiligen Unternehmen vorhanden.

[8] Leitlinien über vertikale Beschränkungen, Rn. 138.

fer vereinbarten Anreizregelung, die den Käufer veranlaßt, seinen Bedarf an einem bestimmten Produkt und dessen Substituten ausschließlich oder überwiegend bei einem Lieferanten zu decken."[9] Die gleiche Wirkung kann auch die sogenannte englische Klausel[10] entfalten. Eine solche Verpflichtung kann auch wie eine Mengenvorgabe[11] funktionieren, die jedoch mildere Wirkungen als Wettbewerbsverbote zur Folge hat. Erscheinungsformen hiervon sind insbesondere Mindestbezugsanforderungen, nicht lineare Preisbindung z. B. über Mengenrabattregelungen, weiter Treuerabatte oder ein zweiteiliger Tarif. In diese Kategorie fallen auch Koppelungsvereinbarungen. Diese verbinden den Verkauf eines Produktes mit dem Bezug eines anderen, unterschiedlichen Produktes. Das Erstere wird dann Kopplungsprodukt genannt, das Zweite gekoppeltes Produkt. Entscheidend sind die Unterscheidungskriterien, wonach festgestellt wird, ob die betreffenden Produkte objektiv verknüpft werden dürfen. „Kopplungsvereinbarungen können eine vertikale Beschränkung im Sinne von Art. 81 EGV darstellen, wenn eine solche Vereinbarung zu Markenzwang ähnlichen Beschränkungen in bezug auf das gekoppelte Produkt führt."[12]

(2) Vertriebsbeschränkung

Bei einer Vertriebsbeschränkung werden dem Käufer Beschränkungen in Bezug auf ein bestimmtes Gebiet oder eine bestimmte Gruppe von Kunden auferlegt. Diese Beschränkungen können auch Auswirkungen auf die Marktaufteilung haben. „Die Kundenbindung ist das Verbot für den Vertriebshändler, an bestimmte Kunden bzw. Kundenklassen zu verkaufen."[13] Bei einer Gebietsbindung wird die Tätigkeit des Händlers auf ein bestimmtes Absatzgebiet beschränkt. Dabei kann zwischen absolutem und beschränktem Gebietsschutz unterschieden werden.

---

[9] Leitlinien über vertikale Beschränkungen, Rn. 106.

[10] Unter englischer Klausel versteht man die Verpflichtung des Käufers, dem Lieferanten bessere Angebote zu melden und darauf nur einzugehen, wenn dieser kein Ausgleichsgeschäft verlangt. Sie kann normalem Marktverhalten entsprechen, wo der Käufer bei den Verhandlungen mit dem Lieferanten auch günstigere Konkurrenzangebote erwähnt. Die Unzulässigkeit folgt jedoch aus der Bindung des Käufers, der von seinem Lieferanten beziehen muss, selbst wenn er das zwar im Preis gleiche, aber aus anderen Gründen eventuell bessere Konkurrenzangebot annehmen möchte. S. z. B. Entscheidung der Kommission 79/934/EWG, *BP Kemi – DDSF*, ABl. L 286 vom 5.9.1979, S. 32, 41 f. S. auch D. III. 1. b. Einschränkung des Markenzwangs.

[11] Leitlinien über vertikale Beschränkungen, Rn. 152: „Mengenvorgaben sind eine schwache Form des Wettbewerbsverbots, wo mit Anreizen oder Verpflichtungen, die zwischen dem Lieferanten und Käufer vereinbart werden, dem Käufer auferlegt wird, seine Käufe weitgehend bei nur einem Lieferanten zu konzentrieren."

[12] Leitlinien über vertikale Beschränkungen, Rn. 215.

[13] *Kapp*, Wettbewerbsbeschränkung durch vertikale Vertriebsbindungen?, S. 27.

Zur Vertriebsbeschränkung gehören vor allem die folgenden Erscheinungsformen: Alleinbelieferung, Zuteilung von Kunden, ausschließliche Belieferung, Vorgabe von Absatzmengen und selektiver Vertrieb.

„Alleinbelieferung ist die Extremform der Vertriebsbeschränkung in bezug auf die Begrenzung der Anzahl der Käufer: In der Vereinbarung wird festgelegt, dass der Lieferant ein bestimmtes für den Endverbrauch vorgesehenes Produkt ausschließlich an einen einzigen Käufer liefern darf."[14] Ausschließliche Kundenzuteilung (Kundenkreisbegrenzung) enthält die Verpflichtung des Lieferanten, zum Wiederverkauf seines Produktes an eine bestimmte Kategorie von Kunden nur an einen bestimmten Vertriebshändler zu liefern. Gleichzeitig wird der Vertriebshändler in seinen Verkäufen außerhalb dieses Kundenkreises beschränkt. Die Vorgabe von Absatzmengen kann ähnliche Auswirkungen wie Alleinbelieferung entwickeln. Selektivvertriebsvereinbarungen beschränken einerseits die Anzahl der anerkannten Vertriebshändler, wobei deren Zahl von Auswahlkriterien abhängig ist, die in erster Linie mit der Beschaffenheit des Produktes zusammenhängen, andererseits die Wiederverkaufsmöglichkeiten dieser Händler. Die Aktiv- und Passivkäufe werden in Bezug auf nicht zugelassene Händler ausgeschlossen.

(3) Vertikale Preisbindung beim Wiederverkauf

Zur vertikalen Preisbindung gehören diejenigen Vereinbarungen, „die im wesentlichen bewirken, dass der Käufer verpflichtet oder dazu gebracht wird, nicht unterhalb eines bestimmten Preises, zu einem bestimmten Preis bzw. nicht oberhalb eines bestimmten Preises zu verkaufen."[15] Als Erscheinungsformen kommen Mindestpreise, Festpreise, Höchstpreise und empfohlene Preise vor. Dabei können Höchstpreise und empfohlene Preise wettbewerbsrechtlich unbedenklich sein in solchen Fällen, in denen sie sich nicht wie Preisbindungen auswirken. Eine Preisbindung kann jedoch auch indirekt durchgesetzt werden, z. B. durch die Festsetzung einer Marge oder einer Obergrenze für Rabatte bei einer vorgeschriebenen Preishöhe, durch Drohungen, Warnungen oder Strafen bei Nichteinhaltung einer bestimmten Preishöhe.

(4) Marktaufteilung

Die letzte Gruppe bilden solche Vereinbarungen, die auf die Marktaufteilung gerichtet sind. Sie bewirken im Wesentlichen, dass „der Käufer in der Wahl seines Bezuges und des Wiederverkaufs eines bestimmten Produktes einge-

---

[14] Leitlinien über vertikale Beschränkungen, Rn. 202.
[15] Leitlinien über vertikale Beschränkungen, Rn. 111.

schränkt wird."[16] Ein typisches Beispiel ist der Alleinbezug, bei dem der Käufer dazu veranlasst wird, seinen Bedarf an einem bestimmten Produkt ausschließlich bei dem benannten Lieferanten zu beziehen. Dabei bleibt ihm jedoch die Freiheit, andere Produkte von Wettbewerbern zu kaufen und zu verkaufen. Andere Erscheinungsformen dieser Beschränkung sind z. B. Gebietsbeschränkungen beim Wiederverkauf, die Zuweisung eines Gebietes der hauptsächlichen Zuständigkeit, Beschränkungen beim Standort des Vertriebshändlers, Beschränkungen beim Wiederverkauf an Kunden und Wiederverkaufsverbote.[17] Diese Erscheinungsformen können in verschiedenen wieteren Formen vorkommen, wie z. B. als Verwendungsbestimmungen, Destinationsklausel, Quer-, Rück- und Sprunglieferungsverbote.

2. Vertrieb; Bedeutung des Vertriebs; Koordination der vertikalen Struktur

a. Bedeutung des Vertriebs

Der Vertrieb soll hier in einem äußerst weiten Sinne verstanden werden: Er schließt alle Formen von Handel zwischen der Produktionsstufe und Verbrauchern ein. Als Verbraucher werden dabei nicht nur Endverbraucher, sondern auch Hersteller auf verschiedenen Produktionsstufen sowie andere gewerbliche Verbraucher einbezogen.

Die Bedeutung des Vertriebs[18] nimmt ständig zu. Der Vertrieb stellt nicht nur einen unersetzbaren Mittler zwischen der Produktion und dem Verbraucher (in der Endphase der vertikalen Struktur, aber auch auf den Märkten der Zwischenprodukte) dar, er übt auch eine eigene Wertschöpfungsfunktion aus. „Der Vertrieb ist nicht allein als Sektor, sondern auch als Prozeß oder Funktion innerhalb der Wirtschaft zu betrachten."[19] Zu einer einfachen Wiedergabefunktion an die Verbraucher kommt also zudem noch die Steigerung des Wertes der Produkte durch den Vertrieb.

Es kann auch nicht mehr so scharf zwischen den einzelnen Funktionen der Herstellung, des Großhandels und des Einzelhandels unterschieden wer-

[16] Leitlinien über vertikale Beschränkungen, Rn. 113.

[17] Vgl. Leitlinien über vertikale Beschränkungen, Rn. 113.

[18] Im funktionellen Sinne wird der gesamte Güteraustausch in einer Volkswirtschaft als Handel bezeichnet, d. h. als Absatz- oder Distributionswirtschaft. Der institutionelle Handelsbegriff umfasst alle Institutionen, die ausschließlich oder überwiegend Handel im funktionellen Sinne betreiben.

[19] Grünbuch der Europäischen Gemeinschaften über vertikale Beschränkungen des Wettbewerbs, KOM (96) 721 endg. vom 22.1.1197. Im Weiteren „Grünbuch." Rn. 15.

den,[20] da die früher getrennten Aufgaben jetzt auch von den anderen Stufen teils oder völlig übernommen werden können. Ein anderes Beispiel sind Vertriebsketten – es handelt sich vor allem um Einzelhandelsketten im Lebensmittel- und Bekleidungsbereich, die zunehmend auch Produkte unter eigener Hausmarke vertreiben oder sogar versuchen, ihre Ladengeschäfte selbst zu Markenartikeln zu machen.[21] „Die von Einzelhändlern angebotene spezielle Kombination aus Aktivitäten, Waren und Dienstleistungen wirkt wertschöpfungserhöhend und ermöglicht eine Angebotsdifferenzierung, mittels derer sich die Firma von ihren Konkurrenten absetzt."[22] Als Beispiele sind spezielle Einzelhandelswerbung oder gerade die Entwicklung eigener Produktmarken[23] zu nennen.

In der Praxis überlappen sich die Tätigkeiten der einzelnen Stufen. Diese Teilsektoren werden dann zunehmend als „einer einzigen Lieferkette zugehörige Aktivitäten betrachtet, die von der Rohmaterialbeschaffung über Herstellung und Vertrieb bis zum Endverbraucher reichen."[24] Deswegen werde ich, gemäß dem Grünbuch zu Handel und Vertrieb,[25] die erste Stufe dieser Kette als „Lieferanten" oder synonym als „Hersteller" bezeichnen, die Endstufe wird als „Händler, Vertriebshändler, Einzelhändler" bzw. „Großhändler" bezeichnet. Es handelt sich dabei nicht nur um Bindungen zwischen der Produktion und dem Vertrieb, sie können auch als Bindungen zwischen unterschiedlichen Produktions- bzw. Vertriebsstufen vorkommen. Deswegen ziehe ich manchmal die Bezeichnung „Lieferant" einerseits und „Abnehmer" oder „Käufer" andererseits vor. Da vertikale Bindungen sowohl Waren als auch Dienstleistungen betreffen können, werde ich für beide Kategorien den Begriff „Produkt" als gemeinsame Bezeichnung verwenden.

---

[20] The Single Market Review Series, Subseries II – Impact on Services, Distribution (Summary), http://europa.eu.int/comm/trade/studies/stud3.htm (17.2.2000): *„Distributive operators are the companies that are performing the distributive processes manufacturing companies, wholesalers, logistics supply services and retailers."*

[21] S. *Dobson/Waterson*, Vertical Restraints and Competition Policy, S. 36 f.

[22] Grünbuch, Rn. 34.

[23] Auch die Rolle der Produktmarken, vor allem in den Lebensmittel- und Bekleidungsbereichen, erlebte eine Entwicklung: von einer Hausmarke als „Billig-Alternative" zu Herstellermarken – über verbesserte Qualität und zunehmende Verwendung bei neu ins Sortiment aufgenommenen Artikeln – zu der heutigen Firmenmarke, die bei manchen Lebensmitteleinzelhandelsketten bereits 30% des Sortiments mit schnellem Umschlag ausmacht [Grünbuch, Rn. 34]. Heute sind Handelsmarken Ausdruck eines aktiven Handelsmarketings zwecks Profilierung im Absatzmarkt, Sortimentsbereinigung und somit Festigung der Nachfrageposition gegenüber den Lieferanten. Sie sind sogleich ein Werbeträger für die gesamte Unternehmung.

[24] Grünbuch, Rn. 14.

[25] Grünbuch zu Handel und Vertrieb, KOM (96) 530 endg. vom 20.11.1996.

b. Entwicklungen in Handel und Vertrieb

Zu Beginn der 90er Jahre hatte der Vertrieb[26] einen Anteil von fast 13% am gesamten Bruttoinlandsprodukt der 15 Mitgliedstaaten und beschäftigte mehr als 15% der erwerbstätigen Bevölkerung. Der Anteil der im Vertrieb tätigen Unternehmen betrug fast 30% aller Unternehmen,[27] in absoluten Zahlen handelte es sich um ca. 4,5 Millionen Unternehmen.[28] Dabei konnte die überwiegende Mehrheit der Unternehmen in die Kategorie der Kleinunternehmen eingestuft werden.[29] Der Vertrieb stellt den zweitgrößten Wirtschaftszweig innerhalb der EU dar. Ihm kommen auch wichtige Funktionen im Bereich der Schaffung von Arbeitsplätzen und der Förderung des Wachstums sowie im Bereich der soziokulturellen Kommunikation zu. Die Entwicklung des Vertriebs zwischen den Jahren 1982 und 1992 führte dazu, dass in den heutigen 15 Mitgliedstaaten rund 2,3 Millionen Arbeitsplätze geschaffen worden sind, was einem Wachstum von 12% entspricht.[30] Heute sind im Vertrieb mehr als 22 Millionen Erwerbspersonen[31] beschäftigt.

Zwischen den Jahren 1982 und 1992 nahmen sowohl das durchschnittliche Bruttoinlandsprodukt als auch die Wertschöpfung des Vertriebs um rund 25% zu, und die Produktivität des Handels stieg um rund 13%.[32]

(1) Die einzelnen Trends

Die Entwicklung im Bereich des Handels und Vertriebs, darunter vor allem der Trend zur Konzentration, führte dazu, dass der Vertrieb jetzt einen verstärkten Einfluss auf die Hersteller ausüben kann. Dabei schließen sich konkurrierende Händler zusammen, um eine stärkere Position in den Verhandlungen mit den Herstellern innezuhaben. Der Handel ist aufgrund seiner Position als Mittler zwischen den Herstellern und den Kunden fähig, beide Seiten, Hersteller wie Verbraucher, zu beeinflussen.

---

[26] Das Grünbuch zu Handel und Vertrieb spricht zwar vom „Handel", den es als Tätigkeiten, die vom Kauf der Waren beim Hersteller bis zur Lieferung dieser Waren an den Endverbraucher reiche, charakterisiert, ich benutze jedoch im Kontext dieser Untersuchung den Terminus „Vertrieb."

[27] Quelle: Eurostat, in: Grünbuch zu Handel und Vertrieb, s. o., Anhang A: Statistiken, Tabelle 1: Bedeutung des Handels in der europäischen Wirtschaft (1991).

[28] Quelle: Eurostat, in: Grünbuch zu Handel und Vertrieb, s. o., Anhang A, Tabelle 2. 1.

[29] S. unten C. I. 1. c. Steigerung der wirtschaftlichen Effizienz. Andere Prioritäten: Verbraucherschutz. Förderung kleiner und mittlerer Unternehmen. Zur Definition der KMU s. Empfehlung der Kommission betreffend die Definition der kleinen und mittleren Unternehmen 96/280/EG vom 3.4.1996.

[30] Quelle: Eurostat, in: Grünbuch zu Handel und Vertrieb, s. o., Rn. 10.

[31] Quelle: Eurostat, in: Grünbuch zu Handel und Vertrieb, s. o., Anhang A, Tabelle 2. 1.

[32] Grünbuch zu Handel und Vertrieb, Rn. 11.

Die wichtigsten Trends im Vertrieb sind Konzentration und Internationalisierung. Das Konzentrationsmerkmal wurde durch die Schaffung des Binnenmarkts noch verstärkt.[33] Dies ist deutlich in allen Mitgliedstaaten, vor allem was den Nahrungsmittelsektor betrifft, wobei dieses Merkmal viel ausgeprägter in den nördlichen als in den südlichen Mitgliedstaaten ist. „Als negative Auswirkung dieser Entwicklung wäre denkbar, dass es *de facto* zu einer vertikalen Integration kommen kann und dass ein Hersteller von einem einzigen Kunden abhängig wird."[34]

Diese Trends finden ihre Auswirkung auch in der Produktion: Die Herstellungstätigkeiten konzentrieren sich in die Länder, in denen die höchste Produktivität erzielt werden kann. Diese Reorganisation der Produktion führt auch zu Veränderungen im Vertrieb. Viele Hersteller leiten ihren Vertrieb von Vertriebszentren auf regionalem oder sogar europäischem Niveau aus,[35] wodurch sie sich einem *Hub-and-spoke*-System nach amerikanischem Vorbild nähern.

Außerdem erlebt der Vertriebssektor zahlreiche Veränderungen, insbesondere im Zusammenhang mit der Entwicklung im Bereich des Managements und der Technologie. Man kann kaum noch von den traditionellen Vertriebswegen sprechen, in welchen jede Stufe von den anderen unabhängig war. „Durch die Informationssysteme sind die Unternehmen gezwungen, ihre Geschäftsbeziehungen mit Kunden und Lieferanten zu überprüfen und anzupassen, und gleichzeitig stehen ihnen damit straffere Managementmethoden und effizientere Geschäftspraktiken zu Gebote."[36] Das neueste Konzept ist *ECR* (*Efficient Consumer Response*),[37] das jedoch auch eine Neubewertung der Handelsbeziehungen zwischen Herstellern und Händlern mit sich bringt: Hier muss ein Wandel von der Orientierung am Hersteller hin zu einer Orientierung am Kunden stattfinden.

Eine andere Methode ist das *Just-in-time* (*JIT*)-Prinzip im verarbeitenden Gewerbe und folglich im Vertrieb, das durch die Anwendung von *ECR* ermöglicht worden ist. Aufgrund des *JIT*-Prinzips werden nur solche und so viele Artikel und Vorprodukte hergestellt, für die in den nachgelagerten Stufen unmittelbare Nachfrage besteht. Diese Vorgehensweise baut auf den ge-

---

[33] S. auch: The Single Market Review Series, Impact on Services: Distribution (Summary), s. o. Fn. 21.

[34] Grünbuch zu Handel und Vertrieb, Rn. 20. Zur Marktmacht der Vertriebsstufe s. *Dobson/Waterson*, Vertical Restraints and Competition Policy, 27 ff. S. auch C. II. 1. c. Novellierungsvorschläge.

[35] S. The Single Market Review Series, Impact on Services: Distribution (Summary), s. o.

[36] Grünbuch, Rn. 41.

[37] Den Verbrauchern soll möglichst viel Leistung für ihr Geld (Angebotspalette, Produktqualität und Service) geboten werden, indem kooperativ an der Optimierung der Lieferkette gearbeitet wird. In: Grünbuch, Rn. 42.

meinsamen Zugriff auf Absatzdaten, der dann die Planung der Bestellungen sowie das automatische Auffüllen der Bestände ermöglicht. Das *JIT*-Prinzip hat in Kombination mit moderner Technologie einen großen Beitrag zum Übergang vom angebotsgetragenen „Schub-Prinzip" zum nachfragegetragenen „Sog-Prinzip" in der Lieferkette geleistet. Die aus diesem Übergang resultierenden Fortschritte im Bereich des Vertriebs bestehen vor allem in geringen Lagerbeständen und gleichzeitigem Zwang, gegen Effizienzmängel und Engpässe in der Lieferkette vorzugehen. Des Weiteren erfordert *JIT* effizientere Zusammenarbeit der Lieferanten und der Abnehmer bezüglich der Belieferung, da teilwiese große Liefermengen durch kleinere und häufigere Belieferungen ersetzt werden. Durch Zusammenlegung verschiedener Produkte sollen Transport- und andere mit der Belieferung verbundene Kosten gesenkt werden.

Eine Weiterentwicklung von *JIT* ist die Sofort-Logistik (*Quick Response Logistics, QR*),[38] die insbesondere durch die Anwendung von elektronischem Datenaustausch, Auffüllungseffektivierung, Strichcodes und von Laser-Lesegeräten unterstützt wird.

„Durch den Übergang zu *JIT*-, *QR*- und *ECR*-Systemen werden die traditionellen, an den eigenen Sektorgrenzen endenden Beziehungen zwischen Herstellern, Großhändlern und Einzelhändlern zunehmend durch kooperationsgeprägte Beziehungen, insbesondere auf logistischem Gebiet, ersetzt."[39] Auch die logistische Integration stellt nämlich einen Wettbewerbsfaktor dar. Im Vergleich mit Japan oder den Vereinigten Staaten ist in der EU eine starke lieferketteninterne Zusammenarbeit zwischen Herstellern und Abnehmern (noch?) nicht so entwickelt, was z. B. durch den traditionellen Konflikt zwischen Markenherstellern und großen Einzelhandelsketten, die ihre eigenen Markenartikel bevorzugen, und den unterschiedlichen nationalen Geschäftsbedingungen begründet wird. Inzwischen entstehen jedoch mehr und mehr integrierte logistische Systeme, welche die verschiedenen Tätigkeiten der gesamten Lieferkette miteinander verbinden.

(2) Umstrukturierungsprozesse im Vertrieb

Der Vertrieb in der EU befindet sich in einem tiefgreifenden Umstrukturierungsprozess, der von einer zunehmenden Konzentration geprägt ist, was eine sinkende Zahl traditioneller Großhändler, Wandlungsprozesse im Einzelhandel sowie eine Tendenz zur Diversifizierung und Internationalisierung zur Folge hat.

---

[38] Sofort-Logistik zielt auf eine möglichst in Echtzeit stattfindende, möglichst endverbrauchernahe Nachfrageerfassung.

[39] Grünbuch, Rn. 43.

Die zunehmende Konzentration bedeutet, dass auf dem Markt weniger, aber gewichtigere Akteure auftreten werden und dass engere vertikale Bindungen zwischen den einzelnen Produktions- und Vertriebsstufen angewandt werden. Konzentrationstendenzen großer integrierter Unternehmensgruppen bringen als Reaktion Verbundsysteme selbständiger Händler mit sich. Die Tendenz zu Konzentration und Integration im Einzelhandel beeinflusst letztendlich auch die Position und Aufgaben des Großhandels.

(a) Umstrukturierung des Großhandels

Der Großhandel umfasst verschiedene Organisationsformen und Funktionen: Er kann als die Einheiten abgegrenzt werden, deren Tätigkeit ausschließlich oder überwiegend im Weiterverkauf von Produkten im eigenen Namen an Groß- und Einzelhändler, Weiterverarbeiter, gewerbliche Verbraucher oder Großverbraucher besteht.[40] Zu den Wertschöpfungsfunktionen des Großhandels zählen z. B. Verkauf und Werbung, Beschaffung und Sortimentbildung, Portionierung, Lagerhaltung, Beförderung, Finanzierung, Risikoübernahme, Lieferung von Marktinformationen und Bereitstellung von Managementleistungen.[41]

Funktional hängt der Großhandel von den Anforderungen an Ort, Zeit, Menge und Preis innerhalb der Vertriebskette ab. Wettbewerbsrechtlich können Vertriebsvereinbarungen nur dann relevant sein, wenn sie einschränkend wirken. Großhändler können jedoch auch marktzutrittsfördernd wirken, vor allem in Bezug auf kleine und mittlere Unternehmen.

Auch informationstechnologische Neuerungen und Modernisierung im Vertrieb unterstützen die Schwächung der Rolle des Großhandels als Mittler zwischen dem Hersteller und dem Einzelhändler: Die Einzelhändler übernehmen mit Hilfe moderner Technologien insbesondere die Lagerbestandskontrolle von den Großhändlern. Außerdem sinkt die Anzahl der unabhängigen nationalen Handelsunternehmen. Diese Tatsache führt dazu, dass die Hersteller, vor allem im Nahrungs- und Genussmittelgewerbe, ihren Vertrieb auf der nationalen Ebene vertikal integrieren.

Als Gegenreaktion entstehen auf der Großhandelsebene Unternehmen, die sich auf Lagerhaltung und den physischen Aspekt der Distribution spezialisieren. Ihre Leistungen beschränken sich lediglich auf Logistik.[42] Ein anderes Beispiel sind Großhändler, die den Einzelhändlern zusätzliche Hilfe-Dienstleistungen anbieten, wie z. B. Finanz- und Lagerbestandskontrolle,

---

[40] Grünbuch, Rn. 17.

[41] Grünbuch, Rn. 18.

[42] The Single Market Review Series, Impact on Services: Distribution (Summary), s. o. Fn. 21. Der Großhandel konzentriert sich vor allem auf Vertragslogistik und Mehrwertlogistik.

Aufbau neuer Einzelhandelsgeschäfte, Entwicklung eines gemeinsamen Firmenimages.

Diese Umstrukturierung der Tätigkeit des Großhandels baut in erster Linie auf drei Strategien auf: Erstens ist es der Aufbau der freiwilligen Kette, zweitens die Diversifizierung der Tätigkeiten, inklusive des Eintritts auf den Markt der Einzelhändler, und drittens der Übergang zu „*Cash-and-Carry*"-Lagern. Die Marktstellung des Großhandels bleibt jedoch von Sektor zu Sektor sehr unterschiedlich.

(b) Umstrukturierung des Einzelhandels

Der Einzelhandel ist keineswegs ein homogener internationaler Sektor. Die Bedeutung der Internationalisierung nimmt zwar zu, ihre Auswirkung bleibt jedoch auf bestimmte Länder[43] und Gruppen von Einzelhandelsfirmen beschränkt. Da der Einzelhandel sehr stark an nationale bzw. ortsspezifische Besonderheiten gebunden ist, bleibt die Einzelhandelsstruktur in jedem Land durch sozialen Wandel – wobei besonders bevölkerungsstrukturelle Faktoren und damit verbundene gesellschaftliche Entwicklungstendenzen eine wichtige Rolle spielen – sowie durch Änderungen im regulatorischen Bereich und in Wirtschaft und Technik beeinflusst. Die national und kulturell bedingten Besonderheiten sind jedoch nicht die einzigen Gründe für die Ortsgebundenheit des Einzelhandels: Andere wichtige Gründe beruhen auf der Organisation und auf den Verkaufstechniken in diesem Bereich.

Der Einzelhandel ist meistens[44] der letzte Teil der Vertriebskette, der Waren und Dienstleistungen den Verbrauchern zum Kauf und zum Verbrauch anbietet. Die Funktion des Einzelhandels in der Vertriebskette hängt vor allem von den Besonderheiten der betreffenden Produkte und Beschaffenheit der Geschäftsbeziehungen innerhalb der Vertriebskette ab. Auch der Einzelhandel wirkt in zunehmendem Maße wertschöpfend, was weiter zur Erhöhung der Produktattraktivität für die Verbraucher führt.

Es ist die größte Verbrauchernähe in der Vertriebskette, welche die Ausrichtung der Branche auf nationale Besonderheiten bedingt und an den Einzelhandel auch entsprechende Anforderungen stellt. Um auf dem Markt erfolgreich zu sein, muss sich der Einzelhandel an Kundenwünsche anpassen. So reicht das Angebot an Einzelhandelsformen vom Massenangebot

[43] Grünbuch, Rn. 28: „Anfang der neunziger Jahre gingen 75% des internationalen Lebensmittel-Einzelhandels in der EG auf lediglich drei Länder zurück: Deutschland, Frankreich und Vereinigtes Königreich."

[44] Aufgrund der Größen- und Diversifizierungsvorteile einerseits, aufgrund der besseren Kenntnis des lokalen Umfelds oder aufgrund des Kapitals andererseits vertreiben die meisten Hersteller ihre Produkte über den unabhängigen Einzelhandel und verfügen nicht über eigene Einzelhandelsgeschäfte.

oder dem Einzelhändlergeneralisten hin zum Spezialangebot, zum Fachgeschäft. Man kann jedoch auch bei großen Einzelhandelsunternehmen von Spezialisierung sprechen, da sich in fast allen Einzelhandelsproduktbereichen große Fachmärkte entwickeln. Der Trend geht in Richtung Wachstum und Ausbreitung der Supermärkte. „In Expansion begriffen sind Großfachgeschäfte in den Vororten und Discountläden, Fachgeschäftsketten und *Convenience Stores* in den Innenstädten. Bestimmte traditionelle Formen von Einzelhandelsgeschäften verschwinden, andere treten an ihre Stelle."[45] Die Entwicklung ist auch länderbezogen: Eine rasche Expansion der Supermärkte findet vor allem in Südeuropa statt, in Nordeuropa ist deren Wachstum verlangsamt. Diese Entwicklung ist durch die bereits vorhandenen Marktstrukturen und durch nationale Spezifika in den jeweiligen Ländern bedingt.

Im Bereich der Lebensmitteleinzelhandelsketten setzt sich zunehmend eine vom Einzelhandel selbst ausgehende Integration durch: Dies bedeutet, dass immer mehr Produkte mit schnellem Umschlag direkt vom Hersteller an die Einzelhändler geliefert werden. Hauptvoraussetzungen hierfür sind kürzere Beförderungszeiten und informationstechnologische Entwicklungen.

Der Markt im Einzelhandelsbereich kann als äußerst dynamisch und rasch bezeichnet werden, mit vielen neuen Marktzutritten und -austritten, insbesondere von kleinen Unternehmen.

Der Schwerpunkt bei der Geschäftsführung im Einzelhandel liegt auf dem Marketing und auf der Beeinflussung der Kostenstruktur. Bei der Verbesserung des Marketings und der Kontrolle spielt insbesondere die Steuerung der ganzen Lieferkette eine immer wichtigere Rolle. Diese Steuerung ist vor allem dadurch möglich, dass immer bessere Informationen über die Bewegung der Produkte vorliegen.

Bei der Beeinflussung der Kostenstruktur sollen die eigene Nachfragemacht durch Größenvorteile und Effizienz erhöht und so die Kosten gesenkt werden. Als Quelle von Größenvorteilen dienen insbesondere „der Umsatz innerhalb einer bestimmten Produktpalette, die Umsatzerweiterung durch internes Wachstum, der Erwerb anderer Unternehmen oder die Kooperation mit anderen Firmen."[46] Auch Sortimentbreite und Anzahl der auf Lager gehaltenen Marken sowie Zentralisierung oder Koordinierung des Einkaufs wirken sich auf die Stellung des Unternehmens auf dem Markt aus. Wettbewerbspolitisch kann in diesem Zusammenhang hervorgehoben werden, dass „Effizienzgewinne auf diesem Gebiet verloren gehen können, wenn ein Einzelhändler parallele Handelswege nutzt oder andere Quellen außerhalb seiner üblichen Lieferkette in Anspruch nimmt."[47] Die Einkaufspreise hängen näm-

[45] Grünbuch, Rn. 32.
[46] Grünbuch, Rn. 33.
[47] Grünbuch, Rn. 33.

lich zum einen auch mit den anderen Kosten – Transport-, Lager- und Verwaltungskosten – zusammen. Zum anderen könnte bei eventuellem parallelem Handel auch die Effizienz der Lieferkette beeinträchtigt werden. In der physischen Distribution herrscht ein klarer Trend zur Zentralisierung, häufig wird dann die Distribution spezialisierten selbständigen Vertriebsfirmen übertragen.

Technologisch war im Einzelhandel die Einigung auf gemeinsame Normen zur Artikelidentifizierung, Datenübertragung und elektronischen Bearbeitung bedeutend. Erst dadurch entstand eine Informationsinfrastruktur, welche insbesondere die Anwendung der elektronischen Abbuchung am Kassenterminal (*EFT-POS – Electronic Funds Transfer – Point of Sale*) und des elektronischen Datenaustausches (*EDI – Electronic Data Interchange*) ermöglichte. Eine solche Informationsstruktur verbessert auch die Betriebsführung im Einzelhandel und erleichtert direkte Kontakte zwischen Herstellern, Handel und öffentlichen Verkaufsinformationssystemen. So konnten Großunternehmen des Einzelhandels die Großhandelsfunktionen übernehmen und alternative Vertriebsformen entwickeln.

Der Konzentrationstrend im Einzelhandel spiegelt eine entsprechende Entwicklung im verarbeitenden Gewerbe wider. Am stärksten ist dies – nach Sektoren – im Lebensmittelsektor zu beobachten. Geographisch gesehen, hält die führende Position Nordeuropa: „In den meisten Teilen des nördlichen Europas werden mehr als 50% des Lebensmittelumsatzes im Einzelhandel von den jeweils fünf größten Einzelhandelsfirmen des jeweiligen Mitgliedstaats abgewickelt."[48]

Viele kleine und mittlere Unternehmen reagieren auf den Wettbewerb seitens großer Einzelhandelsfirmen durch Zusammenschluss zu Verbundgruppen, die ihnen die Schaffung effizienter logistischer Strukturen sowie das Erzielen von Größenvorteilen ermöglichen. Eine Form dieser Verbundgruppen stellen auch Franchise-Systeme dar. Deren Hauptvorteil gegenüber den anderen Formen besteht darin, dass „mehr geschäftsspezifisches Know-how weitergegeben und ein einheitlicheres Image vermarktet wird."[49]

Große Einzelhändler erweitern strategisch ihr Tätigkeitsfeld auf dem Markt, und das insbesondere durch den Aufbau einer führenden Stellung auf bestimmten Märkten, durch Angebotsdiversifizierung mittels Erschließung benachbarter oder neuer Produktmärkte einerseits und geographisch mittels Erschließung neuer räumlicher Absatzgebiete andererseits sowie durch vertikale Integration.

Wie bereits erwähnt, ist die Wandlung im Einzelhandel in der EU jedoch von Mitgliedstaat zu Mitgliedstaat unterschiedlich, insbesondere weil der

---

[48] Grünbuch, Rn. 30.
[49] Grünbuch, Rn. 36.

Einzelhandel die größte Verbrauchernähe von allen Stufen der Vertriebskette genießt und dementsprechend eine ortsgebundene Tätigkeit darstellt, die stark von den nationalen Kauf- und Konsumgewohnheiten sowie besonderen nationalen Regelungen abhängig ist.

(c) Bedeutung der Umstrukturierungsprozesse; Der Parallelhandel und vertriebswirtschaftliche Erwägungsgründe

Insgesamt zeigte sich die Reorganisierung des Vertriebs aufgrund der Verwirklichung des Binnenmarktes in erheblichen Kostenersparnissen und einer Produktivitätserhöhung. Die Logistikkosten sanken zwischen 1987 und 1992 bei den meisten Unternehmen um 29% von durchschnittlich 14,3% der Gesamtkosten auf 10,1%. Die höchsten Einsparungen – fast um 50% – wurden jedoch im Transport beobachtet. Des Weiteren führte die Reorganisierung zur Verbesserung der Dienstleistungen.

Die Änderungen im Management sowie in der Technologie beeinflussen stark auch die Behandlung vertikaler Beschränkungen durch die EG-Wettbewerbspolitik. Die Kommission hat bisher angenommen, dass Parallelhandel[50] und Arbitrage[51] als eine effiziente Waffe gegen Marktabschottung mittels vertikaler Beschränkungen dienen können.[52] Diese Verwendung des Parallelhandels und der Arbitrage ist jedoch in der Praxis manchmal schwierig.

Gegen den Parallelhandel können sich da nämlich verschiedene öffentliche wie privatwirtschaftliche Faktoren auswirken: Es ist meistens fast unmöglich, auf das Vertriebssystem mittels Parallelbezug Einfluss auszuüben, da das Vertriebssystem durch die Nutzung moderner Technologien dem Hersteller eine komplette Kontrolle über die ganzen Lieferungen ermöglicht. Außerdem – neben der Durchsetzung der Strukturmerkmale der modernen Vertriebssysteme selbst oder der Übernahme moderner Technologien – kann der Parallelhandel auch durch die Abnahme der Anzahl selbständiger Großhändler geschwächt werden.

So könnte sich die Abschottung nationaler Märkte durch moderne Distributionssysteme noch verfestigen, vor allem weil der Vertrieb auf der Einzelhandelsebene immer noch national orientiert ist. Dies könnte wiederum zu negativen Auswirkungen auf die angestrebte Marktintegration in der EU führen.

---

[50] Paralleler Handel nutzt Preisunterschiede zwischen den nationalen Märkten aus, spiegelt den Preiswettbewerb auf dem Markt wider und integriert die nationalen Märkte.

[51] Arbitrage nutzt Preisunterschiede, welche zum gleichen Zeitpunkt, aber an verschiedenen Orten bestehen, durch möglichst gleichzeitigen An- und Verkauf aus.

[52] Bejahend z. B. *Gyselen*, CMLR 1984, S. 666. Anderer Meinung ist *Van den Bergh*, ECLR 1996, S. 77.

3. Die einzelnen Vertriebssysteme

a. Das Vertriebssystem als Mittel vertikalen Marketings

Vertriebssysteme dienen als Mittel vertikalen Marketings, das Vertriebskonzept ist ein Wettbewerbsmittel. Die Auswahl und Anwendung hängt von der „Vertriebssituation," vor allem von der Situation auf dem Markt und von dem Produkt ab.[53] Gemeinsames Element der Distributionssysteme ist die systematische Beschränkung des Absatzes eines Produkts auf bestimmte Absatzmittler sowie dann die Verpflichtung der beteiligten Absatzmittler zur Einhaltung bestimmter von ihren Lieferanten entwickelten Absatzstrategien, wodurch jene ihren Einfluss auf die nachgelagerten Wirtschaftsstufen erstrecken können.[54] Durch vertikale Bindungen reagiert der Hersteller auf Lieferungs- und Vertriebsprobleme, mit denen er konfrontiert wird, wenn er sich für die Delegation des Vertriebs seiner Produkte entscheidet.[55] Vertikale Bindungen als Lösungsansatz aus der Sicht der Koordination[56] stellen dann Formen der Nichtstandardverträge dar.

b. Vertriebssysteme und deren typische Beschränkungen

Vertriebsorganisatorisch werden vertikale Bindungen traditionell in die Kategorien Alleinvertrieb, Alleinbezug, selektiver Vertrieb und Franchising aufgeteilt. Diese Aufteilung kann jedoch unter den Bedingungen der wirtschaftlichen Realität „grob" sein, wenn z. B. eine dieser Vertriebsformen auch Elemente anderer Vertriebsformen enthält oder als eine Kombination der Vertriebsformen vorkommt. Beispiele hiervon sind gegenseitiger Alleinvertrieb, kombinierter Alleinvertrieb und Alleinbezug, zweistufiger Alleinvertrieb und Alleinbezug, kombinierter Alleinvertrieb und selektiver Vertrieb.[57]

Vertriebstechnisch können zwischen dem Hersteller und dem Endverbraucher mehrere Vertriebsstufen eingeschaltet werden:[58] Der Hersteller kann direkt seine Vertriebshändler beliefern – oder seine Alleinvertriebs-

---

[53] S. *Kirchhoff*, Die kartellrechtliche Beurteilung vertikaler Vertriebsverträge: Intrabrand- und Interbrand-Wettbewerb als Kriterien in den USA, Deutschland und der EG, S. 33 ff.

[54] S. z. B. *Kirchhoff*, Die kartellrechtliche Beurteilung vertikaler Vertriebsverträge: Intrabrand- und Interbrand-Wettbewerb als Kriterien in den USA, Deutschland und der EG, S. 13; *Pheasant/Weston*, ECLR 1997, S. 323.

[55] S. *Dobson/Waterson*, Vertical Restraints and Competition Policy, S. 5 ff.

[56] S. unten B. I. 4. Koordination der vertikalen Struktur.

[57] Hier gemäß *Duijm*, EG-Wettbewerbspolitik gegenüber vertikalen Vertriebsvereinbarungen, S. 23.

[58] S. z. B. *Whish/Sufrin*, EC Competition Law, S. 540.

händler – die dann die Produkte an Vertriebshändler oder an Großhändler weiterverkaufen. Das übliche Vertriebsmuster in der EU basiert auf einem in jedem Mitgliedstaat mit dem Vertrieb beantragten Alleinvertriebshändler, der den weiteren Vertrieb organisiert.[59]

Die einzelnen Systeme werden anhand der zunehmenden Intensität der Bindung von Händlern durch Hersteller im Rahmen des vertikalen Marketings vorgestellt.

(1) Selektiver Vertrieb

Als selektiver Vertrieb werden Absatzorganisationen bezeichnet, bei denen sich der Hersteller auf eine bestimmte Zahl von ausgewählten Händlern unter Ausschluss aller übrigen in einem bestimmten Gebiet beschränkt. Die Auswahl der Händler kann auf qualitativer oder quantitativer Basis stattfinden. Qualitative Anforderungen betreffen insbesondere Geschäftsausstattung, Kundendienst, Beratungspotential oder Sortimentsbreite eines Händlers. Es muss sich dabei um solche Kriterien handeln, die erforderlich für den Vertrieb des Produkts sind. Quantitative Auswahlkriterien sind z. B. verschiedene Quoten pro Region oder Quoten, die sich nach der vorhandenen bzw. potenziellen Nachfrage nach dem Produkt in der gegebenen Region richten.

Die Motivation des Herstellers für dieses Vertriebssystem ist vor allem durch den Schutz des guten Rufes seiner Produkte und seiner Marke begründet. Dafür bietet er den zu dem selektiven Vertriebssystem zugelassenen Fachhändlern den Schutz vor Außenseitern und Hilfestellung bei Investitionen und Verkaufsanstrengungen.

(a) Einfache und qualifizierte Fachhandelsbindungen

Die in den einfachen Fachhandelsbindungen enthaltenen Anforderungen an den Fachhändler betreffen insbesondere die Fachkenntnisse des Verkaufspersonals, die Geschäftsausstattung, die Lage des Geschäfts, die Möglichkeit des Vertriebs des Produktes über Fachabteilungen, die Verkaufsförderungspflichten, Lagerhaltungspflichten und Bestimmungen über Mindestabnahme und Warensortimente.[60] Solche Beschränkungen können auch Verkaufsverbote, insbesondere bei Prestigeprodukten, beinhalten. Ausschlaggebend ist dabei der „Einsatz" für die Marke.

In Fällen, in denen diese Anforderungen über das Maß des ordnungsgemäßen Vertriebs des Produktes hinausgehen, wird dann von qualifizierter

[59] S. oben B. I. 2. b. Entwicklungen im Vertrieb.

[60] Ein gutes Beispiel der Selektionskriterien ist in der Entscheidung der Kommission 92/33/EWG, *Yves Saint-Laurent Parfums*, ABl. L 12 vom 18.1.1992, 24, zu finden.

Fachhandelsbindung gesprochen, die jedoch auch einer Freistellung bedarf. Beispiele sind den Fachhändlern auferlegte besondere Vertriebsförderungspflichten, die über das Erforderlichkeitsmaß hinausgehen können.[61] Falls solche Pflichten zur Verbesserung des Absatzes der Produkte beitragen können, werden sie auch freigestellt.

(b) Qualitative und quantitative Selektion

Die Selektion im selektiven Vertrieb kann aufgrund qualitativer und quantitativer Selektionskriterien erfolgen. Einfache Fachhandelsbindung schreibt bestimmte Anforderungen qualitativer Art vor, die z. B. die Ausbildung des Personals oder die Ausstattung des Geschäfts betreffen. Solche Anforderungen müssen unbedingt von qualitativen Kriterien ausgehen, die einheitlich festgelegt und diskriminierungsfrei gehandhabt werden und die auch nach der Art des Produkts für dessen Vertrieb gerechtfertigt erscheinen.[62] Die Auswahl nach qualitativen Kriterien führt jedoch praktisch immer auch zu einer quantitativen Auswahl.[63] Die Art und der Umfang dieser Kriterien entscheiden, ob die Bindung gegen Art. 81 EGV verstößt. Auch wenn diese Anforderungen so hoch gesetzt werden, dass sie praktisch nur von einer geringen Anzahl Händler erfüllt werden können, gilt nicht gleichzeitig, dass sie als wettbewerbsbeschränkend bezeichnet werden müssen.[64]

Im System des quantitativen selektiven Vertriebs folgt der qualitativen Auswahl noch eine zweite Auswahl, die die Anzahl der autorisierten oder konzessionierten Händler beschränkt. Die Anwendung solcher quantitativer Kriterien ist generell nicht zulässig, eine individuelle Freistellung wäre jedoch möglich, und zwar nur dann, wenn „die komplizierte Technik des fraglichen Produkts in Verbindung mit der Notwendigkeit eines besonders quali-

---

[61] S. Rs. 31/80, *L'Oréal*, vom 11.12.1980, Slg. 1980, 3775, 3791.

[62] Der sogenannte „*Metro*-Test." S. Rs. 26/76, *Metro/SABA I*, vom 25.10.1977, Slg. 1977, 1875, 1905 f.

[63] S. auch Whish/Sufrin, EC Competition Law, S. 588: „Furthermore the doctrine as laid down by the ECJ itself is somewhat strange in forging such a strong distinction between the qualitative and the quantitative selection of outlets; in economic terms this is a distinction without meaning, since outlets may be limited quantitatively for the same reason that they are limited qualitatively." Die Anwendung quantitativer Kriterien wird jedoch immer von Art. 81 Abs. 1 EGV erfasst, weil angenommen wird, dass durch die Anwendung solcher Kriterien der (Gemeinsame) Markt aufgeteilt werden könnte.

[64] Die Voraussetzung der üblichen Öffnungszeiten gilt nicht als diskriminierende Anwendung eines selektiven Vertriebssystems: Rs. 210/81, *Demo-Studio Schmidt*, vom 11.10.1983, Slg. 1983, 3045, 3064: Die im Einzelfall benutzten, jedoch keine abstrakten, vorher festliegenden objektiven und allgemeinen Auswahlkriterien für Wiederverkäufer wirken nicht diskriminierend, wenn sie der Rationalisierung dienen. S. auch z. B. Entscheidung der Kommission 75/73/EWG, *BMW*, ABl. L 29 vom 13.12.1974, 1975, 1, 7.

fizierten Kundendienstes und des Schutzes der Abnehmer vor Gesundheitsgefahren eine enge Kooperation zwischen Hersteller und Händlern erfordert, die nur durch ein restriktives selektives Vertriebssystem sichergestellt werden kann."[65] Ein Bereichsbeispiel ist der Vertrieb von Kraftfahrzeugen: Hier wird eine Gruppenfreistellungsverordnung für Kfz-Vereinbarungen[66] angewandt.

(c) Produkteigenschaften als Kriterium in selektiven Vertriebssystemen

Die Zulässigkeit selektiver Vertriebssysteme ist von Fall zu Fall zu prüfen, es gibt keine Auswahlkriterien bzw. Bindungen, die immer zulässig sind.[67] Grundsätzlich sind – gemäß der Entscheidungspraxis in der EG – selektive Vertriebssysteme zulässig, wenn sie für den Vertrieb des Produktes, um das es geht, wegen seiner Beschaffenheit erforderlich sind.[68] Es muss dabei geprüft werden, „ob die Eigenschaften des fraglichen Produktes zur Wahrung seiner Qualität und zur Gewährleistung seines richtigen Gebrauchs ein selektives Vertriebssystem erfordern [...]"[69]

Produktspezifisch sind selektive Vertriebssysteme bei Luxusartikeln[70] und technisch hochwertigen Produkten üblich, z. B. bei Kosmetika, Kraftfahrzeugen,[71] Kameras und Fotoprodukten, Computern und Elektronik. Zum einen gewährleisten selektive Vertriebssysteme bei solchen Produkten Kunden- und Garantiedienst, Wartung, Reparatur, insbesondere bei technisch

---

[65] Rs. C-376/92, *Metro/Cartier*, vom 13.1.1994, Slg. 1994, I-15, I-39 ff.: „Erfüllt ein selektives Vertriebssystem die in der Rechtsprechung des Gerichtshofes aufgestellten Kriterien für seine Rechtswirksamkeit nach Artikel 85 EWGV, so ist auch die Beschränkung der Herstellergarantie auf bei zugelassenen Händlern erworbene Vertragsprodukte als zulässig anzusehen."

[66] Verordnung (EG) Nr. 1475/95 der Kommission vom 28.6.1995 über die Anwendung von Artikel 85 Absatz 3 des Vertrages auf Gruppen von Vertriebs- und Kundendienstvereinbarungen über Kraftfahrzeuge, ABl. L 145 vom 29.6.1995, S. 25. Im Weiteren: „GVO für Kfz-Vereinbarungen."

[67] Vgl. *Gleiss/Hirsch*, Kommentar zum EG-Kartellrecht, S. 646.

[68] Z. B. Rs. 99/79, *Lancôme*, vom 10.7.1980, Slg. 1980, 2511, 2536; Rs. 31/80, *L'Oréal*, s. o., 3791.

[69] Rs. 31/80, *L'Oréal*, s. o., 3791.

[70] Hier handelt es sich um den Geltungsnutzen oder Prestigewert von Produkten, eine erhebliche Rolle spielen auch der Preis und die Marke. Entscheidung der Kommission 85/616/EWG, *Villeroy & Boch*, ABl. L 376 vom 16.12.1985, 15, 17 f.; *Yves Saint-Laurent Parfums*, s. o., 24.

[71] Bei Kraftfahrzeugen dürfen über die Übernahme reiner Vertriebsleistungen hinausgehende Vertragshändlerbindungen auferlegt werden, weil es sich um technisch komplizierte, wartungsbedürftige Produkte handelt, deren Lebensdauer begrenzt ist, die einen erheblichen Wert haben und technisch komplex sind, deren Benutzung für Leben, Gesundheit und Vermögen gefährlich ist und die Umwelt belastet. S. *BMW*, s. o., 7. In diesen Bereich greift jedoch bereits die GVO Nr. 1475/95 ein: Artt. 3 und 4.

komplexen Produkten,[72] zum anderen dienen sie auch dem Image der Produkte durch die Beibehaltung eines bestimmten Niveaus bei deren Verkauf.

So ist die Art und Beschaffenheit des jeweiligen Produktes entscheidend dafür, ob die auferlegten Beschränkungen trotz Minderung des markeninternen Wettbewerbs positive Auswirkungen im Bereich des Markenwettbewerbs entwickeln können und somit das System als vereinbar mit Art. 81 EGV erscheinen lassen. Wichtig ist dabei jedoch auch die Erforderlichkeit einer solchen Bindung für den sachgerechten Vertrieb.[73]

Der Vertrieb von Presseprodukten weist beispielsweise viele Besonderheiten auf: die kurze Zeit des Verkaufs, die Sortimentsauswahl und einen ständigen Austausch der Produkte zwischen Verlegern und Vertriebshändlern. Presseerzeugnisse stellen einen Sonderfall dar: Die Auswahl der Vertriebshändler darf grundsätzlich nicht auf quantitativen Kriterien beruhen, die Kommission kann jedoch im Rahmen eines Freistellungsantrags nach Art. 81 Abs. 3 EGV prüfen, ob im Einzelfall solche Kriterien gerechtfertigt sind.[74]

In erster Linie soll sich der Hersteller entscheiden können, ob bzw. wie er seine Produkte über selektiven Vertrieb vertreibt. „Die Beurteilung, ob ein bestimmtes Produkt frei vertrieben werden soll oder nicht, darf nicht von den Kriterien der Kommission abhängig gemacht werden. Solange Wettbewerb zwischen den Herstellern besteht, gibt es keinen Anlaß, gegen Fachhandelsbindungen einzuschreiten."[75]

(2) Alleinvertrieb

Einer Alleinvertriebsvereinbarung liegt die Verpflichtung des Herstellers zugrunde, in einem geographisch abgegrenzten Raum nur einen einzigen Händler mit bestimmten Produkten zu beliefern. So erreicht in dieser Vertriebsform die quantitative Selektion ihr Maximum; „der Alleinvertrieb ist ein Extremfall selektiven Vertriebs."[76] Der Hersteller ist somit praktisch zu der so-

---

[72] Rs. 75/84, *Metro/SABA II*, vom 22.10.1986, Slg. 1986, 3021, 3088; Rs. 210/81, *Demo-Studio Schmidt*, s. o., 3061; Entscheidung der Kommission 85/404/EWG, *Grundig EG-Vertriebsbindung*, ABl. L 233 vom 30.8.1985, 1, 7; Entscheidung der Kommission 88/172/EWG, *Konica*, ABl. L 78 vom 23.3.1988, 34, 36; Entscheidung der Kommission 83/610/EWG, *Murat*, ABl. L 348 vom 10.12.1983, 20, 22; Entscheidung der Kommission 84/233/EWG, *IBM-Personalcomputer*, ABl. L 118 vom 4.5.1984, 24, 27. Es kommt jedoch auch auf den Stand der technischen Entwicklung an.

[73] S. Rs. 26/76, *Metro/SABA I*, s. o., 1908 f.

[74] Rs. 243/83, *Binon/AMP*, vom 3.7.1985, Slg. 1985, 2015, 2044; Rs. 126/80, *Salonia/Poidomani und Giglio*, vom 16.6.1981, Slg. 1981, 1563, 1581.

[75] *Gleiss/Hirsch*, Kommentar zum EG-Kartellrecht, S. 643.

[76] *Kirchhoff*, Die kartellrechtliche Beurteilung vertikaler Vertriebsverträge: Intrabrand- und Interbrand-Wettbewerb als Kriterien in den USA, Deutschland und der EG, S. 17.

genannten Alleinbelieferung verpflichtet. Dabei darf er in diesem Gebiet keine anderen Händler beliefern. So kann der Alleinvertriebshändler fast ein „regionales Monopol"[77] genießen, er ist in seinem Gebiet bis zu einem bestimmten Grad „immun" gegen den markeninternen Wettbewerb. Dem Alleinvertriebshändler kann dabei auch eine entsprechende Verpflichtung, die sogenannte Alleinbezugspflicht, auferlegt werden: Er darf das betreffende Produkt lediglich vom Hersteller beziehen.

Zu anderen auferlegten Beschränkungen gehören insbesondere das Konkurrenzverbot des Händlers, das Verbot anderweitiger wirtschaftlicher Betätigung des Händlers und Vertriebsförderungspflichten.

Die Alleinvertriebsvereinbarung ermöglicht dem Händler das Erbringen besonderer Leistungen neben dem Absatz des bloßen Produktes, für die er keine direkte Vergütung erhält, unter anderem auch besondere herstellerorientierte Leistungen. Dies wird durch den vom Hersteller gewährleisteten Schutz gesichert. Der Hersteller profitiert von der Alleinvertriebsvereinbarung dadurch, dass er so seinen Vertrieb rationalisiert und durch die Beschränkung auf einen Händler je Vertragsgebiet seine Transaktionskosten reduziert. Gleichzeitig kann er so mögliche Schwierigkeiten sprachlicher, rechtlicher oder sonstiger Art im grenzüberschreitenden Verkehr minimieren oder ganz überwinden.

In Abhängigkeit von der Strenge des Schutzes des Alleinvertriebshändlers gegen Belieferung aus anderen Quellen werden Alleinvertriebsbindungen mit und ohne absoluten Gebietsschutz unterschieden.[78] Absoluter Gebietsschutz bedeutet, dass zum einen dem Alleinvertriebshändler jegliche Tätigkeit außerhalb seines Vertragsgebietes verboten, zum anderen dem Hersteller ein Wettbewerbsverbot auferlegt und die Direktbelieferung der Endverbraucher untersagt wird. Dabei kann der Aktiv- und/oder Passivverkauf[79] verboten werden. Diese Unterscheidung beim Akquisitions- und Werbeverbot außerhalb des Vertragsgebietes ist insbesondere für die Zulässigkeit solcher Verbote unter der GVO Nr. 2790/1999 bzw. den GVO wichtig. Die beiden GVO (Alleinvertrieb und Kfz-Vertrieb) stellten das Verbot aktiver Verkäufe frei.[80]

Es kann jedoch auch fraglich sein, inwieweit die Unterscheidung zwischen aktiven und passiven Verkäufen überhaupt noch möglich ist und in-

[77] S. *Duijm*, EG-Wettbewerbspolitik gegenüber vertikalen Vertriebsvereinbarungen, S. 21.

[78] Der Unterschied zwischen dem absoluten und dem nicht absoluten Gebietsschutz kann verschwimmen, wenn der Hersteller seinen Händlern sehr große Gebiete und infolgedessen einen hohen Schutz vor dem markeninternen Wettbewerb zuweist.

[79] Aktivverkäufe liegen vor, wenn der Vertriebshändler Werbe- oder ähnliche Maßnahmen im Gebiet eines anderen Vertriebshändlers mit dem Ziel unternimmt, dort ansässige Kunden zu gewinnen. Passivverkäufe finden dagegen statt, wenn die Initiative von den Kunden selbst ausgeht.

[80] S. Art.2 lit. c GVO Nr. 1983/83 und Art. 3 Nr. 8 lit. b GVO Nr. 1475/95.

wieweit sie infolge der Einführung der Informationstechnik obsolet werden kann.[81]

Das EG-Kartellrecht reagiert auf absoluten Gebietsschutz mit einem *Per-se*-Verbot, das ganz ausnahmsweise jedoch zulässig sein kann: Es handelte sich dabei um Fälle, in denen die Beteiligten eine schwache Stellung auf dem Markt des betreffenden Produkts innehatten und die Vereinbarung zugleich keine Beschränkungen in Bezug auf Parallelhandel enthielt.[82]

Als Ersatzmaßnahmen für absoluten Gebietsschutz können jedoch auch Systeme mit Kompensationszahlungen[83] oder sogenannten Marktverantwortungsklauseln[84] angewandt werden.

Der Gebietsschutz wird häufig durch Exportverbote gesichert. Weitere, indirekte Formen der Exportverbote sind insbesondere Verbote der Umpackung von Waren,[85] Verwendungsbestimmungen und Destinationsklauseln. Weiter kann ein Exportverbot durch Preisabsprachen[86] in Bezug auf den Export, durch verschiedene „Entgeltaktionen,"[87] oder durch Ausübung gewerblicher Schutzrechte[88] unterstützt werden.

(3) Alleinbezug

Die Grundlage einer Alleinbezugsvereinbarung ist die Verpflichtung des Händlers, bestimmte Produkte ausschließlich bei dem Hersteller zu kaufen, mit dem er die Vereinbarung abgeschlossen hat bzw. bei einem von dem Hersteller bestimmten Lieferanten (Begrenzung der Bezugsquellen). Mit dieser Verpflichtung hängt meistens das Konkurrenzwarenverbot zusammen. Dadurch wird gesichert, dass der Vertragshändler seine Vertriebstätigkeit nur auf die Produkte des Herstellers konzentrieren kann und keine substitutiven

---

[81] S. z. B. Grünbuch, Rn. 236.

[82] Rs. 1/71, *Cadillon/Höss*, vom 6.5.1971, Slg. 1971, 351, 356.

[83] Im System der Ausgleichszahlungen werden Verkäufe und Absatztätigkeit außerhalb des Vertragsgebietes nicht verboten, der Händler muss dafür lediglich eine Provision an den für dieses Gebiet zuständigen Händler zahlen. Ausgleichszahlungen können in verschiedenen Formen auftreten, und zwar als Ausgleichszahlungen für Importe/Exporte, als Eintrittsgeld oder als Gebietsprovisionen.

[84] In der Marktverantwortungsklausel (*area of primary responsibility*) verpflichtet sich der Händler zur Erreichung bestimmter Absatzziele, auf die er vorrangig seine Aktivitäten konzentriert.

[85] Entscheidung der Kommission 90/645/EWG, *Bayer Dental*, ABl. L 351 vom 15.12.1990, 46, 49 f.; Rs. 102/77, *Hoffman-La Roche/Centrafarm*, vom 23.5.1978, Slg. 1978, 1139, 1165 ff.

[86] Entscheidung der Kommission 91/335/EWG, *Gosme/Martell*, ABl. L 185 vom 11.7.1991, 23, 26 f.

[87] *Konica*, s. o., 38 f., 40.

[88] Verb. Rs. 56 und 58/64, *Consten/Grundig*, s. o., 391; Rs. 170/83, *Hydrotherm/Compact*, vom 12.7.1984, Slg. 1984, 2999, 3017 f.

Produkte anderer Hersteller bezieht. Andererseits kann der Hersteller seine Produktion längerfristig planen und andere Produktionstätigkeiten optimieren. Der Vertragshändler ist so für die vereinbarte Dauer fest an den Hersteller gebunden. Durch diese Einschränkung der Freiheit des Vertragshändlers auf der Beschaffungsseite entsteht eine Monopolstellung des Herstellers bzw. des Lieferanten in Bezug auf den Vertragshändler.

Als Gegenleistung für diese Einschränkung werden dem Hersteller bestimmte Verpflichtungen gegenüber dem Vertragshändler auferlegt, wie z. B. die Verpflichtung zur regelmäßigen Belieferung oder die Verpflichtung zur finanziellen Unterstützung bei der Gründung der Handelsunternehmung.

Tankstellen- und Bierlieferungsverträge sowie der Kfz-Vertrieb können als Beispiele spezieller Regelungen genannt werden, welche die Besonderheiten der genannten Branche berücksichtigen.

(4) Franchising

Franchising ist eine neuere Marketingform. Es handelt sich eher um „eine Art wirtschaftlicher Verwertung eines Wissensschatzes ohne Einsatz von eigenem Kapital"[89] als um eine Vertriebsform. Aus der Sicht der gewerblichen Eigentumsrechte könnte Franchising zu Know-how-Verträgen gehören, dazu kommt jedoch noch die Tatsache, dass der Franchisegeber sein Vertriebssystem mit einheitlichem Erscheinungsbild nach außen organisiert.

Praktisch stellen Franchisevereinbarungen häufig eine Kombination von Selektivvertrieb, Wettbewerbsverbot und Alleinvertrieb oder schwächeren Formen hiervon dar. „Die Verträge über das Vertriebsfranchising unterscheiden sich hierin von den Vertriebsvereinbarungen oder Verträgen zur Bindung anerkannter Wiederverkäufer in einem selektiven Vertriebssystem, die weder die Verwendung derselben Geschäftsbezeichnung noch die Anwendung einheitlicher Geschäftsmethoden oder die Zahlung einer Vergütung als Gegenleistung für die eingeräumten Vorteile vorsehen."[90] Franchisevereinbarungen umfassen also auch markenrechtliche, lizenzrechtliche sowie andere rechtliche Bereiche, die nicht der Wettbewerbspolitik im engeren Sinne zuzurechnen sind. Insbesondere die Benutzung der Marke und die Anwendung der Geschäftsmethoden des Franchisegebers lassen die Bedeutung des bloßen Warenabsatzes zurücktreten.

Franchisevereinbarungen können in einer breiten Palette von Franchiseformen[91] auftreten: Dienstleistungsfranchising, Produktionsfranchising und Vertriebsfranchising.

---

[89] Rs. 161/84, *Pronuptia*, vom 19.6.1985, Slg. 1985, 353, 381.
[90] Rs. 161/84, *Pronuptia*, s. o., 381.
[91] Rs. 161/84, *Pronuptia*, s. o., 380 f.

Der Franchisenehmer tritt zwar als selbständiger Unternehmer[92] auf, gleichzeitig präsentiert er sich jedoch als Teil des einheitlichen Franchisesystems, d. h. sein Geschäft ist einheitlich nach Richtlinien und Vorgaben des Franchisegebers eingerichtet. Der Franchisegeber erteilt dem Franchisenehmer Lizenzen für gewerbliche Schutzrechte und überlässt ihm sein Knowhow. Dafür bezahlt der Franchisenehmer eine Gebühr.

Die einheitliche Präsentation des ganzen Franchisesystems wird dementsprechend von dem Franchisegeber auch durch kommerzielle, technische und eventuell auch finanzielle Unterstützung der Franchisenehmer gefördert.

Die Beschränkungen des Franchisenehmers können in folgende Gruppen aufgeteilt werden:[93] Erstens sind es Beschränkungen zum Schutz des Knowhows des Franchisegebers (Geheimhaltungspflicht oder Nutzungsbeschränkung, Wettbewerbsverbot, Beteiligungsverbot, Herstellungs-, Verkaufs- oder Verwendungsverbot), zweitens Beschränkungen, die zum Schutz der Einheitlichkeit des Franchisesystems auferlegt werden. Hierher gehören Auswahlkriterien, Anforderungen an das Geschäft des Franchisenehmers, die Verpflichtung zur Anwendung der Geschäftsmethoden, Preisempfehlungen, Vertriebsförderungspflichten sowie Kontrollrechte des Franchisegebers. Die dritte Gruppe der Beschränkungen betrifft die Qualitätskontrolle, vor allem Qualitätsanforderungen und Bezugspflichten.

(5) Weitere Kombinationen vertikaler Vertriebsvereinbarungen

Alleinvertrieb, Alleinbezug und selektiver Vertrieb können auch in Kombinationen angewendet werden, die sich auf eine oder mehrere Vertriebsstufen beziehen. Es handelt sich insbesondere um gegenseitigen Alleinvertrieb, kombinierten Alleinvertrieb und Alleinbezug, zweistufigen Alleinvertrieb und Alleinbezug und um Alleinvertrieb und selektiven Vertrieb.[94] Die Kombinationen mehrerer Formen sind insbesondere kartellrechtlich relevant, da allgemein angenommen wird, dass sie weiter reichende Handels- und Wettbewerbseffekte hervorrufen können als die isolierte Anwendung einer Form.

---

[92] Das Franchisesystem nähert sich so dem Filialensystem, der Unterschied liegt jedoch darin, dass die Franchisenehmer selbständig bleiben und das unternehmerische Risiko tragen.

[93] S. insbesondere Rs. 161/84, *Pronuptia*, s. o., 380 ff.

[94] S. *Duijm*, EG-Wettbewerbspolitik gegenüber vertikalen Vertriebsvereinbarungen, S. 23.

4. Koordination der vertikalen Struktur

a. Der Grundsatz der Freiheit der Vertriebsgestaltung

Die Freiheit der Vertriebsgestaltung[95] ist ein Grundelement der Marktwirtschaft. Der Entscheidungsprozess des Unternehmens in Bezug auf die Organisation seines Vertriebs findet nicht isoliert im luftleeren Raum statt.

Die Freiheit der Vertriebsgestaltung wird insbesondere von den ökonomischen Voraussetzungen auf dem Markt beeinflusst. Die Wahl der Vertriebsform hängt sehr stark von marktstrukturellen Voraussetzungen ab: Weitere Kriterien neben der Struktur des Marktes und der Marktanteile der Unternehmen sind auch die Produkteigenschaften, die Einstellung der Verbraucher sowie die Eigenschaften des Unternehmens, die ihm vorliegenden Informationen und Erfahrungen, das Verhalten der Konkurrenten, die allgemeinen wirtschaftlichen Rahmenbedingungen sowie die Eigenschaften der potenziellen Vertriebswege und Vertriebsmittler.[96]

Die Entscheidungen werden auch in einem rechtlichen Rahmen getroffen werden, und in einem solchen werden sie dann auch (kartell)rechtlich beurteilt. Bei der Beurteilung im EG-Kartellrecht kommt zu der rein kartellrechtlichen Komponente auch noch die Binnenmarktkomponente hinzu, die das Vorhandensein einheitlicher Wettbewerbsbedingungen im Binnenmarkt erfordert.[97] Der EuGH hat zwar – zumindest formal – das Recht des Unternehmens anerkannt, selbst über den Vertrieb seiner Produkte zu entscheiden,[98] dieses Recht kann jedoch nicht als ein unumschränktes Recht des Herstellers zur Gestaltung des Vertriebs[99] betrachtet werden. „Umfasst der Schutz des Wettbewerbs als Institution grundsätzlich auch die freie Konkurrenz auf den Verteilerstufen mit den Produkten eines Herstellers, so ergibt sich daraus ein Spannungsverhältnis zur Freiheit der Vertriebsgestaltung, die Hersteller für sich in Anspruch nehmen."[100]

---

[95] Vgl. *Väth*, Wettbewerbskonzeption des EuGH, S. 86.

[96] Ausführlich s. z. B. *Kirchhoff*, Die kartellrechtliche Beurteilung vertikaler Vertriebsverträge: Intrabrand- und Interbrand-Wettbewerb als Kriterien in den USA, Deutschland und der EG, S. 34 f.

[97] S. z. B. *Bach*, WuW 1995, S. 6 f.

[98] Z. B. Rs. 40 – 48, 50, 54 – 56, 111, 113 und 114/73, *Suiker Unie*, vom 16.12.1975, Slg. 1975, 1663, 1965: „[Gemäß dem Grundgedanken des Vertrages] hat jeder Unternehmer selbständig zu bestimmen, welche Politik er auf dem Gemeinsamen Markt zu betreiben gedenkt, eingeschlossen die Wahl der Personen, denen er Angebote unterbreitet und verkauft."

[99] Rs. 107/82, *AEG/Kommission*, vom 25.10.1983, Slg. 1983, 3151, 3197.

[100] *Kirchhoff*, Die kartellrechtliche Beurteilung vertikaler Vertriebsverträge: Intrabrand- und Interbrand-Wettbewerb als Kriterien in den USA, Deutschland und der EG, S. 33, in Bezug auf markeninternen Wettbewerb.

Wenn die Vertragsfreiheit als Ausdruck des Rechts auf freie Absatzgestaltung in Form des Abschlusses von Vertriebsverträgen angewendet wird, setzt sie automatisch den autonomen Interessenausgleich unter den Beteiligten voraus. Dies entspricht jedoch nicht immer der wirtschaftlichen Realität. Die ökonomische Funktion der Vertragsfreiheit ist eine Wohlfahrtssteigerung durch Förderung des Nutzens beider Beteiligten. Eine solche Wohlfahrtssteigerung kann jedoch nur dann erfolgen, wenn sich die Beteiligten rational verhalten, über alle relevanten Informationen verfügen sowie keinem moralischen Risiko und keiner Monopolmacht ausgesetzt sind.

Der Vertrag kann jedoch sowohl juristisch als auch ökonomisch unerwünschte Drittwirkungen entwickeln. Juristisch kann die Handlungsfreiheit dritter Unternehmen oder der Verbraucher unbillig eingeschränkt werden, ökonomisch kann der Vertrag nicht gesamtwirtschaftlich effizienzsteigernd wirken. Deswegen soll in bestimmten Fällen das Kartellrecht intervenieren und der Vertragsfreiheit Grenzen setzen. Als Beispiele solcher unbilligen Auswirkungen können vertikale sowie horizontale Wettbewerbsbeschränkungen oder der Missbrauch einer marktbeherrschenden bzw. Monopolstellung genannt werden.

b. Vertikale Struktur: Koordinationsmöglichkeiten

Dem Unternehmen sind Faktormärkte vor- und Absatzmärkte nachgelagert, die durch den ganzen Produktions- und Vertriebsprozess koordiniert werden. Das Unternehmen ist insbesondere daran interessiert, mögliche Koordinationsprobleme, die zur Ineffizienz und Kostensteigerung führen könnten, zu beseitigen. In dem Entscheidungsprozess in Bezug auf die Koordinierung des Vertriebs bzw. der vor- oder nachgelagerten Produktionsstufen werden drei Arten der Koordination[101] unterschieden: Koordination, die über den Markt abläuft, Koordination innerhalb eines Unternehmens[102] und Koordination durch Kooperation.

(1) Entscheidungskriterien

Zunächst werden die Motivationsgründe für solche grundlegenden Entscheidungen des Unternehmens in Bezug auf die Koordinationsart betrachtet. Im

[101] Ausführlich s. B. I. 4. b. Koordination über den Markt oder vertikale Integration? und c. Koordination durch Kooperation: Nichtstandardverträge.

[102] *Gabler*, Wirtschaftslexikon, S. 3924: „Vertikale Unternehmenskonzentration wird auch als Integration bezeichnet. Es ist eine Vereinigung von Unternehmen, die auf aufeinanderfolgenden Produktionsstufen [und Vertriebsstufen] tätig sind und in einem Käufer-/Verkäuferverhältnis stehen."

Folgenden werde ich mich lediglich auf solche Vertriebs- bzw. Produktionswege konzentrieren, die als hybride Organisationsformen bezeichnet werden.[103] Kartellrechtlich werden diese Organisationsformen als vertikale Bindungen eingestuft.

Das Unternehmen steht in seinem Entscheidungsprozess in Bezug auf die Koordination seiner wirtschaftlichen Tätigkeiten vor folgenden Fragen: Unter welchen Umständen wird eine Anzahl interdependenter Transaktionen am effizientesten durch Verträge zwischen Unternehmen auf dem Markt durchgeführt? Wann ist es effizienter zu fusionieren bzw. sich zu integrieren?

Die Wahl der Koordination wird jedoch nicht nur von der Höhe der Transaktionskosten beeinflusst. Eine große Rolle spielen auch die Produktionskosten: Diese bilden gemeinsam mit den Koordinationskosten die Gesamtkosten. Vertikale Integration ist nur dann effizient, wenn dadurch die Gesamtkosten minimiert werden können.[104]

Zu den transaktionskostenökonomisch motivierten Fragen kann z. B. auch noch die Frage nach marktstrukturellen Voraussetzungen hinzugefügt werden: Wie werden die Verhandlungschancen neuer Unternehmen in Bezug auf deren Marktzutritt von den auf dem Markt bereits tätigen Unternehmen sowie von Marktstrukturen[105] beeinflusst?[106]

(2) Transaktionskostentheorie als ein Entscheidungsansatz

Als Betrachtungsansätze der Anreize für einzelne Koordinierungsmethoden können verschiedene Theorien[107] erwähnt werden, die das Unternehmen aus unterschiedlichen Blickwinkeln betrachten, z. B. aus der Sicht der Verfügungsrechte oder der Vertragsansätze, die ein Unternehmen als eine Kette von Verträgen[108] charakterisieren.

Als Basis für die Untersuchung der Koordination von Transaktionen wird die Transaktionskostenökonomik gewählt. Sie analysiert die Eigenschaften der Transaktionen und betont die Bedeutung der Organisationsstruktur. Der

---

[103] Diese werden als hybride Organisationsformen bezeichnet, da sie Elemente beider Koordinationsformen beinhalten – sowohl der Koordination über den Markt als auch der vertikalen Integration.

[104] S. *Williamson*, The Journal of Law and Economics 1979, S. 245 f.

[105] Unter Marktstruktur werden alle Faktoren verstanden, welche den Wettbewerb und das Preisverhalten auf dem Markt beeinflussen. Hierzu zählen insbesondere der Marktanteil des Unternehmens, der Konzentrationsgrad auf dem Markt und der Grad der Offenheit des Marktes. Ausführlich s. D. I. 3. Untersuchung der Marktmacht: Marktstrukturen.

[106] S. D. I. 3. c. (3) Grad der Offenheit des Marktes.

[107] S. *Hart*, Columbia Law Review 1989, S. 1757 ff.

[108] Zum Unterschied zwischen der juristischen und ökonomischen Betrachtungsweise des Vertrags s. *Hart*, Columbia Law Review 1989, Fn.30.

Ansatz der Transaktionskostenökonomik ist interdisziplinär und verbindet Erkenntnisse aus den Bereichen der Rechtswissenschaft, der Wirtschafts- und der Organisationstheorie.[109]

„Der Transaktionskostenökonomik liegt folgende Basisstrategie zugrunde: Transaktionen (mit jeweils verschiedenen Eigenschaften) werden in differenzierender (in erster Linie transaktionskostensparender) Weise Beherrschungs- und Überwachungssystemen zugeordnet, die sich hinsichtlich ihrer Anpassungsfähigkeit und der damit verbundenen Kosten unterscheiden."[110]

Dieser Ansatz ermöglicht eine komparative Gegenüberstellung alternativer institutioneller Arrangements. Er geht von der Annahme aus, dass Koordination über Märkte einerseits und integrierte Unternehmen andererseits alternative Mittel zur Durchführung einer Reihe von Transaktionen sind. Die Entscheidung in Bezug auf die Durchführung hängt dann von der relativen Effizienz jeder Koordinationsart ab.

Die Transaktionskostenökonomik identifiziert verschiedene markt- und transaktionsspezifische Faktoren, aus denen sich dann in Verbindung mit Humankapital Situationen ergeben können, in denen komplexe Verträge sehr aufwändig zu gestalten, durchzuführen und durchzusetzen sind, und in denen deswegen das Unternehmen vertikale Integration vorziehen kann. In solchen Fällen werden die Transaktionen intern durchgeführt. Als Ausgangspunkt sieht die Transaktionskostenökonomik die Koordination über den Markt, der die unternehmensinterne Koordination als alternatives Szenario gegenübergestellt wird.[111]

(a) Transaktionskostenfaktoren

i. Transaktionskosten

Jede Art der Koordination verursacht Kosten. Nicht einmal die Koordination über den Markt ist kostenlos. Die Koordinationskosten sind von den subjektiven Entscheidungskriterien der Entscheidungsträger einerseits und von den objektiven Eigenschaften des Marktes andererseits abhängig. Die gleichen Kriterien können *mutatis mutandis* unternehmensintern angewandt werden.

---

[109] Diese Beiträge aus den dreißiger Jahren stammen insbesondere von *Llewellyn* (Rechtswissenschaft), *Commons* und *Coase* (Wirtschaft) sowie von *Barnard* (Organisationstheorie).

[110] *Williamson*, Transaktionskostenökonomik, S. 2.

[111] S. Williamson, Antitrust Economics, S. 170 und Fn. 6: „Transaction cost economics [thus] maintains the premise that „in the beginning there were markets" and that internal organization is adopted not immediately but only when contracts (comparatively) fail. [...] one could start instead with internal organization and ask what disabilities it experiences. Transaction could then be moved into markets because of the (comparative) failures of internal organization. Originating transactions in markets comes more naturally to economists [...]"

Die mit der Koordination über den Markt[112] verbundenen Kosten schließen vor allem Suchkosten, Verhandlungs- und Vertragskosten, Kosten für die Kontrolle der Vertragsbeziehung, Informationskosten, Interaktionskosten oder durch Verzug verursachte Kosten ein. Als mögliche mit vertikaler Integration zusammenhängende Kosten werden folgende drei Kostenkategorien erwähnt: Durch vertikale Integration können erstens die Lieferungskosten in der Produktion oder im Vertrieb – im Vergleich mit Unternehmen, die diese Faktoren auf wettbewerbsorientierten Märkten beziehen – steigen. Zweitens können mit der Vergrößerung des Unternehmens auch dessen unternehmensinterne Organisationskosten[113] steigen.[114] Drittens können wietere Kosten in Verbindung mit rechtlichen Anforderungen in Bezug auf Fusionen entstehen.[115]

All diese Kosten sollen gegeneinander abgewogen werden. Wenn die durch die Koordination der Transaktionen über den Markt entstehenden Kosten die durch interne Koordination verursachten Kosten überschreiten, zeigt sich die Internalisierung der Kosten durch die Einbeziehung der Aktivitäten in die Tätigkeit des Unternehmens als die bessere Lösung; sie steht für die Rationalisierung des Unternehmens in eine optimale wirtschaftliche Einheit.[116] Es soll auch hervorgehoben werden, dass die Entscheidung für die eine oder andere Koordinationsart nicht nur einmal für immer getroffen wird; mit der Zeit verändert sich sowohl die Situation im Unternehmen als auch die auf dem Markt. Die Möglichkeit der Reduzierung der Transaktionskosten kann deswegen auch auf eine eventuelle Änderung des Koordinationsweges hinauslaufen.

ii. Transaktionskostenanalyse

Die Höhe der Transaktionskosten, seien es die Kosten der Koordination über den Markt, der Koordination durch Kooperation oder der unternehmensinternen Koordination, wird durch unterschiedliche Faktoren bestimmt.

„Die Transaktionskostenanalyse erfordert eine Untersuchung der komparativen Kosten von Planung, Anpassung und Überwachung der Aufgabener-

---

[112] Diese Aussage betrifft hier die Märkte mit Zwischenprodukten. Im Vertrieb kommt zu den Voraussetzungen noch die Berücksichtigung der Verbraucher als Endabnehmer.

[113] Als praxisbezogenes Beispiel s. z. B. *Esser/Fricker*, IO Management Zeitschrift 62 (1993)/11, S. 73 ff.

[114] Die Koordinationskosten steigen mit zunehmender Anzahl und Heterogenität der unternehmensintern durchgeführten Aktivitäten sowie mit zunehmender Komplexität, Instabilität und Heterogenität der relevanten exogenen Faktoren.

[115] S. *Carlton/Perloff*, Modern Industrial Organisation, S. 501.

[116] S. *Williamson*, Antitrust Economics, S. 22.

füllung in alternativen Beherrschungs- und Überwachungssystemen."[117] Sie erhebt die Transaktion zur Basiseinheit der Analyse. Bei der Beschreibung der Transaktionen sowie für die Entscheidung bezüglich ihrer Koordination[118] wendet die Transaktionskostenökonomik folgende Dimensionen[119] an: die Häufigkeit der Wiederholung der Transaktionen,[120] die Spezifität der Investitionen[121] und das Maß[122] der mit Transaktionen verbundenen Unsicherheit.[123]

Die Spezifität der Investitionen (Faktorspezifität)[124] betrachtet die im juristischen Schrifttum als *reliance investments* bezeichneten Investitionen. Sie bezieht sich auf „den Grad der Wiederverwendbarkeit eines bestimmten Vermögensobjektes in alternativen Verwendungsrichtungen und bei unterschiedlichen Nutzern ohne Verlust an Produktionswert."[125] Es handelt sich um solche Investitionen, die nur in der bestimmten Transaktion zwischen den Parteien[126] völlig realisiert werden können.[127]

Wenn Transaktionen mit unspezifischen Investitionen verbunden sind, benötigen sie keine absichernden Beherrschungs- und Überwachugssysteme. Die Transaktion kann problemlos über den Markt abgewickelt werden. Im Gegensatz dazu bedürfen erhebliche Investitionen transaktionsspezifischer Art bilateraler Tauschbeziehungen, die auch Absicherungen als Schutz vor Enteignungsrisiken enthalten können.

---

[117] *Williamson*, Transaktionskostenökonomik, S. 12.

[118] Zur Wahl der Koordination in Abhängigkeit von der Spezifität der Investitionen und der Häufigkeit der Transaktionen s. *Williamson*, The Journal of Law and Economics 1979, S. 247 ff.

[119] Ausführlich s. z. B. *Williamson*, The Journal of Law and Economics 1979, S. 246 f.

[120] Die Bedingungen des Abschlusses eines Handels hängen davon ab, ob von mehr als einem qualifizierten Anbieter nicht abgesprochene Angebote zu erhalten sind (Monopol- oder Konkurrenzbedingungen).

[121] *Gabler*, Wirtschaftslexikon, S. 3511: „Investitionen sind für bestimmte Transaktionen dann spezifisch, wenn sie die Bindung von Kapital erfordern, deren Ertrag von der Fortsetzung dieser Transaktionsbeziehungen abhängt." Des Weiteren können spezifische Investitionen aus wirtschaftlichen Gründen vorteilhaft sein, weil sich die Produktionskosten mit ihrer Hilfe im Vergleich zu generell einsetzbaren Produktionsfaktoren reduzieren lassen. Man unterscheidet physische und räumliche Spezifität von Anlagen, die Spezifität von Humankapital und Widmungsspezifität.

[122] Die Unsicherheit betrifft insbesondere Produkte, Tauschrelationen und die Zukunftsentwicklung.

[123] S. *Williamson*, Antitrust Economics, S. 165; *Williamson*, The Journal of Law and Economics 1979, S. 246 ff.

[124] *Williamson* [in: *Williamson*, Transaktionskostenökonomik, S. 14] unterscheidet fünf verschiedene Arten der Faktorspezifität: Standortspezifität, Sachkapitalspezifität, Humankapitalspezifität, kundenspezifische Vermögensgegenstände und Markennamenkapital.

[125] *Williamson*, Transaktionskostenökonomik, S. 13.

[126] *Ex post* handelt es sich um ein bilaterales Monopol, wo es für die beiden Parteien vorteilhafter ist, nur miteinander Geschäfte zu schließen, nicht mit Dritten.

[127] Dies impliziert auch einen Zusammenhang mit dem Konzept versunkener Kosten.

Die Transaktionskostenökonomik beschäftigt sich ausdrücklich nur mit realisierbaren Formen und Strukturen. Deswegen braucht sie für die Vertragsanalyse eine Unterscheidung der in der Realität anwendbaren und undurchführbaren Vertragsformen, wofür Annahmen zum Verhalten wirtschaftlicher Akteure notwendig sind. Der vertragsschließende Mensch unterscheidet sich von dem orthodoxen Konzept des Nutzenmaximierers, indem er erstens begrenzt rational[128] ist und zweitens sein Eigeninteresse unter Zuhilfenahme von Arglist verfolgt.[129] Die zweite Annahme kann als Opportunismus[130] bezeichnet werden.

Durch diese Einschränkung werden komplexe oder naive Arten von Verträgen als unrealisierbar ausgeschlossen. Die in der Realität anwendbaren Verträge können des Weiteren gemäß verschiedenen Vertragskonzepten betrachtet werden:[131] als unvollständige Verträge oder als Verträge in Form von Versprechen. Das erste Konzept geht davon aus, dass alle realisierbaren Verträge zwangsläufig unvollständig sind, da es unmöglich ist, alle möglichen Ausgangssituationen *ex ante* im Vertrag zu regeln. Deswegen ist auch die *ex post* Betrachtung der Verträge besonders wichtig. Das zweite Konzept besteht in der Annahme, dass zwar die wirtschaftlichen Akteure ihre Versprechen erfüllen würden, jedoch nicht in Situationen, wenn sie zum opportunistischen Verhalten neigen.

Ein Zusammenwirken unvollständiger Verträge und der Faktorspezifität verursacht Verhaltensunsicherheiten. Gemäß der Transaktionskostenökonomik werden Unsicherheit und eingeschränkte Anzahl der Tauschrelationen und Tauschpartner als Transaktionsfaktoren gesehen, denen Marktversagen zugeschrieben werden kann. Wenn sie jedoch mit Faktoren des opportunistischen Verhaltens der wirtschaftlichen Akteure nicht in Verbindung treten, wirken sie sich auf den Marktaustausch in der Regel nicht einschränkend aus.

(b) Koordination über den Markt oder vertikale Integration?

Bei der Entscheidung des Unternehmens über die Koordination handelt es sich vor allem um eine Abwägung der Vor- und Nachteile der ganzen Situa-

[128] Die intellektuelle Kapazität der wirtschaftlichen Akteure ist begrenzt und die erforderliche Information ist nicht ohne Weiteres verfügbar.

[129] Die Wahrscheinlichkeit des opportunistischen Verhaltens steigt insbesondere bei hohen spezifischen Transaktionskosten und in Situationen, in denen sich ein Unternehmen im Verhältnis wirtschaftlicher Abhängigkeit befindet.

[130] Opportunismus (moralisches Risiko, moralisches Wagnis, *agency*) betrifft insbesondere die unvollständige oder verzerrte Weitergabe von Informationen durch die wirtschaftlichen Akteure, einschließlich vorsätzlicher Versuche zu verzerren, verbergen, verschleiern und irrezuführen.

[131] S. *Williamson*, Transaktionskostenökonomik, S. 7 ff.

tion.[132] Vertikale Integration kann sich auf das Unternehmen vorteilhaft auswirken, vor allem – wie oben erwähnt – wenn die Transaktionskosten auf dem Markt viel höher als die internalisierten Transaktionskosten sind.

Vertikale Integration wird aber auch von der Faktorspezifität beeinflusst: Gemäß einem heuristischen Modell können zwei institutionelle Alternativen – unvollständige kurzfristige Verträge[133] und vertikale Integration – miteinander verglichen werden.[134] Kurzfristige Verträge können problematisch sein, wenn sie spezifischer Investitionen bedürfen oder wenn der Höchstbieter des ursprünglichen Bietprozesses einen Kostenvorteil realisierte. Diese Alternativen können auch aus der Sicht der Produktionstechnologien[135] und Produktionskostenunterschiede[136] betrachtet werden.[137] Die Koordination über den Markt bringt eine Begünstigung stark ausgeprägter Anreize und eine effektivere Kontrolle bürokratischer Verzerrungen mit sich. Gelegentlich kann Nachfrage durch Märkte vorteilhaft aggregiert werden. Märkte dienen auch der internen Organisation als Kontrollinstrumente.

Als die entscheidenden Faktoren bei der Entscheidung „Selbst produzieren oder kaufen?" werden in der Transaktionskostenanalyse vor allem die bürokratischen Kosten interner Kontrolle einerseits und die Beherrschungs- und Überwachungskosten auf dem Markt andererseits identifiziert. Bei geringer Faktorspezifität wird die Beschaffung über den Markt vorgezogen. Die Skalenerträge einer Marktaggregation sind bei standardisierten Transak-

---

[132] Vertikale Integration ist nicht nur durch die Senkung von Transaktionskosten motiviert, sie kann aufgrund unterschiedlicher anderer Motive erfolgen. Deswegen kann sie nicht generell lediglich durch den Hinweis auf Transaktionskostenersparnisse gerechtfertigt werden; vielmehr muss im Zweifel eine Abwägung zwischen Effizienzvorteilen und Wettbewerbsnachteilen vorgenommen werden.

[133] Es wird dabei angenommen, dass vollständige Verträge unrealisierbar sind, insbesondere wegen der begrenzten Rationalität der Akteure, sowie dass es notwendig ist, die Lieferbeziehung im Zeitablauf anzupassen.

[134] Das heuristische Modell geht davon aus, dass in beiden Situationen das gleiche Outputniveau erzielt wird und die optimale Höhe der Faktorspezifität dieselbe ist. S. *Williamson*, Transaktionskostenökonomik, S. 28 ff.

[135] Je mehr die Faktorspezifität kostenreduzierend wirkt, desto stärker wird die Internalisierung der Tätigkeit bevorzugt.

[136] Dieser Ansatz untersucht die Art und Weise der Veränderungen des totalen Skalen- oder Verbundkostennachteils der internalisierten Produktion für Produktionsmengen des relevanten Bereichs. Niedrige Outputniveaus sind regelmäßig durch einen sinkenden Stückkostennachteil gekennzeichnet, welcher mit steigenden Gesamtkosten verbunden ist. Ab einem bestimmten Schwellenwert sinkt dann auch der totale Skalen- und Verbundkostennachteil interner Organisation. Wenn das Unternehmen im Verhältnis zur Marktgröße progressiv wächst, kann der Aggregationsnachteil verschwinden, da nach dem Entstehen einer Monopolsituation Unternehmen und Markt identische Skalenerträge erzielen können.

[137] S. *Williamson*, Transaktionskostenökonomik, S. 35 ff.

tionen hoch. Hohe Faktorspezifität, die sich Einzelanfertigungen nähert, schließt Aggregationsvorteile auf dem Markt aus.[138]

Vertikale Integration kann aber auch anders motiviert werden: Die Sicherung der Inputfaktoren durch vertikale Rückwärtsintegration ist insbesondere in Märkten wichtig, in denen neben dem Preis als Hauptdeterminante der Güterallokation auch andere Integrationsanreize vorliegen.[139] Einen anderen Grund stellt die Internalisierung[140] externer Effekte[141] dar, die z. B. die positive Reputation des Unternehmens ermöglicht bzw. erleichtert. Dies kann durch vertikale Vorwärtsintegration stattfinden. Ein weiterer Grund kann das Vermeiden kartellrechtlicher[142] Interventionen wie z. B. Preiskontrollen, Verbot bestimmter Beschränkungen oder das Erzielen von Steuerersparnissen oder Steuervermeidung sein. Als Anlass zur vertikalen Integration können aber auch die Internalisierung bestimmter Mechanismen, wie z. B. Incentives, Kontrollmechanismen oder Mechanismen zur Streitbeilegung genommen werden.

Durch vertikale Integration kann ein Unternehmen andererseits auch seine Monopolrente erhöhen: Zum einen kann dies entweder durch die Vorwärtsintegration eines Zulieferers mit Monopolstellung erfolgen, so dass auch die folgende Stufe monopolisiert wird, oder durch die Rückwärtsintegration eines Abnehmers, wenn dieser seinen einzigen Zulieferer aufkauft. Zum anderen erfolgt eine solche Abschöpfung der Monopolrente, wenn ein vertikal integriertes Unternehmen Preisdiskriminierung praktiziert, z. B. durch Verhinderung von Wiederverkäufen.[143]

Ein Unternehmen kann – unter bestimmten Voraussetzungen[144] – durch vertikale Integration auf die Marktstellung anderer Unternehmen, d. h. seiner Wettbewerber sowie der Unternehmen auf der vor- oder nachgelagerten Stufe reagieren und so deren Monopolstellung bzw. dominante Stellung auf dem

---

[138] Spezifische Investitionen können sich als versunkene Kosten auswirken, deswegen sollte in den Fällen, in denen die Spezifität der Investitionen hoch ist, wegen der Vermeidung möglichen opportunistischen Verhaltens Integration vorzogen werden.

[139] S. *Carlton/Perloff*, Modern Industrial Organisation, S. 505.

[140] *Carlton/Perloff* zeigen als Beispiel die Franchisekette McDonald´s, die durch die strengen Qualitätsanforderungen gemeinsame Standards für alle ihre Restaurants geschaffen hatte, die dann positive Reputationseffekte (als externe Effekte) hervorrufen. So auch *Tirole*, Industrieökonomik, S. 400, Fn. 26.

[141] *Gabler*, Wirtschaftslexikon, S. 1262: „Als Externalität (externer Effekt) wird die Auswirkung einer wirtschaftlichen Aktivität, die nicht dem Urheber zugerechnet wird, bezeichnet. Dabei besteht zwischen dem Verursacher und dem Betroffenen des externen Effektes eine nicht über den Preis- bzw. Marktmechanismus vermittelte Beziehung."

[142] Strikte Kartellrechtsregeln können auch eine der Ursachen für Bevorzugung vertikaler Integration sein. So, z. B. *Katz*, Vertical Contractual Relations, S. 717.

[143] S. *Carlton/Perloff*, Modern Industrial Organisation, S. 509 ff., 519 f.

[144] Jedoch nur wenn variabler Faktoreinsatz/variable Faktorstrukturen vorhanden sind.

Markt schwächen. Vertikale Integration kann auch als ein strategisches Instrument zur Marktzutrittserschwerung oder -verhinderung verwendet werden. Dies kann – neben der Senkung der Transaktionskosten – ein weiterer, strategischer Anlass für vertikale Integration der Unternehmen sein.[145]

Vertikale Integration kann auch in anderen Situationen, z. B. bei Unsicherheit,[146] Informationsaufwand[147] oder extensiver Koordination,[148] als Lösungsansatz verwendet werden.

(c) Koordination durch Kooperation: Nichtstandardverträge

Neben der Koordination über den Markt und der unternehmensinternen Koordination können die Unternehmen die Koordination durch Kooperation anwenden: hybride Organisationsformen, die Elemente beider Koordinationstypen in sich verbinden. „Sie entstehen immer dann, wenn wegen transaktionsspezifischer Abhängigkeiten einerseits die Integration von Transaktionen in die Unternehmenshierarchie angezeigt ist, während jedoch andererseits Effizienzvorteile für eine Koordination über den Markt sprechen."[149] Diese Koordinationsweise wird auch „selektive vertikale Integration"[150] genannt, da dadurch eigentlich nur einige Aspekte der Austauschbeziehung geregelt und mehrere Dimensionen über den Markt koordiniert werden, so z. B. die Preise.

Die Verbindung beider Koordinationstypen bringt auch getrenntes Eigentum und getrennte Gewinnrechnung mit sich. Dies kann jedoch auch Konflikte in Bezug auf Risikobereitschaft und Anreize verursachen. So oszilliert die Koordination der Transaktion zwischen der Absicherung gegen Risiken und der Notwendigkeit von Anreizen.

Aus ökonomischer Sicht kann die Anwendung vertikaler Bindungen folgendermaßen motiviert werden: Die Marktteilnehmer reagieren dadurch auf Marktversagen und Marktunvollkommenheiten oder verwenden vertikale

---

[145] Es wird auch angenommen, dass vertikale Integration in erster Linie zwecks Effizienzsteigerung erfolgt und nicht etwa, um z. B. tatsächlichen oder potenziellen Konkurrenten den Zugang zu vor- oder nachgelagerten Märkten zu erschweren.

[146] Es können verschiedene Arten der Unsicherheit vorkommen. *Williamson* spricht (in der Transaktionskostenökonomik) von zwei Quellen der Unsicherheit: der statistischen Unsicherheit (wenn man die objektiven Zustände nicht kennt) und der strategischen Unsicherheit (die aus der Möglichkeit des opportunistischen Verhaltens der Transaktionspartner entstehen kann). In: *Gabler*, Wirtschaftslexikon, S. 3911.

[147] S. z. B. Williamson, Antitrust Economics, S. 34 f.: „[...] one of the advantages of the firm is that it realizes economies of information exchange."

[148] Ein Beispiel für die Notwendigkeit extensiver Koordination als Incentive zu vertikaler Integration sind vernetzte Bereiche (wie im Bahn- oder Flugverkehr).

[149] So, *Gabler*, Wirtschaftslexikon, S. 1799.

[150] *Kallfas*, WuW 1999, S. 226.

Bindungen strategisch als antikompetitive Mittel. Vertikale Bindungen können auch aus den Situationen des Gefangenendilemmas als unerwünschtes Marktergebnis resultieren.[151]

Der Hersteller bemüht sich um die effizienteste Regelung seiner Transaktionen unter Berücksichtigung der begrenzten Rationalität sowie des möglichen opportunistischen Verhaltens. Im Vertrieb – im Vergleich zu intermediären Märkten – muss jedoch auch noch die begrenzte Rationalität der Endverbraucher miteinbezogen werden.

Ökonomisch wird die Beziehung zwischen dem Hersteller und dem Händler als eine *Principal-Agent*-Beziehung bezeichnet, in der der Hersteller keine komplette Kontrolle über den Händler ausüben kann. Die Kontrollspanne kann jedoch von „einer minimalen Einschränkung der marktlichen Koordination bis zu einer nahezu hierarchischen *ex ante* Fixierung aller Dimensionen der Tauschhandlungen für die Vertragslaufzeit"[152] reichen.

Kartellrechtlich ist hier noch die Unterscheidung zwischen dem Vertrieb durch Handelsvertreter und Kommissionsagenten[153] einerseits und durch Vertriebssysteme andererseits wichtig. Der Hauptunterschied zwischen diesen Formen des Vertriebs durch Dritte liegt darin, dass der Handelsvertreter im fremden Namen und für fremde Rechnung, der Kommissionsagent[154] im eigenen Namen und für fremde Rechnung Geschäfte abschließen. In Vertriebssystemen ist der Vertriebshändler im eigenen Namen und auf eigene Rechnung tätig. Der ausschlaggebende Faktor für die Anwendbarkeit des Art. 81 Abs. 1 EGV ist das von den Vertriebshändlern getragene finanzielle und geschäftliche Risiko.[155] So ist für diese Untersuchung lediglich der Vertrieb durch Vertriebshändler, d. h. die vom Art. 81 EGV erfasste Kategorie relevant.

5. Zusammenfassung

Vertikale Bindungen werden als Bindungen zwischen Unternehmen auf unterschiedlichen Produktions- und/oder Vertriebsstufen bezeichnet. Sie können als Vereinbarungen zustande kommen oder infolge der Ausübung von Marktmacht auferlegt werden.

---

[151] *Rey/Caballero*, The Policy Implications of the Economic Analysis of Vertical Restraints, S. 5.

[152] *Kallfas*, WuW 1999, S. 226.

[153] S. die Bekanntmachung der Kommission über Alleinvertriebsverträge mit Handelsvertretern, ABl. 139 vom 24. 12. 1962, S. 2921. Das Kapitel über Handelsvertretervereinbarungen in den Leitlinien über vertikale Beschränkungen ersetzt diese Bekanntmachung. S. Leitlinien über vertikale Beschränkungen, Rn. 12 ff.

[154] S. z. B. *Schmidt*, Handelsrecht, S. 767.

[155] Vgl. Leitlinien über vertikale Beschränkungen, Rn. 13 ff.

Aufgrund ihrer Erscheinungsform können sie in vier Hauptgruppen unterteilt werden: Markenzwang, Vertriebsbeschränkung, Preisbindung beim Weiterverkauf und Marktaufteilung.

Der Begriff des Vertriebs in dieser Arbeit soll alle Handelsstufen einschließen, intermediäre Märkte sowie den Verkauf an Endverbraucher. Vertrieb stellt innerhalb der EU den zweitgrößten Wirtschaftszweig dar. Die Entwicklungen in diesem Bereich führen zu steigender Konzentration und zu Internationalisierung. Diese Trends wirken sich anschließend auf die Umstrukturierung im Groß- und Einzelhandel aus. Dies hängt ebenso mit der Einführung neuer Technologien (*ECR*, *JIT*, *QR-Logistics*) zusammen.

Der Vertrieb wird auch von der Verwirklichung des Binnenmarkts positiv beeinflusst: Hierzu zählen insbesondere die Kostenersparnisse und die Produktionserhöhung. Die Einführung neuer Technologien veränderte auch die Rolle des Parallelhandels als „Waffe" gegen die durch vertikale Beschränkungen verursachten Marktabschottung und Marktaufteilung.

Als Grundformen der Vertriebssysteme werden Selektivvertrieb, Alleinvertrieb, Alleinbezug und Franchising verstanden. Hiervon können einerseits lediglich einzelne Elemente, andererseits Kombinationen verschiedener Systeme angewandt werden.

Bei der Wahl der Koordination der vertikalen Struktur werden verschiedene wirtschaftliche und juristische Voraussetzungen berücksichtigt. Einer der Betrachtungsansätze ist die Transaktionskostenökonomik. Sie basiert auf der Beurteilung der Transaktionskosten in alternativen institutionellen Arrangements, welche von der Koordination über Märkte, über Koordination mittels vertikaler Bindungen bis zu vertikaler Integration reichen.

Die Transaktionskosten hängen stark von der Häufigkeit der Wiederholung der Transaktionen, der Spezifität der Investitionen und dem Maß der mit Transaktionen verbundenen Unsicherheit ab. Außerdem schließt die Transaktionskostenökonomik auch das Verhalten wirtschaftlicher Akteure ein.

Die Koordination über den Markt wird allgemein bei geringer Faktorspezifität bevorzugt. Bei hoher Faktorspezifität wird sich das Unternehmen eher vertikal integrieren. Vertikale Integration kann auch aufgrund anderer Motive erfolgen: die Internalisierung externer Effekte, das Vermeiden kartellrechtlicher Interventionen, die Internalisierung bestimmter Mechanismen, die Erhöhung der Monopolrente oder die strategische Marktzutrittsverhinderung oder -erschwerung.

Vertikale Bindungen sind hybride Organisationsformen, da sie Elemente beider erwähnten Koordinationstypen beinhalten. Sie werden angewandt, wenn einerseits die Integration wünschenswert ist, andererseits Effizienzvorteile für die Koordination über den Markt sprechen.

II. Wettbewerbliche Bedeutung vertikaler Bindungen

1. Wettbewerb; Wohlfahrtsanreize bei der Anwendung vertikaler Bindungen

a. Erscheinungsformen des Wettbewerbs

Wettbewerb kann aus verschiedenen Blickwinkeln beschrieben werden. In Bezug auf den Stufenwettbewerb wird vom markeninternen Wettbewerb (*intrabrand competition*) und vom Markenwettbewerb (*interbrand competition*) gesprochen.[1] Diese Begriffe beschreiben zwei wesentliche Teilaspekte aus produktorientierter (im Gegensatz zur marktstufenorientierten) Sicht.[2] Der markeninterne Wettbewerb ist der Wettbewerb zwischen den Händlern beim Vertrieb der Produkte eines Herstellers, der Markenwettbewerb bezeichnet den Wettbewerb zwischen gleichartigen Produkten verschiedener Hersteller auf der Produzenten- und jeder nachfolgenden Marktstufe.

Markeninterner Wettbewerb ist grundsätzlich erst auf den Händlerstufen möglich, er setzt eine Mehrheit von Absatzmittlern eines Produktes voraus. Wenn der Vertrieb des Herstellers jedoch teils zugleich über seine eigenen Filialen abläuft, kann der markeninterne Wettbewerb auch zwischen Hersteller und Händler auftreten. Dies wäre lediglich eine besondere Erscheinungsform[3] des Wettbewerbs im Vertrieb.[4] Der markeninterne Wettbewerb ist nicht nur auf den netzinternen Wettbewerb beschränkt, er bezieht auch die Aktivitäten der Außenseiter ein. Die Intensität des markeninternen Wettbewerbs hängt insbesondere von den produktexternen Wettbewerbsparametern, vor allem von den Serviceleistungen ab.

Betriebsformenorientiert können Wettbewerbsbeziehungen auf einer Handelsstufe mit den Begriffen *Intratype-* und *Intertype-*Wettbewerb bezeichnet werden. Der *Intratype-*Wettbewerb bezieht sich auf den Wettbewerb unter den Absatzmittlern derselben Vertriebsform, der *Intertype-*Wettbewerb auf den Wettbewerb zwischen verschiedenen Betriebsformen

---

[1] Es muss sich dabei nicht nur um Markenprodukte handeln. Der englische Begriff *brand* beinhaltet neben der Bedeutung Handelsmarke oder Warenzeichen auch die Bedeutung Sorte. S. *Dietl/Lorenz*, Wörterbuch für Recht, Wirtschaft und Politik, S. 82.

[2] S. *Kirchhoff*, Die kartellrechtliche Beurteilung vertikaler Vertriebsverträge: Intrabrand- und Interbrand-Wettbewerb als Kriterien in den USA, Deutschland und der EG, S. 5.

[3] Es handelt sich um die *dual distribution*, den zweigleisigen Vertrieb. S. B. I. 1. Begriff der vertikalen Bindung.

[4] S. *Kirchhoff*, Die kartellrechtliche Beurteilung vertikaler Vertriebsverträge: Intrabrand- und Interbrand-Wettbewerb als Kriterien in den USA, Deutschland und der EG, S. 8 f.

des Handels, z. B. zwischen Fachhandel, Warenhäusern, Versandhandel oder Verbrauchermärkten.

Diese Definitionen dienen lediglich der Abgrenzung der einzelnen Begriffe. In der Praxis dürfen diese Teilaspekte nicht isoliert betrachtet werden, es muss insbesondere deren vielseitige Interdependenz beachtet werden.

b. Instrumentalisierung des Wettbewerbs

Der Wettbewerb und Wettbewerbsbeschränkungen werden durch das Kartellrecht meistens so instrumentalisiert, dass sie neben Effizienz auch weitere Ziele erfüllen sollen.[5] Dann entwickelt sich der Wettbewerb nicht als ein ausschließlich auf der individuellen Handlungsfreiheit aufgebauter Koordinationsprozess, der die ganze Wirtschaft umfasst, sondern als eine Technik politischer Intervention in Bezug auf bestimmte Ziele.[6] Genügende Handlungsfreiheit ist im mikroökonomischen Ansatz die Hauptvoraussetzung für Effizienz. Sollen jedoch sowohl Effizienz als auch andere Ziele gleichzeitig angewendet werden, können Konflikte entstehen. Diese bestehen vor allem darin, dass man durch die Abgrenzung der Inhalte der Handlungsfreiheit diese Freiheit nicht schützt, sondern abschafft.

Der vollkommene Wettbewerb stellt ein Idealbild von Wettbewerb dar, das im praktischen Leben jedoch kaum vorkommt. Die praktisch auf den Märkten auftretenden Wettbewerbsformen sind eigentlich stärkere oder schwächere Abweichungen dieses Idealbildes. Die mit diesen Abweichungen verbundenen Kosten sind der Gegenstand der Wohlfahrtsökonomik.

c. Wohlfahrtsökonomische Ansätze

Als Grundbegriff der Wohlfahrtsökonomik wird das Konzept der Wohlfahrt[7] benutzt, auf dessen Basis das gesellschaftliche Wohlfahrtsoptimum[8] ermittelt wird. Für die Bewertung der Wohlfahrt ist ein einheitlicher Maßstab notwendig, der sinnvollerweise immer nur in Bezug auf den Menschen formuliert werden kann. Der mikroökonomische Ansatz versteht Wohlfahrt als einen strikt individuellen Wert. Die Ermittlung von Profit

---

[5] S. C. I. 1. Allgemeine Ziele des EG-Kartellrechts.

[6] S. z. B. *Möschel*, (ZgS) 140 (1984), S. 158.

[7] Bei der Verwendung dieses Begriffs muss jedoch geklärt werden, aus welchen materiellen und ggf. immateriellen Elementen er besteht. Für die Wohlfahrt gibt es kein eindeutiges, allgemein verwendetes Maß.

[8] *Gabler*, Wirtschaftslexikon, S. 4470:
Das Wohlfahrtsoptimum ist das gesellschaftlich wünschenswerte Maximum der ökonomischen Wohlfahrt in einer Volkswirtschaft.

und der Kosten einer bestimmten vertikalen Bindung für die Gesellschaft hängt dementsprechend von der Wahl der Maßstäbe ab.[9] Die Wohlfahrtsökonomik verwendet für die relative Wertschätzung der Güter den subjektiven Begriff des Nutzens,[10] der somit nur eine ordinale Größe darstellen kann. Der Nutzen stellt eine Summe des Produzentengewinns[11] und der Konsumentenrente[12] dar. Der ordinale Nutzenbegriff ist die Basis der paretianischen Wohlfahrtsökonomik.

(1) Pareto-Optimum

Das Pareto-Optimum[13] steht für eine gesellschaftliche Situation, in der es nicht möglich ist, die Wohlfahrt eines Individuums durch eine Re-Allokation der Ressourcen zu erhöhen, ohne gleichzeitig die eines anderen Individuums zu verringern.[14] Dieses Kriterium beinhaltet auch die ethische Annahme, dass jedes Individuum der beste Richter seiner Wohlfahrt, d. h. seiner Gewinne und Verluste ist. Pareto-Optima bedürfen jedoch für die Vergleichbarkeit untereinander noch eines zusätzlichen Wohlfahrtskriteriums, aus den Pareto-Optima an sich kann kein *optimum optimorum* hergeleitet werden.

Gegenüber einer pareto-effizienten Allokation könnte jedoch manchmal eine pareto-ineffiziente Allokation bevorzugt werden, wenn diese eine bessere Verteilung ermöglicht. Der Entscheidungsprozess betrifft also nicht nur Effizienz sondern auch Fairness.

(2) Ausgleich durch das Kaldor-Hicks-Kriterium

Das Kaldor-Hicks-Kriterium, manchmal auch das potenzielle Pareto-Superioritätskriterium genannt, fügt der paretianischen Wohlfahrtsökonomik

---

[9] S. *Katz*, Vertical Contractual Relations, S. 714.

[10] *Gabler*, Wirtschaftslexikon, S. 2799: Der Nutzen ist das Maß der Fähigkeit eines Gutes, ein bestimmtes Bedürfnis des konsumierenden Haushalts befriedigen zu können.

[11] Der Produzentengewinn kann als der größte Betrag definiert werden, der von dem Einkommen des Herstellers abgezogen werden darf, ohne dass dieser die Produktion des Produktes aufgibt. S. *Carlton/Perloff*, Modern Industrial Organization, S. 83. Hier: Der Produzentengewinn beinhaltet neben der Rente des Herstellers auch die Rente des Vertriebs.

[12] Die Konsumentenrente stellt den Betrag dar, den der Verbraucher über den bezahlten Preis des bestimmten Produktes (noch) bezahlen würde. Diese Definition [in: *Carlton/Perloff*, Industrial Organisation, S. 83] setzt jedoch auch voraus, dass die Nachfragekurve nicht von Einkommenseffekten beeinflusst wird.

[13] Zur Rolle des Pareto-Optimums in der Wohlfahrtsökonomik s. *Hennipman*, Welfare Economics and the Theory of Economic Policy, S. 59 ff. (Pareto optimality: value judgement or analytical tool?)

[14] S. z. B. *Gabler*, Wirtschaftslexikon, S. 2924 f. S. auch z. B. *Mathewson/Winter*, The Economics of Vertical Restraints in Distribution, S. 225 f.

das Kompensationsprinzip hinzu und erweitert somit die Anwendbarkeit des Pareto-Optimums. Gemäß dem Kaldor-Hicks-Kriterium ist das Wohlfahrtsoptimum noch nicht erreicht, wenn durch eine nachträgliche allokationsneutrale Umverteilung in Form einer Kompensationszahlung noch Wohlfahrtsgewinne realisiert werden können.[15] Diese Umverteilung setzt voraus, dass die gesamten Wohlfahrtsgewinne so groß sind, dass auch nach der vollständigen Entschädigung der Umverteilungsverlierer mindestens ein marginaler positiver Nettogewinn übrig bleibt, d. h. eine pareto-superiore Situation erreicht wird. Die Umverteilung ist jedoch starker Kritik ausgesetzt: Zum einen wird die implizite Annahme kostenloser Umverteilungsaktivitäten kritisiert, zum anderen die Tatsache, dass das Kriterium nicht die tatsächliche Durchführung, sondern lediglich die Möglichkeit der Kompensation verlangt.

d. Ökonomisches Konzept der Wettbewerbsbeschränkung

Verschiedene Wettbewerbsbeschränkungen beeinflussen auf unterschiedliche oder auf gleiche Art und Weise den Markt, sie können wohlfahrtserhöhend oder -senkend wirken. Zugrunde liegen den Wettbewerbsbeschränkungen private und soziale Anreize, die von den Marktteilnehmern entsprechend ihren Interessen bevorzugt oder vernachlässigt werden können.[16] Dem EG-Kartellrechtskonzept der „Wettbewerbsbeschränkung" entsprechen jedoch keine üblichen Konzepte der Wohlfahrtsökonomik. Für die ökonomische Analyse des EG-Kartellrechts ist es deswegen notwendig, eine „Verbindung" zwischen den ökonomischen Wohlfahrtskonzepten und dem EG-kartellrechtlichen Rahmen zu schaffen.[17] Aus der rein ökonomischen Sicht müsste eine Bindung als wettbewerbsbeschränkend gemäß Art. 81 EGV betrachtet werden, wenn sie zu einem Marktergebnis führt, welches sich von dem Modell des vollkommenen Wettbewerbs entfernt oder die Verbraucher schlechter stellt.[18] Bei diesem Marktergebnis entsteht nämlich ein Wohlfahrtsverlust.

Im Falle vertikaler Bindungen müssen in jeder Untersuchung beide Märkte berücksichtigt werden: Es handelt sich nämlich um Unternehmen, die auf unterschiedlichen Produktions- bzw. Vertriebsstufen tätig sind.

---

[15] S. z. B. *Gabler*, Wirtschaftslexikon, S. 2065.

[16] S. unten einzelne Koordinationsprobleme. S. z. B. *Dobson/Waterson*, Vertical Restraints and Competition Policy, S. 14 ff.; *Kay*, EER 1990, S. 554 ff.

[17] *Rey/Caballero*, The Policy Implications of the Economic Analysis of Vertical Restraints, S. 9.

[18] *Rey/Caballero*, The Policy Implications of the Economic Analysis of Vertical Restraints, S. 10.

Eine Wettbewerbsbeschränkung liegt dann vor, wenn sich die betreffende Bindung mindestens auf einem Markt wettbewerbsbeschränkend auswirkt.

e. Juristisches Konzept der Wettbewerbsbeschränkung

Das Verbot in Art. 81 Abs. 1 EGV erfasst alle „Vereinbarungen [...], die den Handel zwischen Mitgliedstaaten zu beeinträchtigen geeignet sind und eine Verhinderung, Einschränkung oder Verfälschung des Wettbewerbs innerhalb des Gemeinsamen Marktes bezwecken oder bewirken [...]"

Dieses Verbot vertikaler Wettbewerbsbeschränkungen kann jedoch vermieden werden, und zwar durch mögliche Freistellungen. Dies ist der Fall, wenn die Unternehmen einen Effizienzgewinn nachweisen können, der lediglich durch die Wettbewerbsbeschränkung möglich ist. Freistellungen können zum einen aufgrund einer Einzelfreistellung gemäß Art. 81 Abs. 3 EGV, zum anderen aufgrund der Erfüllung der Freistellungskriterien für Gruppenfreistellungen gemäß der GVO Nr. 2790/1999 erfolgen.

Für eine Einzelfreistellung gemäß Art. 81 Abs. 3 EGV müssen vier Bedingungen erfüllt werden, die Effizienzsteigerung und Gewinnverteilung fördern. Erstens muss die Wettbewerbsbeschränkung zur Verbesserung der Warenerzeugung oder -verteilung oder zur Förderung des technischen bzw. wirtschaftlichen Fortschritts führen, zweitens muss eine angemessene Beteiligung der Verbraucher an diesem Gewinn gewährleistet werden, drittens muss die Wettbewerbsbeschränkung unerlässlich für das Erzielen der oben genannten Vorteile sein und viertens darf sie nicht die Ausschaltung des Wettbewerbs für einen wesentlichen Teil der betreffenden Produkte zur Folge haben.

Das ökonomische Konzept der Wettbewerbsbeschränkung gemäß Art. 81 Abs. 1 EGV ist somit nicht völlig konsistent mit der Abwägung der Effizienz- und Verteilungsauswirkungen der Wettbewerbsbeschränkung, die als Grundlage für die Einzelfreistellung gemäß Art. 81 Abs. 3 EGV dienen. Der Konsumentenrente kommt eine größere Bedeutung zu als den anderen Elementen der Wohlfahrt.

Die Voraussetzungen für eine Gruppenfreistellung gemäß der GVO Nr. 2790/1999 basieren praktisch auf den Voraussetzungen für Einzelfreistellungen gemäß Art. 81 Abs. 3. Dazu kommt jetzt noch das Instrument der Marktanteilsschwelle: Freigestellt werden solche vertikalen Bindungen, in denen der Anteil des Lieferanten[19] an dem relevanten Markt 30%

[19] Bei Alleinbelieferungsverpflichtungen gilt die Gruppenfreistellung nur, wenn der Anteil des Käufers an dem relevanten Markt 30% nicht überschreitet. S. Art 3 Abs. 2 GVO Nr. 2790/1999.

nicht überschreitet.[20] Dabei darf die vertikale Bindung keine in die Kategorie der sogenannten „Kernbeschränkungen" fallende Beschränkung enthalten, da diese Kernbeschränkungen von der Gruppenfreistellung ohne Rücksicht auf den Marktanteil ausgeschlossen sind. Es wird nämlich angenommen, dass diese Beschränkungen den Wettbewerb in schwerwiegender Weise behindern.

Weiter kann die Anwendung der Gruppenfreistellung jedoch auch bei selektiven Vertriebssystemen eingeschränkt werden, in denen ein mittelbares oder unmittelbares, zeitlich unbegrenztes bzw. langfristiges Wettbewerbsverbot bzw. ein Wettbewerbsverbot nach Ablauf des Vertrages oder eine Verpflichtung in Bezug auf das Produktsortiment vorliegen.

In der Begründung zur GVO Nr. 2790/1999 werden auch der Grundsatz der Unerlässlichkeit[21] der Beschränkung sowie deren effizienzsteigernde Wirkungen[22] hervorgehoben. In Fällen, in denen eine Bindung zwar den Voraussetzungen der GVO Nr. 2790/1999 entspricht, „dennoch aber Wirkungen zeitigt, die mit Art. 81 Abs. 3 EGV nicht vereinbar sind, kann die Kommission den beteiligten Unternehmen den Vorteil einer Gruppenfreistellung entziehen."[23] Die Ausgrenzung der Kernbeschränkungen von der Begünstigung der Gruppenfreistellung steht hier für das Verbot der Ausschaltung des Wettbewerbs für einen wesentlichen Teil der Produkte. Die Beteiligung der Verbraucher ist nicht ausdrücklich erwähnt, lediglich im Verweis auf die Bedingungen des Art. 81 Abs. 3.[24]

f. Widerspiegelung ökonomischer Ansätze im Recht

Aufgrund des rechtlichen Rahmens unterscheiden *Rey* und *Caballero*[25] zwischen vertikalen Bindungen, die eine negative Auswirkung auf den Wettbewerb entfalten, und Bindungen, die eine im Saldo negative Auswirkung auf den Wettbewerb haben. Die Ersteren gelten – unter bestimmten Voraussetzungen – in der Regel als freistellbar, bei den Letzteren ist keine Freistellung möglich.

Das EG-Kartellrecht hat ohne Zweifel die Förderung der Maximierung der Wohlfahrt, d. h. die Maximierung der Summe aus Produzentengewinn und Konsumentenrenten zum Ziel. Diesem Ziel folgt dementsprechend auch die Beurteilung vertikaler Bindungen. Allgemein stellt sich bei dieser

---

[20] Oberhalb der Marktanteilsschwelle ist eine Einzelfreistellung notwendig.
[21] GVO Nr. 2790/1999, Erwägungsgrund Nr. 11.
[22] GVO Nr. 2790/1999, Erwägungsgrund Nr. 7.
[23] GVO Nr. 2790/1999, Erwägungsgrund Nr. 14.
[24] GVO Nr. 2790/1999, Erwägungsgrund Nr. 6.
[25] *Rey/Caballero*, The Policy Implications of the Economic Analysis of Vertical Restraints, S. 9.

Beurteilung jedoch auch die Frage, ob es sich um reine pareto-effiziente Veränderungen handelt oder ob dieses Kriterium auch durch die Anwendung von Kompensationsprinzipien relativiert werden kann.

Übertragen in die Sprache der Maximierung der Wohlfahrt darf nach der Einführung der Wettbewerbsbeschränkung die Summe des Produzentengewinns und der Konsumentenrente nicht sinken. Aus ökonomischer Sicht könnte jede Wohlfahrtsminderung als Wettbewerbsbeschränkung betrachtet werden.[26] Gemäß deren Auswirkungen kann sie auf eine eventuelle Freistellungsmöglichkeit überprüft werden.

Bei der Freistellung legt das EG-Kartellrecht ein Konzept fest, das die soziale Wohlfahrt besonders hervorhebt: Als *conditio sine qua non* für eine Freistellung gilt die Beteiligung der Verbraucher. Falls die Konsumentenrente – trotz einer Erhöhung der Summe des Produzentengewinns und der Konsumentenrente – gemindert wird und so die Verbraucher schlechter gestellt werden, darf die Bindung nicht freigestellt werden. Die Erhöhung der Summe des Produzentengewinns und der Konsumentenrente kann in solchen Fällen der negativen Veränderung der Konsumentenrente grundsätzlich nicht vorgezogen werden. Ausnahmsweise kann jedoch im Einzelfall eine Einzelfreistellung beantragt werden, wenn der Fall und sein ökonomischer Kontext solche Besonderheiten aufweisen, dass eine Einzelfreistellung für einen begrenzten Zeitraum als notwendig angesehen wird, z. B. während der Einführungsphase des Produktes auf dem Markt oder beim Marktzutritt.[27]

Eine Wohlfahrtssteigerung liegt dementsprechend nur dann vor, wenn sich die Summe des Produzentengewinns und der Konsumentenrente erhöht und dabei die Konsumentenrente steigt oder mindestens gleich bleibt. So wird in Art. 81 Abs. 3 EGV eines der Ziele des EG-Kartellrechts – der Schutz der Interessen der Verbraucher – besonders berücksichtigt.

---

[26] *Rey/Caballero*, The Policy Implications of the Economic Analysis of Vertical Restraints, S. 10.

[27] Ausnahme in Bezug auf absoluten Gebietsschutz: Rs. 1/71, *Cadillon/Höss*, vom 6.5.1971, Slg. 1971, 351, 356. Es ist möglich, dass eine Alleinvertriebsvereinbarung selbst bei absolutem Gebietsschutz mit Rücksicht auf die schwache Stellung, welche die Beteiligten auf dem Markt der fraglichen Produkte im geschützten Gebiet haben, für die Verwirklichung der Ziele eines einheitlichen Marktes nicht nachteilig sein kann und auch nicht den Paralleleinfuhren entgegensteht. S. auch z. B. Entscheidung der Kommission 78/253/EWG, *Campari*, ABl. L 70 vom 13.3.1978, 69, 75 f. Die Exklusivlizenz führte zur Verbesserung des Angebots auf dem Markt und der Versorgungsbedingungen. Entscheidung der Kommission 88/563/EWG, *Delta Chemie – DDD*, ABl. L 309 vom 15.11.1988, 34, 41: Die Exklusivlizenz und das Exklusivrecht für Vertrieb und Verkauf der Produkte im Lizenzgebiet wurden wegen der Notwendigkeit dieser Beschränkungen für die Einführungsphase freigestellt. Entscheidung der Kommission 78/163/EWG, *Distillers*, ABl. L 50 vom 22.2.1978, 16, 28. Absoluter Gebietsschutz war erlaubt und beschränkt auf die Zeit der Markteinführung. Ebenso war eine Freistellung bei einem sehr geringen Marktanteil möglich. S. Rs. 5/69, *Völk/Verwaecke*, vom 9.7.1969, 295, 303.

Vertikale Bindungen können jedoch auch rein wettbewerbsbeschränkenden Zwecken dienen. In solchen Fällen folgt eine Wohlfahrtsminderung, die Summe des Produzentengewinns und der Konsumentenrente sinkt. Der Produzentengewinn wächst zwar und kann sich der Monopolrente nähern, die Konsumentenrente sinkt jedoch so stark, dass der Wohlfahrtsverlust (*dead weight loss*) größer ist als die mögliche Kompensation der Senkung der Konsumentenrente durch die Erhöhung des Produzentengewinns. Beispiele solcher Handlungen sind Kartellbildung auf der Produktions- oder Vertriebsebene, Abschwächung des Wettbewerbs oder Marktabschottung. In solchen Fällen muss das Verbot voll greifen.

„Es wäre daher hilfreich, wenn die Wirtschaftstheorie eine durchdachte Klassifikation von Fällen sowie operationale Kriterien entwickeln könnte, mittels derer sich bestimmen ließe, wann und unter welchen Umständen eine bestimmte vertikale Bindung die gesellschaftliche Wohlfahrt wahrscheinlich mindert."[28]

2. Wirtschaftliche und wettbewerbliche Auswirkungen vertikaler Bindungen

Die ökonomische Analyse vertikaler Wettbewerbsbeschränkungen bedarf einer weniger detaillierten Typologie als die entsprechende juristische Analyse. Die wirtschaftlichen und wettbewerblichen Auswirkungen vertikaler Beschränkungen können einerseits gemäß ihrer Auswirkungen auf den markeninternen Wettbewerb innerhalb der vertikalen Struktur und andererseits auf den Markenwettbewerb unter den vertikalen Strukturen unterteilt werden.[29] Verschiedene Bindungen können in Abhängigkeit von deren Kontext und den Falleinzelheiten unterschiedliche oder ähnliche Auswirkungen bei der Lösung eines bestimmten Problems hervorrufen. Sie stellen dem Vertriebshändler auch unterschiedliche Spielräume zur Verfügung, in denen er seine Kenntnisse der lokalen Nachfrage und Kaufgewohnheiten verwenden kann. Die in jedem bestimmten Fall angemessene Entscheidung ist vor allem von den dem Hersteller und dem Vertriebshändler bekannten Informationen sowie von der Einstellung des Vertriebshändlers zu möglichen Vertriebsrisiken abhängig.[30]

Der Ausgangspunkt der Beurteilung ist der Markenwettbewerb auf dem Markt: Bei schwachem Markenwettbewerb bleiben theoretisch die Auswir-

---

[28] *Tirole*, Industrieökonomik, S. 406.

[29] So z. B. *Rey/Caballero*, The Policy Implications of the Economic Analysis of Vertical Restraints, S. 11 ff.

[30] Zu Preisbindungen vgl. *Rey/Caballero-Sanz*, The Policy Implications of the Economic Analysis of Vertical Restraints, S. 12 f., *Iacobucci*, World Competition 1995, S. 89 ff.

kungen einer vertikalen Struktur mit erheblicher Marktmacht[31] auf die Wohlfahrt ambivalent:[32] Eine Fallanalyse mit Berücksichtigung der Marktstrukturen[33] ist notwendig. Bei starkem Markenwettbewerb ist es weniger wahrscheinlich, dass die vertikale Bindung wettbewerbsschädliche Auswirkungen überhaupt entwickelt, und wenn dies der Fall ist, bleiben sie eher eingeschränkt. Des Weiteren unterstützt ein starker Markenwettbewerb auf dem Markt den positiven Einfluss der sich bereits positiv auf die Koordination der Struktur auswirkenden vertikalen Bindung auf die Konsumentenrente und eventuell auch auf die Wohlfahrtssteigerung.

Auch das Risiko der Erleichterung der Kartellbildung auf den vor- oder nachgelagerten Stufen durch die Einführung vertikaler Bindungen hängt vor allem vom Wettbewerbsniveau auf dem Markt ab. So ist dieses Risiko auf Märkten, auf denen viele Wettbewerber oder vertikale Strukturen, die Substitutionsmöglichkeiten für das betreffende Produkt anbieten, vorhanden sind sowie auf Märkten mit niedrigen Marktzutrittsschranken relativ gering. Wenn der vorhandene Wettbewerb jedoch bereits nicht sehr stark ist, wirken sich vertikale Bindungen eher abschwächend auf den Wettbewerb zwischen vertikalen Strukturen aus.

Auch das Argument, dass vertikale Bindungen die Marktzutrittsschranken und dadurch die Marktmacht erhöhen können, zeigt sich als nicht überzeugend, wenn auf dem Markt erheblicher Wettbewerb herrscht, andere Händler Substitutionsmöglichkeiten zu dem betreffenden Produkt anbieten und der Markt nicht konzentriert ist.[34]

Bei schwachem Wettbewerb können zwar vertikale Bindungen immer noch zur Gewinnmaximierung der vertikalen Struktur benutzt werden, diese Maximierung führt jedoch nicht zugleich zur Steigerung der Konsumentenrente und der Wohlfahrt.

a. „Motivationsgründe" für vertikale Bindungen

Bei der Betrachtung der Auswirkungen einzelner vertikaler Bindungen müssen jedoch auch die möglichen Divergenzen zwischen den Interessen

---

[31] So sollten z. B. absoluter Gebietsschutz und vertikale Preisbindung verboten werden, wenn der Gebietsschutz der Stärkung der Marktmacht großer Vertriebshändler dient oder wenn diese Vertriebshändler Mindestpreise als Voraussetzung für die Aufnahme des bestimmten Produktes ins Produktsortiment durchsetzen wollen.

[32] S. *Katz*, Vertical Contractual Relations, S. 714; *Tirole*, Industrieökonomik, S. 406; *Rey/Caballero-Sanz*, The Policy Implications of the Economic Analysis of Vertical Restraints, S. 41.

[33] Eine solche Analyse sollte nicht nur auf die Marktkonzentration, sondern auch auf die Informationsstruktur auf dem Markt, Risiken, wie z. B. in Bezug auf versunkene Investitionen, oder die Notwendigkeit spezifischer Investitionen fokussiert werden.

[34] S. *Rey/Caballero-Sanz*, The Policy Implications of the Economic Analysis of Vertical Restraints, S. 23.

des Herstellers und den gesellschaftlichen Interessen berücksichtigt werden: Der Hersteller bevorzugt in der Regel seinen Gewinn: erstens vor dem Gewinn der ganzen Kette bzw. der ganzen Industrie, zweitens vor der Konsumentenrente.

So entspricht jede vertikale Bindung unterschiedlichen Motiven des Herstellers und der Vertriebshändler. Bestimmte Bindungen oder deren Kombinationen können zudem für unterschiedliche Zwecke benutzt werden. Wie bereits erwähnt, wirken sich vertikale Bindungen aus ökonomischer Sicht in zwei Richtungen aus: zum einen auf die vertikale markeninterne Koordination, zum anderen auf den Markenwettbewerb.

b. Vertikale Bindungen als Lösungsansätze von Koordinationsproblemen

Zunächst werden ökonomische Problemsituationen im Zusammenhang mit der Koordination innerhalb der vertikalen Struktur dargestellt, weiterhin Problemsituationen, die sich aus dem Markenwettbewerb auf dem Markt entwickeln. Zu jeder Problemsituation werden vertikale Bindungen als entsprechende Lösungsansätze angeboten. Der juristische Kontext, der hier etwas in den Hintergrund tritt, da manche der vertikalen Bindungen zwar ökonomisch einwandfrei sind, juristisch jedoch als wettbewerbsschädlich gelten,[35] wird bei der Analyse der Entscheidungen[36] hinzugefügt.

Als Ausgangspunkt gilt der Hersteller und sein Vertriebssystem, d. h. seine Händler. Dies wird als vertikale Struktur bezeichnet. Die vertikale Struktur ist entweder vertikal integriert oder wird über vertikale Bindungen koordiniert, sofern diese ausreichen, dieselbe Allokation herbeizuführen.[37] In dieser Untersuchung werden lediglich die hybriden Organisationsformen berücksichtigt, d. h. die Koordination durch Kooperation mittels vertikaler Bindungen. So wird zuerst die Koordination innerhalb dieser Struktur, dann die Interaktion zwischen solchen Strukturen betrachtet.

---

[35] Beispiele sind vertikale Preisbindung und absoluter Gebietsschutz. S. auch *Craigh/de Búrca*, EC-Law, S. 908. Vgl. die GVO Nr. 2790/1999: Gemäß Art. 3 lit. a gehören zu den Kernbeschränkungen dem Käufer auferlegte Beschränkungen bei der Festsetzung der Wiederverkaufspreise; hierzu zählen auch Höchstpreise oder Preisempfehlungen, falls sie sich infolge der Ausübung von Druck oder der Gewährung von Anreizen durch einen der Partner tatsächlich wie Fest- oder Mindestpreise für den Weiterverkauf auswirken.

[36] S. D. II. Analyse vertikaler Beschränkungen.

[37] S. B. I. 4. Koordination der vertikalen Struktur.

(1) Koordination innerhalb der vertikalen Struktur

Der Ausgangspunkt der Analyse ist die Koordination der Tätigkeiten innerhalb der vertikalen Struktur: In jeder vertikalen Struktur[38] kommen verschiedene Entscheidungsvariablen[39] vor, die weder allein vom Hersteller noch allein von den Vertriebshändlern kontrolliert werden können. Bestimmte Entscheidungen betreffen die Aufteilung der Gewinne, andere den Gesamtgewinn.[40] Die Dezentralisierung der letztgenannten Entscheidungen kann zu Externalitäten führen, die wiederum – falls nicht richtig behandelt – Ineffizienzen verursachen können.

Zu den Koordinationsproblemen gehören insbesondere die Verdoppelung der Gewinnaufschläge, die Koordination der Gewährleistung des Vertriebsservice zwischen dem Hersteller und seinen Vertriebshändlern einerseits und unter den Vertriebshändlern andererseits sowie ein mögliches Trittbrettfahrerverhalten seitens anderer Hersteller. Die hier vorgelegten ökonomischen Maßnahmen sollen dienlich sein, für das jeweilige Problem Lösungsvorschläge zu bringen, welche diese Problemsituationen beseitigen oder mindestens zu einer Maximierung der Profite der gesamten vertikalen Struktur führen sollen.

Vertikale Bindungen können auf drei unterschiedliche Weisen die Koordination verbessern: Erstens kann der Hersteller durch vertikale Bindungen unmittelbar die Entscheidungen seiner Händler überwachen.[41] Zweitens können sich vertikale Bindungen auf eine Umstrukturierung der Anreize auswirken, wie es z. B. bei zweiteiligen Tarifen der Fall ist. Drittens können vertikale Bindungen Externalitäten zwischen den Händlern in solchen Situationen mindern, in denen *Spillover*-Effekte zwischen den Händlern[42] vorkommen.

(a) Verdoppelung der Gewinnaufschläge

Die Verdoppelung der Gewinnaufschläge[43] führt in der Regel zu überhöhten Preisen, da bei der Preisfestlegung innerhalb jeder Stufe in der Produk-

---

[38] Hier: Vertikale Struktur besteht aus der Produktion und dem Vertrieb.

[39] Wie z. B. Großhandelspreis, Höhe der (Franchise-)Gebühren, Absatzmengen, Endverbraucherpreis, Maßnahmen zur Verkaufsförderung, Standort des Händlers usw.

[40] Der Gesamtgewinn der vertikalen Struktur ist die Summe der Gewinne des Herstellers und seiner Händler.

[41] Die Voraussetzung hierfür ist, dass der Hersteller Preise und/oder Serviceleistungen im Vertrieb bestimmen kann.

[42] So kann z. B. die Zuweisung der Absatzgebiete beim Trittbrettfahrerverhalten eingesetzt werden.

[43] Die Verdoppelung der Gewinnaufschläge kommt in solchen Fällen vor, in denen sowohl der Hersteller als auch der Vertrieb Marktmacht haben und fähig sind, Preise festzulegen, die

tion und im Vertrieb die Auswirkung des eigenen Preises auf die Gewinne der anderen Unternehmen in der Vertriebskette nicht berücksichtigt wird.[44] Dies hat zur Folge, dass der Endpreis über dem Niveau liegt, das dem maximalen Gewinn der ganzen Struktur entsprechen würde. Der Endpreis ist also supraoptimal, der Gewinn der vertikalen Struktur suboptimal. Der Vertriebshändler tendiert dann dazu, den Preis dieser Produkte zu erhöhen und nimmt dabei in Kauf, dass die Menge der verkauften Produkte sinkt. Er berücksichtigt nämlich nicht, dass er dadurch eine für den Hersteller sehr ungünstige Externalität schafft, weil der Gewinn des Herstellers durch die vom Vertriebshändler durchgeführte Preiserhöhung (und folgliche Minderung der Menge) gesenkt wird.[45]

i. Positive Wirkungen vertikaler Bindungen

Der Hersteller könnte auf das Problem der Verdoppelung der Gewinnaufschläge entsprechend dem wirtschaftlichen Gesamtkontext[46] entweder mit der Einführung vertikaler Preisbindung in Form von Höchstpreisen, nichtlinearen Tarife oder starkem markeninternem Wettbewerb[47] reagieren.

Der erste Lösungsansatz führt vertikale Preisbindung ein,[48] eventuell auch lediglich in Form von Höchstpreisen, und verbindet diese mit der Festlegung eines solchen Großhandelspreises, der die optimale Gewinnaufteilung innerhalb der vertikalen Struktur garantiert. Dabei wird vorausgesetzt, dass der Hersteller den Preis aufgrund ausreichender Informationen effizient festsetzen kann und dass dieser Preis eventuell auch vom Gericht durchgesetzt werden kann.

Als Alternative können nichtlineare Tarife angewendet werden, insbesondere wenn z. B. die Überwachung der Durchführung der festgelegten Preise nicht möglich oder zu aufwändig für den Hersteller ist: So überwacht der Hersteller die von den Vertriebshändlern verkauften Mengen. Eine andere extreme Form nichtlinearer Tarife sind Mindestabnahmemen-

höher als ihre Grenzkosten sind. Beide fügen ihren eigenen Gewinnaufschlag zu dem Preis hinzu. Der Verbraucher bezahlt also den Gewinnaufschlag doppelt.

[44] Zur ausführlichen ökonomischen Diskussion s. *Tirole*, Industrieökonomik, S. 379 ff.

[45] Andererseits schafft der Händler durch die Preiserhöhung auch eine positive Externalität für andere Händler bzw. für andere vertikale Strukturen, da sich die Nachfrage zu diesen verschiebt. S. *Dobson/Waterson*, Vertical Restraints and Competition Policy, S. 8.

[46] Es handelt sich insbesondere um Unsicherheit – in Bezug auf den Markt, auf die Kosten sowie die Nachfrage. Ein weiteres Element ist die Einstellung der Händler zum Risiko.

[47] Starker markeninterner Wettbewerb unter den Vertriebshändlern reduziert den Gewinnaufschlag der Vertriebsstufe.

[48] S. *Tirole*, Industrieökonomik, S. 386; *Carlton/Perloff*, Modern Industrial Organisation, S. 526; *Rey/Caballero-Sanz*, The Policy Implications of the Economic Analysis of Vertical Restraints, S. 12, 28 f.

gen. Diese zwingen den Vertriebshändler dazu, seine Verkaufsmengen durch Senkung der Preise zu erhöhen.

Ein typisches Beispiel nichtlinearer Tarife sind Franchisetarife, die als zweiteilige Tarife aus dem Großhandelspreis und einer Franchisegebühr[49] zusammengesetzt werden. Die Franchisegebühr kann den im Großhandelspreis enthaltenen Gewinnaufschlag des Herstellers dadurch beseitigen, dass ihn der Hersteller in Form der Franchisegebühr bekommt und den Großhandelspreis so auf dem Niveau der Grenzkosten, d. h. ohne Gewinnaufschlag, halten kann.

Im Vergleich mit vertikaler Preisbindung können durch zweiteilige Tarife die Informationen und Kenntnisse der Vertriebshändler in Bezug auf die lokale Endnachfrage und/oder die Vertriebskosten besser zur Geltung gebracht werden: Einerseits wird der Vertriebshändler motiviert, diese Kenntnisse – wenn sie besser als diejenigen des Herstellers sind – auszunutzen und den Endpreis selbst zu bestimmen. Der Vertriebshändler bleibt nämlich für alle Veränderungen der Profite der vertikalen Struktur aufgrund Veränderungen des Endpreises empfindlich: Deswegen will er mittels des Endpreises auch den gesamten Gewinn der vertikalen Struktur und hierdurch auch seinen Gewinn maximieren.

Andererseits ist der Hersteller bei der Festlegung der Höhe der Franchisegebühren auch von der Offenheit der Vertriebshändler zu verschiedenen mit dem Vertrieb verbundenen Risiken abhängig.[50] Der Händler geht zwar größere Risiken ein, ihm stehen jedoch nur die Residualgewinne als Risikoprämie zu. Die Bedeutung der Berücksichtigung der Risikooffenheit der Vertriebshändler führt zur Annahme, dass es Fallkonstellationen geben kann, in denen der Hersteller nicht ausreichende Informationen zur Verfügung hat, und dementsprechend seine Tarife nicht „richtig" festlegen kann. In solchen Situationen kann das Problem der Verdoppelung der Gewinnaufschläge durch zweiteilige Tarife nur teilweise beseitigt werden.[51]

Wenn vertikale Preisbindung und deren Formen erfolgreich gegen die Verdoppelung der Gewinnaufschläge angewendet werden, steigt durch die Beseitigung der suprakompetitiven Aufschläge aufgrund des intensivierten Markenwettbewerbs neben dem Produzentengewinn vor allem die Konsumentenrente, da der Endverbraucherpreis niedriger ist. Vertikale Preisbindung kann folglich in bestimmten Situationen, z. B. wenn ein Hersteller mittels Höchstpreisen die Verdoppelung der Gewinnaufschläge beseitigen

---

[49] Die Franchisegebühr verkörpert praktisch das Entgelt für das Recht zur Veräußerung des bestimmten Produktes.

[50] Zu weiteren Voraussetzungen gehört die Annahme, dass die Handelskosten oder die Endnachfrage stochastisch sind.

[51] S. *Rey/Caballero-Sanz*, The Policy Implications of the Economic Analysis of Vertical Restraints, S. 13.

will, auch zur Minderung der Gewinne der Konkurrenten führen. Aus wirtschaftlicher Sicht sollte vertikale Preisbindung, falls sie ausschließlich zur Lösung des Problems der Verdoppelung der Gewinnaufschläge angewendet wird, nicht verboten werden, da dadurch das Wohlfahrtsniveau erhöht wird.[52]

ii. Negative Wirkungen vertikaler Bindungen

Falls zu anderen Zwecken angewendet, können die zur Lösung der Verdoppelung der Gewinnaufschläge angewendeten vertikalen Bindungen jedoch negative Wirkungen entwickeln: Die Anwendung von vertikaler Preisbindung kann z. B. unangemessen sein, wenn dadurch der Vertriebshändler, welcher über bessere Kenntnisse der Vertriebskosten sowie der lokalen Preis- und Nachfrageverhältnisse verfügt, gehindert wird, auf positive Veränderungen dieser Kosten und Verhältnisse auch entsprechend in den Endpreisen reagieren zu können. Ein anderes Beispiel sind Gebietsbeschränkungen, deren Anwendung die negative Wirkung der Verdoppelung der Gewinnaufschläge noch verstärkt.[53]

(b) Koordination der Serviceleistungen zwischen Hersteller und Vertriebshändlern und unter den Vertriebshändlern

Der Vertrieb von Produkten hat nicht nur Vermittlungsfunktion zwischen dem Hersteller und dem Endverbraucher, er wirkt auch wertschöpfend, insbesondere durch die Gewährleistung der mit dem Vertrieb der Produkte verbundenen Serviceleistungen. Diese können von der Kundenberatung, über die Innenausstattung der Verkaufsräumlichkeiten, das Personal, bis zur Gewährleistung des Reparaturdienstes[54] reichen. Die Bandbreite der Aktivitäten ist so umfangreich, dass sie kaum genau messbar ist. Die von den Vertriebshändlern angebotenen Leistungen beeinflussen die Nachfrage nach den Produkten entscheidend. Andererseits sind sie jedoch auch eine Quelle von Externalitäten: Zum einen entstehen vertikale externe Effekte zwischen dem Hersteller und seinen Vertriebshändlern, zum anderen horizontale externe Effekte unter den Vertriebshändlern. Das Vorhandensein

---

[52] So z. B. *Rey/Caballero-Sanz*, The Policy Implications of the Economic Analysis of Vertical Restraints, S. 28.

[53] So kann zwar der Gewinn der Händler erhöht werden, die Konsumentenrente wird jedoch gemindert. Bei elastischer Nachfrage kommt es auch zu einer Minderung des Gewinns des Herstellers.

[54] Andere Beispiele sind die Vergabe von Rabattmarken, kostenlose Änderungen, Frei-Haus-Lieferungen, die Gewährung von Konsumentenkrediten, die Öffnung zusätzlicher Kassen. Im Weiteren werde ich all diese Leistungen als „Service" oder „Verkaufsförderung" bezeichnen.

der externen Effekte verursacht dann die suboptimale Servicegewährleistung seitens der Vertriebshändler; es entsteht das Problem der Verdoppelung der Koordination.

Als Lösungsansätze bieten sich insbesondere die Zuweisung von ausschließlichen Gebieten an die einzelnen Vertriebshändler, die Beschränkung der Zahl der Vertriebshändler, die Übernahme der Verkaufsförderung durch den Hersteller sowie die Überwachung und Erstattung einzelner Leistungen der Vertriebshändler oder vertikale Preisbeschränkungen an.

i. Koordination zwischen Hersteller und Vertriebshändlern

Vertikale externe Effekte der Koordination über den Markt zwischen dem Hersteller und seinen Vertriebshändlern basieren insbesondere auf unterschiedlichen Interessen der beteiligten Parteien in Bezug auf das Niveau des zu gewährleistenden Service. Wenn also der Großhandelspreis höher ist als die Grenzkosten – dies kommt üblicherweise in Situationen vor, in denen keine spezifischen Verträge vorhanden sind –, kann nur der Hersteller von erhöhter Vertriebsförderung und folgender Nachfrageerhöhung profitieren. Grundsätzlich tendiert dann der Händler dazu, sich lediglich auf seinen eigenen Gewinn bei minimaler möglicher Vertriebsförderung zu konzentrieren. Der Gewinnaufschlag des Herstellers drückt nämlich die Gewinnspanne des Händlers unter die Gewinnspanne der vertikalen Struktur. Dies kann zu supraoptimalen Endpreisen und suboptimalem Service führen,[55] was eine Nachfrageminderung zur Folge hat.

Das Problem der Verdoppelung der Koordination der Serviceleistungen kann durch die Überwachung[56] der Leistungen der Händler beseitigt werden, z. B. durch die Festlegung eines Höchstpreises und minimaler Servicestandards. Falls der Hersteller die Vertriebsaktivitäten der Händler jedoch nicht effektiv überwachen kann, sollte er statt dessen zweiteilige Tarife anwenden: Dabei soll der Großhandelspreis gleich den Grenzkosten sein. Die Franchisegebühr gleicht dann die Teilung der Profite innerhalb der vertikalen Struktur aus und macht den Händler zum Empfänger des Residualgewinnes.

---

[55] Zum Geltungsbereich dieser Annahme und zu Interdependenzen zwischen dem Preis und Vertriebsförderungsanreizen s. *Rey/Caballero-Sanz*, The Policy Implications of the Economic Analysis of Vertical Restraints, S. 13, insbesondere Fn. 12.

[56] S. *Tirole*, Industrieökonomik, S. 402: „[...] Unsicherheit und asymmetrische Information erzeugen ein echtes Kontrollproblem; es tritt ein Zielkonflikt zwischen der Absicherung gegen Risiken und der Notwendigkeit von Anreizen auf. Ein risikoaverser Agent verspürt, wenn er bis zu einem gewissen Grade abgesichert ist, weniger Anreiz, Aktivitäten zu ergreifen, die für ihn kostenaufwendig, für den Prinzipal aber gewinnbringend sind."

ii. Mögliche Interessenunterschiede zwischen Verbrauchern und den an der vertikalen Struktur beteiligten Unternehmen

Man darf jedoch auch nicht vergessen, dass die an der vertikalen Struktur beteiligten Unternehmen andere Vorstellungen vom optimalen Serviceniveau haben können als die Verbraucher: Eine Erhöhung der Serviceleistungen – in Verbindung mit einer Preiserhöhung – kann zwar einerseits den Gewinn der vertikalen Struktur erhöhen, andererseits kann sie aber gleichzeitig auch zu einer Senkung der Konsumentenrente und eventuell auch der Gesamtwohlfahrt führen. Es kann also – je nach Betrachtungsweise – sowohl zu einem Übermaß als auch zu einem Mangel an dem von den Händlern geleisteten Service kommen.[57] Diese Divergenz zwischen den Interessen der vertikalen Struktur und der Verbraucher kann entscheidend für die Beurteilung der Auswirkungen vertikaler Bindungen sein, wenn die vertikale Struktur über erhebliche Marktmacht verfügt.[58] Die Lösung der mit vertikaler Koordination der Serviceleistungen verbundenen Probleme ist demzufolge nicht immer wohlfahrtserhöhend.

Wenn also vertikale Preisbindung oder Gebietsbeschränkungen in dieser Situation lediglich zur Beseitigung der Koordinationsprobleme angewendet werden und dabei gleichzeitig keine Gefahr des Trittbrettfahrerverhaltens besteht, kann dies zu der bereits erwähnten Minderung der Konsumentenrente sowie der Gesamtwohlfahrt führen. Infolge der Minderung der Konsumentenrente ist dann eine Freistellung ausgeschlossen.

Wenn jedoch auf dem Markt starker Markenwettbewerb herrscht und den Verbrauchern auch andere Substitutionsprodukte als „Ausweichmöglichkeiten" zur Verfügung stehen, können sich diese Beschränkungen doch positiv auf die Konsumentenrente und die Gesamtwohlfahrt auswirken.

iii. Koordination unter Vertriebshändlern

Horizontale externe Effekte,[59] die durch Koordinationsprobleme zwischen den einzelnen Vertriebshändlern verursacht werden, können die Rente des Herstellers negativ beeinflussen. Die Einführung eines starken markeninternen Wettbewerbs als Reaktion auf diese Situation verändert hier jedoch

[57] Innerhalb der Verbrauchergruppe handelt es sich um die Grenzverbraucher und die inframarginalen Verbraucher. Die Ersteren bevorzugen mehr Service und dementsprechend höhere Preise, die Letzteren weniger Service und niedrigere Preise.

[58] *Rey/Caballero-Sanz*, The Policy Implications of the Economic Analysis of Vertical Restraints, S. 14.

[59] S. *Tirole*, Industrieökonomik, S. 398 ff.

nur die Art des Koordinationsproblems:[60] Der supraoptimale Gewinnaufschlag wird zwar beseitigt, das Niveau des geleisteten Service richtet sich jedoch nach den Anforderungen der Verbraucher. Dies muss nicht immer günstig für den Gewinn der ganzen vertikalen Struktur sein. Aus dem Blickwinkel der Wohlfahrt betrachtet, hängt es insbesondere von der jeweiligen Wettbewerbssituation ab, ob die Erhöhung des markeninternen Wettbewerbs eine Erhöhung der Wohlfahrt mit sich bringt.[61]

Ein Beispiel horizontaler Externalitäten ist das Trittbrettfahrerverhalten.[62] Dies betrifft meistens nur bestimmte Produkte und Produktgruppen,[63] insbesondere Luxusprodukte[64] sowie neue und technisch komplexe Produkte, die zum Verkauf Ausstellungsräumlichkeiten und Beratung bedürfen.

Beim Trittbrettfahrerverhalten investiert ein Vertriebshändler in die Verkaufsförderung, z. B. in die Werbung, die Geschäftsausstattung, die Schulung des Verkaufspersonals, die Qualitätsüberwachung oder den guten Ruf des Produkts. Ein anderer Händler – der Trittbrettfahrer – nutzt diese Investitionen aus, ohne sie selbst tätigen zu müssen: Er verlässt sich nur darauf, dass seine Kunden zuerst den Vertriebshändler aussuchen, der die Serviceleistungen anbietet, sich beraten lassen, jedoch bei ihm (dem Trittbrettfahrer) einkaufen, weil seine Preise unter dem Niveau der Preise des Vertriebshändlers liegen.

Eine solche Situation kann zur Beeinträchtigung des Serviceniveaus führen. Wenn der Vertriebshändler aus seinen Investitionen nicht vollständig Nutzen ziehen kann und andere Vertriebshändler, die solche Investitionen nicht getätigt hatten, von seinen Leistungen profitieren können, wird er dadurch veranlasst, diese Investitionen und Leistungen folglich zu minimieren.

---

[60] S. *Rey/Caballero-Sanz*, The Policy Implications of the Economic Analysis of Vertical Restraints, S. 14; *Dobson/Waterson*, Vertical Restraints and Competition Policy, S. 8; *Carlton/Perloff*, Modern Industrial Organization, S. 533.

[61] S. *Rey/Caballero-Sanz*, The Policy Implications of the Economic Analysis of Vertical Restraints, S. 14.

[62] Zum Trittbrettfahrerproblem s. ausführlich z. B. *Kapp*, Wettbewerbsbeschränkung durch vertikale Vertriebsbindungen?, S. 49 ff; *Grossekettler*, Die gesamtwirtschaftliche Problematik vertraglicher Vertriebssysteme, S. 273; *Carlton/Perloff*, Modern Industrial Organisation, S. 527.

[63] Hier spielt auch die Produktdifferenzierung eine Rolle: Das Produkt muss zu einem bestimmten Grad von anderen konkurrierenden Produkten differenziert sein, sonst kann es nur zum Marken-, aber nicht zum markeninternen Trittbrettfahren kommen.

[64] Bei Luxusprodukten wird das Qualitätsargument als Rechtfertigungsgrund in Image-orientierten Vertriebsbindungen angewendet. So sollen z. B. Veblen-Effekte bei Produkten, bei denen zum Grundnutzen auch ein erheblicher Geltungsnutzen hinzukommt, vermieden werden. S. *Grossekettler*, ZfgG (28) 1978, S. 359 ff.; *Grossekettler*, Die gesamtwirtschaftliche Problematik vertraglicher Vertriebssysteme, S. 289 ff.

Zur Beseitigung der Koordinationsprobleme und zur Maximierung des Gesamtgewinns der vertikalen Struktur können verschiedene vertikale Bindungen angewendet werden, mit deren Hilfe der Hersteller z. B. Preise und Serviceleistungen überwachen kann. Ein Beispiel hierfür ist vertikale Preisbindung (entweder als Mindest- oder als Höchstpreise). Mit Hilfe von Mindestpreisen[65] in Verbindung mit der Festlegung der Großhandelspreise kann der Hersteller nicht nur den Endpreis, sondern auch den Aufschlag des Vertriebs überwachen. Dieser soll dabei lediglich so hoch sein, dass dadurch das erwünschte Niveau der Serviceleistungen garantiert ist. Ein anderer Lösungsvorschlag beinhaltet die Zuweisung ausschließlicher Gebiete in Verbindung mit der Einführung zweiteiliger Tarife, so dass der Händler dadurch noch mehr an der Maximierung des Gesamtgewinns der vertikalen Struktur und folglich auch seines eigenen Gewinns interessiert ist.

Mutatis mutandis können diese Lösungsansätze auch beim Trittbrettfahrerproblem angewendet werden, da starker markeninterner Wettbewerb allein als Lösung für dieses Problem meistens nicht ausreichend ist.[66] So kann der Hersteller seinen Händlern z. B. ausschließliche Absatzgebiete zuweisen, Kundenbindungen[67] oder vertikale Preisbindung in Form von Mindestpreisen auferlegen und die Serviceleistungen der Händler so vor „unlauterem" Wettbewerb seitens der Trittbrettfahrer schützen.

(c) Trittbrettfahren unter Herstellern

Den dritten Problemkreis in Bezug auf Koordination stellt das mögliche Trittbrettfahrerverhalten unter den Herstellern[68] beim Vertrieb ihrer Produkte durch einen Händler dar. Die Entscheidungen der Hersteller können die Entscheidungen sowie den Gewinn des Händlers beeinträchtigen: Wenn der Hersteller einen Großhandelspreis anwendet, der höher als seine Grenzkosten ist, kann der Händler Produkte anderer Hersteller bevorzugen. Aus der Sicht der vertikalen Struktur kann dies jedoch zu einer Störung der Zusammensetzung des Produktsortiments und zur Senkung des Gesamtge-

---

[65] Zur Sicherung eines adäquaten Informationsniveaus im Vertrieb durch vertikale Preisbindung gegen Trittbrettfahrer s. *Mathewson/Winter*, The Economics of Vertical Restraints in Distribution, S. 213 ff. S. auch *Van den Bergh*, ECLR 1996, S. 77.

[66] S. *Rey/Caballero-Sanz*, The Policy Implications of the Economic Analysis of Vertical Restraints, S. 14; *Carlton/Perloff*, Modern Industrial Organisation, S. 529.

[67] Bei einer solchen Bindung dürfen die Großhändler nur an „autorisierte" Einzelhändler liefern und die Trittbrettfahrer haben dann eigentlich keinen Marktzutritt.

[68] S. z. B. *Katz*, Vertical Contractual Relations, S. 696 f; *Carlton/Perloff*, Modern Industrial Organization, S. 531 f.

winns führen.[69] Andere Problemlösungsansätze stellen Entscheidungen in Bezug auf nationale Werbekampagnen, die Produktqualität, die Gewinnaufteilung innerhalb der vertikalen Struktur oder spezifische Investitionen dar.

Bei einer Störung der Zusammensetzung der Produktpalette kann der Hersteller zweiteilige Tarife, Provisionen oder ausschließliche Bindungen[70] einführen. Die Gewinnaufteilung innerhalb der vertikalen Struktur ist jedoch sehr stark insbesondere mit der Einstellung der Händler zu Risiken verbunden: Hier kann der Hersteller zweiteilige Tarife anwenden, so dass die Händler die Residualgewinne bekommen. Wie schon oben bei der Verdoppelung der Gewinnaufschläge erwähnt, führt dies jedoch auch dazu, dass der Händler das ganze mit dem Vertrieb verbundene Risiko trägt. Falls der Händler aber risikoavers ist, muss sich der Hersteller auf die Risikoverteilung statt auf die Maximierung der Gewinne der Struktur konzentrieren. Er kann z. B. den Großhandelspreis erhöhen und die (Franchise-) Gebühr reduzieren. So wird das Risiko des Händlers gemindert und sein Gewinnniveau erhöht.

Spezifische Investitionen wirken sich als gebundene Investitionen aus, welche die Investoren ohne die in den Vertriebsverträgen enthaltenen Garantien nicht oder nur in unzureichendem Maße tätigen würden. Andererseits braucht der Hersteller eine entsprechende Garantie für die Erhaltung der Produktqualität auch auf der Vertriebsstufe.[71] Als Schutz gegen mögliches opportunistisches Verhalten eignen sich z. B. die Zuweisung von ausschließlichen Absatzgebieten als Schutz der spezifischen Investitionen, oder auch ein Konkurrenzverbot bzw. Alleinbezugsvereinbarungen als Schutz des Image und des guten Rufs des Herstellers.[72]

(2) Auswirkungen vertikaler Bindungen auf den Markenwettbewerb

Der Einfluss vertikaler Bindungen auf den Markenwettbewerb und die Strukturen auf dem Markt wirkt sich in zwei Richtungen aus: Zum einen handelt es sich um kurzfristige, statische Auswirkungen, zum anderen um langfristige, dynamische Auswirkungen.

---

[69] S. *Rey/Caballero-Sanz*, The Policy Implications of the Economic Analysis of Vertical Restraints, S. 15.

[70] Eine weniger direkte Methode als die ausschließliche Bindung wäre die Anwendung von Kopplungsgeschäften oder Mindestabnahmemengen.

[71] Zur Diskussion zur Produktqualität als Rechtfertigungsgrund vertikaler Vertriebsbindungen s. z. B. *Kapp*, Wettbewerbsbeschränkung durch vertikale Vertriebsbindungen?, S. 76 ff.

[72] Vgl. auch *Tirole*, Industrieökonomik, S. 404 f.

(a) Statische Auswirkungen

Statische Auswirkungen betreffen die Frage, ob bzw. unter welchen Voraussetzungen vertikale Bindungen kurzfristig zur Sicherung bzw. zur Stärkung der vorhandenen Marktmacht und somit zur Abschwächung des Markenwettbewerbs benutzt werden können.[73] Dies könnte in folgenden Situationen der Fall sein:

Zunächst bei der Unterstützung horizontaler Kartellbildung[74] auf der Ebene des Vertriebs bzw. der Hersteller. Die meisten vertikalen Bindungen reduzieren den Wettbewerb auf den nachgelagerten Stufen. Da horizontale Kartelle grundsätzlich verboten sind, könnten vertikale Bindungen als „scheinvertikale Bindungen"[75] zur Umgehung des Rechts angewendet werden. Es wurde zwar angenommen, dass sich vertikale Bindungen auf horizontale Kartellbildung auf der vorgelagerten Stufe auswirken können, z. B. bei Anwendung vertikaler Preisbindung,[76] dieses Argument ist bisher jedoch nicht formal analysiert worden.

Die Erleichterung einer Kartellbildung auf der Vertriebsebene durch vertikale Bindungen scheint jedoch eher unwahrscheinlich zu sein: Einerseits ist es nicht im Interesse des Herstellers, der die zu solchen Absprachen führende Beschränkung auferlegen und dadurch das Kartell durchsetzen würde, da dieser Schritt die Erhöhung des Vertriebsaufschlags und folglich die Minderung des Herstelleraufschlags zur Folge hätte. Andererseits kann der Vertrieb in den meisten Bereichen als eine kompetitive Branche mit geringen Aufschlägen und niedrigen Marktzutrittsschranken betrachtet werden,[77] in der die Kartellbildungsgefahr nicht schwerwiegend ist.

Die weitere Fallgruppe kommt in Situationen vor, in denen die vertikale Struktur vertikale Bindungen als ein strategisches Mittel verwendet, mit dem sie Einfluss auf die Interaktion zwischen vertikalen Strukturen ausüben kann. Der Sinn der Anwendung vertikaler Bindungen besteht dann darin, dass sich die Beteiligten der vertikalen Struktur verpflichten, sich auf bestimmte Art und Weise gegenüber den Konkurrenten zu verhalten.

---

[73] S. *Rey/Caballero-Sanz*, The Policy Implications of the Economic Analysis of Vertical Restraints, S. 16.

[74] S. *Carlton/Perloff*, Modern Industrial Organization, S. 535 f. Zur Marktmacht der Vertriebsstufe s. *Dobson/Waterson*, Vertical Restraints and Competition Policy, S. 23 ff. Zur horizontalen Kartellbildung aufgrund vertikaler Bindungen s. *Mathewson/Winter*, The Economics of Vertical Restraints in Distribution, S. 216 f.

[75] *Rey/Caballero-Sanz*, The Policy Implications of the Economic Analysis of Vertical Restraints, S. 17.

[76] S. *Ackermann*, Artikel 85 Absatz 1 EGV und die rule of reason, S. 223 f., *Kapp*, Wettbewerbsbeschränkung durch vertikale Vertriebsbindungen?, S. 111.

[77] S. *Arquit*, ALJ 1992, S. 926 f.

Eine eventuelle wettbewerbsschwächende Auswirkung wird dementsprechend jedoch nur durch Delegation bestimmter Entscheidungsbefugnisse an die Händler möglich.

Vertikale Bindungen beeinflussen unmittelbar den markeninternen Wettbewerb auf den nachgelagerten Stufen und mittelbar den Hersteller, sie verändern das Verhalten der vertikalen Struktur und folglich auch den Markenwettbewerb unter den Herstellern.[78]

Als Beispiel kann die Zuweisung ausschließlicher Absatzgebiete genannt werden, wodurch in erster Linie der markeninterne Wettbewerb im Vertriebsnetz und folglich auch der Markenwettbewerb unter den Herstellern abschwächt wird. Durch die Abschwächung des markeninternen Wettbewerbs wird die Nachfrage beim Hersteller nicht nur weniger elastisch in Bezug auf den eigenen Großhandelspreis, was höhere Großhandelspreise zur Folge hat, – diese Reduzierung der Preiselastizität wirkt zugleich auch als Anreiz für Preiserhöhungen bei anderen Herstellern.

Es kann jedoch nicht immer angenommen werden, dass alle vertikalen Beschränkungen, die den markeninternen Wettbewerb beeinträchtigen, gleich auch zur Erleichterung eventueller Absprachen unter den Herstellern führen. Andererseits kann aber bereits schwacher Markenwettbewerb auf dem Markt eine „Voraussetzung" dafür sein, dass vertikale Bindungen diese Unvollkommenheiten noch vertiefen.

(b) Dynamische Auswirkungen

Dynamische Auswirkungen vertikaler Bindungen sind in einer Beeinflussung der Situation auf dem Markt, sowohl auf den vor- als auch auf den nachgelagerten Stufen, in Bezug auf die Verfestigung oder Flexibilisierung

---

[78] *Rey/Caballero-Sanz*, The Policy Implications of the Economic Analysis of Vertical Restraints, S. 17 f.

Als Beispiel kann die Wahl zwischen einem starken Markenwettbewerb und der Zuweisung von ausschließlichen Absatzgebieten an die Vertriebshändler auf einem oligopolistischen Markt mit vollkommenem *Bertrand*-Wettbewerb unter den Händlern [Unter dem *Bertrand*-Wettbewerb wählt jeder Anbieter unter der Annahme konstanter Preise für die Produkte aller Konkurrenten den für ihn optimalen Preis. Der Preiswettbewerb führt gemäß *Bertrand* sogar dann, wenn die Zahl der Wettbewerber gering ist, zu denselben Ergebnissen wie vollkommener Wettbewerb und damit zu einem einem Pareto-Optimum.] gezeigt werden:

Im ersteren Fall wird der Preis völlig vom Großhandelspreis des Herstellers abhängig sein, im letzteren Fall reagiert der Preis auf Veränderungen des Großhandelspreises nur teilweise: Es werden auch die Interessen der Vertriebshändler, die dabei zwischen der Erhaltung ihrer Vertriebsaufschläge und ihren Marktanteilen abwägen, sowie die Preiserhöhung bei den Konkurrenten berücksichtigt. Die Minderung des Markenwettbewerbs durch die Zuweisung von ausschließlichen Vertragsgebieten führt dazu, dass die Nachfrage beim Hersteller weniger elastisch in Bezug auf seinen eigenen Großhandelspreis ist, was einerseits höhere Großhandelspreise impliziert, und andererseits auch die Erhöhung der Preise anderer Hersteller mit sich zieht.

der Marktstrukturen zu sehen. Positive Auswirkungen betreffen in erster Linie Markteintritte, die Erschließung neuer Märkte und die ökonomische Effizienz sowie die Förderung des Markenwettbewerbs auf dem Markt. Negative Auswirkungen stellen insbesondere die Marktabschottung[79] und Errichtung von Marktzutrittsschranken sowie die Verfestigung von Marktstrukturen dar.

i. Positive Auswirkungen

Positiven langfristige Auswirkungen können sich sowohl aufgrund verbesserter Koordination innerhalb der vertikalen Struktur und deren besserer Effizienz, als auch aufgrund von Absprachen oder einer kurzfristigen Schwächung des Marktenwettbewerbs ergeben. Falls vertikale Bindungen in erster Linie wettbewerbsfördern wirken sollen, wirken sie sich kurz- sowie langfristig auch positiv auf die Wohlfahrt aus. Falls sie jedoch kurzfristig den Markenwettbewerb abschwächen, müssen bei der Beurteilung die wettbewerbsschädlichen gegen die möglichen positiven langfristigen Auswirkungen abgewogen werden.[80]

Der positive Einfluss vertikaler Bindungen entfaltet sich insbesondere in solchen Marktsituationen, in denen ohne diese Bindungen Trittbrettfahrerverhalten sowie andere Arten des opportunistischen Verhaltens vorkämen und dadurch Anreize und Bereitschaft zu spezifischen Investitionen stark eingeschränkt wären. Dabei können Markteintritte in den meisten Märkten[81] weitgehend als spezifische Investition betrachtet werden. Neben dem positiven Einfluss auf Markteintritte wirkt sich die Verstärkung des Markenwettbewerbs auch in Bezug auf bestehende Marktstrukturen aus; insbesondere kann sie zur Beseitigung monopolistischer Strukturen führen.

ii. Negative Auswirkungen

Vertikale Bindungen können auch strategisch als Mittel der Markabschottung und der Verhinderung bzw. Verzögerung von Marktzutritten potenzieller Konkurrenten eingesetzt werden.[82] Diese Strategien sind eigentlich

---

[79] *Tirole*, Industrieökonomik, S. 421: „Unter Marktabschottung versteht man eine Geschäftspolitik (es kann sich auch um einen Unternehmenszusammenschluss handeln), die es einem Käufer erschwert, sich bestimmte Inputs zu beschaffen und/oder es einem Anbieter erschweren, Geschäftsbeziehungen mit bestimmten Kunden aufzunehmen."

[80] S. *Rey/Caballero-Sanz*, The Policy Implications of the Economic Analysis of Vertical Restraints, S. 19.

[81] Zu den *contestable markets* vgl. D. I. 3. c. (3) Grad der Offenheit des Marktes.

[82] S. *Katz*, Vertical Contractual Relations, S. 706 ff; *Carlton/Perloff*, Modern Industrial Organisation, S. 536.

Teil der Strategien zur Erhöhung der Marktzutrittskosten, die sowohl gegen potenzielle als auch gegen die auf dem Markt bereits auftretenden Konkurrenten angewendet werden können: Dadurch sollen die Konkurrenten zu Marktaustritten gezwungen oder deren Marktanteile reduziert werden.

Ein Beispiel der Anwendung vertikaler Bindungen als Marktzutrittssperre[83] sind ausschließliche Bindungen, insbesondere Alleinbezugsbindungen.[84] Vor allem mögliche Bündelungseffekte[85] solcher Vertriebssysteme sowie die Dauer dieser Bindungen bedürfen bei der Analyse besonderer Aufmerksamkeit. Generell werden nämlich durch Ausschließlichkeitsbindungen die auf dem Markt vorhandenen Händler an einen bestimmten Hersteller gebunden. Infolgedessen soll der neu auf den Markt eintretende Hersteller gezwungen werden, sein eigenes Vertriebsnetz aufzubauen, was beim Vorkommen hoher *economies of scope* oder *scales* im Vertrieb zur Erhöhung der Marktzutrittskosten führt.

3. Zusammenfassung

Unter dem Aspekt des Stufenwettbewerbs können der Markenwettbewerb und der markeninterne Wettbewerb unterschieden werden. Der Markenwettbewerb bezeichnet den Wettbewerb zwischen gleichartigen Produkten verschiedener Hersteller, der markeninterne Wettbewerb den Wettbewerb zwischen den Händlern beim Vertrieb der Produkte eines Herstellers.

Das Konzept der Wohlfahrt ermittelt das Wohlfahrtsoptimum, welches als das gesellschaftlich wünschenswerte Maximum der ökonomischen Wohlfahrt in einer Volkswirtschaft definiert werden kann. Die relative Wertschätzung der Güter findet ihren Ausdruck in dem subjektiven Begriff des Nutzens, der die Basis der paretianischen Wohlfahrtsökonomik bildet. Das Pareto-Optimum kommt dann vor, wenn die Wohlfahrt eines Individuums durch eine Re-Allokation der Ressourcen nicht mehr erhöht werden kann, ohne dass dabei die eines anderen Individuums verringert wird. Manchmal kann jedoch eine pareto-ineffiziente Allokation bevorzugt werden, wenn dadurch eine bessere Verteilung ermöglicht wird.

Art. 81 Abs. 1 EGV verbietet alle Vereinbarungen, welche den Handel zwischen den Mitgliedstaaten beeinträchtigen können und eine Verhinderung, Einschränkung oder Verfälschung des Wettbewerbs innerhalb des Gemeinsamen Marktes bezwecken oder bewirken. Im Falle vertikaler Ver-

---

[83] S. *Rey/Caballero-Sanz*, The Policy Implications of the Economic Analysis of Vertical Restraints, S. 20: Eine Ausnahme gilt für Situationen, in denen ausschließliche Bindungen zur perfekten Koordination der vor- und nachgelagerten Stufen führen.

[84] S. z. B. *Ackermann*, Artikel 85 Absatz 1 EGV und die rule of reason, S. 225 ff.

[85] S. Rs. C-234/89, *Delimitis*, vom 13.7.1989, Slg. 1991, I-935, I-985.

einbarungen kann dieses Verbot durch eventuelle Einzel- oder Gruppenfreistellung vermieden werden. Die Voraussetzung für die Freistellungen ist die Erfüllung der in Art. 81 Abs. 3 EGV bzw. in der GVO Nr. 2790/1999 festgelegten Bedingungen, welche Effizienzsteigerung und Gewinnverteilung fördern.

Vertikale Bindungen können sich positiv als Lösungsansätze von Koordinationsproblemen innerhalb der vertikalen Struktur sowie im Markenwettbewerb auswirken. Sie können auch negativ, als Mittel zur Durchsetzung eigener Interessen der Hersteller bzw. der vertikalen Struktur missbraucht werden. Die Auswirkungen verschiedener sowie gleicher vertikaler Bindungen sind sehr stark von verschiedenen, den Gesamtkontext beeinflussenden Faktoren abhängig. An erster Stelle steht dabei als Maßstab der Markenwettbewerb auf dem relevanten Markt.

Die Probleme bezüglich der Koordination der vertikalen Struktur betreffen insbesondere die Verdoppelung der Gewinnaufschläge, die Koordination der Serviceleistungen zwischen dem Hersteller und seinen Vertriebshändlern und unter den Vertriebshändlern sowie das Trittbrettfahren unter den Herstellern.

In diesen Fällen sollte aus ökonomischer Sicht absoluter Gebietsschutz immer dann positiv bewertet werden, wenn dieser als Lösung von Koordinationsproblemen in Situationen angewendet wird, in denen Trittbrettfahrerverhalten vorkommen kann und in denen gleichzeitig auf dem Markt starker Markenwettbewerb herrscht. Ähnliche Argumente sprechen für vertikale Preisbindung als Lösung des Problems der Verdoppelung der Gewinnaufschläge.

Bei den Auswirkungen vertikaler Bindungen auf den Markenwettbewerb handelt es sich einerseits um kurzfristige, statische Auswirkungen – die Erleichterung horizontaler Kartellbildung auf der Vertriebs- bzw. Herstellerebene und die strategische Beeinflussung der Interaktion zwischen vertikalen Strukturen –, andererseits um langfristige, dynamische Auswirkungen, welche die Verfestigung oder Flexibilisierung der vorhandenen Marktstrukturen zur Folge haben können.

Positive dynamische Auswirkungen vertikaler Bindungen fördern Markteintritte, die Erschließung neuer Märkte und die ökonomische Effizienz. Dies unterstützt auch den Markenwettbewerb auf dem Markt. Vertikale Bindungen können jedoch auch strategisch als Mittel der Marktabschottung und Marktzutrittsverzögerung angewendet werden.

Die Auswirkungen vertikaler Bindungen hängen stark vom Markenwettbewerb auf dem Markt ab. Bei schwachem Markenwettbewerb erscheinen die Auswirkungen vertikaler Bindungen ambivalent, insbesondere bei vorhandener erheblicher Marktmacht.

C. Stellung vertikaler Bindungen im EG- und im tschechischen Kartellrecht

I. Rechtliche Bewertung vertikaler Bindungen im Rahmen des EG-Kartellrechts

1. Allgemeine Ziele des EG-Kartellrechts

a. Pluralität der Ziele des EG-Kartellrechts

Wettbewerbspolitik ist als ein Teil der Wirtschaftspolitik[1] zu sehen, die im EG-Kontext in Artt. 2[2] und 3 lit. g EGV verankert ist und zu den Tätigkeitsbereichen gehört, die der Verwirklichung der Idee des Gemeinsamen Marktes dienen. Sie dient jedoch nicht ausschließlich der Abschaffung struktureller Unterschiede in der Gemeinschaft. Die EG-Wettbewerbspolitik berücksichtigt neben den wirtschaftlichen auch verschiedene soziale und politische Ziele. Die letztgenannten spielen in Europa eine viel wichtigere Rolle in Europa als in den Vereinigten Staaten.

„[...] das EG-Wettbewerbsrecht ist ein nicht so eng mit der Ökonomik verbundenes Recht, wie es in den Vereinigten Staaten verstanden wird."[3] Die amerikanische *Antitrust*-Politik, die sich von der Wettbewerbstheorie der jeweiligen herrschenden ökonomischen *school of thought* beeinflussen lässt, ist kein direktes Vorbild für die wettbewerbstheoretische Fundierung des EG-Wettbewerbsrechts und der EG-Wettbewerbspolitik.

Zum klassischen wirtschaftlichen Ziel der Wettbewerbspolitik – der Erreichung bzw. Steigerung der wirtschaftlichen Effizienz – kommen in der EG auch andere Prioritäten hinzu, insbesondere die Integration, der Verbraucherschutz, die Gewinnumverteilung[4], der Schutz kleiner und mittlerer Un-

[1] Diese Betrachtung gehört zu den ordoliberalen Gedanken, die bis heute relevant sind: Die Verankerung des Kartellrechts in dem gesamten rechtlichen Rahmen als Hauptvoraussetzung für seine effektive Anwendung.

[2] Art. 2 EGV enthält eine allgemeine Aufgabenbestimmung der EG. Dabei soll zwischen den wirtschaftspolitischen Fernzielen und den zu deren Erreichung vorgesehenen Mitteln – den eigentlichen Aufgaben – unterschieden werden.

[3] *Hildebrand*, The Role of Economic Analysis in the EC Competition Rules, S. 301.

[4] *Whish/Sufrin*, Competition Law, S. 13. Es handelt sich in diesem Sinne um *„the promotion of economic equity rather than economic efficiency."* Diese Politik ist gegen Monopole und solche Praktiken gerichtet, die eine Gefahr für die Demokratie, für die individuelle Wahlfreiheit darstellen. Diese Politik könnte eventuell in Konflikt mit dem Ziel der Steigerung der wirtschaftlichen Effizienz geraten: Die einzelnen Ziele des EG-Wettbewerbsrechts und der EG-Wettbewerbspolitik müssen jedoch auch nicht immer kompatibel sein.

ternehmen[5], die Bekämpfung der Arbeitslosigkeit, die Regionalpolitik oder der Umweltschutz.

Einer der Gründe für diese Zielvielfalt ist insbesondere darin zu sehen, dass die Integrationsidee in der Gemeinschaft eine andere Ausgangssituation als in den Vereinigten Staaten vorfand.[6] Die Vereinigten Staaten waren schon seit langem ein funktionierender „Binnenmarkt." In der EG sollte dieser erst geschaffen und vervollkommnet werden. Das Kartellrecht gilt dabei als Instrument zur Sicherung der wirtschaftlichen Freiheiten sowie zum Abbau der Handelsschranken zwischen den Mitgliedstaaten. Deswegen befasst sich das EG-Kartellrecht nicht ausschließlich mit dem Erreichen der wirtschaftlichen Effizienz; im europäischen Kontext gründet sich die EG-Wettbewerbspolitik dementsprechend auf eine ausgewogene Vielfalt mehrerer Ziele, unter denen das Integrationsziel des Binnenmarkts, der auf den Elementen der Marktfreiheit, der Marktgleichheit und der Wettbewerbsfreiheit aufgebaut ist,[7] den ersten Platz einnimmt.

b. Verwirklichung des Binnenmarktgedankens

Die Prioritätenskala in der EG fängt mit der Durchsetzung der Integration der nationalen Märkte an. Der wichtigste Grund für die wirtschaftliche Integration in die EU ist die Steigerung der Allokationseffizienz. Diese soll hauptsächlich durch die Liberalisierung der Märkte erzielt werden, unterstützt durch eine Politik der positiven Integration, welche Bedingungen für das richtige Funktionieren der Märkte schaffen soll, wobei der wichtigste Teil dieser Politik die Wettbewerbspolitik ist.[8] Die Wettbewerbspolitik ist mit der Industriepolitik eng und interaktiv verbunden:[9]

„Einerseits ist der Binnenmarkt eine grundlegende Voraussetzung für die Entwicklung einer effizienten und wettbewerbsfähigen Industrie, und andererseits ist die Wettbewerbspolitik ein wichtiges Instrument zur Vollendung und Aufrechterhaltung dieses Binnenmarktes, insbesondere durch die Anwendung von Vorschriften, die dafür sorgen, daß die beseitigten regulativen Hemmnisse nicht durch privatwirtschaftliche oder andere öffentliche Beschränkungen mit derselben Wirkung ersetzt werden."[10]

---

[5] Vgl. z. B. *Hildebrand*, The Role of Economic Analysis in the EC Competition Rules, S. 189, in Zusammenhang mit der „regulierenden" EG-Wettbewerbspolitik.

[6] Vgl. z. B. *Everling*, WuW 1990, S. 1000, *Willimsky*, ECLR 1997, S. 55.

[7] S. *Ipsen*, Europäisches Gemeinschaftsrecht, S. 550 ff.

[8] S. *Molle*, The Economics of European Integration, S. 386.

[9] Art. 2 EGV: Die Wettbewerbsrechtsvorschriften müssen im Zusammenhang mit den in den Artt. 2 und 3 lit. g EGV enthaltenen Prinzipien gelesen werden.

[10] XXV. WBB (1995), S. 5

Im Rahmen der Integration strebt die EG-Wettbewerbspolitik nach Erhaltung bzw. Hilfeleistung bei Schaffung kompetitiver Marktstrukturen.[11] Kompetitive Marktstrukturen sind die Hauptvoraussetzung für ökonomische Effizienz der Unternehmen – im Sinne der Steigerung der Konsumentenwohlfahrt sowie des Erreichens einer optimalen Ressourcenallokation. Kompetitive Marktstrukturen und aktivierte unternehmerische Tätigkeit unterstützen auch die Gründung und „Lebensfähigkeit" kleiner und mittlerer Unternehmen.[12]

Die Binnenmarktmaßnahmen wirkten sich folgendermaßen auf die Marktstrukturen aus: Sie minderten die Konzentration auf den nationalen Märkten und erhöhten gleichzeitig die Konzentration auf der Gemeinschaftsebene. Dabei kam es zur Aushöhlung der Gewinnspannen in Sektoren, die früher durch diskriminierende Auftragspraktiken und technische Hemmnisse segmentiert waren.[13]

Das Kartellrecht soll als Garantie für einen unverfälschten Wettbewerb dienen.[14] Seine Rolle ist sowohl im positiven als auch im negativen Sinne zu verstehen: Im positiven Sinne können die Wettbewerbsnormen zur Förderung des zwischenstaatlichen Handels dadurch beitragen, dass sie die Spielregeln in der EU vereinheitlichen[15] und sich auf diese Art und Weise integrationsfördernd auswirken. Im negativen Sinne sollen sie solche Maßnahmen verbieten und verhindern, die zur Marktaufteilung entlang der nationalen Grenzen führen.

Auch vertikale Bindungen können sich integrationswidrig – protektionistisch oder isolationistisch in Bezug auf die einzelnen Mitgliedstaaten – auswirken. Nach der Beseitigung der staatlichen handelsbeschränkenden Maßnahmen könnten private wettbewerbsbeschränkende Maßnahmen ihren

---

[11] Vgl. z. B. *Hildebrand*, The Role of Economic Analysis in the EC Competition Rules, S. 1.

[12] Vgl. z. B. *Hildebrand*, The Role of Economic Analysis in the EC Competition Rules, S. 1, S. 16 ff.

[13] XXVI. WBB (1996), Rn. 9. Die Gewinnspannen sind um rund 0,5% des Umsatzes unterhalb der Gewinnspannen ohne den Binnenmarkt.

[14] Art. 3 lit. g EGV: Die Tätigkeit der Gemeinschaft umfasst auch die Errichtung eines Systems, das den Wettbewerb innerhalb des Gemeinsamen Marktes vor Verfälschungen schützt. Vgl. Rs. 6/72, *Continental Can*, vom 21.2.1973, Slg. 1973, 215, 245: „Wettbewerbsnormen sollen verhindern, daß die durch die Errichtung des Binnenmarktes entstehenden Möglichkeiten des Wirtschaftsaustauschs durch Beschränkungen des Wettbewerbs zunichte gemacht werden. Für einen Gemeinsamen Markt ist ein unverfälschter Wettbewerb notwendig, jede Abschwächung läuft den Zielsetzungen des Gemeinsamen Marktes zuwider."

[15] Wie es z. B. *Whish* und *Sufrin* [in: *Whish/Sufrin*: Competition Law, S. 15] zum Ausdruck bringen: *„levelling the playing fields of Europe."* Vgl. die Rechtsharmonisierung im Bereich des Wettbewerbsrechts in den MOE-Ländern: Die Rechtsharmonisierung stellt einen der ersten Schritte zu einer zukünftigen Integration in die EU dar, es handelt sich um die „Schaffung eines gemeinsamen Spielraumes mit gemeinsamen Spielregeln." S. unten C. II. 2. b. Notwendigkeit der Harmonisierung des Kartellrechts.

Platz einnehmen,[16] welche die Marktaufteilung auf territorialer, persönlicher oder anderer Basis fördern sollen, wie z. B. Beschränkungen des Parallelhandels, unter bestimmten Voraussetzungen[17] bestimmte Arten vertikaler Vereinbarungen und/oder Vertriebssysteme und die ungerechtfertigte Weigerung, Dritten (nicht diskriminierenden) Zugang zu Einrichtungen zu verschaffen, damit diese sich am Wettbewerb beteiligen können.[18]

Diese wettbewerbsbeschränkende Reaktion ist nicht unverständlich: Das Binnenmarktprogramm ist ein „gigantisches Deregulierungsprogramm."[19] Einerseits bekommen die Marktteilnehmer dadurch größere Möglichkeiten zum Wettbewerb und im Wettbewerb, andererseits kann der infolge der Abschaffung der innergemeinschaftlichen Grenzen schärfer gewordene Wettbewerb eine Quelle von Anpassungs- und Wettbewerbsschwierigkeiten für bestimmte Unternehmen, Sektoren und Regionen sein. Darauf können die Marktteilnehmer sowie der Staat mit wettbewerbsbeschränkenden Vereinbarungen und Praktiken oder protektionistischen Maßnahmen reagieren. Dann kommt die Wettbewerbspolitik zu Wort, welche die Aufrechterhaltung des Marktes ohne innere Grenzen und Aufteilungen sowie das Vorhandensein kompetitiver Marktstrukturen sicherstellen soll.

c. Steigerung der wirtschaftlichen Effizienz. Andere Prioritäten: Förderung kleiner und mittlerer Unternehmen. Verbraucherschutz

Ein wichtiges Ziel in der EG-Wettbewerbspolitik ist die Förderung des wirksamen Wettbewerbs.[20] Dieses zielt vor allem auf die Maximierung der Konsumentenwohlfahrt und die optimale Ressourcenallokation.[21] Wettbewerbspolitisch soll bei den Voraussetzungen für den Wettbewerb auf die Erhaltung der Marktgerechtigkeit[22] geachtet werden. Dieses Kriterium beinhaltet neben der Chancengleichheit für Marktteilnehmer auch die Berücksichtigung ihrer unterschiedlichen Ausgangspositionen: Dies spiegelt sich z. B. in der Förderung kleiner und mittlerer Unternehmen wider. Des Weiteren werden auch die Arbeitnehmer- und Verbraucherinteressen berücksichtigt.

Ebenso wichtig als wettbewerbspolitisches Ziel ist der Verbraucherschutz. Es ist aber fast unmöglich, innerhalb der Wettbewerbspolitik ein kla-

---

[16] I. WBB (1970), S. 13, vgl. auch z. B. *Ehlermann*, CMLR 1992, S. 257 ff.

[17] S. o. B. II. Wettbewerbliche Bedeutung vertikaler Bindungen.

[18] XXV. WBB (1995), S. 6.

[19] So, *Ehlermann*, CMLR 1992, S. 258.

[20] Vgl. I. WBB (1970), S. 11, S. 17.

[21] Vgl. XXV. WBB (1995), S. 5.

[22] Vgl. z. B. *Ehlermann*, CMLR 1992, S. 259, *Hildebrand*, the Role of Economic Analysis in the EC Competition Rules, S. 15.

res Verbraucherinteresse zu definieren, da diese Interessen mit breiterem Verbraucherspektrum immer weniger spezifisch werden.[23]

d. Zusammenfassung

Die EG-Wettbewerbspolitik stellt ein empfindliches Gleichgewicht mehrerer Ziele dar. Diese Ziele, vor allem der Integrationsgedanke, spiegeln sich bei der Anwendung der Wettbewerbspolitik und des Kartellrechts wider. Die einzelnen Ziele können dann je nach der konkreten Situation und den spezifischen Einzelheiten eines Falles Vorrang bekommen.

Die Bedeutung des Kartellrechts für den Binnenmarkt liegt insbesondere darin, dass es die Auferlegung privater Wettbewerbsbeschränkungen oder den Missbrauch der Marktmacht anstelle der abgeschafften hoheitlichen Handelsbeschränkungen und Hemmnisse verhindern soll.

2. Rechtsgrundlagen

Das Kartellrecht gehört zu den Rechtsgebieten, deren Grundlagen im EGV geregelt sind. Dies ergibt sich daraus, dass die Wettbewerbspolitik von entscheidender Bedeutung für die Verwirklichung des Binnenmarktgedankens ist.

a. Primärrecht und Sekundärrecht

Das EG-Recht unterteilt in das sogenannte primäre und sekundäre, d. h. abgeleitete Recht. Das primäre Recht besteht aus den Gründungsverträgen der Europäischen Gemeinschaften EGKS, EG und EAG einschließlich Anlagen, Anhängen und Protokollen sowie den späteren Ergänzungen und Änderungen dieser Verträge.[24] Solche Ergänzungen und Änderungen erfolgten insbesondere in der EEA und im Unionsvertrag von Maastricht. Die EEA verankerte das Binnenmarktkonzept und Instrumente zu dessen Verwirklichung, der Unionsvertrag von Maastricht hatte die Bildung einer Wirtschafts- und Währungsunion als Schwerpunkt. Die letzte Änderung – durch den Vertrag von Amsterdam – soll zu mehr Transparenz und Bürgernähe der Union beitragen. Sie führt außerdem auch die Neunummerierung der Artikel des EGV und EUV ein.

Das sekundäre Recht ist das von den Organen der EG nach der Maßgabe der Gründungsverträge erlassene Recht. Dieses Recht dient der Erfüllung der

---

[23] Vgl. z. B. *Hildebrand*, The Role of Economic Analysis in the EC Competition Rules, S. 15, *Whish/Sufrin*, Competition Law, S. 13, *Craigh/de Búrca*, EC Law, S. 886 f.

[24] *Streinz*, Europarecht, S. 1; *Schweitzer/Hummer*, Europarecht, S. 3.

Aufgaben der Organe. Gemäß Art. 249 EGV kann das Sekundärrecht in Form von Verordnungen, Richtlinien, Entscheidungen, Empfehlungen und Stellungnahmen zustande gebracht werden. Weitere Quellen des sekundären Rechts sind die von den Gemeinschaftsorganen beschlossenen allgemeinen Programme sowie deren Verfahrens- und Geschäftsordnungen.

Als ungeschriebenes Gemeinschaftsrecht werden außerdem allgemeine Rechtsgrundsätze, die nach ihrer inhaltlichen Qualität zum Primär- oder Sekundärrecht gehören, und (rudimentär) das Gewohnheitsrecht betrachtet.

b. Materielles Recht, Verfahrensrecht und institutionelles Recht in Bezug auf vertikale Beschränkungen

Die Lehre trifft auch eine Unterscheidung in Bezug auf das Regelungsobjekt: Es werden materielles Recht, Verfahrensrecht und institutionelles Recht unterschieden. Materielles Recht bestimmt die sachlichen Zielsetzungen des [Gemeinschafts]Rechts, Verfahrensrecht befasst sich mit der Durchführung des materiellen Rechts und institutionelles Recht regelt die Organstruktur und damit den institutionellen Aufbau sowie das Verfahren der Willensbildung der Gemeinschaften.

(1) Materielles Recht in Bezug auf vertikale Beschränkungen

Art. 81 EGV ist einer der Ausgangspunkte für die Beurteilung vertikaler Bindungen im EG-Kartellrecht.[25] Art. 81 EGV verfolgt Wettbewerbsbeschränkungen in Form von Vereinbarungen. Wenn sich vertikale Bindungen wettbewerbsbeschränkend aufgrund des Missbrauchs einer marktbeherrschenden Stellung auswirken, fallen sie unter Art. 82 EGV.

Beim Vorliegen bestimmter wettbewerbsfördernder Auswirkungen können vertikale Beschränkungen von dem in Art. 81 Abs. 1 EGV enthaltenen Verbot freigestellt werden: Dies kann entweder durch Einzelfreistellung gemäß Art. 81 Abs. 3 EGV oder durch Gruppenfreistellung gemäß einer GVO erfolgen.[26]

---

[25] Art. 81 EGV unterscheidet in seinem Anwendungsbereich nicht zwischen vertikalen und horizontalen Bindungen: S. Verb. Rs. 56/64 und 58/64, *Consten/Grundig*, vom 13.7.1966, Slg. 1966, 321, 387; Rs. 32/65, *Italien/Kommission*, vom 13.7.1966, Slg. 1966, 457, 485.

[26] S. auch die GVO Nr. 1475/95 für Kfz-Vereinbarungen, die als spezielle Regelung beibehalten wird. Verordnung (EG) Nr. 1475/95 über die Anwendung von Art. 85 Abs. 3 EGV auf Gruppen von Vertriebs- und Kundendienstvereinbarungen über Kraftfahrzeuge vom 28. 6. 1995, ABl. L 145 vom 29.6.1995, S. 25.

Diese Arbeit berücksichtigt lediglich vertikale Vereinbarungen im Bereich der Liefer- und Vertriebsvereinbarungen. Die Besonderheiten der branchenspezifischen GVO werden nicht eingeschlossen.[27]

(a) Art. 81 Abs. 1 und 2 EGV im Zusammenhang mit vertikalen Bindungen

Art. 81 Abs. 1 legt fest, dass alle Vereinbarungen zwischen Unternehmen, Beschlüsse von Unternehmensvereinigungen und aufeinander abgestimmte Verhaltensweisen, welche den Handel zwischen den Mitgliedstaaten zu beeinträchtigen geeignet sind und eine Verhinderung, Einschränkung oder Verfälschung des Wettbewerbs innerhalb des Gemeinsamen Marktes bezwecken oder bewirken, mit dem Gemeinsamen Markt unvereinbar und verboten sind. Lit. a bis e beinhalten eine Aufzählung verschiedener Beispiele von Wettbewerbsbeschränkungen. Art. 81 Abs. 2 EGV erklärt die im Art. 81 Abs. 1 EGV verbotenen Vereinbarungen oder Beschlüsse für nichtig.

i. Wettbewerbsbeschränkung

Art. 81 EGV definiert Wettbewerbsbeschränkung als „Verhinderung, Einschränkung oder Verfälschung des Wettbewerbs." „Die Unterschiede und Grenzen zwischen den drei Begriffen sind nicht klar, was für die Praxis jedoch keine Rolle spielt."[28] Der Schutz des Wettbewerbs im Gemeinsamen Markt vor Verfälschungen gehört zu den allgemeinen Zielen des EGV.[29] So kann angenommen werden, dass Verfälschung als Oberbegriff benutzt wird, der die beiden anderen Formen der Wettbewerbsbeschränkung miterfasst, sich aber nicht auf diese beschränkt. Der Wettbewerb soll in allen seinen Erscheinungsformen und auf allen Wirtschaftsstufen geschützt werden.

Die Wettbewerbsbeschränkung kann entweder bewirkt[30] oder lediglich bezweckt sein.[31] Bei der Prüfung dieser Tatbestandsmerkmale wird in der Praxis nicht mehr strikt zwischen Zweck und Wirkung unterschieden.[32] Die Vereinbarung soll als Ganzes auf mögliche wettbewerbsbeschränkende Auswirkungen untersucht werden.

---

[27] Zu speziellen Gebieten s. z. B. *Basedow*, in: *Immenga/Mestmäcker*, EG-Wettbewerbsrecht, Kommentar, Band II, S. 1993 ff.

[28] *Gleiss/Hirsch*, Kommentar zum EG-Kartellrecht, Rn. 118, S. 80.

[29] Art. 3 lit. g EGV. S. o. C. I. 1. b. Verwirklichung des Binnenmarktgedankens.

[30] Dies kann kritisch gesehen werden: Da der Zweck den Anwendungsbereich des Art. 81 Abs. 1 EGV erweitert, wird hierdurch auch die Arbeitsbelastung der Kommission vergrößert.

[31] S. Rs. 56/65, *STM*, vom 30.6.1966, Slg. 1966, 281, 303 f.; Verb. Rs. 56/64 und 58/64, *Consten/Grundig*, s. o., 390 f.; Rs. C-219/95 P, *Ferriere Nord*, vom 10.7.1997, Slg. 1997, I-4411, I-4434 f.

[32] S. z. B. *Gleiss/Hirsch*, Kommentar zum EG-Kartellrecht, Rn. 146, S. 89 ff.

Vertragsrechtlich schränken die Vertragsparteien durch ihre Vereinbarung ihre Handlungsfreiheit sowie ihre Vertragsfreiheit ein. So kann eigentlich im Falle jeder Vereinbarung von „Beschränkung" gesprochen werden:[33] Zum einen wird dadurch die Freiheit in Bezug auf die Entscheidung, ob eine Vereinbarung überhaupt abgeschlossen wird, zum anderen in Bezug auf die weiteren Handlungen der Parteien eingeengt. Solche „Beschränkungen" sind jedoch jeder Vereinbarung eigen:

„[...]At the extremes there is no such thing as pure freedom or pure constraint."[34]

Wann diese Beschränkung der Freiheit als Wettbewerbsbeschränkung anzusehen ist, hängt von der jeweiligen Wettbewerbspolitik ab, welche auf diese Art und Weise die Grenzen und die Eingriffsmaßstäbe für das öffentliche Recht in die Sphäre der privatrechtlichen Vereinbarungen setzt. Das Hauptkriterium ist das Maß der Einschränkung der Freiheiten anderer Marktteilnehmer in Bezug auf den freien Wettbewerb.

Die Auswirkungen vertikaler Bindungen hängen sehr stark von ihrem wirtschaftlichen sowie juristischen Kontext ab: Für deren Beurteilung ist insbesondere der Stand des Markenwettbewerbs sowie der des markeninternen Wettbewerbs auf dem Markt ausschlaggebend. Die kartellrechtliche Relevanz der Wettbewerbsbeschränkung ist durch deren Spürbarkeit bedingt. Wettbewerbspolitisch muss also zunächst festgelegt werden, welche Bindungen und welche ihrer Bestimmungen unter welchen Voraussetzungen wettbewerbsbeschränkend wirken, und diese müssen dann von den wettbewerbsrechtlich unbedenklichen Bindungen und deren Auswirkungen unterschieden werden.[35] „Die wettbewerbspolitische Beurteilung [...] bleibt jedoch ambivalent."[36]

Die Anwendung des Art. 81 EGV in Bezug auf vertikale Beschränkungen wird meistens als übermäßig eingestuft. Diese Beschränkungen sind meistens notwendig, damit Wettbewerb überhaupt zustande kommt bzw. sie wirken sich mehr wettbewerbsfördernd als wettbewerbsbeschränkend aus. Der Grund für diese übermäßige Anwendung des Art. 81 EGV liegt darin, dass jegliche Beschränkung der wirtschaftlichen Freiheit sogleich als Wettbewerbsbeschränkung angesehen wird. Dies führt eher zur Abwägung einzel-

---

[33] S. *Craigh/de Búrca*, EC Law, S. 899 f.

[34] *Bock*, The Antitrust Bulletin 1985, S. 136.

[35] Vgl. z. B. *Whish/Sufrin*, Competition Law, S. 536.

[36] S. z. B. *Immenga/Mestmäcker*, Gesetz gegen Wettbewerbsbeschränkungen: Kommentar, § 18, Rn. 3.

ner Bestimmungen statt zu einer umfassenden wirtschaftlichen Analyse und erweitert so den Umfang des Art. 81 Abs. 1 EGV.[37]

ii. Anwendungsbereich des Art. 81 EGV

Art. 81 EGV richtet sich an Unternehmen und Unternehmensvereinigungen. Der EGV definiert den Begriff des Unternehmens nicht. Dieser ist lediglich in Art. 82 EGV durch den Zusatz „in beherrschender Stellung" qualifiziert. Deswegen ist die Interpretation dieses Begriffs entscheidend.[38] In der ständigen Rechtsprechung des EuGH wird als Unternehmen „jede eine wirtschaftliche Tätigkeit ausübende Einheit, unabhängig von ihrer Rechtsform und der Art ihrer Finanzierung" verstanden.[39] Es handelt sich dabei um eine wirtschaftliche Einheit, welche in einer einheitlichen Organisation persönlicher, materieller und immaterieller Mittel besteht, die dauerhaft einen bestimmten wirtschaftlichen Zweck verfolgt und an einer Zuwiderhandlung im Sinne von Art. 81 EGV beteiligt sein kann.[40]

Rechtlich mehrere selbständige Unternehmen können für die Zwecke des Art. 81 EGV als ein Unternehmen betrachtet werden, wenn sie wirtschaftlich so verbunden sind, dass sie praktisch keine wirtschaftliche Selbständigkeit besitzen.[41]

Art. 81 EGV bezieht sich auf Vereinbarungen zwischen Unternehmen, Beschlüsse von Unternehmensvereinigungen sowie auf aufeinander abgestimmte Verhaltensweisen.[42] Dabei kann es sich auch um Vereinbarungen handeln, die rechtlich nicht verbindlich sind[43] oder die sich als einseitiges Verhalten auswirken.[44]

---

[37] S. insbesondere *Hawk*, CMLR 1995, 974 ff., *Korah*, An Introductory Guide to EC Competition Law, 269 ff.

[38] S. *Whish/Sufrin*, Competition Law, S. 187 ff., S. 246 f. (Art. 82 EGV).

[39] Rs. 55/96, *Job Centre coop.*, vom 11.12.1997, Slg. 1997, I-7119, I-7147, Rn. 21; Rs. C-244/94, *Fédération francaise des sociétés d'assurance*, vom 16.11.1995, Slg. 1995, I-4013, I-4030, Rn. 22.

[40] Rs. T-11/89, *Shell*, vom 10.3.1992, Slg. 1992, II-757, II-884, Rn. 311; Rs. T-6/89, *Enichem*, vom 17.12.1991, Slg. 1991, II-1623, II-1695, Rn. 235.

[41] Entscheidung der Kommission 88/172/EWG, *Konica*, ABl. L 78 vom 23.3.1988, 34; Rs. 22/71, *Béguelin*, vom 25.11.1971, Slg. 1971, 949, 959.

[42] S. Rs. 48/69, *ICI/Kommission*, vom 14.7.1972, Slg. 1972, 619; Rs. 40-48/73, 50/73, 54-56/73, 111/73, 113-114/73, *Suiker Unie*, vom 16.12.1975, Slg. 1975, 1663, 1942. Ausführlich zu abgestimmten Verhaltensweisen s. *Whish/Sufrin*, Competition Law, S. 194 ff.; *Craigh/de Búrca*, EC Law, S. 894 ff.

[43] Ein Beispiel hierfür sind *gentlemen's agreements*.

[44] Insbesondere im Vertrieb: S. Rs. 86/82, *Hasselblad*, vom 21.1.1984, Slg. 1984, 883; Verb. Rs. 100 – 103/80, *Musique Diffusion Francaise*, vom 7.6.1983, Slg. 1983, 1825. Vgl. auch Rs. 107/82, *AEG-Telefunken*, vom 25.10.1983, Slg. 1983, 3151; Verb. Rs. 25/84 und 26/84,

Die Kartellrechtsvorschriften für Unternehmen sind auf alle Arten wirtschaftlicher Tätigkeit und auf alle Wirtschaftszweige anwendbar, soweit nicht der Vertrag selbst Ausnahmen vorsieht.

(b) Art. 82 EGV – Kontrolle des Missbrauchs einer marktbeherrschenden Stellung

Art. 82 EGV stellt ein unmittelbar wirkendes Verbot der missbräuchlichen Ausnutzung einer marktbeherrschenden Stellung dar. Zunächst muss die Marktbeherrschung – bereits als Tatbestandsmerkmal in Art. 82 – ermittelt werden. Die Voraussetzung hierfür ist die Abgrenzung des relevanten Marktes in sachlicher, räumlicher und zeitlicher Hinsicht. Dann folgt die Feststellung des Beherrschungsgrades des Unternehmens. Marktbeherrschung hängt praktisch von ihrem Schutzzweck ab: „Entscheidend ist die Schutzbedürftigkeit des nach Art. 86 EGV [a. F.] geschützten Personenkreises vor der Unausweichlichkeitswirkung von Marktmacht."[45]

Die Marktbeherrschung wird anhand der Gesichtspunkte der Marktstruktur, der Unternehmensstruktur und des Marktverhaltens beurteilt. Die Kommission und die Gerichte gehen dabei pragmatisch vor und berücksichtigen die jeweiligen Besonderheiten des Einzelfalles.

Das Vorliegen einer marktbeherrschenden Stellung ergibt sich im Allgemeinen aus einer wertenden Gesamtschau mehrerer Faktoren, die jeweils für sich genommen nicht ausschlaggebend sein müssen.[46] Zweites zentrales Tatbestandsmerkmal in Art. 82 EGV ist die missbräuchliche Ausnutzung dieser Stellung.[47] Dabei soll jedoch kein allgemeines Monopolisierungsverbot errichtet werden, es sollen vielmehr eine Verfestigung der Marktbeherrschung verhindert und deren Abbau durch die Eigendynamik des Wettbewerbs ermöglicht werden.

(c) Verhältnis zwischen Artt. 81 und 82 EGV

Die in Art. 81 Abs. 1 und Art. 82 enthaltenen Verbote stehen zueinander im Verhältnis der Idealkonkurrenz,[48] sie sind komplementäre Tatbestände, soweit sie dem Schutz des unverfälschten Wettbewerbs gemäß Art. 3 lit. g

---

Ford/Kommission, vom 17.9.1985, Slg. 1985, 2725; Rs. C-279/87, *Tipp-ex*, vom 8.2.1990, Slg. 1990, I-261; *Konica*, s. o., 34.

[45] *Möschel*, in: *Immenga/Mestmäcker*, EG-Wettbewerbsrecht, Kommentar, Band I, S. 695, Rn. 39.

[46] Rs. 27/76, *United Brands*, s. o., 286, Nr. 63/66.

[47] Vgl. hierzu den englischen und den französischen Vertragstext: Diese sprechen von *abuse of a dominant position* resp. *exploitation abusive de la position dominante*.

[48] Rs. T-51/89, *Tetra Pak I*, vom 10.7.1990, Slg. 1990, II-309, II-356 ff.

EGV dienen. Es handelt sich jedoch um unabhängige rechtliche Instrumentarien, die sich auf unterschiedliche Sachverhaltskonstellationen beziehen: Wettbewerbsbeschränkungen aufgrund Kooperationen von Unternehmen werden anders behandelt als Marktmacht einzelner oder mehrerer Unternehmen.

Für eine parallele Anwendung beider Artikel ist die Feststellung der jeweils besonderen Tatbestandsvoraussetzungen notwendig.

Eine gleichzeitige Anwendung beider Vorschriften kann in Betracht kommen, wenn mehrere Unternehmen ihre auf einem Kartell beruhende beherrschende Stellung missbrauchen, aber auch dann, wenn der Missbrauch im Abschluss wettbewerbsbeschränkender Vereinbarungen besteht.

(d) Zwischenstaatlichkeitsklausel und Spürbarkeit

Eine weitere Voraussetzung für die Anwendung des Art. 81 EGV ist die Tatsache, dass die Vereinbarung geeignet ist den Handel zwischen den Mitgliedstaaten zu beeinträchtigen.[49] Durch diese Zwischenstaatlichkeitsklausel soll der Anwendungsbereich des EG-Kartellrechts von dem des nationalen Kartellrechts abgegrenzt werden. Die Vereinbarung muss auch oberhalb der in der Bagatellbekanntmachung festgelegten *De-minimis*-Grenze stehen.[50]

i. Abgrenzung des relevanten Marktes

Die Voraussetzung für die Feststellung der Spürbarkeit einer Wettbewerbsbeschränkung im Sinne ihrer Auswirkungen auf Dritte ist die Abgrenzung des relevanten Marktes, die in sachlicher, räumlicher und zeitlicher Hinsicht erfolgt. Dies ist die *conditio sine qua non* für die Anwendung sowohl des Art. 81 Abs. 1 als auch des Art. 82 EGV.

Die Bedeutung der Marktabgrenzung für die Anwendung des Art. 81 Abs. 1 liegt des Weiteren in der Unterscheidung zwischen aktuellem und potenziellem Wettbewerb. Ebenso wichtig ist die Marktabgrenzung für die Anwendbarkeit der Zwischenstaatlichkeitsklausel sowie die Prüfung der Freistellungsfähigkeit der Beschränkung.

Von vorrangiger Bedeutung ist die Marktabgrenzung für die Missbrauchsaufsicht über Unternehmen in marktbeherrschender Stellung auf-

---

[49] S. Rs. 56/65, *STM*, s. o., 249. S. auch Rs. 193/83, *Windsurfing International*, vom 25.2.1986, Slg. 1986, 611.

[50] S. ausführlich D. I. 3. a. Marktstrukturelle Kriterien im EG-Kartellrecht in Bezug auf vertikale Bindungen. Neben der quantitativen Abgrenzung sind auch die Auswirkungen der Vereinbarung wichtig. S. Rs. 30/78, *Distillers*, vom 10.7.1980, Slg. 1980, 2229. Die Bezeichnung „*De minimis*" stammt aus dem Lateinischen: *De minimis non curat praetor.*

grund des Art. 82 sowie für die Fusionskontrolle. (Dies wird hier jedoch nicht weiter ausgeführt.)

Die Kommission erläutert in ihrer Bekanntmachung über die Definition des relevanten Marktes[51] die Grundsätze der Abgrenzung des sachlich und räumlich relevanten Marktes. Diese Bekanntmachung enthält eigentlich klarere und kompaktere Regeln als die bisherige Entscheidungspraxis.[52] Dies soll insbesondere zur Erhöhung der Transparenz von Politik und Entscheidungspraxis der Kommission führen. Dadurch sollen auch Vorteile für Unternehmen und ihre Berater geschaffen werden: Diese können die Fallkonstellation auf eventuelle Wettbewerbsbedenklichkeit besser selbst beurteilen. Außerdem werden Unternehmen besser aufgeklärt, welche Informationen die Kommission für die Bestimmung des relevanten Marktes für wichtig hält.

Die Definition des Marktes dient der genauen Abgrenzung des Gebietes, auf dem Unternehmen miteinander im Wettbewerb stehen.[53] Erst anhand eines abgegrenzten Marktes können die Marktanteile berechnet werden.

Der sachlich relevante Produktmarkt umfasst sämtliche Produkte und/oder Dienstleistungen, die von den Verbrauchern hinsichtlich ihrer Eigenschaften, Preise und ihres vorgesehenen Verwendungszwecks als austauschbar oder substituierbar angesehen werden.[54]

Der geographisch relevante Produktmarkt bezieht sich auf das Gebiet, in dem die beteiligten Unternehmen die relevanten Produkte oder Dienstleistungen anbieten, in dem die Wettbewerbsbedingungen hinreichend homogen sind und das sich von benachbarten Gebieten durch spürbar unterschiedliche Wettbewerbsbedingungen unterscheidet.[55]

Der relevante Markt wird dann anhand einer Kombination der erwähnten zwei Komponenten – der sachlichen und der räumlichen – bestimmt. Dabei werden auch die wettbewerbspolitischen Ziele der Gemeinschaft berücksichtigt.

Die Definitionskriterien werden im Allgemeinen bei der Analyse bestimmter Verhaltensweisen auf dem Markt und struktureller Änderungen

---

[51] Bekanntmachung der Kommission über die Definition des relevanten Marktes im Sinne des Wettbewerbsrechts der Gemeinschaft, ABl. C 372 vom 9. 12. 1997, 5 ff. Im Weiteren „Markt-Bekanntmachung."

[52] So z. B. *Hildebrand*, The Role of Economic Analysis in the EC Competition Rules, S. 358 (bezogen insbesondere auf die Entscheidungspraxis im Bereich der Fusionskontrolle). Die Entscheidungspraxis betrifft vor allem die Anwendung des Art. 82 EGV. S. z. B. Rs. 27/76, *United Brands*, vom 14.2.1987, Slg. 1978, 207; Rs. 322/81, *Michelin*, vom 9.11.1983, Slg. 1983, 3461; Rs. 22/78, *Hugin*, vom 31.5.1979, Slg. 1979, 1869.

[53] Markt-Bekanntmachung, Rn. 2.

[54] Markt-Bekanntmachung, Rn. 7; Bagatellbekanntmachung, Rn. 14. Leitlinien über vertikale Beschränkungen, Rn. 90.

[55] Bagatellbekanntmachung, Rn. 15, Leitlinien über vertikale Beschränkungen, Rn. 90.

beim Produktangebot angewandt.[56] Die Ergebnisse können jedoch in Abhängigkeit vom Einzelfall sowie von dem jeweils unterschiedlichen Zeithorizont unterschiedlich sein.

Der Zweck der Marktdefinition ist die Identifizierung der Wettbewerbskräfte, denen sich die beteiligten Unternehmen zu stellen haben. Zu diesen zählen insbesondere Nachfragesubstituierbarkeit, Angebotssubstituierbarkeit und potenzieller Wettbewerb. Dabei stellt – aus wirtschaftlicher Sicht – die Nachfragesubstituierbarkeit die unmittelbarste und entscheidendste Einflussvariable dar.

Die Beurteilung der Nachfragesubstituierbarkeit setzt eine Bestimmung derjenigen Produkte voraus, die von den Abnehmern als austauschbar betrachtet werden.[57] Eine der Bestimmungsmöglichkeiten basiert auf kleinen, dauerhaften Änderungen bei relativen Preisen:[58] Es soll festgestellt werden, ob die Kunden der beteiligten Unternehmen auf eine angenommene kleine, dauerhafte Erhöhung der relativen Preise (im Bereich zwischen 5 und 10%) für die betreffenden Produkte und Gebiete mit einem Ausweichen auf leicht verfügbare Substitute reagieren würden. Wenn die Substitution so groß ist, dass der Absatzrückgang eine Preiserhöhung nicht mehr erträglich macht, werden in den sachlich und räumlich relevanten Markt weitere Produkte und Gebiete einbezogen, bis kleine, dauerhafte Erhöhungen der relativen Preise Gewinn bringend werden. *Mutatis mutandis* wird dieser Grundsatz auch bei der Ermittlung der Nachfragemacht verwendet.

Bei der Marktabgrenzung kann auch die Angebotssubstituierbarkeit wichtig sein – unter der Voraussetzung, dass sie sich genauso wirksam und unmittelbar auswirkt wie die Nachfragesubstituierbarkeit. Dies ist nur dann möglich, wenn die Anbieter auf kleine, dauerhafte Änderungen bei den relativen Preisen mit Umstellung ihrer Produktion auf die relevanten Produkte reagieren können, um diese ohne spürbare Zusatzkosten oder Risiken kurzfristig auf den Markt zu bringen.[59] Diese Umstellung ist dadurch bedingt, dass die Unternehmen verschiedenste Sorten oder Qualitäten eines Produktes

---

[56] S. Markt-Bekanntmachung, Rn. 12.

[57] S. Leitlinien über vertikale Beschränkungen, Rn. 91. Auf intermediären Märkten hängen die verlangten Produkteigenschaften direkt von den Anforderungen des Käufers ab. Im Vertrieb der Endprodukte muss der Käufer hingegen auch die Präferenzen der Endverbraucher einbeziehen. In Fällen, in denen die Lieferanten ganze Produktpaletten liefern, sind eher diese Paletten als einzelne Produkte für die Marktabgrenzung ausschlaggebend.

[58] Als Preis wird in der Regel der geltende Marktpreis genommen. Vgl. jedoch auch Markt-Bekanntmachung, Rn. 19.

[59] Markt-Bekanntmachung, Rn. 23: Die Angebotssubstituierbarkeit wird als irrelevant angesehen, wenn sie erhebliche Anpassungen bei den vorhandenen Sachanlagen und immateriellen Aktiva, zusätzliche Investitionen, strategische Entscheidungen oder zeitliche Verzögerungen mit sich brächte.

absetzen. Der sachlich relevante Markt umfasst dann sämtliche Produkte, die sowohl von der Nachfrage als auch vom Angebot her als substituierbar betrachtet werden.

Der dritte Faktor, der potenzielle Wettbewerb, wird nicht bereits bei der Marktdefinition verwendet, sondern erst bei der Bewertung der Stellung der beteiligten Unternehmen auf dem relevanten Markt. Dieser Faktor und seine wettbewerbliche Gewichtigkeit hängen nämlich von bestimmten Faktoren und Umständen im Zusammenhang mit Marktzutrittsbedingungen ab.

(i) Kriterien und Nachweise für die Definition relevanter Märkte

Bei der Abgrenzung des sachlich relevanten Marktes richten sich die Nachweise und Vorgehensweisen nach den Merkmalen und Besonderheiten der betreffenden Wirtschaftszweige und Produkte. Die Kommission ist allen Formen des empirischen Nachweises gegenüber offen, es gibt keine starre Rangordnung für Informationsquellen und Nachweisformen.

Zunächst grenzt die Kommission auf der Grundlage bereits vorliegender Informationen oder Angaben von beteiligten Unternehmen die Produktmärkte grob ein.

Die räumliche Dimension des Marktes wird weiter aufgrund allgemeiner Angaben zur Verteilung der Marktanteile der beteiligten Unternehmen und ihrer Wettbewerber auf nationaler, Gemeinschafts- oder EWR-Ebene bestimmt. Dies gilt lediglich als Arbeitshypothese. Die Kommission beschäftigt sich dann mit den Ursachen für die jeweilige Konstellation von Preisen und Marktanteilen. Sie untersucht zunächst die Nachfragemerkmale: Bedeutung nationaler oder regionaler Präferenzen, gegenwärtiges Käuferverhalten, Produkt- und Markendifferenzierung. Der theoretische Ansatz basiert auf einer Substitution infolge Änderungen der relativen Preise. Falls erforderlich, können die Angebotsfaktoren weiter analysiert werden.[60] Ein weiterer Punkt, der berücksichtigt werden soll, ist die Marktintegration in der Gemeinschaft.

Für die Erhebung der Nachweise wendet sich die Kommission vor allem an die wichtigsten Kunden und Unternehmen des betreffenden Wirtschaftszweigs. Des Weiteren kontaktiert sie die betreffenden Berufs- und Wirtschaftsverbände sowie Unternehmen auf vorgelagerten Märkten. Die Befrag-

---

[60] S. Markt-Bekanntmachung, Rn. 30. Diese Untersuchung betrifft insbesondere: Erforderlichkeit einer Gebietspräsenz, um dort verkaufen zu können, Zugangsbedingungen zu den Vertriebswegen, Kosten der Errichtung eines Vertriebsnetzes, regulatorische Schranken im öffentlichen Auftragswesen, Preisvorschriften, Kontingente und Zölle, technische Normen, Monopole, Niederlassungsfreiheit, erforderliche behördliche Genehmigungen, Verpackungsvorschriften usw. In diese Analyse können auch die gegenwärtige Struktur und Entwicklung der Handelsströme sowie die Transportkosten und das Ausmaß, zu dem diese den Handel zwischen den verschiedenen Gebieten behindern, einbezogen werden.

ten sollen ihre Reaktionen bei hypothetischen Preiserhöhungen sowie ihre eigene Abgrenzung des relevanten Marktes mitteilen.

Der erste Schritt bei der Abgrenzung des Produktmarktes erfolgt durch die Untersuchung der Produktmerkmale und des Verwendungszwecks. Allein aufgrund dieser Eigenschaften kann jedoch nicht entschieden werden, ob zwei Produkte Nachfragesubstitute sind. Es müssen weitere Kriterien herangezogen werden: Nachweis der Substitution in jüngster Vergangenheit, quantitative ökonometrische und statistische Tests,[61] Standpunkt der Kunden und Wettbewerber, Verbraucherpräferenzen,[62] Schranken und Kosten der Nachfragesubstitution[63] sowie eventuelle Kundengruppen- und Preisdiskriminierung.

Bei der Bestimmung des räumlichen Marktes stützt sich die Kommission insbesondere auf: vorliegende Nachweise für eine Umlenkung von Aufträgen in andere Gebiete, Nachfragemerkmale,[64] Standpunkte der Kunden und Wettbewerber, Käuferverhalten, Handelsströme und Lieferstruktur sowie Schranken und Kosten bei der Übertragung von Aufträgen an Unternehmen in anderen Gebieten.[65]

In der Praxis ist es meistens jedoch nicht erforderlich, alle Faktoren zu untersuchen und zu beurteilen. Je nach den Falleinzelheiten reichen in der Regel bereits Nachweise über einige dieser Faktoren aus.

---

[61] Diese beziehen sich insbesondere auf die Schätzung der Elastizitäten und Kreuzpreiselastizitäten der Nachfrage nach einem Produkt, auf die Untersuchung der Gleichartigkeit der Preisentwicklung im Laufe der Zeit, der Kausalität zwischen Preisreihen und der Ähnlichkeit der Preisniveaus bzw. ihrer Konvergenz. S. Markt-Bekanntmachung, Fn. 5: Die Preiselastizität der Nachfrage nach einem Produkt X wird als ein Maßstab dafür, wie die Nachfrage nach X auf Änderungen des Preises von X reagiert, definiert. Die Kreuzpreiselastizität zwischen den Produkten X und Y ist dann ein Maßstab für die Reaktionen der Nachfrage nach X auf Änderungen des Preises von Y.

[62] Hier handelt es sich insbesondere um Marketing-Studien im Auftrag von Unternehmen sowie Erhebungen über Verhalten und Einstellungen der Verbraucher, Angaben zum Käuferverhalten, von Handelsunternehmen geäußerte Meinungen und generell Marktforschungsstudien.

[63] Als Beispiele können genannt werden: regulatorische Hemmnisse und andere staatliche Maßnahmen, die Notwendigkeit spezifischer Investitionen oder Produktionskürzung bei der Umstellung auf alternative Inputs, der Kundenstandort, spezifische Investitionen in Produktionsverfahren, Investitionen in Ausbildung und Humankapital sowie Umstellungskosten.

[64] Hierher gehören insbesondere nationale Vorlieben für einheimische Marken, Sprache, Kultur und Lebensstil sowie das Erfordernis der Gebietspräsenz.

[65] Diese Schranken und Kosten sind vor allem mit dem Transport verbunden. Sie basieren auf gesetzlichen Vorschriften, der Beschaffenheit der betreffenden Produkte, den Zugangsmöglichkeiten zu Vertriebssystemen oder den eventuellen Umstellungskosten.

(ii) Berechnung der Marktanteile

Erst wenn der Markt sachlich und räumlich abgegrenzt worden ist, können die Marktgröße insgesamt und die Marktanteile der einzelnen Anbieter berechnet werden.

Die Angaben über Marktgröße und Marktanteile werden in der Praxis meistens von den Marktteilnehmern selbst zur Verfügung gestellt mittels Schätzungen der Unternehmen sowie Studien der Wirtschaftsberater und Wirtschaftsverbände. Falls solche Angaben nicht vorliegen bzw. nicht zuverlässig erscheinen, kann die Kommission von den betreffenden Anbietern deren eigene Verkaufszahlen fordern.

Ausschlaggebend für die Berechnung der Marktanteile sind die Verkaufszahlen – der Absatzwert der verkauften Vertragsprodukte sowie der sonstigen vom Lieferanten verkauften Produkte, die vom Käufer aufgrund ihrer Eigenschaften, ihrer Preislage und ihres Verwendungszwecks als austauschbar oder substituierbar angesehen werden.[66] Bei Alleinbelieferungsvereinbarungen soll der Marktanteil anhand des Wertes der auf dem Markt getätigten Käufe oder anhand von Schätzungen derselben ermittelt werden. Neben diesen Angaben können auch andere Indikatoren – in Abhängigkeit von dem Produkt oder dem Wirtschaftszweig – verwendet werden.[67] Die Grundlage sind Angaben über das vorhergehende Kalenderjahr.

Der Marktanteilsberechnung sollen tatsächlich vorhandene Werte zugrunde liegen. Falls diese nicht vorhanden sind, können begründete Schätzungen vorgenommen werden.[68]

In die Marktdefinition und die Ermittlung des Marktanteils wird die Eigenproduktion von Zwischenprodukten auf der Intermediärstufe nicht eingeschlossen. In Fällen von sogenannter dualer Distribution werden jedoch auch Produkte einbezogen, die der Hersteller und seine Wettbewerber über integrierte Vertriebshändler verkaufen.[69]

---

[66] Art. 9 Abs. 1 GVO Nr. 2790/1999.

[67] Dazu zählen insbesondere Kapazität oder Anzahl der Wirtschaftsteilnehmer auf Ausschreibungsmärkten.

[68] Art. 9 Abs. 1 GVO Nr. 2790/1999; Leitlinien über vertikale Beschränkungen, Rn. 97.

[69] Art. 9 Abs. 2 lit. b GVO Nr. 2790/1999.

ii. Spürbarkeit als marktstrukturelles Kriterium

(i) Spürbarkeit

„Die Berücksichtigung qualitativer wirtschaftlicher Marktgegebenheiten und Wirkungen verändert die Funktion des Spürbarkeitsbegriffes; die *De-minimis*-Regel wird zur *rule of reason*."[70]

Die Spürbarkeit kann gemäß dem Marktanteil der beteiligten Unternehmen – auf quantitativer Basis – oder gemäß einer Abwägung der Vor- und Nachteile einer Wettbewerbsbeschränkung (als *bilan économique*) – auf qualitativer Basis gemessen werden.

Wie bereits erwähnt, ist eine der Voraussetzungen für die Anwendbarkeit der EG-kartellrechtlichen Vorschriften über Wettbewerbsbeschränkungen die Tatsache, dass sich die Wettbewerbsbeschränkung spürbar auf den zwischenstaatlichen Handel auswirkt.[71] Der Sinn dieses Tatbestandserfordernisses, dieser *De-minimis*-Regel, ist die Vermeidung der Anwendung des Art. 81 auf Bagatellkartelle.

Art. 81 EGV sagt nicht, in welchem Maße der Wettbewerb eingeschränkt und der zwischenstaatliche Handel beeinträchtigt werden muss. Die Spürbarkeit wird durch Außenwirkungen der Wettbewerbsbeschränkung auf Dritte charakterisiert. Es ist zu prüfen, ob durch die Beschränkung die Absatz- und Versorgungsmöglichkeiten dritter Unternehmen und der Verbraucher spürbar verändert werden bzw. verändert werden können.[72]

Die Spürbarkeit der Auswirkungen einer Wettbewerbsbeschränkung hängt mit der Prüfung der Beeinträchtigung des Handels zwischen den Mitgliedstaaten zusammen. Auch die Gemeinschaftsorgane trennen in der Regel nicht zwischen beiden Prüfungen:

„Die vom Gerichtshof im Einzelfall als maßgeblich angesehenen Kriterien wechseln je nach der Struktur des Marktes, der Bedeutung der beteiligten Unternehmen und der Art der Wettbewerbsbeschränkung."[73]

---

[70] *Koch*, in: *Grabitz/Hilf*, Kommentar zum EWG-Vertrag, Art. 85 [a. F.], Rn. 104.

[71] S. z. B. Rs. 5/69, *Völk/Vervaecke*, vom 9.7.1969, Slg. 295, 302; Rs. 1/71, *Cadillon/Höss*, vom 6.5.1971, Slg. 1971, 351, 356; Rs. 22/71, *Béguelin*, s. o., 960; Rs. 30/78, *Distillers*, s. o., 2258; Rs. 86/82, *Hasselblad*, s. o., 902 f. S. auch z. B. *Emmerich*, in: *Immenga/Mestmäcker*, EG-Wettbewerbsrecht, S. 175 ff.

[72] Beim Spürbarkeitstest kommt es darauf an, wie die Marktverhältnisse sich ohne Wettbewerbsbeschränkung entwickelt hätten. S. Rs. 56/65, *STM*, s. o., 304. Es ist nicht wichtig, welcher Art der Einfluss der Absprache ist. Auch bei günstiger Beeinflussung der Marktverhältnisse ist Spürbarkeit zu bejahen. S. Rs. 56/64 und 58/ 64, *Consten/Grundig*, s. o., 392.

[73] *Emmerich*, in: *Immenga/Mestmäcker*, EG-Wettbewerbsrecht, S. 176.

(ii) Anwendung des Spürbarkeitskriteriums durch die Kommission

Die Kommission wandte das Tatbestandsmerkmal zunächst qualitativ an, dann ging sie zur quantitativen Beurteilung anhand der Marktanteile und Umsätze der an der Bindung beteiligten Unternehmen über. Die Einzelheiten dieser Beurteilung sind in der Bagatellbekanntmachung geregelt.[74] Die neue Bagatellbekanntmachung wendet lediglich das Kriterium des Marktanteils auf dem relevanten Markt an, der für vertikale Vereinbarungen 10% beträgt. Diese quantitative Definition hat jedoch nur Hinweischarakter.[75]

Die Abschaffung des Gesamtumsatzkriteriums in der Bagatellbekanntmachung[76] ist ein Beispiel dafür, dass die Größe des Unternehmens nicht sofort mit Marktmacht gleichgesetzt werden darf. Das Ziel der Marktumsatzkriterien war der Schutz kleiner und mittlerer Unternehmen.[77] Dabei sollte jedoch eher die Frage gestellt werden, ob sich dieser Schutz immer auch langfristig wettbewerbsfördernd auswirken konnte.[78] Derzeit können von der Bagatellbekanntmachung auch größere Unternehmen profitieren, wenn ihr Marktanteil auf dem betreffenden relevanten Markt gering und ihre Marktstellung unbedeutend ist. Die neue Bagatellbekanntmachung führte außerdem zwei unterschiedliche Marktanteilskriterien ein: eine Schwelle von 10% für vertikale und eine Schwelle von 5% für horizontale Vereinbarungen.

Die Bagatellbekanntmachung legt auch die Kategorie solcher schwerwiegenden Wettbewerbsbeschränkungen fest, die – wenn binnenmarktrelevant – ohne Rücksicht auf den Marktanteil der beteiligten Unternehmen unter das Verbot des Art. 81 Abs. 1 fallen.[79] Die Bagatellbekanntmachung findet keine

[74] Die Vorgänger der heute geltenden Bagatellbekanntmachung waren drei Bekanntmachungen der Kommission aus den Jahren 1970 (ABl. C 64 vom 27.5.1970, S. 1), 1977 (ABl. C 313 vom 19.12.1977, S. 3) und 1986 (ABl. C 231 vom 3.9.1986, S. 2), die Letztgenannte im Weiteren „Bagatellbekanntmachung 1986." In Bezug auf Bierlieferungverträge s. auch die Bekanntmachung der Kommission zu den Verordnungen (EWG) Nr. 1983/83 und 1984/83 der Kommission vom 22.6.1983 über die Anwendung von Art. 81 Abs. 1 EGV auf Gruppen von Alleinvertriebsvereinbarungen bzw. Alleinbezugsvereinbarungen, ABl. C 355 vom 30.12.1983, S. 7, mit späteren Änderungen.

[75] Bagatellbekanntmachung, Rn. 3.

[76] Bagatellbekanntmachung 1986, Rn. 15.

[77] Vgl. Bagatellbekanntmachung, Rn. 19 und 20.

[78] *Hawk* [CMLR 1995, S. 981] bevorzugt die Anwendung ökonomischer Fallanalyse: *„Does a vertical restriction that would threaten the survival of certain small firms (a) harm competition by preventing them from becoming more formidable competitors in the future or (b) promote competition by exposing them to legitimate market forces?"*

[79] Bagatellbekanntmachung, Rn. 11 lit. b: Es handelt sich im Falle vertikaler Vereinbarungen um die Festsetzung der Wiederverkaufspreise oder um die Gewährung des Gebietsschutzes für die beteiligten oder für dritte Unternehmen.

Anwendung auf nebeneinander stehende Netze gleichartiger Vereinbarungen, die von mehreren Herstellern oder Händlern errichtet worden sind.[80]

Die Kommission orientiert sich stärker als die Gerichte an den in ihren Bekanntmachungen festgelegten prozentualen Grenzen. Diese Grenzen sind dabei nicht starr; sie können sich nach den Umständen des Falles richten.

Die Differenzierung zwischen Spürbarkeit der Wettbewerbsbeschränkung und Spürbarkeit der Beeinträchtigung des zwischenstaatlichen Handels in der Bagatellbekanntmachung ist nicht sehr markant. Auch die Praxis zeigt, dass es sich in beiden Fällen im Wesentlichen um dieselbe quantitative Beurteilung und Bewertung handelt.[81] Die Auswirkungen müssen jedoch nicht immer unbedingt gleich sein. Die Kommission betrachtet in der Regel eine Wettbewerbsbeschränkung als spürbar in Bezug auf den zwischenstaatlichen Handel, wenn die Spürbarkeit der Wettbewerbsbeschränkung an sich fest steht.

(iii) Anwendung des Spürbarkeitskriteriums durch die Gerichte

Die Gerichte legen der Prüfung in der Regel andere Kriterien als die in der Bekanntmachungen enthaltenen zugrunde. Sie betonen stärker den Kontext des Falles. Die Spürbarkeit wird anhand der Verhältnisse ohne die bestimmte Wettbewerbsbeschränkung gemessen, wobei sowohl quantitative als auch qualitative Merkmale angewendet werden. Ausschlaggebend ist die Gesamtbetrachtung der Verhältnisse des Einzelfalls. Wichtig ist auch die Feststellung der Relevanz der Wettbewerbsbeschränkung für den Binnenmarkt. Bei fehlender Relevanz ließ früher der EuGH gelegentlich auch schwerwiegende Wettbewerbsbeschränkungen zu, z. B. den absoluten Gebietsschutz in Alleinvertriebsverträgen,[82] bei dem heute die Praxis auf ein *Per-se*-Verbot hinausläuft.

Die angewandten Kriterien hängen im Einzelfall von der Struktur des Marktes, der Bedeutung der beteiligten Unternehmen und der Art der Wettbewerbsbeschränkung ab. Als wichtigstes Kriterium wird der Marktanteil der beteiligten Unternehmen auf dem relevanten Markt angesehen, gemessen durchweg nach Umsatzanteilen und nicht nach Mengenanteilen.[83] Von Be-

---

[80] Bagatellbekanntmachung, Rn. 18.

[81] S. *Gleiss/Hirsch*, Kommentar zum EG-Kartellrecht, S. 129, Rn. 258.

[82] Rs. 5/69, *Völk/Vervaecke*, s. o., 302; Rs. 1/71, *Cadillon/Höss*, s. o., 356; Rs. 22/71, *Béguelin*, s. o., 960.

[83] S. *Emmerich*, in: *Immenga/Mestmäcker*, EG-Wettbewerbsrecht, Kommentar, S. 176, Rn. 206. Vgl. mit der Marktstrukturanalyse unter Art. 82 EGV, S. 710, Rn. 86: Berechnung der Marktanteile. Solche Berechnung erfolgt nach Mengen (z. B. Stückzahl, Gewicht, Volumen) oder nach Werten. Vorzuziehen ist die wettbewerblich aussagekräftigere Größe. Eine Berechnung nach Mengen ist angemessener, wenn die Produkte hinreichend homogen und vergleichbar sind. Sonst ist eine

deutung ist auch der Anteil der beteiligten Unternehmen am innergemeinschaftlichen Handel.

Bei der Beurteilung stellen jedoch Prozentzahlen keine starren Grenzen dar. Auch niedrigere Marktanteile können spürbare Wettbewerbsbeschränkungen zur Folge haben, wenn es sich um große und bedeutende Unternehmen handelt, zumindest auf oligopolistischen Märkten, oder wenn diese Wettbewerbsbeschränkung schwerwiegend ist.[84] Bei Marktanteilen unter 1%[85] sowie beim Fehlen einer nennenswerten Einschränkung der Auswahlmöglichkeiten anderer Marktseiten besteht jedoch in aller Regel keine Spürbarkeit der Wettbewerbsbeschränkung.

Im Falle der Vertriebsnetze müssen die Auswirkungen einer Vereinbarung in ihrem wirtschaftlichen und rechtlichen Zusammenhang berücksichtigt werden. Im Kontext mit anderen gleichartigen Vereinbarungen kann es zu kumulativen Auswirkungen auf den Wettbewerb führen kann.[86] Eine solche kumulative Wirkung ist jedoch lediglich einer unter mehreren Umständen. Zu prüfen sind insbesondere auch die Art und Bedeutung des betreffenden Vertragsnetzes und dessen eventuelle marktzutrittsbeschränkende und marktabschließende Wirkungen.[87]

In einigen Fällen prüfte der EuGH jedoch die Spürbarkeit der Wettbewerbsbeschränkung nicht näher und betrachtete lediglich die Bedeutung und Größe der beteiligten Unternehmen sowie die Schwere der Wettbewerbsbeschränkung als Kriterien für die Beurteilung einer möglichen Relevanz der Wettbewerbsbeschränkung für den Binnenmarkt. Als Beispiele von Fallkonstellationen, in denen die Spürbarkeit von vornherein verneint wird, können die Unentbehrlichkeit der Vereinbarung für die (geographische) Erschließung neuer Märkte oder die Einführung neuer Produkte genannt werden.

Berechnung nach Werten geeigneter, die relative Inhomogenität der Produkte auszugleichen. Dabei droht jedoch die Gefahr einer verzerrten Bewertung der Marktanteile im Falle überhöhter oder zu niedriger Preise.

[84] S. Rs. 30/78, *Distillers*, s. o., 2265.

[85] S. o., Fn 69.

[86] Rs. 23/67, *Brasserie de Haecht I*, vom 12.12.1967, Slg. 1967, 543, 555 f.; Rs. C-234/89, *Delimitis*, vom 28.2.1991, Slg. 1991, I-935, I-984.

[87] Die Entscheidung in der Rs. C-234/89, *Delimitis*, s. o., führte eine Analyse mit zwei Schritten durch: Erstens wurde geprüft, ob der Marktzutritt für neue Wettbewerber bzw. die Erhöhung der Marktanteile der etablierten Unternehmen aufgrund der bestehenden Vertragsnetze erheblich erschwert wird. Zweitens folgt die Feststellung, ob die betreffende Vereinbarung zu solchen Effekten erheblich beiträgt. Die Spürbarkeit wurde lediglich in Bezug auf den Beitrag der Vereinbarung zu marktabschottenden Effekten der Vertragsnetze berücksichtigt. Dabei hängt die Bedeutung eines solchen Beitrags von der Stellung der Beteiligten auf dem relevanten Markt und von der Vertragsdauer ab.

(e) Freistellung vom Verbot des Art. 81 Abs. 1 EGV

Die unter Art. 81 Abs. 1 EGV fallenden Wettbewerbsbeschränkungen können freigestellt werden. Dies geschieht entweder auf der Basis der Einzelfreistellung gemäß Art. 81 Abs. 3 EGV oder auf der Basis der Gruppenfreistellung gemäß der GVO Nr. 2790/1999. Art. 81 Abs. 3 EGV bezieht auch die Anwendung der Freistellung auf Gruppen wettbewerbsbeschränkender Vereinbarungen ein. Die Voraussetzungen hierfür werden in Gruppenfreistellungsverordnungen näher bestimmt.

Bei Art. 81 EGV handelt es sich um ein Verbot mit Erlaubnisvorbehalt.[88] Dieses Prinzip wird jedoch durch die Möglichkeit rückwirkender Freistellung,[89] die nachträgliche Legalisierung bestimmter Absprachen[90] sowie durch die Immunität angemeldeter Kartelle gegen die Verhängung von Geldbußen[91] durchbrochen.

Die Gruppenfreistellungsverordnungen bedeuteten einen weiteren Schritt in Richtung der Legalausnahme, eine unmittelbare Anwendung des Art. 81 Abs. 3 bleibt jedoch ausgeschlossen. Die neue GVO Nr. 2790/1999 bestätigt diesen Schritt, sie wird als faktische generelle Annäherung an das deutsche System einer Missbrauchsaufsicht bei vertikalen Wettbewerbsbeschränkungen bezeichnet.[92]

i. Einzelfreistellung gemäß Art. 81 Abs. 3 EGV

Der Erlaubnisvorbehalt des Abs. 3 ist wegen „Grauzonen" im Wettbewerbsrecht notwendig: Manche Wettbewerbsbeschränkungen – insbesondere vertikale – können sich erst im größeren sachlichen und zeitlichen Kontext als überwiegend wettbewerbsfördernd erweisen. Solche Fälle sollen deswegen überprüft und eventuell von dem Verbot des Art. 81 Abs. 1 freigestellt werden. Die Tendenz in der neueren Rechtsprechung[93] geht in Richtung restriktiver Auslegung des Art. 81 Abs. 1 EGV. Dies erweist sich als übereinstimmend mit der in der neuen GVO Nr. 2790/1999 enthaltenen Betrachtungsweise vertikaler Beschränkungen.

Diese Tendenz hängt auch mit der Reformbedürftigkeit der Kompetenzverteilung zwischen der Kommission und nationalen Behörden und Gerich-

---

[88] So z. B. *Gleiss/Hirsch*, Kommentar zum EG-Kartellrecht, S. 682, Rn. 1779; *Sauter*, in: *Immenga/Mestmäcker*, EG-Wettbewerbsrecht, Kommentar, Band I, S. 327.

[89] Art. 6 Abs. 2 VO Nr. 17.

[90] Art. 7 VO Nr. 17.

[91] Art. 15 Abs. 5 und 6 VO Nr. 17.

[92] So *Wolf*, EuZW 1999, 641.

[93] Z. B. Rs. C-234/89, *Delimitis*, s. o., I-935; Rs. 161/1986, *Pronuptia*, vom 28.1.1986, Slg. 1986, 535.

ten zusammen. Praktisch kann die restriktive Auslegung diese Arbeitsteilung verbessern. Nichtsdestotrotz wird dogmatisch mit der Rechtsunsicherheit der Unternehmen und eben der Kompetenzverteilung gegen die restriktive Auslegung argumentiert.

Die Freistellungsvoraussetzungen sind so allgemein formuliert, dass diese Vorschrift ebenso wie Art. 81 Abs. 3 eine Generalklausel ist.[94]

ii. Gruppenfreistellung

Gruppen von Absprachen fassen Absprachen eines bestimmten Typs zusammen, d. h. solche Absprachen, die nicht individuell bezeichnet, sondern durch abstrakte Merkmale charakterisiert werden können. Dieser Begriff wurde erst in der VO Nr. 17 verwendet: Art. 5 Abs. 2 und Art. 7 Abs. 2 sprechen von „den in Art. 4 Abs. 2 genannten Gruppen."

Die Gruppenfreistellung ist keine Entscheidung im Sinne von Art. 249 Abs. 4 und Art. 254 Abs. 2 EGV, sondern eine Verordnung im Sinne von Art. 249 Abs. 2 EGV, da sie Wirkungen für eine unbestimmte Zahl unbekannter Unternehmen entfaltet. Zum Erlass solcher Gruppenfreistellungsverordnungen für vertikale Beschränkungen auf dem Gebiet des Vertriebs und des Erwerbs oder der Nutzung von gewerblichen Schutzrechten ist die Kommission durch die Verordnung Nr. 19 ermächtigt worden.[95]

Der Art. 81 Abs. 1 kann – unbeschadet der Anwendung der VO Nr. 17 – gemäß Art. 81 Abs. 3 EGV durch Verordnung für nicht anwendbar auf Gruppen von Vereinbarungen erklärt werden, die von zwei oder mehr Unternehmen geschlossen werden, von denen jedes im Rahmen der Vereinbarung auf einer unterschiedlichen Produktions- oder Vertriebsstufe tätig ist und welche die Bedingungen betreffen, zu denen die Parteien bestimmte Produkte beziehen, verkaufen oder weiterverkaufen.[96] Sie kann durch Verordnung Bedingungen festlegen, die den Ausschluss bestimmter Netze gleichartiger Vereinbarungen oder abgestimmter Verhaltensweisen auf einem bestimmten Markt von der Anwendung der Gruppenfreistellungsverordnung verursachen.[97] Vor

---

[94] S. Rs. 26/76, *Metro/SABA I*, vom 25.10.1977, 1875, 1905 f.

[95] Verordnung Nr. 19 (EWG) des Rates vom 2.3.1965 über die Anwendung von Art. 85 Abs. 3 EGV auf Gruppen von Vereinbarungen und aufeinander abgestimmten Verhaltensweisen, ABl. 36 vom 6.3.1965, S. 533 ff. Diese Verordnung ist – im Zusammenhang mit dem Reformprozess im Bereich vertikaler Beschränkungen – auch novelliert worden: durch die Verordnung (EG) Nr. 1215/1999 des Rates vom 10.6.1999 zur Änderung der Verordnung Nr. 19 (EWG) des Rates vom 2.3.1965 über die Anwendung von Art. 81 Abs. 3 EGV auf Gruppen von Vereinbarungen und aufeinander abgestimmte Verhaltensweisen, ABl. L 148 vom 15.6.1999, S. 1 ff.

[96] Art. 1 Abs. 1 lit. a VO Nr. 19. Der Anwendungsbereich ist durch die Novellierung erweitert worden, um alle vertikalen Vereinbarungen einschließen zu können.

[97] Art. 1a VO Nr. 19.

der Veröffentlichung eines Entwurfs und vor dem Erlass einer Verordnung soll die Kommission den Beratenden Ausschuss für Kartell- und Monopolfragen anhören.[98]

Durch die Überwachungs- und Entzugskompetenzen der Kommission gemäß Art. 8 VO Nr. 17 für Einzelfreistellungen und Art. 7 VO Nr. 19 für Gruppenfreistellungen wird praktisch eine Missbrauchsaufsicht gestaltet. Art. 7 Abs. 2 VO Nr. 19 legt fest, unter welchen Voraussetzungen die zuständige Behörde des Mitgliedstaates die Gruppenfreistellung entziehen kann.

Von der Struktur her soll eine Verordnung die Beschreibung der jeweiligen Gruppen von Vereinbarungen, auf die sie Anwendung findet, und insbesondere die sogenannte „schwarze Liste" der verbotenen Bestimmungen oder eventueller sonstiger Voraussetzungen enthalten.

Die GVO Nr. 1983/83[99] (Alleinvertrieb) und Nr. 1984/83[100] (Alleinbezug) entsprachen diesem Vorbild: Beide GVO definierten zunächst die betreffende Gruppe von Vereinbarungen, welche an bestimmte Vertragsmuster angeknüpft waren. Nichtsdestotrotz galten die GVO auch für neue Vertragsgestaltungen, insbesondere auch aufgrund der abstrakten Formulierung der Gruppenbeschreibung.

Die GVO listeten auch Verpflichtungen auf, die dem Lieferanten bzw. dem Händler auferlegt werden durften. Diese sogenannten „weißen Listen" waren zweiteilig: Zum einen enthielten sie freistellungsbedürftige Wettbewerbsbeschränkungen, zum anderen Beschränkungen, die in der Regel von der Kommission als nicht wettbewerbsbeschränkend angesehen wurden. Es handelte sich praktisch um einen Gruppennegativattest. Dies sollte die Rechtssicherheit erhöhen.

Die sogenannten „schwarzen Listen" enthielten hingegen verbotene Klauseln. Diese konnten ausdrücklich oder nicht ausdrücklich bestimmt bzw. in Form positiver Vorschriften auferlegt werden.

Durch weitere positive Vorgaben konnte die Kommission in der Praxis in nicht vertretbarem Umfang in die Vertragsgestaltung eingreifen.[101] Positive Vorgaben in Bezug auf objektive Umstände, z. B. faktisches Verhal-

---

[98] Art. 6 Abs. 1 lit. a VO Nr. 19. Zu Verordnungen gemäß Art. 1a vgl. Art. 6 Abs. 1 lit. b.

[99] Verordnung (EWG) Nr. 1983/83 der Kommission vom 22.6.1983 über die Anwendung von Art. 85 Abs. 3 des Vertrages auf Gruppen von Alleinvertriebsvereinbarungen, ABl. L 173 vom 30.6.1983, S. 1.

[100] Verordnung (EWG) Nr. 1984/83 der Kommission vom 22.6.1983 über die Anwendung von Art. 85 Abs. 3 des Vertrages auf Gruppen von Alleinbezugsvereinbarungen, ABl. L 173 vom 30.6.1983, S. 5.

[101] Vgl. Erwägungsgrund Nr. 17 zur GVO Nr. 1475/95 als Beispiel einer unzulässigen Kompetenzüberschreitung der Kommission. Die positiven Vorgaben sollen sich nämlich lediglich auf wettbewerbliche Gesichtspunkte beziehen.

ten/Unterlassen konnten, als Voraussetzung für die Anwendbarkeit der GVO angegeben werden. Dann fielen sie jedoch eigentlich in die „schwarze Liste" der GVO.

Die GVO Nr. 4087/88[102] (Franchising) führte darüber hinaus noch die sogenannte „graue Liste" ein.[103] Diese Liste beinhaltete Beschränkungen, die aufgrund ihrer Erforderlichkeit für bestimmte Zwecke freigestellt werden konnten. Diese Liste war ziemlich bedenklich, da sie Rechtsunsicherheit bei den Unternehmen schuf bzw. diese erhöhte. Die Bewertung solcher Beschränkungen lag dann in den Händen der Rechtsanwender.

Als eine Art „Ausgleich" zu der „grauen Liste" enthielt die GVO Nr. 4087/88 in Art. 6 ein Widerspruchsverfahren. Dessen Zweck war die Ausdehnung des Anwendungsbereiches der GVO Nr. 4087/88 auf bestimmte, nicht ausdrücklich freigestellte Klauseln der Vereinbarung.

Des Weiteren konnte der Inhalt der GVO durch die Minusklausel flexibler gemacht werden. Die Minusklausel stellt im Allgemeinen die Möglichkeit der Einbeziehung weniger einschneidender oder weniger wettbewerbsbeschränkender Klauseln unter die in der jeweiligen GVO vorgeschriebenen zulässigen Vertragsklauseln dar. Solche Auslegung ist von dem Wortlaut der GVO abhängig.[104] In den Vertriebs-GVO kam jedoch die Minusklausel nicht vor.

Die Gruppenfreistellungsverordnungen gelten unmittelbar. Einer Anmeldung bedarf es nicht. Die Unternehmen stehen vor der Wahl, ob sie die Kompatibilität ihrer Vereinbarungen mit dem EG-Kartellrecht aufgrund der GVO annehmen oder ob sie eine Einzelfreistellung gemäß Art. 81 Abs. 3 beantragen. Der Erlass einer GVO schafft das Recht der Unternehmen auf eine Freistellungsentscheidung nicht ab.

Die GVO sind wie ein normaler Gesetzestext auszulegen. Da es sich um unmittelbar geltendes Recht handelt, obliegt dies nicht nur dem EuGH, sondern auch den nationalen Gerichten. Das Subsumtionsrisiko[105] wird von den Unternehmen getragen. Als Auslegungshilfe konnten Begründungserwägungen sowie etwaige Bekanntmachungen verwendet werden. Neben dem Wort-

---

[102] Verordnung (EWG) Nr. 4087/88 der Kommission vom 30.11.1988 über die Anwendung von Art. 85 Abs. 3 des Vertrages auf Gruppen von Franchisevereinbarungen, ABl. L 359 vom 28.12.1988, S. 46.

[103] Art. 3 Abs. 1 GVO Nr. 4087/88.

[104] Vgl. z. B. Art. 2 GVO Nr. 1984/83, wonach einem der beteiligten Unternehmen keine anderen Wettbewerbsbeschränkungen auferlegt werden dürfen. Dies führte dazu, dass die Vertragsklausel genau den in der GVO aufgeführten Inhalt haben musste, was misslich war und im Einzelfall sogar unsinnig.

[105] Das Subsumtionsrisiko ist das Risiko, ob die Absprache im Einzelfall den Tatbestand der GVO erfüllt. Dieses Risiko war zum Teil erheblich, da die GVO kompliziert bzw. verwirrend formuliert waren. S. *Gleiss/Hirsch*, Kommentar zum EG-Kartellrecht, S. 687, Rn. 1794.

laut dienen auch Systematik und Teleologie als maßgebliche Auslegungskriterien. Der Grundsatz der engen Auslegung gilt nicht, da die GVO Ausnahmen vom grundsätzlichen Verbot des Art. 81 Abs. 1 darstellten. Die GVO sind nicht analogiefähig,[106] die Grenzen zwischen Analogie und Auslegung jedoch fließend.

iii. Die bisherige Regelung – GVO Nr. 1983/83, GVO Nr. 1984/83 und GVO Nr. 4087/88

(i) Alleinvertrieb – GVO Nr. 1983/84

Die Vorgängerin der GVO Nr. 1983/83, die GVO Nr. 67/67[107] regelte sowohl Alleinvertrieb- als auch Alleinbezugsvereinbarungen. Diese Gesamtregelung wurde später in die GVO Nr. 1983/83 für Alleinvertrieb und die GVO Nr. 1984/83 für Alleinbezug aufgeteilt. Zu beiden GVO veröffentlichte die Kommission ihre Auslegung in Form einer Bekanntmachung.[108]

Die GVO Nr. 1983/83 war auf Alleinvertriebsvereinbarungen von lediglich zwei Unternehmen anwendbar. Der Alleinvertrieb konnte mit selektivem Vertrieb kombiniert werden, wobei es sich nur um einfache qualitative Selektion handeln durfte.

Für den Kfz-Bereich gilt eine besondere Regelung – die GVO Nr. 1475/95 über Kfz-Verträge. Diese GVO bezieht sich auf zwei Formen der Absatzorganisation: auf selektive Vertriebssysteme und auf Alleinvertriebsvereinbarungen. Des Weiteren wird davon ausgegangen, dass dem Kfz-Händler ein Vertragsgebiet zugewiesen wird.

(ii) Alleinbezug – GVO Nr. 1984/83

Die GVO Nr. 1984/83 war – im Gegensatz zu der GVO Nr. 67/67 – als Einschränkung zu sehen.[109] Die GVO Nr. 67/67 fand nämlich auch dann Anwendung, wenn die Alleinbezugspflicht ohne Alleinbelieferungsrecht und ohne Beschränkung auf ein Absatzgebiet vereinbart war.[110] Infolge der *Concordia*-Entscheidung waren Bierlieferungsverträge grundsätzlich freigestellt, seien es nationale Verträge oder Verträge über die Grenzen hinweg gewesen.

---

106 S. Rs. C-234/89, *Delimitis*, s. o., I-992.

107 GVO Nr. 67/67 der Kommission vom 22. 3. 1967, ABl. Nr. 57 vom 25. 3. 1967, S. 849. Verlängert durch VO Nr. 2591/72 der Kommission von 8. 12. 1972, ABl. 276, S. 15, und durch VO Nr. 3577/82 der Kommission vom 23. 12. 1982, ABl. L 373, S. 58.

108 S. o. Fn. 72.

109 S. *Gleiss/Hirsch*, Kommentar zum EG-Kartellrecht, S. 557, Rn. 1406.

110 Rs. 47/76, *Concordia*, vom 1. 2. 1977, Slg. 1977, 65, 93.

Die GVO Nr. 1984/83 brachte Einschränkungen in Bezug auf die Beschränkung der Alleinbezugspflicht auf bestimmte Produkte, auf zeitliche Begrenzung sowie weitere Einschränkungen, z. B. das Koppelungsverbot mit sich. „Wegen dieser Einschränkungen der Gruppenfreistellung stellt sich für die Unternehmen in besonderem Maße die Frage, ob Alleinbezugsverträge überhaupt gegen Art. 81 Abs. 1 verstoßen."[111] Dies schien insbesondere bei nationalen Bierlieferungsverträgen zweifelhaft zu sein. Der Anbieter blieb jedoch der möglichen Anwendung der Bündeltheorie ausgesetzt. Die Vorbeugung bestand in der Anpassung der Verträge an „das enge Korsett"[112] der Gruppenfreistellung.

(iii) Franchising – GVO Nr. 4097/88

Die GVO Nr. 4087/88 bezog sich lediglich auf Vertriebs- und Dienstleistungsfranchising,[113] Produktionsfranchising wurde nicht eingeschlossen. Auch sie fand lediglich auf Vereinbarungen Anwendung, an denen nicht mehr als zwei Unternehmen beteiligt waren.[114] Des Weiteren war die GVO Nr. 4087/88 auch auf Masterfranchisen (Hauptfranchisen) entsprechend anwendbar, vorausgesetzt, dass die Vereinbarung den vorgeschriebenen Mindestgehalt beinhaltete.

Die Regelung in der GVO Nr. 4087/88 wird als „nur schwer verständlich"[115] kritisiert. Gründe für diese kritische Einstellung gibt es mehrere: Der Regelungsgegenstand wird durch eine Ansammlung von Definitionen in Art. 1 Abs. 3 eher verdeckt, die Zulässigkeit bestimmter Beschränkungen hängt erst von dem teilweise komplexen Zusammenspiel verschiedener Bestimmungen der GVO Nr. 4087/88 ab und die Regelung ist zu detailliert.

iv. Die neue Regelung vertikaler Vereinbarungen im Bereich Liefer- und Vertriebsvereinbarungen – GVO Nr. 2790/1999

Die Grundlage der neuen Regelung bildet einerseits die GVO Nr. 2790/1999 und andererseits die Leitlinien über vertikale Beschränkungen. Die Vor-

---

[111] S. *Gleiss/Hirsch*, Kommentar zum EG-Kartellrecht, S. 557, Rn. 1408.

[112] *Gleiss/Hirsch*, Kommentar zum EG-Kartellrecht, S. 558, Rn. 1408.

[113] Art. 1 Abs. 3 lit. b GVO Nr. 4087/88; Erwägungsgründe Nr. 4 und 5 zu GVO Nr. 4087/88. Die Franchise muss zum Zwecke des Weiterverkaufs von Waren oder der Erbringung von Dienstleistungen an Endverbraucher verwendet werden. Das sogenannte Großhandelsfranchising oder das industrielle oder Produktionsfranchising sind von der Anwendung dieser GVO ausgeschlossen. Kombinationen der Franchise mit gleichzeitigen Bearbeitungs- oder Anpassungstätigkeiten beim Vertrieb sind zulässig.

[114] S. XXI. WBB (1991), Rn. 128.

[115] *Gleis/Hirsch*, Kommentar zum EG-Kartellrecht, Rn. 1551, S. 605.

schriften basieren auf einer stärker ökonomisch und weniger präskriptiv ausgerichteten Wettbewerbspolitik in diesem Bereich. Die GVO Nr. 2790/1999 ersetzt die bisherigen in die erwähnten drei GVO in Bezug auf Vertriebsvereinbarungen enthaltenen Regelungen.

Die GVO Nr. 2790/1999 findet Anwendung auf Vereinbarungen über Alleinbelieferung, Alleinvertrieb, Selektivvertrieb und Franchising sowie Markenzwangvereinbarungen – z. B. im Bier- und Mineralölsektor. Diese Vereinbarungen werden zwischen zwei oder mehr Unternehmen geschlossen,[116] von denen jedes zwecks Durchführung der Vereinbarung auf einer unterschiedlichen Produktions- oder Vertriebsstufe tätig ist. Die Vereinbarungen betreffen jene Bedingungen, zu denen die Parteien bestimmte Produkte beziehen, verkaufen oder weiterverkaufen.[117]

Die GVO Nr. 2790/1999 auf ist auch auf Unternehmensvereinigungen anwendbar.[118] Dann gilt die Freistellung für vertikale Vereinbarungen zwischen einer Unternehmensvereinigung und ihren Mitgliedern oder ihren Lieferanten. Dabei müssen alle Mitglieder der Vereinigung Wareneinzelhändler sein und keines darf einen jährlichen Gesamtumsatz von 50 Mio. EUR überschreiten.

Die GVO Nr. 2790/1999 bezieht sich lediglich auf Vereinbarungen, die unter Art. 81 Abs. 1 EGV fallen. So sind aus deren Anwendungsbereich die Vereinbarungen, auf welche die Bagatellbekanntmachung anwendbar ist, sowie Vereinbarungen zwischen kleinen und mittleren Unternehmen[119] ausgenommen.[120] Des Weiteren findet die GVO Nr. 2790/1999 keine Anwendung auf Vereinbarungen mit Handelsvertretern.

Durch die Abschaffung einzelner Regelungen für die jeweilige Art der Vereinbarung sind die Regeln vereinfacht und die Vorschriftenlast verringert worden. Durch die GVO Nr. 2790/1999 werden Liefer- und Vertriebsvereinbarungen sowohl über End- und Zwischenprodukte als auch über Dienstleistungen *en bloc* freigestellt. Diese Vermutung der Rechtsmäßigkeit gilt für Unternehmen mit einem Marktanteil von weniger als 30%, vorausgesetzt die Vereinbarung enthält weder Kernbeschränkungen noch Wettbewerbsverbote, die auf eine unbestimmte Dauer oder für eine Dauer von mehr als fünf Jahren vereinbart werden und auch keine nachvertraglichen Wettbewerbsverbote.

---

[116] Hiermit reagiert die neue GVO Nr. 2790/1999 auf die wirtschaftliche Realität. Die alten GVO waren lediglich auf Vereinbarungen zwischen zwei Unternehmen anwendbar.

[117] Art. 2 Abs. 1 GVO Nr. 2790/1999.

[118] Art. 2 Abs. 2 GVO Nr. 2790/1999. S. auch Leitlinien über vertikale Beschränkungen, Rn. 28 f.

[119] S. die Empfehlung 96/280/EC der Kommission über kleine und mittlere Unternehmen.

[120] Dabei wird vorausgesetzt, dass diese Vereinbarungen keine Kernbeschränkungen enthalten und dass keine kumulativen Wirkungen vorkommen.

Ausschlaggebend für die Anwendung der GVO Nr. 2790/1999 ist im Allgemeinen der Marktanteil des Lieferanten. Bei vertikalen Vereinbarungen zwischen einer Einzelhändlervereinigung und ihren einzelnen Mitgliedern gilt die Vereinigung als Lieferant. Im Fall der Alleinbelieferungsverpflichtung wird der Marktanteil des Käufers berücksichtigt.[121] Vertikale Vereinbarungen zwischen drei Parteien auf unterschiedlichen Handelsstufen können unter die Anwendung der GVO Nr. 2790/1999 nur dann fallen, wenn die Marktanteile auf beiden Stufen unterhalb der Marktanteilsschwelle liegen. Wenn die vertikale Vereinbarung neben den Produkten auch Übertragung von Rechten des intellektuellen Eigentums, das in Zusammenhang mit den Produkten steht, vorsieht, ist der Marktanteil des Lieferanten auf dem relevanten Produktmarkt entscheidend.[122]

Wenn der Marktanteil zunächst zwar unter der Marktanteilsschwelle von 30% ist, diese anschließend überschreitet, dabei jedoch 35% nicht übersteigt, gilt die Freistellung noch für zwei weitere Kalenderjahre, die dem Jahr unmittelbar folgen, in welchem die 30%-Schwelle erstmals überschritten wurde.[123] Wenn sich der Marktanteil zunächst unter der 30%-Schwelle bewegt, anschließend jedoch 35% übersteigt, gilt die Freistellung noch für ein weiteres Kalenderjahr im Anschluss an das Jahr, in welchem die 30%-Schwelle erstmals überschritten wurde.[124] Diese zwei Regelungen dürfen nicht so miteinander kombiniert werden, dass ein Zeitraum von zwei Kalenderjahren überschritten wird.

Die vertikale Vereinbarung kann auch Auswirkungen auf nachgelagerte Märkte haben. Auf der Intermediärstufe sind solche Auswirkungen nur auf den Markt zwischen dem Lieferanten und dem Käufer beschränkt. Bei Alleinbelieferungsvereinbarungen muss auch die Marktstellung des Käufers berücksichtigt werden: Lediglich wenn dieser Marktmacht besitzt, kann sich sein marktabschottendes Verhalten negativ auf den Wettbewerb auf dem nachgelagerten Markt auswirken. Auf den Märkten für Endprodukte können vertikale Beschränkungen den Markenwettbewerb und/oder den markeninternen Wettbewerb auf dem Wiederverkaufsmarkt beeinträchtigen. Deswe-

---

[121] Art. 3 GVO Nr. 2790/1999; Leitlinien über vertikale Beschränkungen, Rn. 89, Rn. 92. Der Marktanteil der Käufers bei der Alleinbelieferung wird anhand seines Anteils an allen Bezügen auf dem Käufermarkt bestimmt.

[122] Leitlinien über vertikale Beschränkungen, Rn. 95. Wenn jedoch lediglich Dienstleistungen mit intellektuellem Eigentum, die gemeinsam eine Franchisingmethode bilden, übertragen werden, ist der Marktanteil des Franchisegebers an dem Markt dieser Geschäftsmethode maßgeblich, d. h. an dem Markt, in dem die Franchisenehmer diese Methode anwenden.

[123] Art. 9 Abs. 2 lit. c GVO Nr. 2790/1999.

[124] Art. 9 Abs. 2 lit. d GVO Nr. 2790/1999.

gen darf die Analyse nicht lediglich auf den Markt zwischen dem Lieferanten und dem Käufer beschränkt werden.[125]

(i) Art. 4 GVO Nr. 2790/1999: Kernbeschränkungen

Vereinbarungen, welche die sogenannten Kernbeschränkungen beinhalten, können nicht freigestellt werden. Bei den Kernbeschränkungen handelt es sich erstens um Beschränkungen der Preisfestsetzung. Höchstpreise und Preisempfehlungen gelten als erlaubt, sofern sie sich nicht tatsächlich als Fest- oder Mindestverkaufspreise auswirken. Zweitens sind Beschränkungen des Gebiets oder des Kundenkreises, in das oder an den der Käufer Vertragsprodukte verkaufen darf, verboten. Aus diesem Verbot sind jedoch ausgenommen Beschränkungen des aktiven Verkaufs in Gebiete oder an Gruppen von Kunden, die der Lieferant sich selbst oder ausschließlich einem anderen Käufer zugewiesen hat, sowie Beschränkungen der Verkaufs an Endverbraucher durch Käufer, die auf der Großhandelsebene tätig sind, Beschränkungen des Verkaufs an nicht zugelassene Händler in einem selektiven Vertriebssystem sowie Beschränkungen der Lieferungen der Bestandteile durch den Käufer an Kunden, welche diese Bestandteile für die Herstellung derselben Produkte wie die des Lieferanten verwenden würden.

Die Verwendung des Internets wird bei Werbung und Verkauf in der Regel als eine Form des Passivverkaufs betrachtet, wenn die Webseite nicht eindeutig auf Kunden innerhalb des Gebiets oder auf Kundengruppen zielt, die anderen Vertriebshändlern zugeteilt sind. Elektronische Post, die an einzelne Kunden – ohne vorherige Kundenanfrage – verschickt wird, gilt als Aktivverkauf.[126] Dieser Grundsatz kann auch auf Verkauf mittels Kataloge angewandt werden.

Das Internet wird als ein geeigneter Weg zu jedem Kunden betrachtet.[127] Die möglichen Auswirkungen außerhalb des Vertragsgebiets oder der Kundengruppe hängen mit dem Charakter dieser Technologie zusammen.

In Bezug auf die Verwendung des Internets darf der Lieferant Qualitätsstandards auferlegen. Dies entspricht dem Grundsatz, dass der Lieferant im Allgemeinen Qualitätsstandards für das Geschäfts bzw. für die Werbung und Verkaufsförderung verlangen darf. Dies ist insbesondere im selektiven Vertrieb relevant.

Die Verwendung des Internets oder der Verkauf mittels Kataloge darf lediglich anhand objektiver Begründung verboten werden.

---

[125] Zur Bewertung der Anschlussmärkte s. Leitlinien über vertikale Beschränkungen, Rn. 96iii.
[126] Leitlinien über vertikale Beschränkungen, Rn. 51.
[127] Leitlinien über vertikale Beschränkungen, Rn. 51.

Verboten sind des Weiteren Beschränkungen des aktiven oder passiven Verkaufs an Endverbraucher in selektiven Vertriebssystemen, soweit sie Einzelhändlern auferlegt werden, sowie Beschränkungen von Querlieferungen zwischen Händlern, auch wenn diese auf unterschiedlichen Stufen tätig sind.

Ebenso verboten sind Beschränkungen zwischen dem Lieferanten und dem Käufer von Bestandteilen, welche dieser in andere Produkte einfügt, sofern sie den Lieferanten hindern, diese Bestandteile als Ersatzteile an Endverbraucher oder an Reparaturwerkstätten oder andere Dienstleistungserbringer zu verkaufen, die von dem Käufer nicht mit Reparatur oder Wartung seiner eigenen Produkte beauftragt waren.

(ii) Art. 5: Einschränkungen der GVO Nr. 2790/1999

Die Erste dieser Einschränkungen betrifft Wettbewerbsverbote, welche für eine unbestimmte Dauer oder für eine Dauer von mehr als fünf Jahren vereinbart werden. Diese Begrenzung gilt jedoch nicht, wenn die Vertragsprodukte vom Käufer in Räumlichkeiten und auf Grundstücken verkauft werden, die Eigentum des Lieferanten oder durch diesen von Dritten gemietet oder gepachtet worden sind und wenn das Wettbewerbsverbot lediglich auf diesen Zeitraum begrenzt ist.

Des Weiteren sind nachvertragliche Wettbewerbsverbote in der Regel nicht zulässig, es sei denn, dass sie sich auf Produkte beziehen, die mit den Vertragsprodukten im Wettbewerb stehen, sich auf Räumlichkeiten und Grundstücke beschränken, von denen aus der Käufer während der Vertragsdauer seine Geschäfte betrieben hat, sowie unerlässlich sind, um ein dem Käufer vom Lieferanten übertragenes Know-how zu schützen. Ein solches Wettbewerbsverbot darf dabei auf höchstens ein Jahr nach Beendigung der Vereinbarung begrenzt werden.

Ferner ist nicht erlaubt, den Mitgliedern eines selektiven Vertriebssystems Verbote in Bezug auf den Verkauf von Marken bestimmter konkurrierender Lieferanten aufzuerlegen.

(iii) Entzug der Gruppenfreistellung

Gemäß Art. 7 VO Nr. 19 kann der Vorteil der Gruppenfreistellung von der Kommission entzogen werden, wenn die Vereinbarung gleichwohl Wirkungen entwickelt, die mit Art. 81 Abs. 3 EGV unvereinbar sind, insbesondere wenn sie in erheblichem Maße den Marktzutritt einschränken oder den Wettbewerb auf dem Markt durch die kumulativen Wirkungen nebeneinander bestehender Netze gleichartiger vertikaler Beschränkungen beeinträchtigen.[128]

Die Gruppenfreistellung kann unter gleichen Umständen wie in Art. 6 auch von der zuständigen nationalen Behörde mit Wirkung für das betroffene Gebiet entzogen werden – das Gebiet eines Mitgliedstaates oder ein Teil desselben, der alle Merkmale eines gesonderten räumlichen Marktes aufweist.[129]

Gemäß Art. 1a VO Nr. 19 kann die Kommission bestimmte Vereinbarungen aus dem Anwendungsbereich der GVO Nr. 2790/1999 ausschließen, wenn mehr als 50% des betroffenen Marktes von nebeneinander bestehenden Netzen gleichartiger vertikaler Beschränkungen erfasst werden.

(2) Verfahren bei Einzelfreistellungen

Die verfahrensrechtliche Grundlage zur Anwendung der Artt. 81 und 82 EGV von der Kommission ist in der VO Nr. 17 verankert.[130] Das Verfahren vor der Kommission ist ein administratives Verfahren. Ein Verfahren kann durch eine Anmeldung, eine Beschwerde oder von Amts wegen eingeleitet werden.[131] Für Vereinbarungen, für die eine Einzelfreistellung gemäß Art. 81 Abs. 3 EGV oder ein Negativattest angestrebt wird, besteht eine Anmeldepflicht.[132] Art. 4 Abs. 2 der VO Nr. 17 befreit bestimmte Vereinbarungen von der Meldepflicht vor einer Freistellung. Die Freistellung ist dann lediglich ab dem Datum der Anmeldung möglich. Die Formalitäten für eine Anmeldung und eine Beschwerde sind in der Verordnung Nr. 3385/94 geregelt.[133]

Durch die Novellierung des Art. 4 Abs. 2 VO Nr. 17[134] sind vertikale Bindungen von der Pflicht zur Anmeldung ausgenommen worden. So kann

[128] Art. 6 GVO Nr. 2790/1999.

[129] Art. 7 GVO Nr. 2790/1999; Art. 7 Abs. 2 VO Nr. 19.

[130] VO Nr. 17 des Rates: Erste Durchführungsverordnung zu den Artt. 85 und 86 EGV vom 6.2.1962, Abl. 13 vom 21.2.1962, S. 204. Die Ermächtigung zum Erlass von Verordnungen und Richtlinien ist in Art. 83 EGV enthalten. Für Sonderbereiche gelten Regelungen, die dem Vorbild der VO Nr. 17 folgen, wobei sie auch die Besonderheiten des jeweiligen Bereichs berücksichtigen. Ausführlich s. z. B. *Ritter*, in: *Immenga/Mestmäcker*, EG-Wettbewerbsrecht, Kommentar, Band II, S. 1635 ff., Rn. 41 ff.

[131] Eine Anmeldung kann auf die Erteilung eines Negativattests (Art. 2 VO Nr. 17) oder einer Freistellung (Art. 4 Abs. 1 VO Nr. 17) gerichtet werden, eine Beschwerde auf die Abstellung von Zuwiderhandlungen (Art. 3 Abs. 1 und 2 VO Nr. 17).

[132] Art. 4 Abs. 1 VO Nr. 17.

[133] Verordnung (EG) Nr. 3385/94 der Kommission vom 21.12.1994 über die Form, den Inhalt und die anderen Einzelheiten der Anträge und Anmeldungen nach der VO Nr. 17 des Rates, ABl. L 337 vom 31.12.1994, S. 28 ff.

[134] Verordnung (EG) Nr. 1216/1999 des Rates vom 10.6.1999 zur Änderung der VO Nr. 17: Erste Durchführungsverordnung zu den Artt. 81 und 82 EGV, ABl. L 148 vom 15.6.1999, S. 5 f.

die Freistellung auch rückwirkend erfolgen. Dies verschob den Schwerpunkt des Verfahrens mehr auf den Schutz des Wettbewerbs und nicht privater Interessen und führte zur Abschaffung der Anmeldung als Mittel zur Schaffung von Rechtssicherheit.[135] Zum einen soll hiermit die Kommission von Anmeldungen, die keine ernsten Wettbewerbsprobleme aufwerfen, entlastet werden, zum anderen sollen die Verwaltungskosten der Unternehmen verringert werden. Diese „Reform" hängt mit dem Reformprozess im Bereich vertikaler Beschränkungen und der neuen GVO Nr. 2790/1999 sowie den Leitlinien über vertikale Beschränkungen zusammen. Sie spiegelt die Einstellung gegenüber vertikalen Beschränkungen wider: Diese werden als weniger wettbewerbsschädlich als horizontale Beschränkungen angesehen.

Nach der Einleitung des Verfahrens verlieren die nationalen Kartellbehörden ihre Befugnis zur Anwendung des Gemeinschaftsrechts mit eigenen Mitteln.[136]

Bei Vermutung einer Zuwiderhandlung kann die Kommission Auskünfte einholen oder Nachprüfungen vornehmen.[137]

Die betroffenen Unternehmen haben einen Anspruch auf rechtliches Gehör. Die Anhörung der Betroffenen erfolgt schriftlich oder mündlich.[138]

Die Entscheidungen der Kommission umfassen Negativatteste,[139] Freistellungen,[140] Bußgeld- und Zwangsgeldentscheidungen,[141] Abstellungsanordnungen und Feststellungsentscheidungen.[142] In Bezug auf die Freistellungserklärungen besitzt die Kommission alleinige Befugnis.[143] Diese ausschließliche Zuständigkeit liegt einem zentral gesteuerten Genehmigungssystem zugrunde. Anfang der 60er Jahre war eine gewisse Zentralisierung notwendig, damit die Kommission hierdurch eine Wettbewerbskultur schaffen konnte, die auf der einheitlichen Anwendung des Kartellrechts basiert und auf diese Weise die Marktintegration fördert. Inzwischen haben sich die Auf-

---

[135] Die Anmeldungspflicht führt zu einer unnötig hohen Anzahl von Anmeldungen. Häufig wird sie von Unternehmen als ein strategisches Mittel zur Umgehung der Einklagbarkeit von Verträgen verwendet.

[136] S. Art. 9 Abs. 3 VO Nr. 17.

[137] Art. 11 resp. 14 VO Nr. 17.

[138] Art. 19 Abs. 1 i. V. m. Verordnung (EG) Nr. 2842/98 vom 22.12.1998 der Kommission über die Anhörung in bestimmten Verfahren nach Artt. 85 und 86 EGV, ABl. L 354 vom 30.12.1998, S. 18. Zur Anhörung Dritter bzw. zu deren Kenntnis- und Stellungnahme s. Art. 19 Abs. 3 und 2 VO Nr. 17.

[139] Art. 2 VO Nr. 17.

[140] Art. 6 VO Nr. 17.

[141] Art. 15 und 16 VO Nr. 17.

[142] Art. 3 VO Nr. 17.

[143] Art. 9 Abs. 1 VO Nr. 17. Dies ist einer der Diskussionspunkte in dem durch das Weißbuch eingeleiteten Reformprozess. S. C. I. 3. b. Verfahrensrechtliche Vorschriften: Der Reformprozess.

gaben und die Rolle der Kommission gewandelt und das Verfahren befindet sich in einem Reformprozess.

Verfahren können jedoch auch ohne förmliche Entscheidung abgeschlossen werden. Dies ist bei Empfehlungen[144] oder Einstellungen der Fall. Ein auf eine Anmeldung hin eingeleitetes Verfahren kann durch ein einfaches Verwaltungsschreiben abgeschlossen werden. Dieses Schreiben kann einerseits die Absicht der Kommission erklären, die angemeldete Vereinbarung als nicht gegen Art. 81 Abs. 1 verstoßend oder die Freistellungsvoraussetzungen des Art. 81 Abs. 3 erfüllend zu betrachten (*comfort letter*), andererseits kann es zwar einen Verstoß bejahen, wobei jedoch das Einschreiten aus Opportunitätsgründen verneint wird (*discomfort letter*). Für vertikale Vereinbarungen wird dieses Verwaltungsschreiben in der Regel innerhalb von 18 Monaten nach der Anmeldung übersandt.[145] Verwaltungsschreiben genießen zwar erhebliche rechtliche Wirkung, sie verschaffen jedoch keine vollständige Rechtssicherheit.[146]

In Bezug auf die Beweislast prüft die Kommission vielmehr von Amts wegen, ob Art. 81 in seiner Gesamtheit anwendbar wäre. So ist sie verpflichtet, den rechtserheblichen Sachverhalt ebenso für Art. 81 Abs. 3 aufzuklären.[147] Die beteiligten Unternehmen dürfen jedoch nicht untätig bleiben: Sie sollen der Kommission Beweismaterial für die wirtschaftliche Rechtfertigung einer Freistellung vorlegen. Dies ist jedoch keine Beweislastverteilung im eigentlichen Sinne, sondern eine Obliegenheit zur Mitwirkung im amtlichen Ermittlungsverfahren.

(3) Institutionen

Die Kommission ist im Kartellbereich hauptsächlich Vollzugsbehörde.[148] Außerdem ist sie als Verordnungsinitiator oder -geber tätig.[149] Die Umwandlung der Kommission in eine unabhängige Kartellbehörde sollte eine mehr wettbewerbsrechtlich ausgerichtete Anwendung des Kartellrechts und die

---

[144] Empfehlungen kommen eher selten vor. S. Art. 3 Abs. 3 VO Nr. 17.

[145] S. Grünbuch, Rn. 96.

[146] S. Grünbuch, Rn. 190. Zur Kritik der Verwaltungsschreiben s. z. B. *Korah*, An Introductory Guide to the EC Competition Law and Practice, S. 277.

[147] Verb. Rs. 56/64 und 58/64, *Consten/Grundig*, s. o., 395 f.: „Die Unternehmen können verlangen, daß die Kommission ihre Anträge auf Anwendung des Art. 81 Abs. 3 in sachgemäßer Weise prüft. Die Kommission darf sich nicht darauf beschränken, von den Unternehmen den Nachweis der Befreiungsvoraussetzungen zu verlangen, sondern muß nach den Grundsätzen einer guten Verwaltungsführung mit den ihr zur Verfügung stehenden Mitteln zur Aufklärung des rechtserheblichen Sachverhalts beitragen."

[148] Allgemein zu den Aufgaben der Kommission s. Art. 211 EGV.

[149] Die Kommission ist durch den Rat ermächtigt worden, Durchführungsbestimmungen zu Wettbewerbsbestimmungen im EGV zu erlassen. S. z. B. Art. 1 Abs. 1 VO Nr. 19/65/EWG.

Minderung politischer Einflüsse sicherstellen. Dies bedürfte jedoch einer Änderung des EGV.

Der Gerichtshof sichert die Wahrung des Rechts bei der Auslegung und Anwendung des EGV.[150] Seit 1989 hat der Gerichtshof zwei Instanzen: das EuG (Gericht erster Instanz)[151] und den EuGH (Europäischen Gerichtshof).[152]

Im Bereich des Kartellrechts ist der EuGH für Anfechtungsklagen der Mitgliedstaaten und der natürlichen und juristischen Personen gegen Entscheidungen der Kommission,[153] Untätigkeitsklagen,[154] Vertragserfüllungsklagen,[155] Vorabentscheidung von Auslegungsfragen als Entscheidungshilfe für nationale Gerichte[156] und für Schadenersatzklagen nach Art. 288 Abs. 2 EGV[157] zuständig.[158] Des Weiteren ist der Gerichtshof als Gutachter über die Vereinbarkeit der Abkommen zwischen der Gemeinschaft und nationalen und internationalen Staaten oder Organisationen tätig.[159]

Das EuG ist für alle Anfechtungsklagen natürlicher und juristischer Personen gegen Entscheidungen der Kommission, für Untätigkeitsklagen natürlicher und juristischer Personen sowie für akzessorische Schadenersatzklagen im Zusammenhang mit diesen Klagen zuständig. Der Gerichtshof entscheidet über alle Rechtsbeschwerden gegen Entscheidungen des EuG, über Anfechtungsklagen der Mitgliedstaaten gegen die Entscheidungen der Kommission, über Vertragserfüllungsklagen und über Vorabentscheidungsklagen nationaler Gerichte.

(4) Verhältnis zwischen dem Gemeinschaftsrecht und dem nationalen Recht

Das EG-Kartellrecht fällt nicht in die ausschließliche Zuständigkeit der Gemeinschaft. Dies folgt bereits aus der Zwischenstaatlichkeitsklausel in Artt. 81 und 82 EGV. Diese grenzt den Geltungsbereich des EG-Kartellrechts von dem der nationalen Rechtssysteme ab. Bei Rechtsanwendungskonflikten und bei Aufgabenteilung zwischen der Kommission und den

---

[150] Art. 220 EGV.
[151] S. Art. 225 EGV.
[152] Art. 225 EGV.
[153] Art. 230 EGV.
[154] Art. 232 EGV.
[155] Artt. 226 und 227 EGV.
[156] Art. 234 EGV.
[157] Art. 235 EGV.
[158] Ausführlich s. z. B. *Ritter*, in: *Immenga/Mestmäcker*, EG-Wettbewerbsrecht, Kommentar, Band II, S. 1898 ff., Rn. 10 ff.
[159] Art. 300 Abs. 6 EGV.

nationalen Kartellbehörden[160] genießt das EG-Kartellrecht begrenzten Anwendungsvorrang.[161] Sonst könnte die einheitliche Anwendung des EG-Kartellrechts in der Gemeinschaft beeinträchtigt werden.

Der Vertrag von Maastricht beeinflusste auch die Betrachtung der Wettbewerbspolitik und des Wettbewerbsrechts: Diese werden zunehmend unter dem Gesichtspunkt des Subsidiaritätsprinzips erörtert.[162]

Bei der Anwendung des Kartellrechts muss auch die Zuständigkeit der nationalen Gerichte berücksichtigt werden.[163] Diese verfügen aufgrund der direkten Wirksamkeit bei der Anwendung des Art. 81 Abs. 1 und 2 und des Art. 82 über konkurrierende Anwendungsbefugnisse.

Aufgrund des Art. 84 EGV dürfen nationale Kartellbehörden das EG-Kartellrecht anwenden, solange die Kommission kein Verfahren nach Artt. 81 oder 82 eingeleitet hat. Sie müssen dabei insbesondere die ausschließliche Befugnis der Kommission beachten, Einzelfreistellungen zu erteilen.[164] Zur Zeit befindet sich die geltende Verteilung der Zuständigkeiten zwischen der Kommission und den nationalen Kartellbehörden im Reformprozess.[165]

Da die Zwischenstaatlichkeitsklausel weit ausgelegt wird, kommt es in der Praxis zu gleichzeitiger Anwendbarkeit des EG- und des nationalen Kartellrechts, auch wenn der Schwerpunkt der Wettbewerbsbeschränkung in nur einem Mitgliedstaat liegt.[166] Im Falle solcher Kollisionen wird dann das Interesse der einheitlichen Anwendung des EG-Kartellrechts als Rechtfertigungsgrund für die Anwendung des EG-Kartellrechts vorgezogen.

---

[160] S. Bekanntmachung der Kommission über die Zusammenarbeit der Kommission und den Wettbewerbsbehörden der Mitgliedstaaten bei der Bearbeitung von Fällen im Anwendungsbereich der Artt. 85 und 86 EGV, ABl. C 313 vom 15.10.1997, S. 3 ff. Dem gemäß sollen die Kommission und die nationalen Behörden bei der Anwendung der Artt. 81 und 82 EGV oder des nationalen Rechts auf grenzüberschreitende Fälle Informationen austauschen und einander konsultieren. S. auch z. B. *van Miert*, Wettbewerbspolitik und die Zusammenarbeit zwischen den Kartellbehörden, S. 222 ff.

[161] S. Rs. 6/64 *Costa/ENEL*, vom 13.7.1964, Slg. 1964, 558, 564.

[162] Art. 5 Abs. 2 und 3 EGV. Vgl. auch Protokoll über die Anwendung der Grundsätze der Subsidiarität und der Verhältnismäßigkeit (1997).

[163] S. die Bekanntmachung der Kommission über die Zusammenarbeit zwischen der Kommission und den Gerichten der Mitgliedstaaten bei der Anwendung der Artt. 85 und 86 des EWGV, ABl. C 39 vom 13.2.1993, S. 6 ff. Diese Bekanntmachung beinhaltet auch ein Verfahren zur Anwendung des gemeinschaftlichen Kartellrechts durch die nationalen Gerichte.

[164] Da Gruppenfreistellungsverordnungen unmittelbar anwendbar sind, konnten sie von den nationalen Behörden erteilt werden.

[165] S. C. I. 3. b. Verfahrensrechtliche Vorschriften: Der Reformprozess.

[166] S. Art. 83 Abs. 2 lit. e – bisher keine Verordnung. Bei Zusammenschlüssen erfolgte eine Teilregelung aufgrund Artt. 83 und 308 EGV in Artt. 9 und 21 der FKVO, Nr. 4064/89, ABl. L 395 vom 21.12.1989, S. 1, mit späteren Änderungen.

Dabei können auch Situationen vorkommen, in denen das EG- und das nationale Kartellrecht parallel anwendbar sind. Neben Fällen, in denen die Einstellung des EG- und des nationalen Kartellrechts zu bestimmtem wettbewerbsbeschränkendem Verhalten gleich ist, kann es auch zu Kollisionen in Bezug auf die jeweilige Betrachtung kommen. Allgemein wird der Vorrang des gemeinschaftsrechtlichen Kartellverbots gegenüber nationalen Erlaubnissen anerkannt.[167] Bei einer Kollision zwischen einer gemeinschaftsrechtlichen Erlaubnis und einem nationalen Verbot kann von einem „grundsätzlichen Vorrang" des Gemeinschaftsrechts gesprochen werden.[168] Die Grenzen diesen Vorrangs sind jedoch nicht völlig geklärt.

Im Verfahrensrecht richtet sich die Zuständigkeit der jeweiligen Behörde grundsätzlich nach der Anwendbarkeit des materiellen Rechts. Daraus kann sich die Möglichkeit paralleler Verwaltungs- und Bußgeldverfahren ergeben. Dann entsteht eine Koordinierungspflicht, die insbesondere die einheitliche Anwendung des Gemeinschaftsrechts unterstützen soll. Dies soll nicht durch eine Verfahrenshäufung beeinträchtigt werden. Diese basiert auf dem besonderen System der Zuständigkeitsverteilung zwischen der Gemeinschaft und den Mitgliedstaaten im Bereich des Kartellrechts.[169]

(5) Auslegung des EG-Kartellrechts

„[...] jede Vorschrift des Gemeinschaftsrechts ist in ihrem Zusammenhang zu sehen und im Lichte des gesamten Gemeinschaftsrechts, seiner Ziele und seines Entwicklungsstands zur Zeit der Anwendung der betreffenden Vorschrift auszulegen."[170]

Das Gemeinschaftsrecht ist im Gemeinschaftsvertrag lediglich in Umrissen normiert. Deswegen bedarf es teleologischer und systematischer Auslegung durch den EuGH.

Gemäß Art. 220 EGV sichert der EuGH die Wahrung des Rechts bei der Auslegung und Anwendung des Vertrages. Diese Zuständigkeit des EuGH ist für die Mitgliedstaaten ausschließlich und zwingend.[171] Hierdurch soll die Wahrung der Rechtseinheit gewährleistet werden. Maßgeblich für die Ausle-

---

[167] Ausführlich s. z. B. *Rehbinder*, in: *Immenga/Mestmäcker*, EG-Wettbewerbsrecht, Kommentar, Band I, S. 101 f., Rn. 14 ff.

[168] Ausführlich s. z. B. *Rehbinder*, in: *Immenga/Mestmäcker*, EG-Wettbewerbsrecht, Kommentar, Band I, S. 102 ff., Rn. 17 ff.

[169] S. *Rehbinder*, in: *Immenga/Mestmäcker*, EG-Wettbewerbsrecht, Kommentar, Band I, S. 111, Rn. 40.

[170] Rs. 283/81, *C.I.L.F.I.T.*, vom 6.10.1982, Slg. 1982, 3415, 3430, Rn. 20.

[171] Art. 292 EGV.

gung ist die rechtliche Struktur der Gemeinschaft sowie die ihr entsprechenden Eigenheiten des Gemeinschaftsrechts.

Gemäß Art. 234 EGV entscheidet der EuGH im Wege der Vorabentscheidung über die Auslegung des Vertrages im Sinne des primären und sekundären Gemeinschaftsrechts. Die Auslegung bezieht sich lediglich auf das Gemeinschaftsrecht und die Vereinbarkeit des nationalen Rechts mit dem Gemeinschaftsrecht. Vorlageberechtigt ist jedes nationale Gericht. Die Vorlagefrage muss substantiiert sein, die Auslegung des Gemeinschaftsrechts betreffen und von dem vorlegenden Gericht für erforderlich für sein Urteil gehalten werden. Vorlageverpflichtet sind nationale Gerichte in letzter Instanz. Diese sind auch an die Entscheidung des EuGH rechtlich gebunden. Dies gilt zwar für nicht letztinstanzliche Gerichte nicht, es wäre jedoch sinnlos, von der durch den EuGH vorgegebenen Auslegung abzuweichen.

„Die Zuständigkeiten der Gemeinschaft und die der Verwirklichung ihrer Aufgaben dienenden Normen sind so auszulegen, daß ihre volle praktische Wirksamkeit gewährleistet ist."[172] Dies ist die Grundlage insbesondere für die Rechtsprechung zur unmittelbaren Wirksamkeit bestimmter Normen des Gemeinschaftsrechts sowie zum Vorrang des Gemeinschaftsrechts vor dem nationalen Recht der Mitgliedstaaten.

Die grammatikalische Auslegung des Gemeinschaftsrechts muss sich mit der Tatsache auseinandersetzen, dass die Vorschriften in allen Sprachen der Mitgliedstaaten abgefasst sind und diese Fassungen gleichermaßen verbindlich sind. Deswegen ist es notwendig, diese Fassungen miteinander zu vergleichen. Das Gemeinschaftsrecht zeichnet sich auch durch seine besondere Terminologie aus. Dies bedeutet, dass die Gehalte der Rechtsbegriffe im Gemeinschaftsrecht und in den nationalen Rechten der Mitgliedstaaten nicht übereinstimmen müssen.

(6) Extraterritorialer Anwendungsbereich des EG-Kartellrechts

„Das Wettbewerbsrecht ist der Hauptanwendungsfall für die sogenannten echten extraterritorialen Wirkungen des Gemeinschaftsrechts."[173] Diese sind weder in Art. 81 Abs. 1 noch in Art. 82 EGV ausdrücklich geregelt, notwendig ist eine Auslegung unter Berücksichtigung der allgemeinen Regeln des Völkerrechts, der Grundsätze der internationalen Courtoisie und kollisionsrechtlicher Normen.[174]

---

[172] *Mestmäcker*, in: *Immenga/Mestmäcker*, EG-Wettbewerbsrecht, Kommentar, Band I, S. 5.
[173] *Streinz*, Europarecht, S. 249, Rn. 798.
[174] Dabei kann es sich grundsätzlich um folgende Prinzipien handeln: das Auswirkungsprinzip und das Territorialitätsprinzip. Das Auswirkungsprinzip geht von Wirkungen der in Drittstaaten

Art. 81 Abs. 1 und Art. 82 EGV bezwecken die Anknüpfung an das Auswirkungsprinzip bei deren Anwendung. Diese hängt jedoch auch davon ab, wie direkt und intensiv sich eine in Drittstaaten veranlasste Wettbewerbsbeschränkung oder ein Missbrauch einer marktbeherrschenden Stellung im Gemeinsamen Markt auswirkt. In der Praxis schwanken die Einstellungen zwischen reinem Auswirkungsprinzip (die Kommission) und dessen Anwendung mit zusätzlichen Einschränkungen, insbesondere durch die Voraussetzung der Durchführung im Gemeinsamen Markt (der EuGH).[175]

c. Zusammenfassung

Die primärrechtlichen Vorschriften des EG-Kartellrechts sind im EGV enthalten. Sie bilden lediglich einen grundlegenden Rahmen und werden durch sekundärrechtliche Vorschriften in Form von Verordnungen, Richtlinien, Entscheidungen, Empfehlungen und Stellungnahmen ergänzt.

Die materiellrechtliche Grundlage der Beurteilung vertikaler Bindungen basiert auf Artt. 81 und 82 EGV. Für die Untersuchung der jeweiligen vertikalen Bindung ist zunächst die Abgrenzung des relevanten Produktmarktes notwendig. Die Grundsätze für diese Abgrenzung sind in der Bekanntmachung der Kommission über die Definition des relevanten Marktes enthalten.

Nach der Abgrenzung des sachlich und räumlich relevanten Marktes können die Marktgröße und die Marktanteile der einzelnen Wettbewerber berechnet werden. Für diese Berechnung sind Verkaufszahlen ausschlaggebend.

Die kartellrechtliche Relevanz einer Wettbewerbsbeschränkung ist durch ihre Spürbarkeit bedingt. Dabei wird zwischen der Spürbarkeit der Wettbewerbsbeschränkung und der Spürbarkeit der Beeinträchtigung des zwischenstaatlichen Handels unterschieden. In der Praxis hängen die Prüfungen jedoch sehr eng zusammen und werden in der Regel nicht getrennt.

Für vertikale Bindungen legte die Kommission in der Bagatellbekanntmachung eine Marktanteilsschwelle von 10% als Beurteilungskriterium für die Spürbarkeit der Wettbewerbsbeschränkung fest. Die Gerichte wenden ihre eigenen Kriterien an, welche den Kontext der Bindung stärker berücksichtigen. Diese Kriterien hängen von der Marktstruktur, der Bedeutung der beteiligten Unternehmen auf dem relevanten Markt und von der Art der

---

getätigten Handlungen im Gemeinsamen Markt aus, das Territorialitätsprinzip setzt andererseits voraus, dass die tatbestandsmäßigen Handlungen innerhalb der EG vorgenommen werden.

[175] Ausführlich zur Anwendung des EG-Kartellrechts auf in Drittstaaten veranlasste Wettbewerbsbeschränkungen s. z. B. *Rehbinder*, in: *Immenga/Mestmäcker*, EG-Wettbewerbsrecht, Kommentar, Band I, Einleitung, S. 68 ff.; *Gleiss/Hirsch*, Kommentar zum EG-Kartellrecht, Band 1, S. 19 ff., Rn. 27 ff.

Wettbewerbsbeschränkung ab. Die prozentualen Anteile werden dabei nicht als starren Grenzen gesehen.

Art. 81 EGV verbietet alle Wettbewerbsbeschränkungen des zwischenstaatlichen Handels aufgrund von Vereinbarungen, Beschlüssen und aufeinander abgestimmten Verhaltensweisen. Darunter fallen sowohl vertikale als auch horizontale Wettbewerbsbeschränkungen. Art. 81 EGV stellt ein Verbot mit Erlaubnisvorbehalt dar. Die erfassten Wettbewerbsbeschränkungen können von diesem Verbot freigestellt werden – entweder aufgrund einer Einzelfreistellung nach Art. 81 Abs. 3 EGV oder aufgrund einer Gruppenfreistellung. Die Voraussetzung für die Freistellung ist die wettbewerbsfördernde Auswirkung der Wettbewerbsbeschränkung.

Die GVO Nr. 2790/1999 und die Leitlinien über vertikale Beschränkungen ersetzen das bisherige System der getrennten Regelungen des Alleinvertriebs, Alleinbezugs und der Franchisevereinbarungen. Regelungstechnisch wird der präskriptive Charakter der bisherigen Regelung beseitigt und eine grundsätzliche Freistellung vertikaler Beschränkungen eingeführt. Diese ist zunächst dadurch bedingt, dass die Vereinbarung keine Kernbeschränkungen enthält. Des Weiteren muss die Vereinbarung unter die Marktanteilsschwelle von 30% fallen: Diese Marktanteilsschwelle bezieht sich auf den Marktanteil des Lieferanten, bei Alleinbelieferungsverpflichtungen auf den Marktanteil des Käufers.

Art. 82 EGV bezieht sich auf den Missbrauch einer marktbeherrschenden Stellung, welcher auch zur Auferlegung vertikaler Beschränkungen führen kann. Artt. 81 und 82 EGV stehen zueinander im Verhältnis der Idealkonkurrenz.

Die verfahrensrechtliche Regelung ist in der VO Nr. 17 verankert. Es handelt sich um ein administratives Verfahren. Vertikale Bindungen sind durch eine Novellierung der VO Nr. 17 von der Anmeldungspflicht ausgenommen worden. Dies soll zur Flexibilisierung des Verfahrens sowie zur Entlastung der Kommission beitragen. Das Verfahren vor der Kommission kann mit oder ohne förmliche Entscheidung abgeschlossen werden. Förmliche Entscheidungen umfassen Negativatteste, Freistellungen, Bußgeld- und Zwangsgeldentscheidungen, Abstellungsanordnungen und Feststellungsentscheidungen. Informell erfolgt der Abschluss des Verfahrens bei Empfehlungen, Verfahrenseinstellungen oder durch Verwaltungsschreiben.

Die Kommission wirkt im Kartellrechtsbereich hauptsächlich als Exekutivorgan. Die Wahrung des Rechts bei dessen Anwendung und Auslegung wird durch den EuGH und das EuG überwacht. Bei der Anwendung des EG-Kartellrechts hat die EG nicht die ausschließliche Zuständigkeit. Vielmehr sind die Wettbewerbsregeln unmittelbar anwendbar, d.h. sie werden auch von den mitgliedstaatlichen Behörden und Gerichten durchgesetzt, die parallel auch ihr nationales Wettbewerbsrecht anwenden. Das EG-Kartellrecht besitzt jedoch bei Rechtsanwendungskonflikten und bei Aufgabenteilung zwischen der Kommission und den nationalen Kartellbehörden begrenzten Anwendungsvorrang.

3. Reformen der EG-kartellrechtlichen Regelung im Bereich vertikaler Bindungen: Grünbuch, Follow-up-Papier zum Grünbuch, Weißbuch über die Modernisierung

a. Materiellrechtliche Vorschriften

Die Tatsache, dass die EG-Wettbewerbspolitik in Bezug auf vertikale Bindungen auf den Prüfstand gestellt wurde, hatte mehrere Ursachen: Zum einen waren es die Veränderungen im Vertriebssektor im Zusammenhang mit dem Binnenmarkt sowie mit der Globalisierung, zum anderen das Auslaufen der bisherigen Gruppenfreistellungsverordnungen für Alleinvertrieb, Alleinbezug und Franchising sowie die mit der bisherigen Regelung verbundene Arbeitsbelastung der Kommission.

Es ist verständlich, dass die rechtliche Regelung auf die Entwicklung der wirtschaftlichen Realität reagieren muss. So war die Hervorhebung des Schutzes der Parallelhändler, in den sechziger und siebziger Jahren zweckmäßig, da damals die nationalen Märkte segmentiert waren und die nationalen Kartellgesetze sich in ihren Anfangsphasen befanden. Heutzutage soll die Regelung die „Entwicklung des Verbrauchs"[176] berücksichtigen: den Trend zur Globalisierung, zahlreiche Freihandelsregelungen, Markenloyalität, die Einführung neuer Informationstechnologien sowie besser integrierte Logistik innerhalb der vertikalen Struktur.

Die bisherigen Gruppenfreistellungsverordnungen[177] entsprachen nicht mehr der wirtschaftlichen Realität: Erstens war deren Anwendungsbereich sehr eng: Inbegriffen waren lediglich Alleinvertriebs-, Alleinbezugs- und Franchisevereinbarungen. Zweitens mangelte es den Gruppenfreistellungsverordnungen an Flexibilität, sie wirkten sich wie ein „starres Korsett"[178] oder wie eine „Zwangsjacke"[179] aus und ermöglichten in der Praxis aufgrund

---

[176] *Carlin*, ECLR 1996, S. 285.

[177] GVO Nr. 1983/83, GVO Nr. 1984/83 und GVO Nr. 4087/88.

[178] *Follow-up*-Papier, Mitteilung der Kommission über die Anwendung der EG-Wettbewerbsregeln auf vertikale Beschränkungen (Konkrete Vorschläge im Anschluss an das Grünbuch) KOM (98) 544 endg., ABl. C 365 vom 26.11.1998, S. 3.

[179] S. z. B. *Rohardt*, WuW 1998, S. 1052. S. auch *Korah*, ECLR 1998, S. 506.

dieser Überregulierung keine freie Vertragsgestaltung.[180] Drittens wurde kritisiert, dass die Gruppenfreistellungsverordnungen überwiegend auf formalen Kriterien beruhten und daher weniger die wirtschaftlichen Auswirkungen der betroffenen Vereinbarungen auf den jeweiligen Märkten berücksichtigten.

(1) Grünbuch

Das Grünbuch schlug vier mögliche Entwicklungsvarianten der rechtlichen Regelung vor,[181] aus denen sich noch weitere Kombinationen zusammenstellen lassen. Das Hauptziel diesen Vorgehens war die Erhöhung der Flexibilität der geltenden Gruppenfreistellungsverordnungen.

Die Varianten reichten von der Beibehaltung des gegenwärtigen Systems (Variante I), über Systeme, die mit Beschränkungen und Modifikationen dem gegenwärtigen System entsprachen, bis zum Verzicht auf eine Wettbewerbskontrolle.

Variante II befasste sich mit weitergefassten Gruppenfreistellungsverordnungen ohne Marktanteilsschwelle. Die Erweiterung des Anwendungsbereiches auf andere Klauseln[182] sollte als Reaktion auf die Kritik der „vorschreibenden" Gruppenfreistellungsverordnungen erfolgen. Diese Erweiterung sollte zur Erhöhung der Rechtssicherheit führen.

Variante III schlug gezieltere Gruppenfreistellungsverordnungen vor: Als ein Teil dieser Regelung sollte auch eine Marktanteilsschwelle von [40%] eingeführt werden. Diese Variante sollte auch mit der in der Variante II vorgebrachten Regelung kombiniert werden, so dass diese auf Vereinbarungen unterhalb der Marktanteilsschwelle anwendbar wäre. Oberhalb der Marktanteilsschwelle sollte mindestens in Bezug auf den Schutz vor aktiven Verkäufen von außerhalb des Vertragsgebietes und auf den Schutz des Alleinver-

---

[180] Die Gruppenfreistellungsverordnungen enthielten insbesondere „weiße Listen," in denen praktisch der Inhalt der Vereinbarungen vorgeschrieben wurde, alles Übrige wurde nicht freigestellt.

[181] S. Grünbuch, Rn. 270 ff.. S. z. B. *Carlin*, ECLR 1996, S. 285 ff.; *Rohardt*, WuW 1997, S. 479 ff.; *Ackermann*, EuZW 1997, S. 271 ff.

[182] So sollten die GVO auch auf gleichartige oder weniger beschränkende Klauseln angewendet werden, verbotene Klauseln sollten nicht gleich den Entzug der Freistellung für die gesamte Vereinbarung verursachen, es sollten auch Vereinbarungen einbezogen werden, an denen mehr als zwei Vertragspartner beteiligt waren. Neben diesen allgemeinen Maßnahmen wurden noch gezielte Maßnahmen vorgeschlagen, z. B. die Erweiterung der GVO über den Alleinvertrieb und den Alleinbezug um Weiterverarbeitung sowie die Erweiterung der GVO über den Alleinbezug auf den teilweisen Bezug, die Zulassung von Höchstpreisen in der GVO über Franchising, Erleichterung der Kooperation unabhängiger Einzelhändler – kleiner und mittlerer Unternehmen, und die Einführung eines Schiedsverfahrens bei Verweigerung der Zulassung zu einem selektiven Vertriebssystem.

kaufs keine Gruppenfreistellung möglich sein. Der mit dieser Variante verbundene Verlust an Rechtssicherheit wäre durch eine „nachhaltige Effektuierung des Wettbewerbsschutzes"[183] in Zusammenhang mit der Einführung der Marktanteilsschwelle abgegolten.

Variante IV bezog sich auf die Konkretisierung der Voraussetzungen der Anwendung des Art. 81 Abs. 1 EGV: Die zur Feststellung der Anwendungsvoraussetzungen durchzuführende wirtschaftliche Analyse der vertikalen Bindung sollte insbesondere zur Erhöhung der Rechtssicherheit der Unternehmen beitragen. Aufgrund dieser Behandlung sollten vertikale Bindungen zwischen Parteien ohne spürbare Marktmacht flexibler behandelt werden: „Für Parteien mit Marktanteilen von z. B. weniger als [20%][184] im Vertragsgebiet gäbe es eine widerrufbare Annahme der Nichtanwendbarkeit von Art. 81 Abs. 1 („die Negativattestannahme")."[185] Von dieser Annahme sollten Mindestwiederverkaufspreise, den Parallelhandel oder Passivverkäufe beschränkende Maßnahmen sowie die in Vertriebsvereinbarungen zwischen Wettbewerbern enthaltenen Beschränkungen (horizontale Beschränkungen) ausgenommen werden. Die Voraussetzung für diese Negativattestannahme wäre eine Marktanalyse mit besonderer Berücksichtigung folgender Faktoren: Marktstruktur, Marktzutrittsschranken, das Ausmaß an Integration des Binnenmarktes (insbesondere die Untersuchung der Preisunterschiede zwischen den Mitgliedstaaten und der Marktdurchdringung der aus anderen Mitgliedstaaten eingeführten Produkte) sowie die kumulative Auswirkung paralleler Vertriebsnetze.

Für eine gruppenweise Freistellung der Vereinbarungen unterhalb bzw. oberhalb dieser Marktanteilsschwelle wären Gruppenfreistellungsverordnungen gemäß der in den Varianten I und II beschriebenen Vorschläge denkbar.

Die Variante IV sollte eine „Abwägung von wettbewerbsfördernden und wettbewerbshemmenden Wirkungen einer Absprache im Rahmen des Art. 81 Abs. 1 nach dem Vorbild der im US-Antitrust-Recht angewandten *rule of reason*"[186] einführen. Dies wäre auch bei der Variante V der Fall.

„Eine an den Marktwirkungen und nicht an Freiheitsbeschränkungen der Parteien orientierte Konzeption der Wettbewerbsbeschränkung, welche im Rahmen einer wirtschaftlich realistischen Würdigung die oft positiven Wett-

---

[183] *Ackermann*, EuZW 1997, S. 273.

[184] Kritisch zu dieser Marktanteilsschwelle: S. *Rohardt*, WuW 1997, S. 484. Sie ist abweichend von dem in der Bagatellbekanntmachung festgelegten Grenzwert (s. die Mitteilung der Kommission, ABl. C 29 vom 30.1.1997, S. 3), und befindet sich in einem Bereich, in dem eine zuverlässige Ermittlung der Marktanteile schwierig ist. Dies kann eine Quelle von Rechtsunsicherheit sein.

[185] Grünbuch, Rn. 295.

[186] *Rohardt*, WuW 1997, S. 484.

bewerbseffekte von Vertriebsvereinbarungen berücksichtigt, könnte die Gruppenfreistellungsverordnungen weitgehend entbehrlich machen."[187]

Diese Annahme hängt mit dem Konzept der Wettbewerbsbeschränkung zusammen: Die Neuorientierung dieses Konzepts könnte jedoch lediglich auf der vom EuGH vorgenommenen Auslegung des Verbotstatbestands basieren.[188]

Des Weiteren wurde die Variante IV wegen ihrer mangelnden konzeptionellen Geschlossenheit kritisiert.[189]

Als eine „Variante V" bot sich der Verzicht auf Gruppenfreistellungsverordnungen im Allgemeinen[190] an, wodurch das System der Gruppenfreistellungsverordnungen radikal in Frage gestellt wurde. Die Abschaffung der Gruppenfreistellungsverordnungen würde in der Praxis den Übergang zu einer Art Missbrauchskontrolle bedeuten. Der Ansatz dieser Variante entspräche eigentlich dem der Variante IV, abgesehen von den in der Variante IV enthaltenen Marktanteilsschwellen.

(2) Follow-up-Papier zum Grünbuch

Dem Grünbuch folgte am Ende des Jahres 1998 das *Follow-up*-Papier. Die Kommission verwarf sämtliche der im Grünbuch vorgestellten Varianten. Hervorgehoben wurde insbesondere die Notwendigkeit eines stärker wirtschaftlich ausgerichteten Ansatzes: Lediglich bei schwachem Markenwettbewerb und bei Marktmacht soll es auf die Kontrolle vertikaler Vereinbarungen ankommen. Die neue Regelung sollte folglich ein neues Gleichgewicht zwischen dieser eher wirtschaftlich motivierten Vorgehensweise und einem zumutbaren Maß an Rechtssicherheit einführen.[191]

Die bisherige Regelung in Form der Gruppenfreistellungsverordnungen für Alleinvertrieb, Alleinbezug und Franchising war rechtsformalistisch, gerichtet insbesondere auf die Handlungsfreiheit des Vertriebs und den markeninternen Wettbewerb zwischen Händlern desselben Vertriebssystems. Dabei wurden die Marktanteile der Unternehmen nicht berücksichtigt. So fanden die Vorschriften auf alle Unternehmen Anwendung, was bei kleinen Unternehmen eine verhältnismäßig stärkere Auswirkungen hatte. Anderer-

[187] *Ackermann*, EuZW 1997, S. 274.
[188] S. *Ackermann*, EuZW 1997, S. 274.
[189] S. *Rohardt*, WuW 1997, S. 484: „Option IV will dem Tatbestand einer erkennbaren Überregulierung von Vertragstypen, die überwiegend wettbewerbsrechtlich unbedenklich sind, Rechnung tragen. Sie macht indessen Halt bei einer notwendig diskretionären Marktanteilsschwelle. [...]"
[190] S. z. B. *Ackermann*, EuZW 1997, S. 274 f.; *Rohardt*, WuW 1997, S. 480 f.
[191] *Follow-up*-Papier, S. 18.

seits wirkte sich diese Regelung „günstiger" auf Unternehmen mit erheblicher Marktmacht aus: Dazu kam insbesondere noch die Tatsache, dass die Kommission den Vorteil der Gruppenfreistellung lediglich mit Wirkung für die Zukunft entziehen konnte. So konnten Unternehmen mit Marktmacht eigentlich ihre vertikalen Beschränkungen durchsetzen, bis diese von der Kommission verboten wurden. Dadurch ging die Präventivwirkung des Art. 81 Abs. 1 EGV verloren. Gleichzeitig durften die kleineren Unternehmen vertikale Beschränkungen nicht innovativ einsetzen, um ihre Wettbewerbsstellung auf dem Markt zu verbessern. Dies führte zur Behinderung der Entwicklung neuer dynamischer Vertriebsformen auf dem Markt.

Diese schwerwiegende Kritik bestätigte die Anforderung, dass das System der Gruppenfreistellungsverordnungen in dieser Form nicht beibehalten werden durfte.

So richtete sich der Vorschlag der Kommission auf ein System mit folgenden Merkmalen: eine sehr weit gefasste Gruppenfreistellungsverordnung mit Beschränkung auf die sogenannten schwarze Listen, Einführung von Marktanteilsschwellen, erläuternde Leitlinien zur GVO Nr. 2790/1999, der Neufassung von Art. 4 Abs. 2 VO Nr. 17 und verstärkte Dezentralisierung der Rechtsanwendung.

Die ersten drei Merkmale spiegeln die oben erwähnten wirtschaftlichen Überlegungen wider: Bei fehlender Marktmacht kann in der Regel angenommen werden, dass die vertikale Beschränkung – mit Ausnahme der sogenannten „Kernbeschränkungen" – wettbewerblich unbedenklich ist. Diese Annahme gilt jedoch nicht bei Vorliegen von Marktmacht. Deswegen können Marktanteile als Abgrenzung der Anwendung einer Gruppenfreistellungsverordnung dienen.

Der Marktanteil allein steht nicht stellvertretend für Marktmacht, es müssen sämtliche Aspekte der Marktstruktur und des Marktverhaltens berücksichtigt werden. Es ist aber auch selbstverständlich, dass die Kommission solch eine komplexe und aufwendige Analyse nicht in jedem Fall unternehmen kann. Deswegen ist eine Verankerung bestimmter Abgrenzungskriterien in die Regelung notwendig.

Das *Follow-up*-Papier ging davon aus,[192] dass eine Marktanteilsschwelle von 20% in der Mehrzahl der Fälle zu niedrig für eventuelle negative Auswirkungen vertikaler Beschränkungen eines einzigen Unternehmens auf den Wettbewerb ist. Des Weiteren wurde ein Marktanteil von 40% als Obergrenze[193] festgestellt, bei der das Risiko einer Marktbeherrschung beginnt. Ober-

[192] *Follow-up*-Papier, S. 15.

[193] Die Kommission ging von zwei Marktanteilsschwellen [von 20 und 40 %]aus, wobei sie weitere Überlegungen in Bezug auf die Höhe dieser Schwellen anvisierte und eine einzige Marktanteilsschwelle als Alternative nicht ausschloss.

halb dieser Grenze bestehe die Gefahr, dass die letzte Bedingung des Art. 81 Abs. 3 EGV nicht mehr erfüllt ist (Ausschaltung des Wettbewerbs für einen wesentlichen Teil des Marktes).

„Durch die Verwendung des Kriteriums der Marktanteilsschwelle in einer Gruppenfreistellungsverordnung wird also noch kein Verstoß festgestellt, es werden bestimmte Gruppen vertikaler Beschränkungen vom Verbot des Art. 85 Abs. 1 [a. F.] ausgenommen, indem Abs. 3 dieses Artikels zur Anwendung kommt."[194]

Mit der Anwendung von Marktanteilsschwellen muss jedoch zugleich auch das Risiko in Kauf genommen werden, dass u. U. auch bestimmte, eigentlich nicht freistellbare Vereinbarungen dennoch freigestellt werden. Dieses Risiko steigt mit der Höhe der zugrundegelegten Marktanteile. Der Marktanteil wird als die geeigneteste Bezugsgröße für eine Gruppenfreistellungsverordnung betrachtet:[195] Durch die Verwendung von Marktanteilsschwellen soll eine Verknüpfung eines stärker wirtschaftlich ausgerichteten Ansatzes mit Rechtssicherheit für die Unternehmen geschaffen werden.

Marktanteilsgrenzen sind andererseits auch mit einem gewissen Maß an Unsicherheit verbunden: Es ist schwierig, Märkte abzugrenzen und die Stellung der Unternehmen auf den räumlich und sachlich relevanten Märkten zu bewerten. Marktanteile und Märkte sind auch keine statischen Größen, sie entwickeln sich, und so kann der Marktanteil im Laufe der Zeit schwanken. Marktanteilsschwellen stellen auch lediglich Anhaltspunkte für die Beurteilung vertikaler Vereinbarungen dar, nicht gleich Entscheidungskriterien über ihre Freistellbarkeit. So können auch Vereinbarungen oberhalb der Marktanteilsschwelle freigestellt werden. Andererseits kann unterhalb der Marktanteilsschwelle die Gruppenfreistellung entzogen werden.

Diese Unsicherheiten sollten durch die Betrachtung des Schwellenwerts als ein Sicherheitsbereich sowie durch die Einführung erklärender Leitlinien in Bezug auf die Anwendung des Art. 81 Abs. 1 und 3 EGV jenseits der Marktanteilsobergrenze kompensiert werden. Im Rahmen der ersteren Maßnahme sollte auch noch eine Unterscheidung zwischen Vereinbarungen, die einzelfreistellungsbedürftig sind, und Vereinbarungen, bei denen Zulässigkeit angenommen wird, getroffen werden.

---

[194] *Follow-up*-Papier, S. 15.

[195] Als die einzige mögliche Alternative sah die Kommission erklärende Leitlinien, die sich bei der Bewertung vertikaler Bindungen mit dem ganzen Spektrum der Marktfaktoren befassen würden. Die Kommission war jedoch der Meinung, dass solch ein Wechsel in der rechtlichen Regelung zu radikal wäre und zu noch geringerer Rechtssicherheit führe als eine Gruppenfreistellungsverordnung mit Marktanteilsschwelle(n).

Die neue Regelung soll auch den Regelungsgegenstand erweitern, indem sie Dienstleistungen, Zwischenprodukte, Produkte für den Wiederverkauf in Verbindung mit einer Be- und Verarbeitung und den Selektivvertrieb einbezieht. Ein weiteres Element der Reform ist der Übergang von einem System der sogenannten „weißen Listen" zum System der sogenannten „schwarzen Listen." Dies soll sich insbesondere rechtssicherheitserhöhend auswirken. Der vorgeschlagene neue Ansatz beruht auf vier Säulen:[196] einer umfassenden „Schirm-Gruppenfreistellungsverordnung," Leitlinien zu dieser Gruppenfreistellungsverordnung, einer Änderung des Art. 4 Abs. 2 der VO Nr. 17 sowie der Stärkung der Rolle der nationalen Wettbewerbsbehörden.

„Wettbewerbsregeln sind wirtschaftliche Regeln, die ihrem Wesen nach ein gewisses Maß an Rechtsunsicherheit mit sich bringen. [...] Die Kommission verfolgt das Ziel, ein angemessenes Maß an Rechtssicherheit für die Unternehmen zu schaffen, das mit einem wirksamen Schutz des Wettbewerbs zu vereinbaren ist."[197]

b. Verfahrensrechtliche Vorschriften: Der Reformprozess – Weißbuch über die Modernisierung[198]

Die durch das Weißbuch über die Modernisierung eingeleitete Diskussion über eine Reform der Vorschriften zur Anwendung der Artt. 81 und 82 EGV brachte die Notwendigkeit der Anpassung der VO Nr. 17, der ersten Durchführungsverordnung zu Artt. 81 und 82 EGV, an die Entwicklung des wirtschaftlichen und politischen Kontextes, die Vollendung des Binnenmarkts sowie den Prozess der Erweiterung der EU zum Ausdruck.

Die VO Nr. 17 wurde seit ihrem Erlass im Jahr 1962 kaum geändert.[199] Der Aufgabenbereich der Kommission hat sich seit dem Anfang der 60er Jahre wesentlich erweitert, die Voraussetzungen für ihre Arbeit jedoch kaum. Durch Marktintegration, Beitritt neuer Mitgliedstaaten, Abschluss von Kooperationsverträgen mit Drittländern sowie die Globalisierung der Wirtschaft stieg auch die Zahl der Fälle solchermaßen, dass dies zu einer Überlastung der Kommission führte.[200] Diese versuchte zunächst durch das Kriterium der

---

[196] *Follow-up*-Papier, S. 23.

[197] *Follow-up*-Papier, S. 15.

[198] Weißbuch über die Modernisierung der Vorschriften zur Anwendung der Artt. 81 und 82 EGV, KOM (99) 101 endg. vom 12.5.1999, im Weiteren „Weißbuch über die Modernisierung."

[199] S. jedoch die Ausdehnung des Art. 4 Abs. 2 VO Nr. 17 durch die Verordnung (EG) Nr. 1216/1999 des Rates vom 10.6.1999 zur Änderung der VO Nr. 17, ABl. L 148 vom 15.6.1999, S. 5 f.

[200] Weißbuch über die Modernisierung, Rn. 44: „Die Kommission ist von Anmeldungen überflutet. Dadurch wird ihre aktive Politik gegen Wettbewerbsbeschränkungen erheblich erschwert.

Spürbarkeit in der Bagatellbekanntmachung und später durch die Einführung der Gruppenfreistellungsverordnungen die Zahl der Anmeldungen zu reduzieren. Verfahrensrechtlich wich die Kommission seit Anfang der 70er Jahre immer mehr auf Verwaltungsschreiben aus, um das Verfahren zu beschleunigen.[201] Obwohl im Allgemeinen positiv zu bewerten, zeichnen sich Verwaltungsschreiben durch zwei wesentliche Nachteile aus: Zum einen entziehen sie sich dem Erfordernis der Öffentlichkeit und Transparenz, zum anderen sind sie nicht rechtlich bindend.

Die ursprünglichen drei Ziele des mit der VO Nr. 17 gewählten Kontrollsystems – Unterrichtung der Kontrollbehörden, homogene Anwendung der Wettbewerbsregeln in der Gemeinschaft und Rechtssicherheit der Unternehmen – können in dem heutigen wirtschaftlichen und politischen Kontext mittels des bestehenden Kontrollsystems nicht mehr effektiv durchgeführt werden.

Als zwei Hauptschwächen des bestehenden Systems sind der nicht länger wirksame Schutz des Wettbewerbs und die unangemessenen den Unternehmen aufgebürdeten Lasten identifiziert worden.[202]

Sowohl die Kommission als auch die Gerichte sind überfordert. Sie müssen in ihren Entscheidungen eine Vielzahl wirtschaftspolitischer Ziele in die Überlegung einbeziehen, ohne dass dabei ein Rangverhältnis zwischen diesen Zielen festgelegt wäre. Ausschließlich juristische Beurteilungskriterien als Quelle der Rechtfertigungstatbestände für Wettbewerbsbeschränkungen werden grundsätzlich als zu unbestimmt angesehen.[203]

Die im Weißbuch über die Modernisierung vorgeschlagenen Reformoptionen beziehen sich zum einen auf die Verbesserung des Genehmigungssystems, zum anderen auf den Übergang zu einem System der gesetzlichen Ausnahmen.[204] Die Erstere betrifft die Änderungen der Auslegung des Art. 81

Zwischen 1988 und 1998 entfielen auf die von Amts wegen eingeleiteten Verfahren lediglich 13% sämtlicher neuer Fälle."

[201] Weißbuch über die Modernisierung, Rn. 34: „Die Verwendung derartiger Schreiben hat sich sehr schnell entwickelt; ihre Zahl beläuft sich inzwischen auf jährlich 150 bis 200. Über 90% der Anmeldungen werden heute informell geregelt (Verwaltungsschreiben oder Verfahrenseinstellung)."

[202] S. den von der Kommission vorgelegten Vorschlag für eine Verordnung des Rates zur Durchführung der in den Artikeln 81 und 82 EGV niedergelegten Wettbewerbsregeln, KOM (00) 582 endg. vom 27.9.2000, S. 2, im Weiteren „Durchführungsverordnung zu den Artikeln 81 und 82 EGV." http://europa.eu.int/comm/competition/antitrust/others/modernisation/comm_2000_582/de.pdf (15.11.2000).

[203] *Everling*, WuW 1993, S. 27.

[204] Zur Kritik der Option des Übergangs zu einem System der Legalausnahme s. *Deringer*, EuZW 2000, S. 5 ff. Vgl. bejahend zum System der Legalausnahmen *Schaub/Dohms*, WuW 1999, S. 1055 ff. Vgl. auch die Stellungnahmen zum Weißbuch über die Modernisierung vom 29.2.2000.

durch die Anwendung einer „*rule of reason,*"[205] die Dezentralisierung der Anwendung des Art. 81 Abs. 3,[206] die Erweiterung des Anwendungsbereichs des Art. 4 Abs. 2 VO Nr. 17,[207] die Vereinfachung des Verfahrens und die Verallgemeinerung der sogenannten Widerspruchsverfahren.[208] Die Letztere würde den Art. 81 in eine einheitliche aus einem grundsätzlichen Verbot und einer Ausnahmeregelung bestehende Rechtsnorm umgestalten.[209] So könnte Art. 81 EGV in seiner Gesamtheit sowohl durch die Kommission als auch durch die Gerichte und Kartellbehörden angewandt werden. Dies würde die ausschließliche Zuständigkeit der Kommission zur Anwendung des Art. 81 Abs. 3 beenden. Eine der Voraussetzungen für diese Reformoption wäre die Vereinfachung der materiellrechtlichen Vorschriften, wodurch der Anwendungsbereich des Art. 81 Abs. 1 und 3 noch präziser bestimmt werden könnte. Diese Option würde die Anzahl der Anmeldungen nicht reduzieren, sondern lediglich verteilen. Es ist ebenso fraglich, ob dieser Trend nicht gegen die wirtschaftliche Realität – grenzüberschreitende Märkte und Vereinbarungen – läuft. Eine lediglich auf einen Mitgliedstaat bezogene Freistellung würde den beteiligten Unternehmen bei diesen Vereinbarungen keine Rechtssicherheit garantieren. Am größten sind jedoch insbesondere die Gefahren für die Einheitlichkeit und Kohärenz der Entscheidungspraxis.

In Zusammenhang mit vertikalen Bindungen und dem Vertrieb ist die Stellungnahme des Vertriebs zur Abschaffung des Genehmigungssystems interessant: Dieser Sektor fürchtet negative Auswirkungen auf kleine und mittlere Unternehmen und Missachtung infolge der *Ex-post*-Kontrolle.

[205] Diese verstärkte ökonomische Abwägung lässt sich wegen der Struktur des Art. 81 nicht verallgemeinern, sie könnte bei systematischer Anwendung Art. 81 Abs. 3 seiner Substanz berauben. Dabei enthält Art. 81 Abs. 3 bereits alle Elemente einer „*rule of reason.*"

[206] Dies würde lediglich zu einer Verteilung der Anmeldungen zwischen der Kommission und die nationalen Behörden führen. Fraglich wäre auch, nach welchen Kriterien eine solche Verteilung erfolgen sollte. Des Weiteren könnte die Dezentralisierung auch *forum shopping* und die Renationalisierung der Wettbewerbspolitik zur Folge haben.

[207] In Zusammenhang mit der Reform der Politik zu vertikalen Vereinbarungen wurde Art. 4 Abs. 2 VO Nr. 17 bereits auf alle vertikalen Vereinbarungen ausgedehnt. S. Verordnung (EG) Nr. 1216/1999 des Rates vom 10.6.1999 zur Änderung der VO Nr. 17, S. 5 f.

[208] Das in einigen Gruppenfreistellungsverordnungen – bei vertikalen Beschränkungen handelte es sich lediglich um Franchising: Art. 6 Abs. 1 GVO Nr. 4087/88 – enthaltene Nichtwiderspruchsverfahren wurde bei Beschränkungen angewandt, die weder freigestellt noch von der Freistellung ausgenommen waren. Dies sollte die Effizienz des Verfahrens erhöhen. So galt eine Vereinbarung als freigestellt, wenn die Kommission nicht innerhalb von sechs Monaten nach der Anmeldung Widerspruch erhoben hat.

[209] Art. 81 Abs. 3 EGV wurde durch seine negative Formulierung als ein Kompromiss zwischen dem Genehmigungssystem und dem System der gesetzlichen Ausnahme gestaltet und es wurde die Wahl zwischen diesen beiden Systemen offengelassen. Es ist auch fraglich, ob Art. 81 Abs. 3 EGV beide Systeme enthalten kann. Bei der Gestaltung der VO Nr. 17 ging die Kommission jedoch von einem Genehmigungssystem aus. Seitdem basieren alle Durchführungsverordnungen und Verfahrensvorschriften lediglich auf diesem System.

Der Reformvorschlag im Weißbuch über die Modernisierung baut auf drei Pfeilern auf:[210] auf der Abschaffung des Genehmigungs- und Anmeldesystems, auf der dezentralen Anwendung der Wettbewerbsregeln und auf der Verstärkung der nachfolgenden Kontrolle. Mit der Reform hängt auch die Neugestaltung der Kompetenzverteilung zwischen der Kommission, der nationalen Kartellbehörden und Gerichten zusammen.

Im September 2000 hat die Kommission ihren Vorschlag für eine Durchführungsverordnung zu den Artt. 81 und 82 EGV veröffentlicht. Dieser Vorschlag bringt ein neues Durchführungssystem – das sogenannte System der gesetzlichen Ausnahme.[211]

c. Zusammenfassung

Die GVO Nr. 2790/1999 und die Leitlinien über vertikale Beschränkungen sind Ergebnisse eines Reformprozesses in diesem Bereich. Dieser Reformprozess wurde insbesondere dadurch ausgelöst, dass die bisherige Regelung in Form von Gruppenfreistellungsverordnungen der wirtschaftlichen Realität nicht mehr entsprach. Die Diskussion wurde im Grünbuch eröffnet, das vier mögliche Entwicklungsvarianten vorschlug. Ende 1998 folgte das *Follow-up*-Papier mit aktualisierten Vorschlägen.

Die verfahrensrechtlichen Vorschriften zur Anwendung der Artt. 81 und 82 EGV befinden sich momentan in einem Reformprozess, der die Effizienz und Flexibilität des bisherigen Systems erhöhen sowie die nationalen Kartellbehörden und Gerichte mehr einbeziehen soll.

---

[210] Weißbuch über die Modernisierung, Rn. 76 ff.

[211] S. den Vorschlag für eine Durchführungsverordnung zu den Artikeln 81 und 82 EGV.

II. Tschechisches Kartellrecht in Bezug auf vertikale Bindungen. Harmonisierung des tschechischen Kartellrechts

1. Tschechisches Kartellrecht

a. Kartellrechtsvorschriften vor dem Jahre 1991

Das Gesetz über Kartelle und private Monopole aus dem Jahre 1933 ließ Kartelle und Monopole zu, gewährleistete dabei jedoch die Überwachung durch den Staat. Die Transparenz im Bereich der Kartelle war durch das vom Staatlichen Statistischen Amt geführte Kartellregister gewährleistet. Der Staat griff nur dann ein, wenn das öffentliche Interesse gefährdet schien. Kartelle wurden als ein Ausdruck natürlicher Konzentration der Industrie und – vorausgesetzt, dass sie ihre Marktmacht nicht missbrauchten – als zulässig betrachtet.[1] Kartelle, die eine Monopolstellung auf dem Markt begründeten, hielt man hingegen für Verträge gegen die guten Sitten. Das gesetzliche Kartellverbot an sich galt als verfassungswidrig.

Die neue politische und ökonomische Realität nach dem Februar 1948[2] schloss die nach dem Ende des zweiten Weltkrieges angefangene Verstaatlichung sowie den Übergang von einer Marktwirtschaft zu einem zentral gesteuerten Wirtschaftssystem ab. Kartellrechtlich gesehen, entstand durch diese Schritte eine sehr nachteilige Wirtschaftsstruktur. Der Begriff des Wettbewerbs beschränkte sich lediglich auf den „Wettbewerb zweier gesellschaftlicher Systeme" und auf den „sozialistischen Wettbewerb."[3]

Das Wirtschaftsgesetzbuch[4] regelte insbesondere die Tätigkeit und Beziehungen zwischen sozialistischen Organisationen und verankerte die vertikale, öffentlichrechtliche Regelungsmethode. Im realen Sozialismus konnten praktisch nicht einmal die Rechtsbegriffe, die nominal geblieben sind, überleben, da sie für einen leeren oder deformierten Inhalt standen. Die Prinzipien der Gleichheit der Parteien und der Vertragsfreiheit waren unterdrückt. Unterschiedliche Bedingungen für „Wettbewerber" machten den freien Wettbewerb unmöglich.

Die Reformzeit des Prager Frühlings versuchte zwar neues Licht in die wirtschaftlichen Beziehungen zu bringen, blieb jedoch überwiegend bei endlosen und ideologisch beeinflussten Diskussionen über die Stellung des nationalen Unternehmens und über die Beziehung zwischen Plan und wirt-

---

[1] S. *Bejček*, Právník 1994, S. 383 f.
[2] Im Februar 1948 fand die Machtübernahme durch die Kommunistische Partei statt.
[3] S. *Bejček*, Právník 1994, S. 384.
[4] Nr. 109/1964 Sb.

schaftlichen Verträgen. Die folgende Normalisierung verfestigte die zentrale Wirtschaftsplanung weiter.

b. Das Gesetz Nr.63/1991 Sb. über den Schutz des wirtschaftlichen Wettbewerbs

Das tschechische Gesetz über den Schutz des wirtschaftlichen[5] Wettbewerbs Nr. 63/1991 Sb.[6] wurde am 30.1.1991 verabschiedet und trat am 1.3.1991 in Kraft.[7]

Es wurde – mit Rücksicht auf die Entstehungszeit und die kurze Dauer der Vorbereitungsarbeiten – legislativ gut bearbeitet, orientierte sich auf das EG-Kartellrecht und basierte auf dem Kartellrecht einiger Mitgliedstaaten, vor allem Deutschlands.[8] Für die Annahme, dass das GSWW eine legislativ gut bearbeitete Grundlage bildete, sprachen auch die zwei bisher verabschiedeten Novellierungen, welche jeweils nicht von grundsätzlicher Bedeutung waren.[9] Es blieben jedoch Gebiete, in denen eine eventuelle Novellierung notwendig erschien, vor allem im Bereich der legislativen Terminologie und der Definitionen. Die Beurteilung des GSWW ist ambivalent.[10]

„Das tschechische Kartellgesetz wurde in kurzer Zeit verabschiedet und dies wirkte sich auf seine Konzeption und sein gesetzgebungstechnisches Niveau aus. Das Kartellgesetz enthielt wenige Legaldefinitionen, den zuständigen staatlichen Organen wurde ein breiter Spielraum bei der Entscheidungs-

---

[5] Im Tschechischen wird immer vom „wirtschaftlichen" Wettbewerb gesprochen. Dieser Unterschied, im Vergleich z. B. mit dem EGV, entstand schon während der Reformzeit Ende der Sechziger Jahre. Dadurch sollte dieser neue Begriff in das Wirtschaftsleben einführen. Dies ist jetzt zwar nicht mehr notwendig, aber wird so ausgelegt, dass er auch die Freiberufler in das GSWW einbezieht. S. *Munková*, Zákon o ochraně hospodářské soutěže [Gesetz über den Schutz des wirtschaftlichen Wettbewerbs], S. 16.

[6] Im Weiteren „GSWW" oder „das tschechische Kartellgesetz."

[7] In der Übergangszeit der Jahre 1989 und 1990 war die Wettbewerbsregelung (Kartellrecht sowie das Recht zum Schutz vor unlauterem Wettbewerb) in Form von Generalklauseln in der Novellierung des Wirtschaftsgesetzbuchs Nr. 103/1990 Sb. enthalten.

[8] So z. B. *Musil*, EMP 9 – 10/1997, S. 12; *Verny*, WiRO 1992, S. 215.

[9] Beide Novellierungen können als Teilnovellierungen bezeichnet werden. Die erste Novellierung durch das Gesetz Nr. 495/1992 Sb. vom 8.10.1992 reagierte auf die Teilung der Tschechoslowakei, die zweite Novellierung durch das Gesetz Nr. 286/1993 Sb. vom 11.11.1993 betraf die präzisere Definition von einigen Begriffen und die Einführung der § 6a [Das Recht der Kartellbehörde zum Erlass von allgemeinen Freistellungen durch Bekanntmachungen] und § 8a [Zusammenschlüsse von Unternehmen].

[10] Kritische Beurteilung des GSWW z. B. *Musil*, EMP 4 – 5/1995, S. 51. *Musil* bewertete jedoch das GSWW auch als „legislativ gut bearbeitet." S. o. Fn. 8.

praxis überlassen. Es gab auch keine brauchbare Judikatur, auf die man sich stützen konnte."[11]

Es sei während der Transformation notwendig gewesen, die Definitionsabgrenzungen so breit wie möglich zu lassen, so dass die Entscheidungspraxis der Kartellbehörde auf die wirtschaftliche Realität flexibler reagieren konnte. Dies bedeutete gemäß *Bejček*, dass die Rechtssicherheit im Kontext der Wirtschaftspolitik nicht alleinige Priorität besaß, in bestimmten Fällen wurde auf die unbedingte Bevorzugung der Rechtssicherheit verzichtet.[12]

Dies hängt auch allgemein mit den Anforderungen an transparente und verständliche Leitlinien und an die Auslegung des Rechts zusammen: Die Behandlung eines Falles soll auf objektiver systematischer Basis und anhand transparenter Kriterien erfolgen und nicht lediglich von den einzelnen Beamten und deren Ermessen abhängen.[13]

c. Novellierungsvorschläge

Im Jahre 1998 wurde der Regierung ein Novellierungsvorschlag zum GSWW vorgelegt. Dieser Vorschlag[14] befasste sich insbesondere mit der Präzisierung der Kriterien für die Anwendung der *De-minimis*-Regel und führte ein absolutes Verbot der Preisbindung und Marktaufteilung ein. Weiter sollte die beherrschende Stellung auf dem Markt verstärkt aufgrund des Kriteriums der Marktmacht beurteilt werden, wobei dieses Kriterium neben dem Marktanteil auch weitere Kriterien berücksichtigen sollte, insbesondere die wirtschaftliche und finanzielle Macht des Wettbewerbers, eventuelle Marktzutrittsschranken, die vertikale Integration des Wettbewerbers sowie seiner Konkurrenten und deren Marktanteile. Gemäß dem Vorschlag sollte auch die Marktanteilsgrenze für eine marktbeherrschende Stellung von 30 auf 25% gesenkt werden.

Die Kartellbehörde hat auch den Vorschlag einer Gruppenfreistellungsverordnung für Franchisevereinbarungen vorgelegt. Diese Gruppenfreistellungsverordnung wurde Ende Dezember 1999 von dem Vorsitzenden der Kartellbehörde unterschrieben.[15] Dieser Vorschlag soll u. a. auf der Entschei-

---

[11] *Bejček/Bučková*, WiRO 1998, S. 52.

[12] *Bejček*, Existenční ochrana konkurence [Existenzschutz der Konkurrenz], S. 297.

[13] S. *Fingleton/Fox/Neven/Seabright*, Competition Policy and the Transformation of Central Europe, S. 171.

[14] Hier werden lediglich die in Bezug auf vertikale Beschränkungen anzuwendenden Regeln erwähnt.

[15] Die Verordnung der Kartellbehörde Nr. 5/2000 Sb. vom 22.12.1999 über die Genehmigung einer allgemeinen Ausnahme (d. h. einer Freistellung, s. Fn. 31) gemäß § 3 Abs. 1 und § 4 Abs. 1 des Gesetzes Nr. 63/1991 Sb. über den Schutz des wirtschaftlichen Wettbewerbs in der Fassung

dungspraxis der Kartellbehörde basieren, insbesondere auf den Entscheidungen *McDonald's* und *Montblanc – Simplo*.[16] Praktisch handelt es sich jedoch um eine Kopie des „alten" Gemeinschaftsrechts – der GVO Nr. 4087/88 über Franchisevereinbarungen.[17]

Es war jedoch nicht vorauszusehen, dass das GSWW nach dieser Novellierung völlig kompatibel mit dem EG-Kartellrecht geworden wäre. Die Kartellbehörde bereitet deswegen ein neues GSWW vor. Die Arbeit konzentrierte sich vor allem auf folgende Aufgabenbereiche: Vereinfachung, Erhöhung der Transparenz sowie Beschleunigung des Verfahrens, Erteilung der Einzelfreistellungen ausschließlich aufgrund Wettbewerbsprinzipien, Erhöhung der Teilnahmemöglichkeiten am Verfahren für Wettbewerber und Übernahme des Systems der Gruppenfreistellungsverordnungen. Die neue Fassung des GSWW soll nach Meinung der Kartellbehörde die volle Kompatibilität des GSWW mit dem EG-Kartellrecht gewährleisten.

Einen wichtigen, in dem Novellierungsvorschlag[18] enthaltenen Schwerpunkt stellte die Einführung und Definition der wirtschaftlichen Abhängigkeit[19] und deren Missbrauchs dar. Der Auslöser hierfür ist die Situation im Vertrieb, insbesondere im Lebensmittelbereich, in dem der Markt einen Trend zur Konzentration gemeinsam mit der Einführung von Handelsmarken[20] aufweist. So können z. B. Handelsketten, die über große Kaufkraft gegenüber ihren Lieferanten verfügen, auf die Lieferanten einen Teil der eigenen Kosten übertragen. Diese Situation begründet das Entstehen wirtschaftlicher Abhängigkeit der Lieferanten von ihren Abnehmern. Eine solche Abhängigkeit kann insbesondere für kleine und mittlere Unternehmen gefährlich sein.

Die Auswirkungen der Bildung von Handelsketten auf den Markt und auf die Verbraucher sind jedoch vor allem positiv, da zum einen Druck auf die Produktionsstufe ausgeübt wird, effizienter zu produzieren, zum anderen die

---

des Gesetzes Nr. 286/1993 Sb. für bestimmte Gattungen von Franchisevereinbarungen, im Weiteren „Franchise-GVO".

[16] S 54/98-240, *McDonald's ČR/Jandouš*, vom 21.5.1998, Slg. Ent. 1998/II, S. 294 ff.; S 25/97-230/642, *Montblanc – Simplo/Carollinum*, vom 25.7.1997, Slg. Ent. 1997/II, S. 222 ff.

[17] S. unten C. II. 1. d. (3) (b) iii. Gruppenfreistellung: Zukünftige Übernahme der Gruppenfreistellungsverordnungen?

[18] Informationen von der *home page* der tschechischen Kartellbehörde: www.compet.cz (aktuality, 19.10.1999).

[19] Es handelt sich um Beziehungen zwischen mindestens zwei Unternehmen, bei denen mindestens ein Unternehmen aufgrund seiner Stellung auf dem Markt fähig ist, dem anderen Unternehmen innerhalb der Vereinbarung faktisch solche Handelsbedingungen aufzuzwingen, die eigentlich nur dem wirtschaftlich stärkeren Unternehmen Vorteile bringen.

[20] Handelsmarke bezeichnet ein Fertigprodukt des Konsumgüterbereichs, das eine Handelsorganisation mit einer ihr gehörenden, geschützten Marke kennzeichnet und das nur im eigenen oder in angeschlossenen Einzelhandelsgeschäften zu erhalten ist.

Konsumenten bessere Auswahlmöglichkeiten und niedrigere Preise haben. Bestimmte Verhaltensweisen der Handelsketten führen jedoch zu negativen Auswirkungen auf den Wettbewerb und folglich auch auf die Verbraucher. Zu den negativen Folgen gehören die Marktaustritte kleinerer Lieferanten und die damit zusammenhängende Erhöhung der Konzentration auf dem Markt. Für die Verbraucher bedeutet dies die Verringerung der Produktvielfalt und die Preiserhöhung.

Der vorgelegte Katalog der Beurteilungskriterien der wirtschaftlichen Macht des Wettbewerbers beinhaltete einerseits Kriterien, die seinen Marktanteil, das Ausmaß der missbräuchlichen Vertragsbedingungen, die Möglichkeit anderer Lieferungs- oder Abnahmequellen sowie den Bekanntheitsgrad der betreffenden Produkte bzw. der Handelsmarke betreffen. Andererseits wird das Maß der möglichen Wettbewerbsbeschränkung infolge einer starken finanziellen Stellung des Wettbewerbers als weiteres Kriterium verwendet. Die finanzielle Stellung soll anhand des Jahresumsatzes beurteilt werden.

Das GSWW sollte durch die Novellierung auch einen Katalog der verbotenen Formen des Missbrauchs wirtschaftlicher Abhängigkeit bekommen. Hierher sollten z. B. die Verpflichtung zur Zahlung der „Eintrittsbeiträge" für die Aufnahme des Produkts in das Verkaufssortiment sowie verschiedene mit der Ausstellung und Präsentation der Produkte verbundene Gebühren gehören, die nicht objektiv begründet sind, sowie Sondernachlässe und andere finanzielle Begünstigungen in Bezug auf die Eröffnung neuer Filialen des Abnehmers, die Erzwingung nachträglicher Vertragsänderungen oder kostenloser Verkaufsförderungsdienstleistungen oder das Verbot eines Verkaufs von Produkten mit Verlust.[21]

Diese Problematik kann bisher weder durch das Verbot von Wettbewerbsbeschränkungen in § 3 GSWW noch durch das Verbot des Missbrauchs einer marktbeherrschenden Stellung erfasst werden, da die Unternehmen zwar über wirtschaftliche Marktmacht verfügen, aber nicht unter das Missbrauchsverbot fallen, weil ihr Marktanteil die für eine marktbeherrschende Marktstellung im GSWW festgesetzte Marktanteilsschwelle von 30% nicht überschreitet.[22] Das neue GSWW – das Gesetz Nr. 143/2001 Sb.[23] – führt keine Regelung in Bezug auf diesen Bereich ein.

Die „Inspirationsquelle" der tschechischen Kartellbehörde war insbesondere die Regelung in Frankreich und Portugal. Das EG-Kartellrecht regelt

---

[21] D. h. unter dem Preis, der niedriger ist als die Summe des Einkaufspreises, der Transportkosten und der Mehrwertsteuer, wobei kein objektiver Grund zum Preisnachlass vorhanden ist.

[22] § 9 Abs. 2 GSWW.

[23] Gesamtnovellierung des alten GSWW – das Gesetz über den Schutz des wirtschaftlichen Wettbewerbs Nr. 143/2001 vom 4. April 2001, im Weiteren „GSWW Nr. 143/2001."

diese Problematik nicht; dies wird den einzelnen Mitgliedstaaten[24] überlassen.

d. Das GSWW Nr. 143/2001 Sb.

Im April 2001 wurde das neue GSWW Nr. 143/2001 Sb., welches am 1. Juli 2001 in Kraft getreten ist, veröffentlicht. Dieses Gesetz novelliert das alte GSWW: Insbesondere wurden die Unterscheidung zwischen horizontalen und vertikalen Vereinbarungen, unterschiedliche Marktanteilsgrenzen für vertikale und horizontale Vereinbarungen, unter welchen diese Vereinbarungen als nicht wettbewerbsstörend betrachtet werden, die Definition des relevanten Marktes, ein absolutes Verbot der Preisbindung und Marktaufteilung sowie das Kriterium der Marktmacht eingeführt. Des Weiteren wurde die *De-minimis*-Regel präzisiert.

e. Das tschechische Kartellrecht in Bezug auf vertikale Bindungen

(1) Zweck des GSWW

Der Zweck des tschechischen Kartellgesetzes ist der Schutz des wirtschaftlichen Wettbewerbs auf dem Markt für Produkte und Dienstleistungen (im Weiteren „Produkte") gegen dessen Beschränkung, Verzerrung oder Ausschluss (im Weiteren „Störung").[25] Diese Bestimmung ist durch die Novellierung vereinfacht worden: Die Bestimmung über die deskriptive Hervorhebung der Bedeutung des Wettbewerbs sowie die Schaffung von Bedingungen zur Entfaltung des Wettbewerbs sind abgeschafft worden. (Dieses Ziel spiegelt sich in den Übergangsbestimmungen der §§ 19 und 20 wider.)

(2) Terminologische Abgrenzungen

§ 2 des GSWW grenzte den persönlichen und territorialen Anwendungsbereich des GSWW ab und wirkt zugleich als Kollisionsnorm.[26]

Das GSWW sowie das GSWW Nr. 143/2001 Sb. beziehen sich auf sämtliche am Wettbewerb teilnehmende Subjekte[27] ungeachtet deren Unternehmereigenschaft. Diese Bestimmung ersetzt die bisherige Bestimmung, wo-

---

[24] Z. B. regelt das deutsche Gesetz gegen Wettbewerbsbeschränkungen diese Problematik im Vierten Abschnitt: Wettbewerbsbeschränkendes und diskriminierendes Verhalten, § 26: Verbot von Liefer- oder Bezugssperren; Diskriminierungsverbot.

[25] § 1 Abs. 1 des GSWW, § 1 Abs. 1 des GSWW Nr. 143/2001 Sb.

[26] § 1 Abs. 2 bis 5 GSWW Nr. 143/2001 Sb.

[27] Im Weiteren „Wettbewerber".

nach das GSWW nur auf Unternehmen bzw. Unternehmer anwendbar war. Dies führte zu erheblichen Beeinträchtigungen des Wettbewerbs – es handelte sich insbesondere um Preisabsprachen und Marktzutrittsbeschränkungen, vor allem seitens der Unternehmensvereinigungen, die in dieser Bestimmung nicht erfasst waren.

§ 2 Abs. 1 lit. a GSWW definierte den Begriff des Wettbewerbers: Als Wettbewerber wurden natürliche und juristische Personen betrachtet, die am wirtschaftlichen Wettbewerb teilnehmen, auch wenn sie nicht Unternehmer sind. Lit. b schloss in den persönlichen Anwendungsbereich auch Organe der Staatsverwaltung und Gemeindeorgane mitein, soweit Tätigkeitsbereiche derselben betroffen sind, die unmittelbar oder mittelbar mit dem wirtschaftlichen Wettbewerb zusammenhängen. Weiter wurde in Abs. 2 die Anwendung des GSWW auf Vereinigungen von Unternehmern festgelegt.

Gemäß § 2 Abs.1 GSWW Nr. 143/2001 Sb. sind Wettbewerber natürliche und juristische Personen sowie alle Formen deren Vereinigungen, welche am Wettbewerb teilnehmen beziehungsweise diesen durch ihre Tätigkeit beeinflussen können, auch wenn sie nicht Unternehmer sind.

§ 2 Abs. 3 GSWW regelte mögliche Kollisionen in Bezug auf Tätigkeiten und Verfahren im Ausland, die mit ihren Wirkungen den inländischen Markt betreffen. Außerdem betraf diese Bestimmung dadurch auch die geographische Marktabgrenzung. Das Prinzip der Wirkungen auf den Markt wurde dann in Abs. 4 bestätigt.[28]

(3) Bestimmungen über vertikale Wettbewerbsbeschränkungen

Die für vertikale Beschränkungen relevanten Bestimmungen waren im zweiten Abschnitt [Unzulässige Wettbewerbsbeschränkungen] des GSWW enthalten, in §§ 3ff. und § 9. Das GSWW unterschied nicht zwischen horizontalen und vertikalen Vereinbarungen – die Bestimmungen über wettbewerbsbeschränkende Vereinbarungen waren auch auf vertikale Beschränkungen anwendbar.[29]

§ 5 GSWW Nr. 143/2001 Sb. führt diese Unterscheidung ein: Abs. 1 definiert horizontale, Abs. 2 vertikale Vereinbarungen. Vereinbarungen zwischen Wettbewerbern, die auf gleicher horizontaler Marktstufe und zugleich

[28] §1 Abs. 3 und 4 GSWW Nr. 143/2001 Sb.

[29] Vor der Novellierung durch das Gesetz Nr. 286/1993 Sb. trug dieser Teil die Überschrift „Kartellvereinbarungen", was zu Unklarheiten bezüglich der Anwendung dieser Bestimmungen auf vertikale Beschränkungen geführt hat. So wurde die mögliche Anwendung der Bestimmungen auf vertikale Beschränkungen bezweifelt. Diese – nicht korrekte – Auslegung wurde durch die Einführung der neuen Überschrift beseitigt. S. auch z. B. S 11/96-230/357, *Mittelrhein Verlag Bohemia/ASTROSAT*, vom 22.3.1996, Slg. Ent. 1995/96, 373, 374 f.

auf mehreren vertikalen Stufen tätig sind, gelten als horizontale Vereinbarungen.

(a) Wettbewerbsstörende Vereinbarungen

Der § 3 Abs. 1 GSWW Nr. 143/2001 Sb. verbietet als Generalklausel sämtliche Vereinbarungen zwischen Wettbewerbern, Entscheidungen von Unternehmensvereinigungen und Verhaltensweisen in gegenseitigem Einvernehmen, die zur Störung des wirtschaftlichen Wettbewerbs auf dem Markt für ein Produkt führen oder führen können. Die Bestimmung sowie die Begriffsabgrenzungen entsprechen dem Verbot in Art. 81 Abs. 1 Satz 1 EGV. Auch der Katalog von Beispielen der verbotenen Tatbestände in § 3 Abs. 2 GSWW Nr. 143/2001 Sb. entspricht dem Katalog in Art. 81 Abs. 1 EGV, darüber hinaus fügt das GSWW Nr. 143/2001 Sb. noch den Tatbestand der Verpflichtung zur Beschränkung des Marktzutritts für andere, an der Vereinbarung nicht beteiligte Wettbewerber hinzu.

Gemäß Art. 81 Abs. 2 EGV sind die verbotenen Vereinbarungen nichtig, der § 3 Abs. 2 GSWW erklärte solche Vereinbarungen für unwirksam. Diese Regelung stand im Einklang mit § 47 des tschechischen BGB,[30] so dass davon auszugehen war, dass derartige Vereinbarungen zwar zivilrechtlich ihre Gültigkeit behielten, aber bezüglich ihrer Umsetzung unwirksam waren.[31] *Munková*[32] und *Bejček*[33] sprachen in diesem Zusammenhang von Nichtigkeit. Es konnte davon ausgegangen werden, dass das Konzept der Unwirksamkeit in seinen Auswirkungen der Nichtigkeit entsprach.

Das GSWW Nr. 143/2001 Sb. grundsätzlich übernahm die Bestimmungen des § 3 Abs. 1 und 2. Hiernach sind wettbewerbsstörende Vereinbarungen verboten und nichtig.

(b) Freistellungsmöglichkeiten

Die in § 3 Abs. 1 GSWW *per se* verbotenen Vereinbarungen konnten jedoch von diesem Verbot aufgrund des GSWW oder eines besonderen Gesetzes

---

[30] Bürgerliches Gesetzbuch Nr. 47/1964 Sb. Dieser Bestimmung kommt jedoch im BGB eine zweitrangige Bedeutung zu. Sie wird auch von der Theorie angegriffen. Von der Wirksamkeit eines Rechtsaktes wird dann gesprochen, wenn die Auswirkungen dieses Rechtsaktes eintreten, welche die Rechtsordnung mit dieser Willensäußerung verbindet.

[31] *Oliva/Verny*, WiRO 1994, S. 146.

[32] *Munková*, Zákon o ochraně hospodářské soutěže [Gesetz über den Schutz des wirtschaftlichen Wettbewerbs], S. 28.

[33] *Bejček/Bučková*, WiRO 1998, S. 52 ff.

„ausgenommen"[34] (im Weiteren „freigestellt") oder durch eine Bewilligung der Kartellbehörde individuell freigestellt werden.[35] Dieser Anwendungsbereich war nicht sehr detailliert geregelt. Dies kann wieder zu der Debatte führen, ob die Regelung kurz und klar bleiben soll, oder ob sie nach dem Vorbild des EG-Kartellrechts detailliert gestaltet werden soll.

Die novellierten Bestimmungen im GSWW Nr. 143/2001 Sb. präzisieren den Einzelfreistellungsbereich. § 6 Abs. 1 führt neue Marktanteilsgrenzen von 5 % für horizontale und 10 % für vertikale Vereinbarungen. Wenn der Marktanteil der beteiligten Wettbewerber unter diesen Grenzen liegt, wird das Verbot des § 3 Abs. 1 GSWW Nr. 143/2001 Sb. nicht angewandt. Des Weiteren führt das GSWW Nr. 143/2001 Sb. ein absolutes Verbot von vertikalen und horizontalen Vereinbarungen, welche Preisabsprachen oder Marktaufteilung betreffen, sowie von vertikalen Vereinbarungen, deren kumulative Auswirkung sich als marktzutrittseinschränkend erweist.

Im Bereich der Gruppenfreistellungen wurde im Juni 2001 eine Bekanntmachung der Kartellbehörde erlassen, welche sich als Vorbild die GVO Nr. 2790/1999 nahm.

i. Einzelfreistellungen gemäß GSWW

§ 3 Abs. 4 GSWW enthielt eine abschließende Liste von Vereinbarungen, auf die das Verbot nach Abs. 1 nicht anzuwenden war.

Lit. a und c stellten zwei *Per-se*-Bestimmungen dar, indem sie solche Vereinbarungen vom Verbot ausnahmen, die eine einheitliche Anwendung von Geschäfts-, Liefer- oder Zahlungsbedingungen mit Ausnahme von Vereinbarungen über Preise oder ihre Zusammensetzung zum Gegenstand hatten bzw. die in die Kategorie der sogenannten Bagatellkartelle fielen. Die letztgenannte Bestimmung sollte vor allem kleine Unternehmen fördern. Das GSWW legte hier prozentuale Marktanteilsgrenzen fest, die im Fall des gesamtstaatlichen Markts 5%, im Fall des örtlichen Marktes 30% am Markt des betreffenden Produktes betrugen.

Lit. b repräsentierte eine *Rule-of-reason*-Regelung. Sie nahm solche Vereinbarungen vom Verbot aus, die eine Rationalisierung der Wirtschaftstätig-

[34] Die tschechische Fassung spricht – wortwörtlich übersetzt – von „Ausnahme", es ist jedoch angemessen, die Sprache in der Übersetzung an die EG-rechtliche Terminologie anzupassen, insbesondere im Zusammenhang mit § 6a GSWW, wie *Ulrich W. Schulze* in der deutschen Übersetzung des GSWW bemerkt. Zákon o ochraně hospodářské soutěže [Gesetz zum Schutze des wirtschaftlichen Wettbewerbs] Nr. 63/1991 Sb. in der Fassung der Gesetze Nr. 495/1992 Sb. und Nr. 286/1993 Sb., Deutsche Übersetzung (Ulrich W. Schulze) in: Brunner, Georg/Schmid, Karin/Westen, Klaus (Hrsg.), Wirtschaftsrecht der osteuropäischen Staaten, I 2 Tschechische Republik, Nomos Verlag.

[35] § 3 Abs. 1 GSWW.

keit, insbesondere eine Spezialisierung als Ziel enthielten. Die Voraussetzung hierfür war, dass die Vereinbarung nicht zu einer wesentlichen Beschränkung des Wettbewerbs auf dem Markt führte.

Eine Freistellung durfte nicht genehmigt werden, wenn Tatsachen vorlagen, die eine Bewilligung gemäß § 5 Abs. 3 versagen würden.

Diese Freistellung war relativiert, da solche Vereinbarungen zu ihrer Wirksamkeit der Genehmigung der Kartellbehörde[36] bedurften. Diese Anforderung schien umstritten zu sein,[37] da dadurch eine gültige Vereinbarung noch zusätzlich durch die Genehmigung der Kartellbehörde legalisiert werden sollte.

Der Unterschied zwischen einer Genehmigung gemäß § 3 Abs. 5 und einer Bewilligung gemäß § 5 lag in der Bedeutung der Folgen der Vereinbarung, welche sich in der unterschiedlichen Begründung des Antrags auswirkte.[38]

Neben der Freistellung gemäß § 3 Abs. 5 GSWW hatten die Wettbewerber auch die Möglichkeit, die Bewilligung einer Einzelfreistellung bei der Kartellbehörde gemäß § 5 GSWW zu beantragen. Dabei wurde vorausgesetzt, dass die Beschränkung des Wettbewerbs im öffentlichen Interesse notwendig war, vor allem bei der Herstellung der Produkte oder zur Förderung der technischen oder wirtschaftlichen Entwicklung.[39] Dabei mussten auch das Prinzip der Verhältnismäßigkeit sowie die Interessen der Verbraucher berücksichtigt werden. § 5 Abs. 3 GSWW enthielt weiter eine Abgrenzung von Vereinbarungsinhalten, die eine Freistellung nicht erlaubten: Es handelte sich dabei um Beschränkungen bezüglich der Produkte, deren Preis oder Mengen, um Diskriminierung aufgrund der Anwendung subjektiver Auswahlkriterien im Fachhandel oder um Verstöße gegen ein gesetzliches Verbot oder gute Sitten des Wettbewerbs. Bei Lizenzverträgen wurde das Prinzip der Verhältnismäßigkeit in Bezug auf die möglichen Einschränkungen für den Erwerber des Rechts bzw. der Lizenz oder für andere Wettbewerber angewandt. Dabei durfte der Umfang der Beschränkungen den Wettbewerb auf dem Markt nicht in erheblichem Maße beeinträchtigen.

---

[36] Diese Genehmigung konnte entweder ausdrücklich oder stillschweigend erteilt werden.

[37] S. *Munková*, Zákon o ochraně hospodářské soutěže [Gesetz über den Schutz des wirtschaftlichen Wettbewerbs], S. 31. Diese Vereinbarungen galten als gültig, ohne die Genehmigung blieben sie jedoch unwirksam. Die Vertragsparteien waren verpflichtet, diese Genehmigung zu beantragen.

[38] S. *Munková*, Zákon o ochraně hospodářské soutěže [Gesetz über den Schutz des wirtschaftlichen Wettbewerbs], S. 31. Gemäß § 3 Abs. 5 wurde eine bloße Genehmigung einer (nicht verbotenen) Vereinbarung beantragt. § 5 betraf die Bewilligung einer Ausnahme aus dem Verbot wettbewerbsbeschränkender Vereinbarungen.

[39] § 5 Abs. 2 GSWW.

Insbesondere die Bestimmungen über die Einzelfreistellung boten einen großen Auslegungsspielraum, da hier vor allem ziemlich viele unbestimmte Rechtsbegriffe vorkamen und dieser Bereich nicht sehr detailliert geregelt war.

ii. Einzelfreistellung gemäß GSWW Nr. 143/2001 Sb.

Die Wettbewerber können gemäß § 8 GSWW Nr. 143/2001 Sb. eine Einzelfreistellung bei der Kartellbehörde beantragen. Die Voraussetzungen hierfür kopieren die in Art. 81 Abs. 3 EGV festgelegten Voraussetzungen. § 9 präzisiert Einzelheiten in Bezug auf die Erteilung und Entnahme der Einzelfreistellung.

iii. Gruppenfreistellung im GSWW

Gemäß § 6a GSWW hatte die Kartellbehörde das Recht,

„durch Bekanntmachung eine allgemeine Freistellung von dem Verbot gemäß § 3 Abs. 1 und § 4 Abs. 1 GSWW für bestimmte Gattungen von Vereinbarungen mit Ausnahme von Vereinbarungen, die eine unmittelbare oder mittelbare Festsetzung von Preisen enthalten, zu bewilligen, wenn gegenüber der Störung des Wettbewerbs, zu der die allgemeine Freistellung führen würde, Vorteile für andere Marktteilnehmer, insbesondere für die Verbraucher, überwiegen."

Die Frage der Übernahme der Gruppenfreistellungsverordnungen war nicht unumstritten – nicht nur wegen der derzeitigen Eignung und Notwendigkeit für die Verhältnisse in den MOE-Ländern, sondern insbesondere wegen der Einstellung zu den Gruppenfreistellungsverordnungen in der EU selbst, die offen war. Deswegen schien es am geeignetsten, das Ergebnis des Reformprozesses in der EU in diesem Bereich abzuwarten. Die Haltung der tschechischen Kartellbehörde zu dieser Frage soll diesen Argumenten entsprechen.[40] Des Weiteren wurde argumentiert, dass zum einen es zu solchen Gruppenfreistellungen kein entsprechendes Äquivalent im tschechischen Recht gab, zum anderen die Freistellungen aufgrund der von der Kommis-

[40] Dies ergibt sich aus einer Mitteilung des Sprechers der Kartellbehörde, *Ivo Skoumal*, zugeschickte Informationsmaterialien vom 11.3.1998: Es wurde generell angenommen, dass die Gruppenfreistellungsverordnungen in Form einer Verordnung aufgrund § 6a des GSWW übernommen werden. Eine solche Übernahme schien jedoch damals relativ problematisch zu sein, da sich dieses System in der EU selbst im Reformprozess befand. Die zu dieser Zeit im GSWW geregelten individuellen Freistellungen entsprachen völlig der Situation auf dem Markt und der Anzahl der Anträge.

sion gesammelten Erfahrungen erlassen worden sind, wobei die tschechische Kartellbehörde momentan noch nicht über ausreichende Erfahrungen verfügte. Diese Verallgemeinerung galt jedoch nicht mehr ohne Ausnahme: Im Dezember 1999 unterschrieb der Vorsitzende der Kartellbehörde die Franchise-GVO.

Die wirkliche Notwendigkeit der Gruppenfreistellungen im tschechischen Rechtssystem sollte also aus der Entscheidungspraxis in Bezug auf Einzelfreistellungen folgen. Diese Entscheidungspraxis kann es der Kartellbehörde zugleich ermöglichen, ausreichende Informationen über den Stand des Wettbewerbs auf den einzelnen relevanten Märkten in der Tschechischen Republik zu sammeln.[41]

Die Franchise-GVO kopierte praktisch die EG-kartellrechtliche Regelung.[42] § 6a GSWW verkörperte zwar praktisch den legislativen Weg der Durchführung der Verpflichtung aus den Durchführungsbestimmungen zur Anwendung der in den geltenden GVO enthaltenen Prinzipien. Eine solche Anwendung sollte jedoch flexibel sein. Außerdem musste sie auch die Entwicklungen im EG-Kartellrecht berücksichtigen. So konnte die „Übernahme" des „alten" Gemeinschaftsrechts, der GVO Nr.4087/88, als ein Rückschritt bezeichnet werden. Es schien fragwürdig, warum die Kartellbehörde nicht das Ergebnis des Reformprozesses in Bezug auf vertikale Beschränkungen abwarten konnte, und warum sie die alte Regelung samt der präskriptiven Regelungstechnik übernahm.

Die EG-GVO Nr.4087/88 selbst wurde als nur schwer verständlich kritisiert. „Der Regelungsgegenstand wurde durch eine Anhäufung von Definitionen in Art. 1 Abs. 3 der GVO eher verdeckt als klargestellt. Die Zulässigkeit bestimmter Vertragsklauseln erschloss sich erst aus dem teilweise komplexen Zusammenspiel verschiedener Bestimmungen."[43] Die GVO konnte weniger durch klare und bestimmte Regeln als durch übermäßige Regelung charakterisiert werden. „Sie kann nicht als Vorbild künftiger Gruppenfreistellungsverordnungen dienen."[44]

iv. Die Franchise-GVO

Die Struktur der Franchise-GVO entsprach der EG-GVO Nr.4087/88. § 1 der Franchise-GVO genehmigte eine Freistellung vom Verbot in § 3 Abs. 1 und § 4 Abs. 1 GSWW für Franchisevereinbarungen, an denen zwei Wettbewer-

---

[41] S. z. B. *Matachová/Stankov/Fiala*, EMP 9 – 10/1998, S. 67 f.

[42] Es handelt sich um die EG-GVO Nr. 4087/88.

[43] *Gleiss/Hirsch*, Kommentar zum EG-Kartellrecht, Band 1, S. 605, Rn. 1551.

[44] *Gleiss/Hirsch*, Kommentar zum EG-Kartellrecht, Band 1, S. 605, Rn. 1551. S. o. C. I. 2. b. (e) ii. Gruppenfreistellung.

ber beteiligt waren und die eine oder mehrere der in § 3 der Franchise-GVO bezeichneten Wettbewerbsbeschränkungen enthielten. § 1 Abs. 2[45] grenzte den sachlichen Anwendungsbereich der Franchise-GVO ab: Sie bezog sich nur auf Vertriebsfranchising. § 2[46] definierte die in der Franchise-GVO enthaltenen Begriffe. §§ 3 und 4 Abs. 1 enthielten die sogenannte „weiße Liste", § 4 Abs. 2 die sogenannte „graue Liste" und § 5 Abs. 1 und 2 die sogenannte „schwarze Liste."[47]

§ 5 Abs. 2 lit. a und b ergänzten nummerisch die marktstrukturellen Berücksichtigungskriterien: Zum einen wurde bei der kumulierenden Wirkung anderer Systeme von Franchisevereinbarungen auf dem Markt das Kriterium des erheblichen Maßes definiert. Eine kumulierende Wirkung wurde vermutet, wenn mehr als zwei Drittel aller Verkäufe des entsprechenden Produkts auf dem gesamtstaatlichen Markt durch Systeme von Franchisevereinbarungen getätigt werden.[48] Zum anderen wurde durch eine Verkaufanteilsgrenze des jeweiligen Produktes von 30% präzisiert, wann das Produkt keinem wirksamem Wettbewerb auf dem Markt ausgesetzt ist.

v. Gruppenfreistellungsverordnung Nr. 198/2001

Die auf Gruppen von vertikalen Vereinbarungen anwendbare Freistellungsverordnung der Kartellbehörde Nr. 198/2001 vom 5. Juni 2001 kopiert die GVO Nr. 2790/1999. Die tschechische Freistellungsverordnung trat in Kraft am 1. Juli 2001.

Die Marktanteilsgrenze von 30% wurde übernommen. Die Umsatzkriterien wurden entsprechend angepasst: So werden gemäß § 3 Unterabsatz 1 der Freistellungsverordnung vertikale Vereinbarungen zwischen einer Unternehmensvereinigung und ihren Mitgliedern oder zwischen einer solchen Vereinigung und ihren Lieferanten freigestellt, wenn die Mitglieder dieser Vereinigung das betroffene Produkt selbst verkaufen und der jährliche Gesamtumsatz keines der Mitglieder mehr als CZK 50 Mio. beträgt. Das zweite Umsatzkriterium ist im § 5 Abs. 3 Unterabsatz 1 enthalten. Hiernach können nichtwechselseitige vertikale Vereinbarungen zwischen Wettbewerbern freigestellt werden, wenn der jährliche Gesamtumsatz des Käufers CZK 100 Mio. nicht überschreitet.

Die „Übernahme" der GVO Nr. 2790/1999 bedeutet einen wichtigen Schritt bei der Harmonisierung des tschechischen Kartellrechts mit seiner

---

[45] § 1 Abs. 2 der Franchise-GVO entsprach dem Erwägungsgrund Nr. 4 der EG-GVO Nr. 4087/88.

[46] § 2 der Franchise-GVO entsprach dem Art. 1 der EG-GVO Nr. 4087/88.

[47] S. o. C. I. 2. b. (e) ii. Gruppenfreistellung.

[48] § 5 Abs. 2 lit. a GSWW.

EG-rechtlichen Vorlage. Die Kartellbehörde kann sich bei der Anwendung der tschechischen Gruppenfreistellungsverordnung auf die Anwendungspraxis der EU-Kommission stützen.

(c) Marktbeherrschende Stellung

Vertikale Beschränkungen konnten auch unter § 9 GSWW fallen, der die Monopolstellung und die beherrschende Stellung auf dem Markt regelte. [Das GSWW Nr. 143/2001 Sb. spricht lediglich von marktbeherrschender Stellung.] Gemäß dem GSWW bestand eine Anmeldepflicht des Unternehmens, das eine solche Stellung erreichte. Für die marktbeherrschende Stellung setzte das GSWW eine Marktanteilsgrenze fest. Diese Grenze lag bei 30% der Lieferungen identischer, vergleichbarer oder wechselseitig austauschbarer Ware auf dem relevanten Markt.

Das GSWW Nr. 143/2001 Sb. führt im § 11 Abs. 2 eine Überwachungspflicht der Kartellbehörde ein. Gemäß Abs. 3 können die Wettbewerber bei der Kartellbehörde einen Feststellungsantrag stellen, ob deren Verhalten als Missbrauch marktbeherrschender Stellung betrachtet wird.

Die Bestimmung des § 9 GSWW sowie des § 11 GSWW Nr. 143/2001 ist auf dem Prinzip des Missbrauchsverbots aufgebaut: Dem Wettbewerber ist es verboten, seine Monopolstellung oder marktbeherrschende Stellung zum Nachteil anderer Wettbewerber oder Verbraucher oder zum Nachteil des öffentlichen Interesses zu missbrauchen. Es folgt ein beispielhafter Katalog an Tatbeständen. Dieser Katalog entspricht dem Katalog des Art. 82 EGV. § 11 Abs. 1 lit. e und f GSWW Nr. 143/2001 Sb. fügt noch ausdrücklich die Tatbestände des Preisdumpings sowie des ungerechtfertigten Zugangsverbotes zu Übertragungsnetzen bzw. Infrastruktureinrichtungen hinzu.

„Nach der bisherigen Fallpraxis zeichnet sich jedoch bereits klar ab, daß die künftige Regelung bei der Beurteilung der marktbeherrschenden Stellung nicht nur auf den jeweiligen Marktanteil des betreffenden Unternehmens abstellen wird, sondern auch andere Kriterien wie die Wirtschaftlichkeit des Unternehmens generell und seine Stellung auf dem Anbieter- und Abnehmermarkt mit entscheidend sein werden."[49]

Die bisherige Praxis der Kartellbehörde basiert insbesondere auf der Beurteilung des Konzentrationsgrades des Marktes aufgrund des Herfindahl-Hirschmann-Indexes.[50] Zur Beurteilung der Marktstrukturen und der Qualität der jeweiligen relevanten Märkte sowie für die Feststellung des Wettbe-

---

[49] *Oliva/Verny*, WiRO 1994, S. 146.

[50] S. unten D. I. 3. b. (2) Marktkonzentration und Marktformen.

werbsniveaus entwickelte die Kartellbehörde ihre eigene Methodik für die Beurteilung der Qualität des Wettbewerbs auf dem relevanten Markt („COMP").[51] Diese Methodik basiert neben dem Kriterium der Marktkonzentration auf der Bewertung folgender Kriterien, die in verschiedenen Modifikationen auch in den Vereinigten Staaten sowie den EU-Mitgliedstaaten angewandt werden: Es handelt sich um die Marktzutrittsschranken (vor allem die Kapitalaufwendigkeit beim Marktzutritt), die Innovationsdynamik (insbesondere das Vorhandensein von ausschließlichen Patentrechten) und die vertikale Integration auf dem Markt, die sich als Marktzutrittsschranke auswirken kann. Weiter werden auch die residuale Komponente des relevanten Markts und kleine Einfuhren auf den Markt berücksichtigt. Aufgrund dieser Methode wird der Markt als kompetitiv bzw. nicht kompetitiv eingestuft. Die Ergebnisse solcher Analysen bilden dann die Grundlage für verschiedene wettbewerbsrechtliche Maßnahmen.

Das GSWW Nr. 143/2001 Sb. führte im § 10 Abs. 2 einen Katalog von marktstrukturellen Kriterien zur Beurteilung von Marktmacht ein. Des Weiteren wurde im Abs. 3 eine neue Marktanteilsgrenze für marktbeherrschende Stellung festgelegt, welche nunmehr 40 % beträgt.

(4) Übergangsbestimmungen in Bezug auf den Privatisierungsprozess

Die Übergangsregelung in §§ 19 bis 21 ergänzte die Privatisierungsgesetze. Der Sinn dieser Bestimmungen war die Vermeidung einer möglichen Umkehrung der negativen Marktstruktur im Privatisierungsprozess, wenn statt eines staatlichen Monopols ein nichtstaatliches entstand, sowie die Vorbeugung einer negativen Entwicklung der Marktstruktur, wenn anstatt unabhängiger Unternehmen ein privates Monopol oder private Oligopole eingeführt wurden. Es sollten solche Marktstrukturen geschaffen werden, die einen effizienten Wettbewerb[52] ermöglichen.

Gemäß § 19 GSWW waren die Organe der Staatsverwaltung verpflichtet, bei der Übertragung von Staatsvermögen konkrete Bedingungen festzulegen, welche die Beseitigung einer Monopolstellung der bisherigen Wettbewerber bewirken und die Entstehung einer Monopolstellung neu entstehender Wettbewerber vermeiden. Des Weiteren sollten diese Organe Analysen in Fällen ausarbeiten, in denen anzunehmen war, dass dem neu entstehenden Wettbewerber eine marktbeherrschende Stellung zukommt. Diese Analysen waren der Kartellbehörde vorzulegen.

---

[51] S. *Pelc*, Hospodářská soutěž [Wirtschaftlicher Wettbewerb], S. 122 ff. ; *Bejček*, Existenční ochrana konkurence, S. 299 ff.

[52] S. *Munková*, Zákon o ochraně hospodářské soutěže [Gesetz über den Schutz des wirtschaftlichen Wettbewerbs], S. 99.

§ 20 regelte die Verfahrensweise der Gemeindeorgane bei der Übertragung von Staatsvermögen. So sollte gewährleistet werden, dass auf regionalen und lokalen Märkten keine Monopolstellungen oder marktbeherrschende Stellungen entstehen.

(5) Verfahrensrechtliche Bestimmungen

(a) Zuständigkeit der Kartellbehörde

Die Zuständigkeit der Kartellbehörde war im GSWW abschließend indirekt in § 3 Abs. 1 und § 6a, direkt in § 11 festgelegt. Die Zuständigkeit kann in vier Bereiche unterteilt werden: Genehmigungsbereich, Beurteilungs- und Untersuchungsbereich, Sanktionsbereich und Informationsbereich.

Der Genehmigungsbereich erfasste die Genehmigung von Vereinbarungen und Unternehmenszusammenschlüssen gemäß §§ 3, 4, 8 und 9,[53] weiter die Bewilligung von Freistellungen gemäß § 5 Abs. 2[54] sowie von Entscheidungen zum Widerruf bewilligter Freistellungen gemäß § 6.[55]

In den Beurteilungs- und Untersuchungsbereich fielen folgende Bestimmungen: Die Kontrolle der Monopolstellung und der marktbeherrschenden Stellung der Wettbewerber,[56] Entscheidungen über das Vorkommen einer solchen Stellung gemäß § 9 Abs. 3[57] und die Beurteilung eines eventuellen Verstoßes gegen das GSWW.[58]

Der Sanktionsbereich betraf die Untersagung der Tätigkeiten, die gegen die in §§ 3, 4, 8 oder 9 angeordneten Verbote verstoßen und nicht freigestellt wurden,[59] die Auferlegung von Verpflichtungen zur Behebung festgestellter Missstände,[60] den Erlass einstweiliger Anordnungen in vor der Kartellbehörde eingeleiteten Verfahren[61] und die Verhängung von Geldbußen.[62] Für Geldbußen setzte das GSWW zwei Höchstgrenzen fest:[63] bis zu CZK 10 Mio. oder bis zu 10% des im letzten Kalenderjahr erzielten Nettoumsatzes. Das GSWW führte diese zwei Höchstgrenzen ein, so dass die Kartellbehörde auch über einen Maßstab verfügt, der im Falle der Wettbewerber anwendbar

---

[53] § 11 Abs. 1 lit. a erster HS. GSWW.
[54] § 11 Abs. 1 lit. b GSWW.
[55] § 11 Abs. 1 lit. c GSWW.
[56] § 11 Abs. 1 lit. a zweiter HS. GSWW.
[57] § 11 Abs. 1 lit. f GSWW.
[58] § 11 Abs. 1 lit. i letzter Satzteil GSWW.
[59] § 11 Abs. 1 lit. d GSWW.
[60] § 11 Abs. 1 lit. e GSWW.
[61] § 11 Abs. 1 lit. g GSWW.
[62] § 14 GSWW.
[63] § 14 Abs. 4 GSWW.

sein kann, die nicht Unternehmer sind und deswegen über keinen Nettoumsatz verfügen.

Der Informationsbereich befasste sich mit der Anforderung von Unterlagen und Auskünften von den Wettbewerbern[64] und der Verpflichtung zur Veröffentlichung der Entscheidungen und zur Bereitstellung der Informationen für die Öffentlichkeit.[65]

Die Veröffentlichungspraxis der Kartellbehörde stieß jedoch auf starke Kritik.[66] Das Gleiche gilt für die Informationspolitik gegenüber der Öffentlichkeit. In der Zwischenzeit kann man jedoch bestimmte Fortschritte beobachten: Zum einen sind die Entscheidungen der Kartellbehörde seit dem Jahre 1999 über das Internet[67] zugänglich, zum anderen kann man die Sammlung der Entscheidungen bestellen. Die Bestellung erfolgt meistens durch Institutionen oder Anwaltskanzleien, die in diesem Bereich tätig sind, zum Teil sogar lediglich auf einer *Ad-hoc*-Basis. Da bisher die öffentlichen Bibliotheken kaum über komplette Sammlungen der Entscheidungen der Kartellbehörde verfügten, konnte der Weg einer privaten Person zu diesen Entscheidungen ziemlich langwierig sein. Die Kritiker argumentieren vor allem damit, dass durch die schlechte Zugänglichkeit der Entscheidungen ein Zustand der Rechtsunsicherheit gefördert wurde.[68] Des Weiteren wird auch die Tatsache kritisiert, dass lediglich bestimmte Fälle von der Kartellbehörde als „Medienfälle" publiziert werden.

Das GSWW Nr. 143/2001 Sb. übernahm den „Kompetenzkatalog" des § 11 GSWW nicht. Statt dessen wird im § 20 Abs. 1 lit. a und b festgelegt, dass die Kartellbehörde neben den, aus anderen Bestimmungen des GSWW Nr. 143/2001 Sb. resultierenden Zuständigkeiten die Erfüllung der Pflichten durch die Wettbewerber gemäß dem GSWW Nr. 143/2001 Sb. und den Entscheidungen der Kartellbehörde überwacht und ihre Vorschläge in Bezug auf Einzelfreistellungen und Fusionen sowie ihre Entscheidungen veröffentlicht.

(b) Verfahren vor der Kartellbehörde

Das Verfahren bei der Kartellbehörde war in § 12 GSWW geregelt. Subsidiär[69] kann die Verwaltungsordnung[70] angewendet werden. Es handelt sich

---

[64] § 11 Abs. 1 lit. i erster Satzteil GSWW.

[65] § 11 Abs. 1 lit. j GSWW.

[66] S. z. B. *Bejček*, Existenční ochrana konkurence [Existenzschutz der Konkurrenz], S. 299; *Musil*, EMP 2/1996, S. 19.

[67] *Home page* der tschechischen Kartellbehörde: www.compet.cz.

[68] S. *Musil*, EMP 2/1996, S. 19.

[69] § 12 Abs. 8 GSWW.

[70] Gesetz Nr. 71/1967 Sb. über das Verwaltungsverfahren (im Weiteren „Verwaltungsordnung").

um ein Verwaltungsverfahren, es gelten also auch hier alle im Verwaltungsverfahren anzuwendenden Prinzipien. Das Verfahren sollte jedoch neu und detaillierter geregelt werden – entsprechend den aus dem Rechtsangleichungsprozess sowie aus der Anwendungspraxis resultierenden Anforderungen. Die Bestimmungen der Verwaltungsordnung sind zum einen „veraltet" – die Verwaltungsordnung überlebte bisher ohne Novellierungen – und entsprechen nicht den gegenwärtigen Anforderungen an ein modernes Verwaltungsverfahren. Zum anderen müssen besondere Elemente des Verfahrens bei der Kartellbehörde berücksichtigt werden. Es sollen z. B. Negativattest und Verwaltungsschreiben kartellrechtlich verankert werden, obwohl bereits jetzt die Benutzung dieser Institute durch Rechtsanwendung möglich ist.[71] Das Verfahrensrecht soll jedoch nicht als Ganzes übernommen werden, da es sich bei der Harmonisierung insbesondere um materielles Recht handelt.

§ 12 Abs. 1 GSWW definierte den Beteiligten am Verfahren als den Wettbewerber, der in § 2 GSWW definiert war, und über dessen durch das GSWW bestimmte Rechte und Pflichten in dem Verfahren zu entscheiden war. Nur derjenige Wettbewerber, der als Beteiligter auftreten konnte, konnte den Antrag auf Eröffnung des Verfahrens gemäß § 18 Abs. 1 der Verwaltungsordnung stellen.

§ 12 GSWW setzte einen Rahmen für die Erfordernisse an einen Antrag. Eine ausführliche Regelung sollte in Form einer Verordnung der Regierung erfolgen. Bisher ist eine solche Verordnung jedoch nicht erlassen worden.

Die neue Regelung im § 21 GSWW Nr. 143/2001 Sb. formuliert detaillierter und präziser die Rechte und Pflichten sowohl der Kartellbehörde als auch der Beteiligten.

(c) Überprüfung der Entscheidungen der Kartellbehörde

Praktisch erfolgte bisher eine Überprüfung meistens nur im Rahmen des Verwaltungsverfahrens, es ist noch keine nennenswerte gerichtliche Entscheidungspraxis in diesem Bereich vorhanden.

Im Rahmen des Einspruchsverfahrens kann die Einspruchskommission als Beratungsorgan des Vorsitzenden der Kartellbehörde tätig sein. Der Vorsitzende muss jedoch nicht unbedingt deren Empfehlungen befolgen und kann im Rahmen seines eigenen Ermessens entscheiden.

Die Gesetzmäßigkeit einer Entscheidung der Kartellbehörde kann gemäß § 246 Abs. 2 der Zivilprozessordnung[72] überprüft werden. Der Antrag wird

---

[71] So z. B. *Ivo Skoumal*, Sprecher der Kartellbehörde, zugeschicktes Informationsmaterial vom 11.3.1998.

[72] Gesetz Nr. 99/1963 Sb. Zivilprozessordnung.

gemäß § 244ff. der Zivilprozessordnung beim Obersten Gericht gestellt. Gegen diese Entscheidung kann dann keine Berufung mehr eingelegt werden.

(6) Institutionelle Bestimmungen

Die Zuständigkeit der Kartellbehörde ist im Gesetz über die Zuständigkeit der Kartellbehörde[73] geregelt. Die Kartellbehörde ist ein zentrales Organ der Staatsverwaltung, das den wirtschaftlichen Wettbewerb fördern und vor unzulässigen Wettbewerbsbeschränkungen schützen soll. Die Kartellbehörde wird durch den Vorsitzenden geleitet.

Bis Oktober 1996 wurde der Bereich des Wettbewerbs jedoch von dem Ministerium für den wirtschaftlichen Wettbewerb überwacht. Bei der Transformation des Ministeriums in die Kartellbehörde sind die Kompetenzen des früheren Ministeriums völlig erhalten geblieben. Dieser Schritt berücksichtigte insbesondere die Notwendigkeit der Änderung der Stellung und Konzeption der Kartellbehörde, da ihre Tätigkeit vor allem Überwachungs- und Sanktionscharakter besitzt. Es handelt sich so um eine Annäherung an die Stellung der traditionellen westeuropäischen Kartellbehörde.

Die Kartellbehörde arbeitet mit den Kartellbehörden anderer Länder sowie mit der EU-Kommission zusammen. Zum einen gibt es Abkommen über die Zusammenarbeit mit den Kartellbehörden der Ukraine, der Russischen Föderation, Bulgariens, Rumäniens und der Slowakei, zum anderen erfolgt ein reger Informationsaustausch mit anderen Kartellbehörden auf informeller Basis, insbesondere über die spezifische Behandlung verschiedener Fälle. Die Kartellbehörde sieht es als Herausforderung, vor allem die Zusammenarbeit mit den Behörden der EU-Mitgliedstaaten sowie der OECD-Länder zu intensivieren.[74]

f. Auslegung des tschechischen Kartellrechts anhand der sich aus dem EG-Kartellrecht ergebenden Kriterien

Die EG-Entscheidungspraxis im Kartellrecht ist eine wichtige Informationsquelle für die Entscheidungspraxis der tschechischen Kartellbehörde, die insbesondere bei der Anwendung und Durchsetzung von Wettbewerbsprinzipien hilfreich ist. Diese Annahme wurde in der Begründung des Urteils des Verfassungsgerichts im Fall *Škoda/VW*[75] bestätigt. Die Übertragung der Aus-

---

[73] Gesetz Nr. 273/1996 Sb. über die Kompetenz der Kartellbehörde in der Fassung des Gesetzes Nr. 187/1999 Sb.

[74] Persönliches Gespräch mit dem Sprecher der Kartellbehörde *Jaromír Blažke* am 6.1.2000.

[75] Urteil des Verfassungsgerichts US 31/97 vom 29.5.1997. http:/www.concourt.cz/cs_ver/decisions/1997/doc/3-31-97.html (14.4.1998)

legung des EG-Kartellrechts auf das tschechische Kartellrecht durch die tschechische Kartellbehörde ist demnach nicht verfassungswidrig und entspricht den Harmonisierungsanforderungen.

„[...] In diesem Fall haben sich die Staatsorgane bei der Auslegung des Begriffs des Missbrauchs einer Monopolstellung bzw. marktbeherrschenden Stellung auf Art. 64 EA und auf Art. 82 lit. b EGV gestützt, auf den die oben genannte Bestimmung des EA hinweist. Obwohl die Tschechische Republik gemäß dem EA bis zur Annahme der Durchführungsbestimmungen durch den Assoziationsrat ihre eigenen Vorschriften anwenden wird, kann eine solche Auslegung nicht als verfassungswidrig betrachtet werden, die von den Wettbewerbsregeln des EGV ausgeht. Dieser Vertrag sowie der Vertrag über die EU gehen von den gleichen Werten und Prinzipien aus, auf welchen auch die verfassungsrechtliche Ordnung der Tschechischen Republik begründet ist."[76]

Andererseits muss man jedoch davon ausgehen, dass das einzig verbindliche Recht das tschechische Recht ist und die Anwendung der Wettbewerbsprinzipien in dessen Rahmen stattfinden muss.[77]

Das tschechische Verfassungsgericht lässt die Anwendung der Auslegung des EG-Kartellrechts offiziell zu, ungeachtet möglicher Argumente verfassungsrechtlicher Natur. Vor dem künftigen Beitritt muss dann auch die tschechische Verfassung in Bezug auf die Konformität mit dem verfassungsrechtlichen Element des Beitritts überprüft werden.[78]

g. Stand der Rechtsharmonisierung im Bereich des Kartellrechts

Die Kompatibilität des tschechischen Rechtssystems wird im Informationssystem der Rechtsannäherung ausgewertet. Diese Auswertung wird anhand

---

[76] Urteil des Verfassungsgerichts US 31/97 vom 29.5.1997.

[77] S. z. B. S 91/97-240, *Pivovar RADEGAST*, vom 16.3.1998, Slg. Ent. 1998/II, 125, 136. Die Entscheidungen der Kommmission, des EuGH und des EuG dürfen nicht direkt in der Entscheidungspraxis der tschechischen Kartellbehörde verwendet werden. Sie stellen auch keine Präzedenzfälle für das tschechische Kartellrecht dar. Die Kartellbehörde richtet sich lediglich nach dem geltenden GSWW, obwohl sie das EG-Kartellrecht als eine wichtige Informationsquelle betrachtet.

[78] *Arnold*, EP 1999, Beilage, S. 2 ff; *Malenovský*, Právník 1997, S. 553 ff. Zur verfassungsrechtlichen Diskussion in diesem Bereich in Ungarn s. Entscheidung des ungarischen Verfassungsgerichts 30/1998. (VI. 25.) AB (http:/www.mkab.hu/Dec/deu/30-1998.htm; 1.12.1999), GRUR Int. 1999, S. 872 ff.; *Hegyi*, GRUR Int. 1999, S. 312 ff.; *Volkai*, The Application of the Europe Agreement and European Law in Hungary: The Judgment of an Activist Constitutional Court on Activist Notions, http:/www.law.harvard.edu/Programs/JeanMonnet/papers/99/990801.html; 1.12. 1999.

des Vergleichs der einzelnen Bestimmungen des tschechischen Rechts mit den entsprechenden Bestimmungen des EG-Rechts durchgeführt.

Im Jahre 1995 wurde in einem Beschluss der Regierung[79] die grundsätzliche Konformität der Wettbewerbsrechtsvorschriften mit dem EG-Recht festgestellt. Dies wurde dann im Jahre 1997 durch die von der Kartellbehörde durchgeführte Analyse der Kompatibilität bestätigt, des Weiteren durch das Informationssystem der Rechtsannäherung sowie durch verschiedene Studien. Es stellt sich dabei jedoch die Frage, inwieweit es sich lediglich um eine Annäherung des Kartellgesetzes im Wortlaut handelt.[80]

Notwendig ist aber vor allem die Annäherung der institutionellen und verfahrensrechtlichen Regelung im Bereich des Kartellrechts an den EG-kartellrechtlichen Standard.

h. Zusammenfassung

Die Grundlage der tschechischen kartellrechtlichen Regelung ist das Gesetz Nr. 143/2001 Sb. über den Schutz des wirtschaftlichen Wettbewerbs. Dieses Gesetz stellt eine grundsätzliche Novellierung des Gesetzes Nr. 63/1991 Sb. dar, welche einen wesentlichen Schritt in der Harmonisierung des tschechischen Kartellrechts mit seiner EG-rechtlichen Vorlage bedeutet. Insbesondere wurden die Kriterien für die Anwendung der *De-minimis*-Regel präzisiert und ein absolutes Verbot der Preisbindung und Marktaufteilung eingeführt. Das neue Gesetz berücksichtigt bei der Beurteilung der Marktdominanz viel stärker das Kriterium der Marktmacht. Einen weiteren Schwerpunkt für eventuelle zukünftige Novellierungen stellt die Einführung und Definition der wirtschaftlichen Abhängigkeit und deren Missbrauchs dar. Die für die Kompatibilität des tschechischen Kartellrechts mit dem EG-Kartellrecht eventuell noch benötigten Novellierungen werden sich aus der Anwendungspraxis der tschechischen Kartellbehörde ergeben

Das GSWW Nr. 143/2001 Sb. hat zum Zweck den Schutz des wirtschaftlichen Wettbewerbs auf dem Markt. Im Bereich der wettbewerbsstörenden Vereinbarungen unterscheidet das neue tschechische Kartellgesetz zwischen vertikalen und horizontalen Vereinbarungen und wendet dementsprechend unterschiedliche Marktanteilsgrenzen an.

§ 3 Abs. 1 und 2 GSWW Nr. 143/2001 Sb. entsprechen dem Verbot in Art. 81 Abs. 1 EGV. Die in § 3 Abs. 1 GSWW verbotenen Vereinbarungen können aufgrund des Gesetzes oder durch eine Einzel- bzw. Gruppenfreistellung der Kartellbehörde freigestellt werden. Die Voraussetzungen für eine Einzelfreistellung entsprechen den in Art. 81 Abs. 3 EGV.

---

[79] Beschluss der Regierung Nr. 151/1995.

[80] S. *Immenga/Mestmäcker*, EG-Wettbewerbsrecht, Kommentar, Band I, S. 34, Rn. 10.

Die Kartellbehörde hat inzwischen auch die EG-GVO Nr. 2790/1999 als tschechische Gruppenfreistellung übernommen.

§ 11 GSWW Nr. 143/2001 Sb. enthält die Regelung in Bezug auf marktbeherrschende Stellung und ist auf dem Missbrauchsverbotsprinzip aufgebaut.

Die Zuständigkeit der Kartellbehörde war enummerativ im GSWW festgelegt. Sie konnte in vier Bereiche unterteilt werden: Genehmigungsbereich, Beurteilungs- und Untersuchungsbereich, Sanktionsbereich und Informationsbereich.

Das Verfahren vor der Kartellbehörde richtet sich nach § 21 GSWW Nr. 143/2001 Sb. und subsidiär nach der Verwaltungsordnung. Die Entscheidungen der Kartellbehörde werden zunächst im Rahmen des Verwaltungsverfahrens überprüft, die Gesetzmäßigkeit einer Entscheidung der Kartellbehörde kann vom Obersten Gericht überprüft werden.

Die Kartellbehörde ist ein unabhängiges zentrales Organ der Staatsverwaltung.

Die Entscheidungspraxis im tschechischen Kartellrecht ist stark nach der EG-kartellrechtlichen Entscheidungspraxis ausgerichtet. Das Verfassungsgericht bestätigte diese Ausrichtung in seiner Entscheidung *Škoda/VW*.

Das tschechische Kartellrecht gilt nunmehr als grundsätzlich konform mit dem EG-Kartellrecht. Es bleibt jedoch offen, inwieweit diese Kompatibilität eine Scheinangleichung darstellt bzw. inwieweit die Rechtsanwendung, die institutionelle und verfahrensrechtliche Praxis dem EG-Standard entsprechen.

2. Übergang zur Marktwirtschaft

a. Notwendigkeit von Wettbewerbsregeln

Wettbewerbspolitik gehört zu den Prioritäten jeder Regierung, sei es in der EU oder in den MOE-Ländern. Als Hauptziel der Wettbewerbspolitik wird der Schutz des Marktes und dadurch auch der Schutz der Verbraucher vor wettbewerbsbeschränkenden Tendenzen auf dem Markt gesehen.[81]

Im Zusammenhang mit den politischen Änderungen in der Tschechoslowakei im November 1989 folgten dann auch Änderungen im wirtschaftlichen Bereich.[82] Der Übergang von der sozialistischen Planwirtschaft und wirtschaftlicher „Integration" im Rahmen des RGW zu einer funktionierenden Marktwirtschaft erwies sich als notwendig für eine wirtschaftliche Annähe-

---

[81] S. z. B. *Musil*, EMP 2/1996, S. 18.

[82] Marktwirtschaftliche Reformen kamen in der Tschechoslowakei erst nach der Wende, im Gegensatz zu Polen oder Ungarn.

rung in erster Linie an Westeuropa sowie für eine zukünftige wirtschaftliche Integration, voraussichtlich auch für die Integration im Rahmen der Europäischen Union.[83] Die wirtschaftlichen Voraussetzungen sind jedoch nicht die einzigen Beitrittskriterien; die Grundvoraussetzung für den Beitritt ist vor allem die Übernahme des *acquis communautaire*. Außerdem müssen bestimmte Mindestanforderungen in Bezug auf Demokratie[84] und Menschenrechte[85] erfüllt werden.

Zu den Hauptvoraussetzungen einer funktionierenden Marktwirtschaft und freien Wettbewerbs gehören effektive Wettbewerbspolitik und Wettbewerbsrecht, da dadurch bestimmte „Spielregeln" und Kontrollinstrumente eingeführt werden, die kompetitive Marktstrukturen schaffen und fördern sollen.[86] Die Situation im Bereich der Wettbewerbspolitik sowie des Wettbewerbsrechts in der Tschechoslowakei war kurz nach der Wende besonders schwierig: Jegliche Zusammenhänge mit der „ersten" Tschechoslowakischen Republik[87] und deren demokratischen Prinzipien sowie deren wirtschaftlichem System sind während des sozialistischen Rechtssystems und der Planwirtschaft[88] verlorengegangen.[89] Es war kaum mehr möglich, das damalige Kartellrecht[90] – obwohl es nie ausdrücklich aufgehoben wurde – nach so langer Zeit wieder ins Leben zu rufen.[91] Da dieses Kartellrecht auch noch auf ganz anderen Prinzipien aufgebaut war,[92] war es notwendig, ein neues Kar-

[83] Art. 49 Abs. 1 S. 1 EUV: Jeder europäische Staat kann beantragen, Mitglied der Union zu werden.

[84] S. z. B. Art. 6 Abs. 1 EUV: Die Union beruht auf den Grundsätzen der Freiheit, der Demokratie, der Achtung der Menschenrechte und Grundfreiheiten sowie der Rechtsstaatlichkeit; diese Grundsätze sind allen Mitgliedstaaten gemeinsam.

[85] S. Art. 6 Abs. 2 EUV.

[86] Vgl. z. B. *Jakob*, in: *Estrin/Holmes*, Competition and Economic Integration in Europe, S. 40.

[87] Zeitraum: 1918 bis 1938.

[88] *Munková*, Zákon o ochraně hospodářské soutěže [Gesetz über den Schutz des wirtschaftlichen Wettbewebs], S. 13: „Das Gesetz [Kartellgesetz 1933, S. Fußnote 10] war zwar nach dem Zweiten Weltkrieg nicht ausdrücklich aufgehoben, aber die Einführung des Systems der Planwirtschaft und die planmäßige Monopolisierung der produktionstechnischen Mittel machten es obsolet." Allgemein kann über das Wirtschaftsrecht während der Zeit der Planwirtschaft gesagt werden, dass dies völlig an die damaligen wirtschaftlichen Strukturen angepasst war: Zum größten Teil handelte es sich um öffentliches Recht im Zusammenhang mit dem sozialistischen Sektor; zum Teil um Zivil- und Wirtschaftsrecht in Bezug auf Verhältnisse zwischen privaten Personen und sozialistischen Organisationen. Als Hauptinstrument wurde der Wirtschaftsvertrag gesehen, der jedoch keine Vertragsfreiheit und Verantwortung beinhaltete. S. auch *Ojala*, The Competition Rules of the European Community and the Economy of Eastern Europe, S. 50 f.

[89] Vgl. z. B. *Slay*, in: *Slay*, De-Monopolization and Competition Policy in Post-Communist Economies, S. 229.

[90] Gesetz über Kartelle und private Monopole Nr. 141/1933 Sb. vom 1.9.1933.

[91] S. z. B. *Bejček/Bučková*, WiRO 1998, S. 52.

[92] S. auch: *Munková*, Zákon o ochraně hospodářské soutěže [Gesetz über den Schutz des wirtschaftlichen Wettbewerbs], S. 13 ff.

tellrecht zu „entwerfen". Als eine der Grundlagen galt jedoch die Wettbewerbsordnung, deren Ausarbeitung während des „Prager Frühlings" konzipiert, nach dem Abbruch des Reformprozesses jedoch nicht fortgeführt wurde.[93]

Allgemein galten als mögliche Ausgangs- bzw. Harmonisierungsgrundlagen entweder das Wettbewerbsrechts- und Wettbewerbspolitiksystem der EG[94] oder das der Vereinigten Staaten.[95] Das EG-System konzentriert sich vor allem auf die Beseitigung von Marktaufteilungen und Hindernissen des parallelen Handels innerhalb des Gemeinsamen Marktes und verspricht Integrationsschritte.

Aufgrund des eventuellen zukünftigen Beitritts zur EU (und der geographischen Nähe[96]) erschien das EG-Modell als die geeignetere Wahl;[97] das EG-Kartellrecht wurde als Vorbild für die neuen Kartellgesetze bzw. deren Harmonisierung[98] in den MOE-Ländern genommen.

b. Notwendigkeit der Harmonisierung des Kartellrechts

Im Zusammenhang mit den Kartellrechtssystemen könnte auch die Frage gestellt werden, inwieweit das EG-Vorbild überhaupt der Übergangssituation der wirtschaftlichen sowie rechtlichen Transformation in den MOE-Ländern gerecht wird.

Von Anfang an wurde zwar mit dem (eventuellen) zukünftigen Beitritt argumentiert und so der Harmonisierungsbedarf gerechtfertigt, aber auch diese Einstellung ist nicht unumstritten.[99] Nach *Estrin* und *Holmes*[100] könn-

---

[93] S. z. B. *Verny*, WiRO 1992, S. 215.

[94] Vgl. *Fox*, in *Estrin/Holmes*, Competition and Economic Integration in Europe, S. 23.

[95] *Holmes/Mathis*, Legal Issues of European Integration 1997, S. 31. *Holmes* und *Mathis* betrachten das EG-Wettbewerbsrecht als die geeigneteste Grundlage und die beste Wahl. Diese Einstellung kann jedoch auch kritische Anmerkungen auslösen, vor allem in Bezug auf die spezifische Ausgangssituation auf den Märkten der MOE-Länder sowie auf die unterschiedlichen institutionellen und rechtlichen Voraussetzungen in diesen Ländern. Vgl. auch C. I. 1. Allgemeine Ziele des EG-Kartellrechts.

[96] Es handelt sich nicht nur um die geographische Nähe – es ist praktischer, wenn in Nachbarländern gleiche (oder ähnliche) Regelungssysteme gelten. Dies führt zu Kosteneffizienz, zu einheitlicher „Wettbewerbskultur" und transparenten „Spielregeln" für Unternehmen.

[97] Dafür spricht auch die kontinentale Rechtstradition.

[98] Vgl. z. B. *Streinz*, Europarecht, Rn. 918, S. 285, der in der unterschiedlichen Terminologie [Rechtsangleichung und -harmonisierung] keine inhaltlichen Unterschiede sieht. Der Begriff der Harmonisierung beinhaltet bereits einen bestimmten Raum für flexible Handhabung. S. auch z. B. *Schlemann/Verny*, WiRO 1996, S.89 ff. Im Bereich des Kartellrechts wird von Harmonisierung gesprochen. S. z. B. *Marescеau*, RMC 1993, S. 512.

[99] *Estrin/Holmes*, in: *Estrin/Holmes*, Competition and Economic Integration in Europe, S. 9. Umstritten sind vor allem die Detailliertheit der Vorschriften und die Nichtberücksichtigung bzw.

ten zwei Nachteile bei der Anwendung des EG-Kartellrechts in den MOE-Ländern zum Tragen kommen:

Erstens die Tatsache, dass das EG-Kartellrecht nicht nur wirtschaftliche Effizienz berücksichtigt, sondern auch Fairness, wie sie zum Beispiel bei der Behandlung kleiner und mittlerer Unternehmen zum Ausdruck kommt. Es ist nicht klar, ob diese Priorität den gleichen (oder entsprechenden) Widerhall in den sich transformierenden Wirtschaften der MOE-Länder bei Herstellern sowie Verbrauchern[101] findet. Es soll deswegen auch die Rolle der Wettbewerbsförderung und des damit eng zusammenhängenden Einflusses auf das Verhalten und die Einstellung der Verbraucher sowie der Unternehmen zum Wettbewerb in den MOE-Ländern hervorgehoben werden.

Zweitens wird der Integrationsgedanke erwähnt. Die Marktintegration an sich gehört zu den Zielen des EGV. Dies spiegelt sich auch in der Wettbewerbspolitik sowie im Wettbewerbsrecht wider, sowohl im materiellen als auch im Verfahrensrecht.[102] Da der Beitritt der MOE-Länder letztendlich lediglich als möglich bezeichnet wird,[103] ist es deswegen nicht immer ganz klar, inwieweit diese Länder den Integrationsgedanken bereits als „eigen" wahrnehmen und verwirklichen können.

Für den Integrationsgedanken sprechen dagegen die Beitrittsbemühungen dieser Länder sowie die Tatsache, dass das EG-Kartellrecht von Anfang an am Integrationsgedanken orientiert war und heute vielleicht für die Rechtsharmonisierung in den MOE-Ländern sogar besser geeignet ist[104] als für eine Rechtsharmonisierung in den EU-Mitgliedstaaten.[105]

Die Harmonisierung kann sich jedoch auch vorteilhaft auswirken: Die MOE-Länder bekommen ein komplettes Kartellrechtssystem und können auch von der Hilfe bei der Durchführung dieser Regeln seitens der EG-Institutionen sowie von deren Entscheidungspraxis profitieren. Die Harmonisierung im Bereich des Kartellrechts kann in Zukunft auch die gegenwärtige

---

mangelnde Bereitschaft zur Rücksichtnahme auf die spezifischen Ausgangsbedingungen in den MOE-Ländern.

[100] *Estrin/Holmes*, in: *Estrin/Holmes*, Competition and Economic Integration in Europe, S. 7 ff.

[101] *Ojala*, The Competition Rules of the European Community and the Economy of Eastern Europe, S. 93.

[102] Vgl. C. I. 1. Allgemeine Ziele des EG-Kartellrechts.

[103] *Estrin/Holmes*, in: *Estrin/Holmes*, Competition and Economic Integration in Europe, S. 6.

[104] *Estrin/Holmes*, in: *Estrin/Holmes*, Competition and Economic Integration in Europe, S. 10.

[105] Vgl. KOM (95) 163 endg. Weißbuch: Vorbereitung der assoziierten Staaten Mittel- und Osteuropas auf die Integration in den Binnenmarkt der Union vom 3.5.1995, im Weiteren „Weißbuch," S. 59. Da die Mitgliedstaaten nicht zur Angleichung ihrer Kartellrechtsvorschriften verpflichtet sind, weil das EG-Kartellrecht Vorrang hat und unmittelbar anwendbar ist, können die in der EU gemachten Erfahrungen mit der Rechtsangleichung nur als indirekt relevant gelten.

Notwendigkeit der handelspolitischen Maßnahmen[106] gegen diese Länder verringern, eventuell ganz beseitigen, da durch die Harmonisierung ein vergleichbares Niveau im Wettbewerb und bei dessen Schutz geschaffen wird. Dieser Umstand wird dann die entsprechenden „Spielregeln" auf den Märkten gewährleisten.

Die Harmonisierung an sich ändert jedoch nichts an der wirtschaftlichen und institutionellen Situation und Interessendurchsetzung, die den gesellschaftlichen Kontext des Kartellrechts und dessen Anwendung bilden. Deswegen werden dem Ziel des Wettbewerbs auf dem Markt manchmal andere Ziele vorgezogen, wie z. B. die Stabilität der Währung, die Privatisierung oder der Zufluss von Investitionen.

Bei der Bestimmung der neuen Wettbewerbspolitik ging es einerseits vor allem um ein Gleichgewicht zwischen dem freien wirtschaftlichen Wettbewerb und andererseits um staatliche Eingriffe auf dem Markt. Aufgrund der planwirtschaftlichen Vergangenheit war es nicht möglich, gleich von Anfang an eine herkömmliche, auf marktwirtschaftlichen Strukturen aufbauende Wettbewerbspolitik zu gestalten. Deswegen war (und ist) die Wettbewerbspolitik auch durch den Übergangscharakter der tschechischen Wirtschaft geprägt. Zuerst sollte die Wirtschaft entstaatlicht und transformiert und der Markt entmonopolisiert werden. Das Kartellrecht soll als Instrument zur Verwirklichung dieser Ziele einerseits und als Mittel zum Schutz des geschaffenen Wettbewerbs andererseits dienen.[107]

Diese zweistufige Zielsetzung findet ihre Entsprechung bei der Anwendung des Kartellrechts: Die Entscheidungen der Kartellbehörden in den MOE-Ländern müssen auch andere mit der Transformation der Wirtschaft zusammenhängende Prioritäten im Bereich der Wettbewerbspolitik berücksichtigen.[108] Zu diesen gehören insbesondere die Privatisierung[109] und Ent-

---

[106] Es handelt sich vor allem um Antidumping-Maßnahmen. Vgl. *Marceau,* World Competition 1995, S. 50 ff.

[107] S. *Musil,* EMP 2/1996, S. 18.

[108] S. z. B. *Thiel,* OER 1995, S. 119. Er spricht davon, dass derzeit [d. h. im Jahre 1995] „die konsequente Durchsetzung der Kartellgesetze jedoch noch spürbar durch die von den Regierungen der meisten Staaten favorisierte Investitions- und Industriepolitik beeinflusst wird" und erwähnt den Fall *Škoda/VW,* in dem politische und wirtschaftliche Gründe Vorrang bekamen. „[Dieser Fall illustriert, dass] mittelfristig darauf zu achten ist, daß ein sich in Mittel- und Osteuropa entwickelndes Wettbewerbssystem einer ordnungspolitischen Sicherung bedarf, für die eine größtmögliche Unabhängigkeit der Kartellbehörden unerläßlich ist. Auf der anderen Seite muss die Entscheidungspraxis der Kartellbehörden auch im Einklang mit der gegebenen Notwendigkeit einer schnellen Umstrukturierung der staatlichen Monopolunternehmen stehen, bei der die Entstehung neuer, zum Teil marktbeherrschender Firmen im jetzigen Reformstadium nicht vermieden werden kann."

[109] *Ojala,* The Competition Rules of the European Community and the Economy of Eastern Europe, S. 91.

monopolisierung, aber auch die Liberalisierung des Handels. Es ist klar, dass die Kartellbehörden bei der Abwägung zwischen diesen Prioritäten in Konflikt geraten können. In der Anfangsphase wurde der Privatisierung größere Bedeutung beigemessen, der Wettbewerb auf dem Markt entwickelte sich ohne große strukturelle Eingriffe. Es kann jedoch nicht von „Privatisierung versus Entmonopolisierung" gesprochen werden. Diese Ziele hängen eng zusammen. Im Rahmen des extensiven Privatisierungsprozesses, d. h. durch die Transformation der Wirtschaft, sollten Voraussetzungen für den Wettbewerb auf dem Markt geschaffen und monopolistische Strukturen abgeschafft werden.[110]

c. Harmonisierungsbeispiel EWR-Länder

Die EWR-Länder bieten sich für einen Vergleich in der Beitritts- und Rechtsangleichungsstrategie an. Man darf jedoch die Unterschiedlichkeit der Ausgangssituation und der Voraussetzungen in den EWR-Ländern einerseits und den MOE-Ländern andererseits nicht vergessen: Das Ziel des EWR-Abkommens war, die beiden Rechtssysteme (EWR-Abkommen und EG-Recht) parallel funktionieren zu lassen und eine homogene Anwendung des *acquis communautaire* im Rahmen des EWR-Abkommens zu erlauben. Dies war möglich durch die materielle Homogenität des EWR-Abkommens sowie durch dessen einheitliche Durchsetzung. Das EWR-Abkommen „kopiert" die meisten den Binnenmarkt betreffenden Bestimmungen des EG-Rechts. Dazu kommt noch die Verpflichtung zur Übernahme neuer Rechtsvorschriften; im Bereich des Kartellrechts wurde der *acquis* von den EWR-Ländern vollständig übernommen. Zur Überwachung und Durchsetzung des Rechts wurde ein Zwei-Säulen-System geschaffen, das ein EWR-Gericht und den EuGH beinhaltete.[111]

Die Situation in den MOE-Ländern ist ganz anders: Die Europa-Abkommen bilden [im Kartellrecht] – im Kontrast zu dem EWR-Abkommen – kein „homogenes integriertes, auf gemeinsamen Regeln basierendes System."[112] Das Niveau des Wettbewerbs und die Bedeutung der Wettbewerbskultur so-

---

[110] Zum Zusammenhang zwischen diesen zwei Zielen: Vgl. *Slay*, in: *Slay*, De-Monopolization and Competition Policy in Post-Communist Economies, S. 230 f.

[111] S. z. B. *Smith*, in: *Estrin/Holmes*, Competition and Economic Integration in Europe, S. 52. Vgl. auch Stellungnahme des EuGH Nr. 1/91 vom 14.12.1991, S. 6080. Die Errichtung lediglich des EWR-Gerichts hätte zur Verringerung der Homogenität der Rechtsanwendung innerhalb der Gemeinschaften geführt, da die Entscheidungen des EWR-Gerichts auch in der EU und in den Mitgliedstaaten verbindlich gewesen wären und so die Einheitlichkeit der EG-Rechtsordnung hätte unterminiert werden können. Deswegen wurde dieses Zwei-Säulen-System als Garantie der Homogenität der Rechtsanwendung geschaffen.

[112] *van den Bossche*, EMP 8/1998, S. 26.

wie des Wettbewerbsrechts sind immer noch nicht vergleichbar mit den EWR-Ländern und den EU-Mitgliedstaaten. Es handelt sich auch qualitativ und quantitativ um andere Probleme bei der Anwendung des Kartellrechts. Außerdem ist die institutionelle Situation in den MOE-Ländern schwächer als die der Kartellbehörden in den EWR-Ländern: Die EWR-Länder konnten sich auf eine längere und ähnliche Tradition und den Austausch mit der EG stützen, was sich auch (anders als im Fall der MOE-Länder, die von der Kommission eher als „Schüler" betrachtet werden) in der Kommunikation mit der Kommission widerspiegeln konnte.[113] Die MOE-Länder verfügen auch nicht über eine bereits vorhandene informelle wirtschaftliche Integration, wie es bei den EWR-Ländern der Fall war.

Das Beispiel der EWR-Länder kann trotzdem nützlich sein: Die MOE-Länder sollten sich nur auf bestimmte Aspekte konzentrieren und davon lernen. Z. B. wenn sie es nicht für angemessen halten, den ganzen *acquis* in einem bestimmten Bereich auf einmal zu übernehmen, sollten sie das Ziel der Kompatibilität der nationalen Vorschriften mit dem EG-Recht im Wege der schrittweisen Harmonisierung bevorzugen.

d. Die Notwendigkeit von Kartellrechtsregeln im Bereich vertikaler Bindungen und deren Harmonisierung

Im Kontext der MOE-Länder bekommt die Problematik vertikaler Beschränkungen noch mehr Relevanz, da dort mit der Transformation der Planwirtschaft auch neue, marktwirtschaftliche Vertriebssysteme geschaffen wurden und werden, die eigentlich keine Vorgänger hatten. Deswegen ist eine rechtliche Regelung in diesem Bereich in den MOE-Ländern von größter Bedeutung.[114]

Im EG-Kartellrecht stellen vertikale Beschränkungen ein detailliert geregeltes System mit umfangreicher Entscheidungspraxis dar. Da diese Beschränkungen parallelen Handel behindern oder ganz ausschalten können – insbesondere dadurch, dass sie als Marktaufteilungsinstrument oder Marktzutrittsschranken benutzt werden – können sie dann auch in Opposition zum Integrationsgedanken stehen.[115] Deswegen ist die Einstellung der Kommission gegenüber diesen Beschränkungen strenger als die der Kartellbehörden

[113] Zur Zusammenarbeit zwischen der Generaldirektion Wettbewerb und den EFTA-Behörden s. z. B. *Estrin/Holmes*, in: *Estrin/Holmes*, Competition and Economic Integration in Europe, S. 56.

[114] Vgl. z. B. *Estrin/Holmes*, in: *Estrin/Holmes*, Competition and Economic Integration in Europe, S. 20.

[115] *Fox*, in: *Estrin/Holmes*, in: *Estrin/Holmes*, Competition and Economic Integration in Europe, S. 27.

in anderen Rechtssystemen,[116] wie auch in manchen MOE-Ländern.[117] Diese Länder standen vor der Anforderung, ihr Recht auch in diesem Bereich zu harmonisieren. Dabei stellt sich aber immer noch die Frage, wie detailliert diese Harmonisierung sein sollte. Sollen die Beitrittskandidaten das ganze System samt Gruppenfreistellungsverordnung(en) übernehmen oder sich lediglich auf eine einfachere (und vielleicht klarere) Regelung konzentrieren?

Die Anforderungen im Bereich vertikaler Bindungen im EA werden im Weißbuch[118] sowie in den Durchführungsbestimmungen[119] konkretisiert. Diese Kriterien besagen lediglich, dass die MOE-Länder die wichtigsten Grundsätze der Gruppenfreistellungsverordnungen in ihre nationalen Gesetze einbeziehen sollten. Es könnte also aus den Bestimmungen im Weißbuch auch gefolgert werden, dass die MOE-Länder das EG-System von Einzel- und Gruppenfreistellungen übernehmen sollen. Dies ist jedoch umstritten, da ein einfaches System von individuellen Freistellungen und einfachen und transparenten Regeln in diesen Ländern viel effizienter funktionieren könnte.[120] In der Anwendungspraxis können auch bereits bei der Klassifizierung vertikaler und horizontaler Beschränkungen bei den Kartellbehörden in den MOE-Ländern mehr (und andere) Probleme als in der EU vorkommen.[121]

Andererseits scheinen mögliche Harmonisierungsprobleme in diesem Bereich eher unbedeutend zu sein und die Harmonisierung kann z. B. bei der Erhöhung der Rechtssicherheit der Unternehmen vom Vorteil sein.

In der Planwirtschaft waren die Distributionssysteme monopolisiert, die Preissetzung war nicht von wirtschaftlichen Kriterien abhängig, jeglicher Wettbewerb war ausgeschlossen. Vertikale Bindungen spielten deswegen in der Transformation eine sehr wichtige Rolle: Sie ersetzten die alten monopolistischen Strukturen auf dem Markt.

Es ist notwendig, dass in diesem Bereich die Kartellrechtsregeln so genau wie möglich und nur so detailliert wie notwendig gestaltet werden, so dass sie zur Rechtssicherheit der Unternehmen sowie der Kartellbehörde beitragen können. Bei einer Überregulierung einerseits könnte die Gefahr entste-

---

[116] Zur Kritik der Kommission s. *Hawk*, CMLR 1995, S. 973 ff. In Betracht gezogen werden sollte jedoch auch der Reformprozess im Bereich der Gruppenfreistellungsverordnungen.

[117] Hier handelt es sich um die Tschechische Republik, Ungarn, Polen und die Slowakei. S. *Ojala*, The Competition Rules of the European Community and the Economy of Eastern Europe, S. 202 und *Hawk*, CMLR 1995, S. 980.

[118] Weißbuch: Kernmaßnahmen im Bereich Kartelle und Missbrauch marktbeherrschender Stellungen, S. 60.

[119] Art. 6 der Durchführungsbestimmungen zu den Wettbewerbsrechtsbestimmungen des EA.

[120] S. *Estrin/Holmes*, in: *Estrin/Holmes*, Competition and Economic Integration in Europe, S. 10; *Hawk*, CMLR 1995, S. 980.

[121] Zur polnischen Kartellbehörde vgl. *Fingleton/Fox/Neven/Seabright*, Competition Policy and the Transformation of Central Europe, S. 112.

hen, dass die administrativen Kosten der Unternehmen sowie der Kartellbehörde so hoch sind, dass die Unternehmen versuchen die Regulierung zu umgehen, weil ihnen deren Anwendung zu kompliziert erscheint. Weiter kann es vorkommen, dass die Kartellbehörde daraufhin nicht mehr imstande ist, das Verhalten auf dem Markt zu kontrollieren. Andererseits kann jedoch eine ungenügende Regulierung Rechtsunsicherheit verursachen.

e. Zusammenfassung

Effektive Wettbewerbspolitik und Wettbewerbsrecht sind die *conditio sine qua non* für das Funktionieren jeder Marktwirtschaft. Das Schaffen einer kartellrechtlichen Regelung war auch einer der ersten Schritte der MOE-Länder auf dem Weg von der Planwirtschaft zur Marktwirtschaft. Es ist auch eine der Voraussetzungen für den zukünftigen Beitritt zur EU.

Die Tschechische Republik konnte nicht auf das Kartellrecht aus der Zeit der ersten Republik zurückgreifen, es war notwendig, ein neuen kartellrechtliches System zu schaffen. Diese Aufgabe stellte sich ebenso den anderen MOE-Ländern. Als mögliche Varianten boten sich das EG-kartellrechtliche System und das amerikanische Antitrust. Das EG-Modell zeigte sich als die geeignetere Wahl – mit Rücksicht auf den eventuellen zukünftigen Beitritt, die geographische Nähe und die Rechtstradition.

In dem Harmonisierungsprozess sollte jedoch auch die spezifische Übergangssituation in den MOE-Ländern im Zusammenhang mit der wirtschaftlichen und rechtlichen Transformation berücksichtigt werden.

Das Harmonisierungsbeispiel der EWR-Länder gilt lediglich als begrenzt anwendbar im Falle der MOE-Länder, da die wirtschaftliche, politische und rechtliche Verbindung zwischen den EWR-Ländern und der EG/EU viel enger ist.

Die Harmonisierung der kartellrechtlichen Regelung im Bereich vertikaler Bindungen erweist sich als besonders wichtig, da diese Regelung die Schaffung neuer, marktwirtschaftlicher Vertriebssysteme unterstützen soll. Der Harmonisierungsrahmen basiert auf dem EA, dem Weißbuch und auf den Durchführungsbestimmungen zu den Wettbewerbsbestimmungen des EA. Die entscheidende Frage ist, wie detailliert die Harmonisierung in diesem Bereich erfolgen soll. Eine Überregulierung würde zur Erhöhung der administrativen Kosten und zur Ineffizienz der Rechtsanwendung führen, mangelnde Regeln würden Rechtsunsicherheit verursachen.

3. Das Assoziationsrecht: Europa-Abkommen[122] als Grundlage der Rechtsangleichung[123]

Die Liberalisierung allein genügt zur Sicherung des Wettbewerbs auf dem Markt nicht, der Wettbewerb braucht insbesondere transparente Regeln.[124] Das Kartellrecht in den MOE-Ländern nahm sich als Vorbild das EG-Kartellrecht, vor allem in der Hoffnung auf einen zukünftigen Beitritt zur EU. Als „Übergangsbrücke" wurden die Europa-Abkommen konzipiert, die zwar kein bestimmtes Beitrittsdatum versprechen, aber trotzdem eine „Beitrittsaussicht" darstellen.[125] Die EA bilden vor allem einen Rechtsrahmen für die Beitrittsvorbereitungen und die damit verbundene Rechtsangleichung:

> „Die Rechtsangleichung muß einen eindeutigen gesetzlichen Rahmen schaffen, der den Anforderungen der Rechtssicherheit genügt und es den einzelnen ermöglicht, von ihren Rechten Kenntnis zu erlangen und diese wirksam zu machen. Das Gemeinschaftsrecht ist zudem so umzusetzen, daß es von den nationalen Stellen und der Wirtschaft tatsächlich angewandt wird, d. h. es müssen auch Zuständigkeiten, Mechanismen und Verfahren zur Überwachung eingeführt werden."[126]

Die Vorbereitung eines eventuellen zukünftigen Beitritts ist durch das Unterzeichnen bzw. die Herausgabe mehrerer Dokumente gekennzeichnet. Den rechtlichen Rahmen für die Rechtsangleichung bildet das Europa-Abkommen,[127] das am 4.10.1993 zwischen der EG und ihren Mitgliedstaaten einerseits und der Tschechischen Republik andererseits in Brüssel unterzeichnet wurde.[128] Ein weiteres Dokument, das Weißbuch, konkretisiert das

---

[122] „Europa-Abkommen" ist die rechtlich korrekte Kurzform von Europa-Abkommen zur Gründung einer Assoziation zwischen den Europäischen Gemeinschaften und ihren Mitgliedstaaten einerseits und dem jeweiligen MOE-Land andererseits. Falls nicht ausdrücklich anders erwähnt, handelt es sich im Weiteren bei der Anwendung der Abkürzung „EA" um das EA-Tschechien.

[123] Die Rechtsangleichung an das EG-Recht beinhalte drei Hauptstrategien: Erstens sollen alle in der Zukunft erlassenen Gesetze mit dem EG-Recht kompatibel sein. Zweitens sollen bisherige Gesetze in Einklang mit dem EG-Recht gebracht werden, und drittens soll die Rechtsprechung der Gerichte in den Harmonisierungsprozess einbezogen und eventuell bei der Anpassung des bisherigen Rechts oder bei der Schaffung neuer Gesetze angewandt werden.

[124] Vgl. *Fingleton/Fox/Neven/Seabright*, Competition Policy and the Transformation of Central Europe, S. 13.

[125] S. *Estrin/Holmes*, in: *Estrin/Holmes*, Competition and Economic Integration in Europe, S. 6.

[126] *Dauses*, EuZW 1996, S. 353.

[127] Dieses Abkommen ersetzte das am 16.12.1991 zwischen der EG und ihren Mitgliedstaaten und der ehemaligen Tschechoslowakei unterzeichnete Abkommen, das nach der Trennung der Tschechoslowakei und der Teilung (zum 1.1.1993) in die Tschechische Republik und die Slowakische Republik nicht mehr ratifiziert werden und in Kraft treten konnte.

[128] ABl. L 360/2 vom 31.12.1994. Dieses EA trat am 1.2.1995 in Kraft.

EA weiter und empfiehlt den nach Meinung der Kommission geeignetsten Weg der Rechtsangleichung in den jeweiligen Rechtsgebieten, was auch eventuelle Abweichungen von den vorgeschlagenen Bestimmungen aufgrund der besonderen Situation in den MOE-Ländern zulassen könnte.[129]

Der Weg der Rechtsangleichung unterscheidet sich in Bezug auf die verschiedenen Rechtsbereiche. Wie bereits erwähnt handelt es sich im Kartellrecht eigentlich um eine Harmonisierung[130] der vorhandenen Rechtsvorschriften. Die Harmonisierungsanforderungen an die Beitrittskandidaten sind viel strenger als die an die Mitgliedstaaten.[131] Da Erstere vor dem Beitritt mit keiner unmittelbaren Anwendbarkeit der Rechtsvorschriften der EG rechnen können, ist es notwendig, das nationale Recht den entsprechenden Kriterien anzugleichen bzw. zu harmonisieren. Es besteht *de facto* eine Verpflichtung zur Rechtsangleichung,[132] da diese als Voraussetzung für die wirtschaftliche Integration und somit für den Beitritt dieser Länder vorgesehen ist.

Rechtstechnisch handelt es sich um eine unilaterale Harmonisierung, was zur Folge hat, dass die MOE-Länder ihre Freiheit aufgegeben haben, das Kartellrecht nach anderen als den EG-Vorbildern zu gestalten. Wie bereits erwähnt,[133] ist es auch nicht immer ganz klar, ob das EG-Kartellrecht allen bzw. den wichtigsten Bedürfnissen der MOE-Länder entspricht.[134] Das EG-Kartellrecht ist zwar nicht die ideale Lösung, nichtsdestotrotz bleibt es die beste der vorhandenen Möglichkeiten.[135]

a. Stellung des Europa-Abkommens in der tschechischen Rechtsordnung

Aus der Sicht der tschechischen Rechtsordnung ist das EA-Tschechien ein völkerrechtliches Abkommen und muss in die tschechische Rechtsordnung übernommen werden.[136]

Internationale Abkommen werden vom Präsidenten der Republik abgeschlossen und ratifiziert; er kann den Abschluss internationaler Abkommen

---

[129] Vgl. Weißbuch, S. 57.

[130] S. o. Fn. 95.

[131] S. o. Fn. 102. Im Fall der Mitgliedstaaten handelt es sich eher um den „Wunsch" einer Rechtsangleichung.

[132] Anderer Meinung ist *Immenga*, in: *Immenga/Mestmäcker*, EG-Wettbewerbsrecht, Kommentar, Band I, S. 33, Rn. 7. Diese Meinung erscheint jedoch als verfehlt. Vgl. auch Art. 69 EA-Tschechien.

[133] S. C. II. 2. b Notwendigkeit der Harmonisierung des Kartellrechts.

[134] S. z. B. *Fox*, in: *Estrin/Holmes*, Competition and Economic Integration in Europe, S. 31. Zur Erforderlichkeit einer Angleichung vgl. auch das Weißbuch, S. 59.

[135] S. o. C. II. 2. b. Notwendigkeit der Harmonisierung des Kartellrechts.

[136] Vgl. auch z. B. *Knauf*, Angleichung des Wirtschaftsrechts am Beispiel der Tschechischen Republik, S. 144, *Dauses/Verny/Zemánek*, Allgemeine Methodik der Rechtsangleichung an das EU-Recht am Beispiel der Tschechischen Republik, S. 66.

auf die Regierung oder mit deren Zustimmung auf einzelne Regierungsmitglieder übertragen.[137] Im Falle des EA hat er dieses Recht auf den Minister für auswärtige Beziehungen übertragen.

Abkommen über Menschenrechte und Grundfreiheiten, politische Abkommen und Wirtschaftsabkommen allgemeiner Natur sowie Abkommen, deren Durchführung eines Gesetzes bedürfen, bedürfen gemäß Art. 49 Abs. 2 der Verfassung der Zustimmung des Parlaments.[138] Diese Zustimmung ist die Voraussetzung für die Ratifizierung des Abkommens durch den Präsidenten.[139] Ebenso EA-Tschechien gehört in diese Kategorie von Abkommen.

Durch diese Ratifizierung erhält das Abkommen seine Verbindlichkeit nach außen. Für die innerstaatliche Gültigkeit ist die Verkündung[140] des internationalen Abkommens wichtig.

Für die unmittelbare innerstaatliche Verbindlichkeit der Abkommen ist die Unterscheidung zwischen Abkommen über Menschenrechte und Grundfreiheiten[141] und anderen Abkommen relevant. Die Ersteren sind nach der Ratifizierung und Verkündung unmittelbar verbindlich und haben Vorrang vor den innerstaatlichen Gesetzen. Die Letzteren bedürfen für die innerstaatliche unmittelbare Verbindlichkeit und Vorrang zusätzlich noch der Verweisung einer innerstaatlichen Vorschrift auf die Überordnung der völkerrechtlichen Abkommen. EA-Tschechien gehört in die letztgenannte Kategorie.[142]

b. Stellung des Europa-Abkommens in der Rechtsordnung der EG

Das EA als Assoziationsabkommen[143] begründet eine auf Dauer angelegte völkerrechtliche Verbindung mit der EG, die unterhalb der Mitgliedschaft liegt, aber umfassender und dauerhafter als ein reines Handels- und Kooperationsabkommen ist.

Es handelt sich um ein gemischtes Abkommen, d. h. ein Abkommen, zu dessen Abschluss den Gemeinschaften teilweise die erforderlichen Kompetenzen fehlen und dementsprechend auch Kompetenzen der Mitgliedstaaten

---

137 Art. 63 Abs. 1 lit. b der Verfassung.

138 Art. 49 Abs. 1 der Verfassung: Internationale Verträge, die der Zustimmung des Parlaments bedürfen, werden von diesem entsprechend den Gesetzesvorlagen behandelt.

139 Art. 63 Abs. 1 lit. b der Verfassung.

140 Art. 52 der Verfassung: Zur Gültigkeit eines Gesetzes bedarf es einer Verkündung. Die Art und Weise der Verkündung regelt ein Gesetz. [Gesetz Nr. 545/1992 Sb. über das Gesetzblatt] Gleiches gilt für die vom Parlament ratifizierten internationalen Verträge.

141 Gemäß Art. 10 der tschechischen Verfassung [Verfassung der Tschechischen Republik vom 16.12.1992, Nr. 1/1993 Sb., im Weiteren „Verfassung"] sind ratifizierte und verkündete internationale Abkommen über Menschenrechte und Grundfreiheiten, an die die Tschechische Republik gebunden ist, unmittelbar verbindlich und haben Vorrang vor dem Gesetz.

142 Das GSWW enthält keine solche Verweisung.

143 Abgeschlossen gemäß Art. 310 EGV.

herangezogen werden müssen. „In diesen Fällen werden neben den Gemeinschaften auch die Mitgliedstaaten Vertragspartner und ratifizieren die Verträge."[144]

c. Die Rechtsangleichungsvorschriften im Europa-Abkommen-Tschechien

„Die *wirtschaftliche Bedeutung* der gemeinschaftsrechtlichen Wettbewerbsregeln im Primär- und Sekundärrecht und ihrer Anwendung ist außerordentlich. Sie wird in ihrer Gesamtwirkung von kaum einer der anderen großen Verfassungsentscheidungen des Gemeinsamen Marktes und ihrer Durchsetzung übertroffen. [...] Das Gemeinschaftsrecht begreift die Freiheit des Wettbewerbs nicht an sich, sondern in seiner Wirksamkeit. Diese ist nicht nur ökonomisch zweckhaft, sondern als Element der Privatrechtsordnung zur Durchsetzung verfassungsrechtlicher Grundrechtsprinzipien der Freiheit und Gleichheit zu verstehen. [Seine gesellschaftspolitische Bedeutung] wird ergänzt durch den dem Wettbewerb eigenen Integrationseffekt, den das Gemeinschaftsrecht in dieser seiner Funktion einsetzt."[145]

Wie bereits ausgeführt[146] stellt die Konformität der Rechtsvorschriften der MOE-Länder mit dem EG-Recht eine der wichtigsten Bedingungen in der Beitrittsvorbereitung dar,[147] vor allem im Bereich des Wirtschaftsrechts, da sie eine *conditio sine qua non* für eine erfolgreiche Annäherung und spätere Integration der MOE-Länder in die EU ist.[148] Wirtschaftliche Integration gehört so zu den wichtigsten Zielen der Gemeinschaft[149] sowie der MOE-Länder.[150]

Die Bestimmungen über die Angleichung der Rechtsvorschriften sind in Kapitel III des Titels V des EA enthalten, Art. 69 EA definiert die Rolle der Rechtsangleichung folgendermaßen:

---

[144] *Schweitzer/Hummer*, Europarecht, Rn. 670, S. 203.

[145] *Ipsen*, Europäisches Gemeinschaftsrecht, S. 608. Hervorhebung im Original.

[146] S. o. C. II. 3. Assoziationsabkommen: Europa-Abkommen als Grundlage der Rechtsangleichung.

[147] S. *Ojala*, The Competition Rules of the European Community and the Economy of Eastern Europe, S. 328. Zur Rechtsangleichung als Voraussetzung für wirtschaftliche Integration s. *Immenga/Mestmäcker*, EG-Wettbewerbsrecht, Kommentar, Band I, S. 33, Rn. 7.

[148] S. *Ojala*, The Competition Rules of the European Community and the Economy of Eastern Europe, S. 134.

[149] Art. 2 EGV.

[150] Am Beispiel des EA-Tschechien: Art. 1 Abs. 2 S. 2 und 4 EA.

„Die Vertragsparteien erkennen an, daß die Angleichung der bestehenden und künftigen Rechtsvorschriften der Tschechischen Republik an das Gemeinschaftsrecht eine wesentliche Voraussetzung für die wirtschaftliche Integration der Tschechischen Republik in die Gemeinschaft darstellt. Die Tschechische Republik wird sich darum bemühen, daß ihre Rechtsvorschriften schrittweise mit dem Gemeinschaftsrecht vereinbar gemacht werden."

Artt. 69 und 70 EA, die demonstrativ die wichtigsten Rechtsbereiche für eine Angleichung aufzählen – ohne dabei jedoch Prioritäten zwischen den einzelnen Rechtsbereichen zu setzen[151] – sind generelle Bestimmungen, die subsidiär zu den speziellen Rechtsangleichungsbestimmungen in den jeweiligen Bereichen angewendet werden.

Wie aus Art. 69 EA ersichtlich handelt es sich um eine einseitige Verpflichtung der Tschechischen Republik zur Angleichung ihrer Rechtsvorschriften mit dem Gemeinschaftsrecht. Gegen die Einseitigkeit dieser Verpflichtung wird jedoch mit der „Verpflichtung" der Gemeinschaft zur Leistung technischer Hilfe bei der Durchführung der Rechtsangleichungsmaßnahmen argumentiert.[152] Da es sich kaum um eine entsprechend vergleichbare Verpflichtung handelt, sollte hingegen von „einseitiger Verpflichtung" gesprochen werden.

Des Weiteren kann der Prozess der Harmonisierung im Bereich des Kartellrechts als „freiwillige Harmonisierung"[153] bezeichnet werden. Zu einer solchen freiwilligen Harmonisierung kommt es auch in den Mitgliedstaaten,[154] in denen jedoch das Verhältnis zwischen der supranationalen EG-Rechtsordnung und dem nationalen Recht sowie die Harmonisierungsanlässe andere Grundlagen haben. Im Falle der MOE-Länder kann man eigentlich hauptsächlich von der Motivation durch den eventuellen zukünftigen Beitritt sprechen.

---

[151] Weißbuch, S. 1i: „Allerdings könnten bestimmte Rechtsgebiete wie beispielsweise das Gesellschaftsrecht als wesentliche „Bausteine" einer Marktwirtschaft betrachtet werden. Die Festlegung von Prioritäten zwischen den einzelnen Sektoren wird von der jeweiligen politischen und wirtschaftlichen Situation der assoziierten Länder abhängen. Die Wahl muß von diesen Ländern selbst und nicht von der Union getroffen werden."

[152] *Dauses/Verny/Zemánek*, Allgemeine Methodik der Rechtsangleichung an das EU-Recht am Beispiel der Tschechischen Republik, S. 56 ff.

[153] Die freiwillige Harmonisierung (*voluntary harmonization*) stellt eine solche Anpassung des nationalen Rechts an das (EG-)Recht dar, zu der der jeweilige Staat nicht verpflichtet ist, wobei das „Vorbildrecht" in diesem Staat gar nicht gilt und der Staat keinen Einfluss auf die Entwicklung dieses Rechts hat.

[154] *Jakob* [in: *Estrin/Holmes*, Competition and Economic Integration in Europe, S. 42] spricht von *„soft harmonization"*.

Technisch soll die Rechtsharmonisierung schrittweise erfolgen,[155] da es weder realistisch noch praktisch durchführbar wäre, den ganzen *acquis* im Bereich des Kartellrechts auf einmal zu übernehmen.

Die Rechtsharmonisierung soll nicht nur theoretisch durch Änderungen der jeweiligen Vorschriften erfolgen. Besonders wichtig ist vor allem die faktische Anwendung. Dann stellt sich auch die Frage, wie (und ob) man die Rechtsharmonisierung „messen" kann. Dabei ist die materiellrechtliche Kompatibilität wahrscheinlich einfacher zu beurteilen als der Grad der tatsächlichen Anwendung durch die Institutionen. In Fällen, in denen die Rechtsharmonisierung in der Praxis nur mechanisch auf der Gesetzesebene erfolgt, kann von einer „Scheinharmonisierung" gesprochen werden. Dies entspricht eindeutig nicht der Philosophie der Rechtsharmonisierung.

„Nach Ansicht der Kommission besteht die Hauptaufgabe für die assoziierten Staaten bei der Übernahme der Binnenmarktvorschriften nicht so sehr in der technischen Anpassung ihres eigenen Rechts an das der Gemeinschaft, sondern vielmehr in der Anpassung ihres Verwaltungsapparats und ihrer gesellschaftlichen Verhältnisse an die Rahmenbedingungen, die notwendig sind, wenn die Rechtsvorschriften tatsächlich greifen sollen."[156]

Die Rechtsvorschriften mögen zwar eine mit dem EG-Kartellrecht übereinstimmende Fassung haben, in der Praxis können sie jedoch eine andere Bedeutung bekommen als in ihrem ursprünglichen Rechtsrahmen. Außerdem „herrscht ein evidenter Interessenunterschied zwischen der tschechischen und der gemeinschaftlichen Gesetzgebung."[157] Es müssen auch die makroökonomischen, finanziellen und budgetären Konsequenzen der Rechtsharmonisierung beachtet werden.

Die tschechische Gesetzgebung tendiert – im Gegensatz zu den EG-Rechtsakten – zur Kurzfassung, einem höheren Abstraktionsgrad und der Eingliederung der Regelung in die bestehende Rechtssystematik. Mit der Einführung des EG-Rechts im Rahmen der Rechtsannäherung tauchen auch terminologische Probleme auf: Die im tschechischen Kartellrecht benutzte Terminologie entspricht nicht immer der Terminologie im EG-Kartellrecht.[158]

---

[155] Zum Kartellrecht vgl. Weißbuch, S. 51 f., es bleibt jedoch vage. Allgemein zur organisatorischen Sicherstellung der Harmonisierung s. *Schlemann/Verny*, WiRO 1996, S. 89 f.

[156] Weißbuch, S. 1g.

[157] *Knauf*, Angleichung des Wirtschaftsrechts am Beispiel der Tschechischen Republik, S. 163.

[158] U. a. *Musil*, EMP 2/1996, S. 19.

d. Das Weißbuch

Das Weißbuch zählt die wichtigsten Maßnahmen im jeweiligen Rechtsbereich und entsprechende Vorschläge einer Rechtsharmonisierung auf.[159] Rechtlich ist das Weißbuch zwar nicht verbindlich, es spielt aber eine wichtige Rolle als Wegweiser.[160] Manchmal wird es sogar „verbindlicher" wahrgenommen als das EA. Dies kann daraus folgen, dass die im EA enthaltenen Rechtsharmonisierungsanforderungen im Weißbuch viel detaillierter dargestellt werden.

„Anstelle einer bloßen Aufzählung der Hunderte von einschlägigen Rechtsinstrumenten hat die Kommission jeweils den wesentlichen Zweck des Gemeinschaftsrechts dargestellt sowie den organisatorischen und administrativen Rahmen erläutert, in dem die Rechtsvorschriften angewandt werden müssen, und eine klare Reihenfolge für die Angleichungsschritte der assoziierten Länder empfohlen."[161]

Gemäß dem Weißbuch sollten die MOE-Länder im Bereich des Kartellrechts besonders viel Aufmerksamkeit ihrer spezifischen Situation widmen und sich dann eventuell nur auf die Übernahme der Grundlagen des EG-Kartellrechts beschränken, anstatt alles *en bloc* zu übernehmen. „Die Kompatibilisierung sollte nicht schematisch durch bloße Übernahme des Gemeinschaftsrechts erfolgen, da Anpassungen an den wirtschaftlichen Entwicklungsstand der assoziierten Länder oft unerläßlich sind."[162]

e. Kartellrechtliche Bestimmungen im Europa-Abkommen-Tschechien als primäres Assoziationsrecht

Die kartellrechtlichen Bestimmungen sind in Art. 64 Abs. 1 EA enthalten. Sie bestehen aus einer Art „Zwischenstaatlichkeitsklausel" zwischen der Gemeinschaft und der Tschechischen Republik sowie der Erklärung bestimmter Tatbestände für unvereinbar mit dem ordnungsgemäßen Funktionieren des EA. Diese Erklärung über die Unvereinbarkeit betrifft Wettbewerbsbeschränkungen, die missbräuchliche Ausnutzung einer beherrschenden Stellung sowie staatliche Beihilfen, welche zur Verfälschung des Wettbewerbs führen könnten. Für den Bereich vertikaler Beschränkungen sind die ersten

---

[159] S. z. B. *Wezenbeek*, EMP 4/5/1995, S. 26.

[160] S. *Estrin/Holmes*, in: *Estrin/*Holmes, Competition and Economic Integration in Europe, S. 4.

[161] Weißbuch, S. 1 f.

[162] Vgl. z. B. *Immenga/Mestmäcker*, EG-Wettbewerbsrecht, Kommentar, Band I, S. 34, Rn. 10; Weißbuch Annex S. 51; *Dauses*, EuZW 1996, S. 353.

zwei Bereiche von Bedeutung, d. h. die Unvereinbarkeit bestimmter Verhaltensweisen, welche eine wettbewerbsbeschränkende Wirkung bezwecken oder bewirken können, mit dem EA, und die missbräuchliche Ausnutzung einer marktbeherrschenden Stellung.[163]

Da die EA kein homogenes integriertes Kartellrechtssystem bilden, wie es im Falle der EWR-Abkommen war, kopieren die Kartellrechtsbestimmungen auch nicht die Artt. 81 und 82 EGV: Aber die Kartellrechtsbestimmungen in den EA erklären bestimmte Verhaltensweisen, die im EGV ausdrücklich verboten sind, für unvereinbar mit dem EA. Die Kartellrechtsbestimmungen der EA enthalten keine Liste von Verhaltensweisen, die der in Art. 81 EGV enthaltenen Liste der verbotenen Verhaltensweisen entsprechen würde. Die Bestimmung des Art. 64 Abs. 1 EA enthält auch keine Nichtigkeitsbestimmung wie Art. 81 Abs. 2 EGV sowie keine Art. 81 Abs. 3 EGV entsprechenden Freistellungsbestimmungen.

Das Fehlen der Art. 81 Abs. 3 EGV entsprechenden Bestimmungen erweist sich als nicht sehr bedeutsam, da die in Art. 64 Abs. 1 EA enthaltenen Bestimmungen des Art. 81 Abs. 1 EGV eine Art *rule of reason* begründen und deswegen die eventuelle Freistellung von Vereinbarungen ermöglichen sollen, die eine Verhinderung, Einschränkung oder Verfälschung des Wettbewerbs im Handel zwischen der Gemeinschaft und Tschechien nicht bezwecken oder bewirken. Diese Wirkung kann auch durch die Freistellungspraxis der Kommission unterstützt werden, insbesondere durch die Anwendung von Gruppenfreistellungen und Verwaltungsschreiben. Art. 64 Abs. 1 EA soll die entsprechende Anwendung entwickeln.

Das tschechische Kartellgesetz ist durch das EA zweifach mit dem Gemeinschaftsrecht „verbunden."[164] Zum einen mittels Art. 64 Abs. 1 EA, da dieser Artikel weitgehend dem Art. 81 Abs. 1 und Art. 82 EGV entspricht, zum anderen mittels Verweisung auf Kriterien, die sich aus den Artt. 81 und 82 EGV ergeben in Art. 64 Abs. 2 des EA.

f. Unmittelbare Anwendbarkeit seitens der EG und der Assoziationsländer?

Die Frage der unmittelbaren Anwendbarkeit der Kartellrechtsbestimmungen in den EA muss sowohl bei der EG als auch beim jeweiligen Assoziationspartner überprüft werden.

---

[163] Art. 64 Abs. 1 Unterabs. i) und ii) EA-Tschechien.

[164] So, *Böhnel*, EuZW 1998, S. 114.

Seitens der Gemeinschaft werden die Voraussetzungen für die unmittelbare Anwendbarkeit nach ständiger Rechtsprechung des EuGH bestimmt.[165] Gemäß den Entscheidungen *Demirel*, *Sevince*, *Restamark* und *Regina*[166] könnte z. B. im Falle des EA-Polen argumentiert werden, dass, falls es Zweck des EA ist, die Integration bis zur Mitgliedschaft zu fördern, die im EA enthaltenen Kartellrechtsbestimmungen unmittelbar wirksam sein sollten, vorausgesetzt, diese Bestimmungen sind rechtlich vollkommen und unbedingt.

Gegen die unmittelbare Anwendbarkeit der Kartellrechtsbestimmungen des EA spricht jedoch Art. 64 Abs. 3 der EA sowie die Rolle des Assoziationsrates, da dieser den Gebrauch der Kartellrechtsbestimmungen des EA durch den Erlass der Durchführungsbestimmungen erst „ermöglichen" sollte. In der Gemeinsamen Erklärung zu den Wettbewerbsbestimmungen[167] im EA-Polen[168] wird vereinbart, dass die Vertragsparteien den Assoziationsrat in einer späteren Stufe und nach Verabschiedung der in Art. 63 Abs. 3 genannten Durchführungsvorschriften ersuchen können, unter Berücksichtigung der Fortschritte im Integrationsprozess zwischen der Gemeinschaft und Polen zu prüfen, inwieweit und unter welchen Bedingungen bestimmte Wettbewerbsvorschriften unmittelbar angewandt werden können.[169]

Im Falle der Assoziationsländer ist es umstritten, ob sie überhaupt das Prinzip der unmittelbaren Anwendbarkeit anwenden bzw. übernehmen sollen, falls es in deren Rechtsordnung bisher nicht vorhanden war.[170]

g. Die Anwendung von nationalen Kartellrechtsvorschriften

Bis zum Erlass der Durchführungsvorschriften sollten gemäß Art. 64 Abs. 3 Satz 2 EA Verhaltensweisen, die mit Art. 64 Abs. 1 EA unvereinbar sind, von den Vertragsparteien in ihrem Gebiet gemäß ihren jeweiligen Rechtsvorschriften behandelt werden.

---

[165] Die Voraussetzungen für die Entwicklung der unmittelbaren Anwendbarkeit der Bestimmungen eines internationalen Abkommens in der EG sind folgende: Die Norm muss „rechtlich vollkommen" sein, d. h. ohne jede weitere Konkretisierung anwendbar, eindeutig und bestimmt [*clear and unconditional*]. S. Rs. 26/62, *Van Gend & Loos*, vom 16.8.1962, Slg. 1963, 1, 24 ff.

[166] Rs. 12/86, *Demirel*, vom 30.9.1987, Slg. 1987, 3719; Rs. C-192/89, *Sevince*, vom 20.9.1990, Slg. 1990, I-3461; Entscheidungen des EWR-Gerichts: *Restamark*, CMLR 72 (1995), 161; *Regina*, CMLR 72 (1995), 569.

[167] Art. 63 ff. EA-Polen.

[168] Europa-Abkommen zur Gründung einer Assoziation zwischen den Europäischen Gemeinschaften und ihren Mitgliedstaaten einerseits und der Republik Polen andererseits, ABl. L 348 vom 31.12.1993, S. 2 ff. Im Weiteren „EA-Polen."

[169] Gemeinsame Erklärung Nr. 11 Abs. 3 zum EA-Polen.

[170] Vgl. auch C. II. 3. a. Stellung des Europa-Abkommens in der tschechischen Rechtsordnung.

Dieses in Art. 64 Abs. 3 Satz 2 EA enthaltene Prinzip der Anwendung von nationalen Vorschriften ist in Art. 1 Abs. 4 der Durchführungsbestimmungen bestätigt. Dieses Prinzip kann jedoch durchbrochen werden: Art. 64 Abs. 3 Satz 3 EA ermöglicht eine Ausnahme, und zwar in Bezug auf Art. 6 EA. Dieser betrifft die einseitige Annahme von geeigneten Maßnahmen in Fällen (bis zum Erlass der Durchführungsbestimmungen), in denen eine bestimmte Verhaltensweise, die nach Auffassung der Parteien mit Art. 64 Abs. 1 EA unvereinbar ist, nicht bzw. nicht genügend geregelt ist.

Dies bestätigt den Gedanken, dass keine unmittelbare Wirkung und Anwendbarkeit der Kartellrechtsbestimmungen im EA vorgesehen werden konnte.

Es ist interessant, dass der Hinweis auf nationale Kartellrechtsvorschriften nur im EA-Tschechien und im EA-Slowakei enthalten ist. In den EA mit anderen MOE-Ländern fehlt eine solche Bestimmung. Die Tschechoslowakei war nicht das einzige und darüber hinaus nicht das erste post-kommunistische Land, das Rechtsvorschriften über den Schutz des wirtschaftlichen Wettbewerbs „als Bestandteil ihrer Bemühungen um den Aufbau einer Marktwirtschaft"[171] eingeführt hat.[172] Es ist aber trotzdem davon auszugehen, dass die Anwendung der nationalen Kartellrechtsvorschriften im Einklang mit den Zielen der EA ist, und die Hinweise in EA-Tschechien und EA-Slowakei eher überflüssig sind.

h. Durchführungsbestimmungen zu Art. 64 Abs. 1 und 2 Europa-Abkommens-Tschechien als sekundäres Assoziationsrecht[173]

Aufgrund des Art. 64 Abs. 3 EA hat der Assoziationsrat die Durchführungsbestimmungen zu den Abs. 1 und 2 des Art. 64 EA erlassen. Die Durchführungsbestimmungen sind ein Abkommen über die Koordinierung der Anwendung der Kartellrechtsvorschriften, das die volle Funktionsfähigkeit des EA ermöglichen soll.

Sie betreffen insbesondere die Grundsätze der Zusammenarbeit zwischen den Institutionen in Tschechien und der EG, die Aufteilung der Kompetenzen sowie den Grundsatz der Anwendung der eigenen, d. h. der tschechischen bzw. der EG-rechtlichen Vorschriften. In Fällen, die beide Märkte, d. h. den tschechischen sowie den gemeinschaftlichen Markt betreffen und daher unter die Zuständigkeit sowohl der Kommission als auch der Kartell-

---

[171] Vgl. *van den Bossche*, EMP 8/1998, S. 23.

[172] Vgl. Polen und Ungarn. In beiden Ländern wurden bereits im Jahre 1990 „Kartellgesetze" erlassen.

[173] Bekanntmachung des Ministeriums für auswärtige Beziehungen Nr. 233/1996 Sb. vom 30.1.1996 über die Entscheidung Nr. 1/96 des Assoziationsrates vom 30.1.1996.

behörde fallen können, ist eine Notifikation gegenüber der jeweils anderen Behörde erforderlich.[174]

Art. 6 der Durchführungsbestimmungen erlegt der Kartellbehörde auf, in ihren Entscheidungen die in den geltenden GVO enthaltenen Prinzipien anzuwenden. Da die Tschechische Republik nicht unmittelbar an das EG-Recht gebunden ist, stellt dieser Artikel lediglich eine Verpflichtung zur Berücksichtigung dieser Prinzipien in der Entscheidungspraxis dar. Diese Prinzipien betreffen insbesondere die Exklusivität, das Verbot aktiver und passiver Verkäufe sowie vertikale Preisbindung und absoluten Gebietsschutz.

Die Durchführungsbestimmungen schließen auch solche Wettbewerbsbeschränkungen aus, deren Einfluss unter die *De-minimis*-Regelung[175] fällt. Gemäß dieser Regelung liegen die Erheblichkeitsgrenzen bei einem Gesamtumsatz von EUR 200 Mio. pro Jahr und einem Marktanteil, welcher die Marktanteilsschwelle von 5% auf dem Markt für die betreffenden Produkte nicht überschreitet. Als Grundlage dieses Artikels wurde die Bagatellbekanntmachung der Kommission verwendet, die jedoch – im Gegensatz zu den Durchführungsbestimmungen – inzwischen schon zweimal novelliert wurde. So hat die Kommission jetzt unterschiedliche *De-minimis*-Kriterien einerseits für den Handel zwischen den Mitgliedstaaten, andererseits für den Handel zwischen der EU und der Tschechischen Republik.[176]

Die Durchführungsbestimmungen erfüllen neben ihrer eigentlichen Funktion – der Gewährleistung einer klaren „Rechtsgrundlage für die Prüfung von kartellrechtlichen Sachverhalten mit Bezug auf den Handel zwischen der Gemeinschaft und dem jeweiligen Assoziationsstaat"[177] – auch die Rolle eines Motors zur Beschleunigung der Rechtsangleichung.

i. Gemeinsame Institutionen gemäß Europa-Abkommen

Das EA sieht den Assoziationsrat als eine Institution zur Überwachung der Durchführung des EA vor. Gemäß Art. 104 EA tagt der Assoziationsrat einmal im Jahr auf Ministerebene und jedes Mal, wenn es die Umstände erfordern. Art. 9 der Durchführungsbestimmungen setzt den Assoziationsrat als

[174] Art. 2 der Durchführungsbestimmungen.

[175] Art. 8 der Durchführungsbestimmungen.

[176] S. C. I. 2. b. (1) (d) ii. Spürbarkeit als marktstrukturelles Kriterium. Die Durchführungsbestimmungen haben leider weder auf die Spaltung der Marktanteilsschwellen in Bezug auf horizontale und vertikale Beschränkungen, noch auf die Aufgabe des Kriteriums des Gesamtumsatzes reagiert. So bleibt diese Regelung vom Reformprozess auf dem Niveau des EG-Kartellrechts nicht berührt. Ob sich ein eventueller Zusammenhang z. B. mit dem Erlass der „veralteten" Franchise-GVO in Tschechien Ende des Jahres 1999 feststellen lässt, muss hier offen bleiben.

[177] *von der Groeben/Thiesing/Ehlermann*, Handbuch des europäischen Rechts, S. 84, Rn. 84.

ein Forum zur Lösung von eventuell aus Kompetenzkonflikten entstehenden Problemen ein.

Der Assoziationsrat wird bei der Erfüllung seiner Aufgaben von einem Assoziationsausschuss unterstützt[178] und kann zur Unterstützung bei der Erfüllung seiner Aufgaben Sonderausschüsse oder Arbeitsgruppen[179] bilden. Daneben wird ein Parlamentarischer Assoziationsausschuss[180] als „Gremium für den Meinungsaustausch"[181] eingesetzt.

j. Zusammenfassung

Die Grundlage für die Rechtsangleichung bildet das EA. Dies wird weiter durch das Weißbuch konkretisiert, welches die wichtigsten Maßnahmen und Angleichungsvorschläge im jeweiligen Rechtsgebiet aufzählt.

Das EA-Tschechien gilt in der tschechischen Rechtsordnung als ein völkerrechtliches Abkommen, welches sich nicht auf Menschenrechte und Grundfreiheiten bezieht und deswegen einer Übernahme in die Rechtsordnung bedarf. Aus der Sicht der EG handelt es sich bei den EA um gemischte Abkommen, bei denen neben den Gemeinschaften auch die Mitgliedstaaten Vertragspartner werden.

Die Angleichung der Rechtsvorschriften an das Gemeinschaftsrecht ist die Voraussetzung für die wirtschaftliche Integration in die EG. Das EA umfasst die wichtigsten Rechtsbereiche, bei denen die Rechtsangleichung von höchster Priorität ist. Praktisch handelt es sich um eine einseitige Verpflichtung der Tschechischen Republik. Im Bereich des Kartellrechts kann die Harmonisierung als freiwillige Harmonisierung bezeichnet werden. Die Rechtsangleichung soll nicht nur mittels der Angleichung der Rechtsvorschriften erfolgen, sondern auch in deren Anwendung. So soll eine „Scheinangleichung" vermieden werden.

Als primäres Assoziationsrecht werden die Bestimmungen des Art. 64 Abs. 1 EA betrachtet, welche eine Art Zwischenstaatlichkeitsklausel und eine Erklärung über die Unvereinbarkeit bestimmter Tatbestände mit dem ordnungsgemäßen Funktionieren des EA beinhalten.

Die kartellrechtlichen Bestimmungen des EA sind weder seitens der EG noch seitens der Tschechischen Republik unmittelbar anwendbar. Dies wird zum einen durch die Rolle des Assoziationsrates, zum anderen durch die Notwendigkeit der Durchführungsbestimmungen begründet. Des Weiteren

[178] Art. 108 EA.
[179] Art. 109 EA.
[180] Art. 110 ff. EA.
[181] *Nicolaysen*, Europarecht II, S. 531.

sollten die Vertragsparteien bis zum Erlass der Durchführungsbestimmungen eigenes Recht anwenden.

Als sekundäres Assoziationsrecht im Bereich des Kartellrechts wurden die Durchführungsbestimmungen zu Art. 64 Abs. 1 und 2 EA erlassen. Sie dienen der Koordinierung der Anwendung der Kartellrechtsvorschriften. Dies soll die volle Funktionsfähigkeit des EA gewährleisten. Sie enthalten auch eine *De-minimis*-Regelung.

Der Assoziationsrat wurde als eine Institution zur Überwachung der Durchführung des EA geschaffen. Bei seiner Arbeit wird er von einem Assoziationsausschuss unterstützt.

D. Marktstruktur als Bewertungskriterium für vertikale Bindungen in der Entscheidungspraxis der Kommission, des EuGH, des EuG und der tschechischen Kartellbehörde

I. Marktstruktur

1. Wettbewerbliche Bedeutung der Marktstruktur

Das EG-Kartellrecht fordert unverfälschten Wettbewerb.[1] Die Hauptvoraussetzung hierfür soll der wirksame Wettbewerb auf dem Markt sein.[2] Art und Intensität des Wettbewerbs werden jedoch nicht einheitlich vorgeschrieben, sie können in Abhängigkeit von den Produkteigenschaften sowie von der wirtschaftlichen Struktur des betroffenen Marktes unterschiedlich sein.[3] Deswegen ist es wichtig, dies sowie den ganzen wirtschaftlichen und juristischen Kontext in der Analyse der jeweiligen Fallkonstellation zu berücksichtigen.

Der wichtigste Faktor bei der Analyse der Auswirkungen vertikaler Bindungen gemäß Art. 81 EGV ist die Marktstruktur und insbesondere der Grad des Markenwettbewerbs auf dem relevanten Produktmarkt.[4] Vertikale Bindungen weisen nämlich meistens wettbewerbliche Ambivalenz auf und deren wettbewerbsbeschränkende oder -fördernde Auswirkung wird dann erst aus dem Zusammenhang mit den auf dem Markt herrschenden Marktstrukturen ersichtlich.[5] Ebenso misst der hauptsächlich strukturelle Analyseansatz in Art. 82 EGV den strukturellen Elementen eines Marktes die größte Bedeu-

---

[1] Ausdrücklich in Artt. 3 Abs. 1 lit. g und 81 EGV.

[2] Es wird vom Leitbild des wirksamen/redlichen/freien Wettbewerbs gesprochen. Dies bedeutet jedoch nicht zugleich, dass der wirksame Wettbewerb auf einer einheitlichen theoretischen Grundlage gebildet ist. Er wird eigentlich eher *ad hoc* erwähnt: Vgl. Rs. 26/76, *Metro I*, vom 25.10.1977, Slg. 1977, 1875, 1905.

[3] Vertikale Bindungen können den markeninternen Wettbewerb abschwächen, ohne dabei jedoch die ökonomische Effizienz zu beeinträchtigen. Wenn der Markenwettbewerb seitens anderer vertikaler Strukturen auf dem Markt stark ist, kann eine vertikale Struktur durch die Ausübung ihrer Marktmacht die ökonomische Effizienz nicht gefährden, auch wenn der markeninterne Wettbewerb ganz beseitigt worden ist.

[4] Leitlinien über vertikale Beschränkungen, Nr. 6: Bei den meisten vertikalen Beschränkungen stellen sich Wettbewerbsbedenken nur dann, wenn der Markenwettbewerb unzureichend ist [...]. S. insbesondere *Rey/Caballero-Sanz*, The Policy Implications of the Economic Analysis of Vertical Restraints. Die Unterscheidung zwischen markeninternem Wettbewerb und Markenwettbewerb sowie die Bedeutung dieser Erscheinungsformen des Wettbewerbs wird im Kapitel über die wettbewerbliche Bedeutung vertikaler Bindungen angesprochen. Die Relevanz dieser Erscheinungsformen wird auch in der Fallanalyse berücksichtigt.

[5] S. z. B. *Kallfass*, WuW 1999, S. 233.

tung bei; das Verhalten wird erst anhand der herrschenden strukturellen Voraussetzungen auf dem Markt auf seine eventuellen wettbewerbsbeschränkenden Auswirkungen überprüft.[6]

2. Untersuchung der Marktmacht: Marktabgrenzung und die Dichotomie zwischen Artt. 81 und 82 EGV

Marktmacht ist wahrscheinlich der wichtigste Faktor in einer Wettbewerbsanalyse.[7] Sie charakterisiert die Stellung des Unternehmens auf dem relevanten Markt. Es darf dabei nicht vergessen werden, dass Marktmacht lediglich ein Aspekt der Marktstruktur ist. Das Vorhandensein von Marktmacht bei einem Beteiligten an einer vertikalen Bindung muss nicht unbedingt gleich signalisieren, dass die in der Bindung enthaltenen Beschränkungen antikompetitiv sind.

Artt. 81 und 82 EGV arbeiten zwar mit unterschiedlichen Betrachtungsweisen in Bezug auf den Marktanteil, Marktmacht bleibt jedoch der wichtigste Faktor der Untersuchung sowohl der Wettbewerbsbeschränkungen als auch des Missbrauchs einer marktbeherrschenden Stellung. Es gibt auch keine getrennten ökonomischen Untersuchungsgrundlagen für Art. 81 Abs. 1, Abs. 3 und Art. 82 EGV, obwohl die Grenzen für Marktmacht in diesen Artikeln unterschiedlich sind und deren „Gewicht" von der Fallkonstellation und dem gesamtwirtschaftlichen Kontext abhängig ist.

Der Ausgangspunkt einer marktstrukturellen Analyse ist die Abgrenzung des sachlich, räumlich und zeitlich relevanten Marktes. Hiervon hängen praktisch die Beurteilung der Marktmacht und der Marktanteil des Unternehmens ab.[8]

---

[6] Vgl. *Smith/Round*, ECLR 1998, S. 225 ff.

[7] S. *Hawk*, CMLR 1995, S. 975; *Möschel*, in: *Immenga/Mestmäcker*, EG-Wettbewerbsrecht, Kommentar, Band I, S. 705, Rn. 73. *Gabler*, Wirtschaftslexikon, S. 2554: „Marktmacht kann als Kriterium der Wettbewerbstheorie zur Kennzeichnung des Wettbewerbsgrades auf einem Markt charakterisiert werden. Sie wird dabei i. S. v. Marktbeherrschung interpretiert, die tendenziell zur Ausschaltung des Wettbewerbs führt." In den EG-Wettbewerbsrechtsvorschriften wird Marktmacht und deren Kriterien direkt und ausdrücklich in der FKVO erwähnt: Art. 2 Abs. 1 lit. b spricht von Berücksichtigung der Marktstellung, der wirtschaftlichen Macht, der Finanzkraft, von Wahlmöglichkeiten der Lieferanten und Abnehmer, dem Zugang dieser zu den Beschaffungs- und Absatzmärkten, von rechtlichen oder tatsächlichen Marktzutrittsschranken, der Entwicklung des Angebots und der Nachfrage bei den jeweiligen Produkten, den Interessen der Zwischen- und Endverbraucher, der Entwicklung des technischen und wirtschaftlichen Fortschritts, sofern diese dem Verbraucher dient und den Wettbewerb nicht behindert.

[8] Wie problematisch in der Praxis die Abgrenzung des relevanten Marktes sein kann zeigt sich z. B. in der Rs. 86/82, *Hasselblad*, vom 21. 2. 1984, Slg. 1984, 883, 901 ff. Vgl. auch Schlussanträge des GA Slynn, 916 ff.

Erst die Marktabgrenzung ermöglicht die Feststellung der Marktmacht des betroffenen Unternehmens, sei es für die Eingrenzung des Umfangs einer Wettbewerbsbeschränkung gemäß Art. 81 EGV oder für die Beurteilung der Macht und der Position des Unternehmens auf dem Markt wegen möglichen Missbrauchs einer marktbeherrschenden Stellung gemäß Art. 82 EGV.

Für die Abgrenzung des relevanten Marktes hat die Kommission eine Bekanntmachung über die Definition des relevanten Marktes[9] erlassen, die eigentlich klarere und kompaktere Regeln als die bisherige Entscheidungspraxis beinhaltet.[10]

In Bezug auf die Bedeutung und die Anwendung der Abgrenzung des relevanten Marktes unterscheidet das EuG, ob es sich dabei um eine Anwendung des Art. 81 oder des Art. 82 EGV handelt.[11] Aus dem Blickwinkel der ökonomischen Analyse kann die Marktabgrenzung in beiden Anwendungsfällen als gleich betrachtet werden.[12] Obwohl es sich um denselben Markt und dieselbe Marktabgrenzung unter beiden Artikeln handelt, wird die Marktabgrenzung unterschiedlich gerichtet und dient unterschiedlichen Zwecken: In Art. 81 EGV wird die Abgrenzung des relevanten Marktes für die Feststellung verwendet, ob die Vereinbarung den Handel zwischen den Mitgliedstaaten beeinträchtigt und als spürbar bezeichnet werden kann. Des Weiteren ist die Marktabgrenzung bei der Beurteilung der Voraussetzungen für eine Freistellung wichtig. In Art. 82 wird zunächst anhand der Marktabgrenzung festgestellt, ob das Unternehmen über eine marktbeherrschende Stellung verfügt. Diese ist die Voraussetzung für die Anwendung des Art. 82 EGV auf das angeblich wettbewerbswidrige Verhalten des Unternehmens.[13]

Artt. 81 und 82 EGV verfolgen das gleiche Ziel – die Aufrechterhaltung des unverfälschten Wettbewerbs auf dem Gemeinsamen Markt –, obgleich auf verschiedenen Ebenen: Es darf nämlich nicht angenommen werden, dass die unter Art. 81 EGV verbotene Wettbewerbsbeschränkung in Art. 82 EGV erlaubt werden sollte.[14]

Erst anhand der Marktabgrenzung kann weiter untersucht werden, ob sich das Unternehmen aufgrund seiner Marktmacht seinen Wettbewerbern, seinen Abnehmern und schließlich den Verbrauchern gegenüber in einem nennens-

---

[9] S. o. C. I. 2. b. (d) i. Abgrenzung des relevanten Marktes.

[10] S. o. C. I. 2. b. (d) i. Abgrenzung des relevanten Marktes. S. *Hildebrand*, The Role of Economic Analysis in the EC Competition Rules, S. 358.

[11] Vgl. *Hildebrand*, The Role of Economic Analysis in the EC Competition Rules, S. 246. S. Rs. T-29/92, *SPO/Kommission*, vom 21.2.1995, Slg. 1995, II-289, II-317, Rn. 74.

[12] S. o. C. I. 2. b. (d) i. Abgrenzung des relevanten Marktes. Vgl. *Hawk*, CMLR 1995, S. 975 f.

[13] Vgl. Verb. Rs. T 68/89, T 77/89 und T78/89, *SIV/Kommission*, vom 10.3.1992, Slg. 1992, II-1403, Rn. 159; Rs. T-29/92, *SPO/Kommission*, s. o., II-317, Rn. 74.

[14] Vgl. Rs. 6/72, *Continental Can*, vom 21.2.1973, Slg. 1973, 215, 245.

werten Umfang unabhängig verhalten[15] und so einen wirksamen Wettbewerb auf dem Gemeinsamen Markt verhindern kann. Die Marktabgrenzung ist als Teil richterlicher Auslegung anzusehen.[16] Im EG-Kartellrecht ist der Hauptzweck der Marktdefinition die systematische Ermittlung der Kräfte, denen sich die beteiligten Unternehmen zu stellen haben. Im amerikanischen *antitrust*[17] soll anhand der Marktabgrenzung festgestellt werden, ob andere Unternehmen auf dem Markt vorhanden sind, welche die Fähigkeit des untersuchten Unternehmens, Preise unkompetitiv zu steigern,[18] prüfen können.[19]

Marktmacht kann anhand der Beziehung zwischen Preisen und Grenzkosten bestimmt werden:[20] Ein Unternehmen mit Marktmacht kann seine Preise auf ein Niveau über den kompetitiven Preisen, d. h. über die Grenzkosten setzen.[21] Solche Unternehmen mit Markt-/Monopolmacht[22] sind als *price setters* zu bezeichnen.[23] Ihr nicht kompetitives Verhalten führt folglich zu gesellschaftlichen Wohlfahrtsverlusten. Die Ausübung der Marktmacht ist jedoch insbesondere durch das Vorhandensein der Marktzutritts- und Marktaustrittsschranken bedingt. Denn nur wenn über eine längere Zeit kein Marktzutritt geschieht, kann das Unternehmen auf dem Markt seine Marktmacht ausüben.

---

[15] S. z. B. Rs. 27/76, *United Brands*, vom 14.2.1978, Slg. 1978, 207, 286.

[16] Vgl. *Hildebrand*, The Role of Economic Analysis in the EC Competition Rules, S. 298.

[17] Zur Kritik dieses Ansatzes s. *Arquit*, ALJ 1992, S. 923 f.

[18] So z. B. *Salop*, The Antitrust Bulletin 1986, S. 556.

[19] Das ökonomische Konzept der Marktmacht stellt dar, inwieweit das Unternehmen seine Preise erhöhen kann, ohne dass dabei die Nachfrage nach seinen Produkten sinkt.

[20] S. jedoch auch *Carlton/Perloff*, Modern Industrial Organization, S. 738: „Es kann schwierig sein, Grenzkosten und folglich die Abweichung zwischen Preis und Grenzkosten zu messen. Als Alternative kann die Preiselastizität der Nachfrage verwendet werden. Aufgrund dieser Preiselastizität wird dann die Fähigkeit des Unternehmens bestimmt, Marktmacht auszuüben. Die Spanne zwischen dem Preis und den Kosten ist dabei umgekehrt proportional zur Nachfrageelastizität. Bei hoher Elastizität ist die Marktmacht des Unternehmens dementsprechend gering."

[21] S. *Tirole*, Industrieökonomik, S. 625; *Carlton/Perloff*, Modern Industrial Organization, S. 8.

[22] Monopolmacht und Marktmacht werden als Bezeichnungen für die Fähigkeit, Preise über dem kompetitiven Niveau zu halten, angewendet. Es kann ein Unterschied zwischen diesen beiden Termini gemacht werden, und zwar in Bezug auf Gewinne. So kann Monopolmacht als Bezeichnung der Situationen verwendet werden, in denen der Preis die Grenzkosten überschreitet und die Gewinne über dem kompetitiven Niveau sind. Marktmacht kommt dann in Situationen vor, in denen zwar der Preis über den Grenzkosten liegt, die Gewinne jedoch nicht über dem kompetitiven Niveau liegen. S. *Carlton/Perloff*, Modern Industrial Organization, S. 97 f.

[23] Andererseits sind kompetitive Unternehmen als *price takers* zu bezeichnen, da sie den Preis nicht beeinflussen können.

3. Untersuchung der Marktmacht: Marktstrukturen

Bei der wettbewerblichen und wettbewerbsrechtlichen Gesamtwürdigung einer Situation werden folgende Schritte unternommen:[24]

Erstens werden die Wettbewerbsbedingungen auf dem relevanten Markt untersucht, insbesondere die Struktur des relevanten Marktes, zweitens folgt die Feststellung des Verhaltens des Unternehmens auf dem relevanten Markt und drittens die Untersuchung der Unternehmensstruktur.

Nach der Abgrenzung des relevanten Produktmarktes werden die Stellung und die Bedeutung der Wettbewerber auf dem Markt, die Art und Menge der Produkte, weiter dann die Tatsache, ob die Vereinbarung für sich allein steht oder Bestandteil eines Bündels von Vereinbarungen ist, das Bestehen von Marktzutrittsschranken sowie weitere Tatsachen untersucht.[25] Wichtig sind auch die Nachfragemacht, die Handelsstufe und die Dynamik des Marktes[26] sowie weitere Faktoren – sämtliche Umstände der Marktsituation und des Marktverhaltens.[27]

a. Formblatt A/B

Bei der Stellung eines Antrags auf die Erteilung eines Negativattests gemäß Art. 2 der VO Nr. 17 im Hinblick auf Art. 81 Abs. 1 oder Art. 82 EGV sowie bei der Anmeldung einer Vereinbarung gemäß Artt. 4, 5 und 25 der VO Nr. 17 legen die untersuchten Unternehmen (und Unternehmensvereinigungen)[28] die marktbezogenen Angaben, die für eine ökonomische Beurteilung notwendig sind, der Kommission im Formblatt A/B vor.[29] Die Marktstruktur wird dann anhand dieser Informationen abgegrenzt.[30]

---

[24] S. *Koch*, in: *Grabitz/Hilf*, Kommentar zur Europäischen Union, Band II, Art. 82 EGV, Rn. 20 ff.

[25] Vgl. z. B. Rs. 56/65, *STM*, vom 30.6.1966, Slg. 1966, 281, 304 ff.; Rs. 8/74, *Dassonville*, vom 11.7.1974, Slg. 1974, 837, 854; Rs. C-234/89, *Delimitis*, vom 28.2.1991, Slg. 1991, 935, 984 ff. Vgl. auch z. B. *Möschel*, ZgS 140 (1984), S. 166 ff.

[26] Vgl. die Leitlinien über vertikale Beschränkungen, Rn. 130.

[27] Z. B. Rs. 85/76, *Hoffmann-La Roche (Vitamine)*, vom 13.2.1979, Slg. 1979, 461, 517 ff.; Rs. 27/76, *United Brands*, s. o., 285 ff.

[28] Im Weiteren für beide Kategorien „Unternehmen".

[29] Verordnung Nr. 3385/94 der Kommission vom 21.12.1994 über die Form, den Inhalt und die anderen Einzelheiten der Anträge und Anmeldungen nach der VO Nr. 17 des Rates, ABl. L 377 vom 31.12.1994, S. 28. Das Formblatt A/B ist in vier Kapitel unterteilt: Kapitel I betrifft die beteiligten Unternehmen, deren Vereinigungen und die Vereinbarung. Kapitel II bezieht sich auf den relevanten Markt, Kapitel III auf den relevanten Markt im Falle struktureller Gemeinschaftsunternehmen, die das beschleunigte Verfahren beantragt haben. Kapitel IV betrifft die Begründung und vorgebrachte Nachweise der Unternehmen.

[30] S. *Hildebrand*, The Role of Economic Analysis in the EC Competition Rules, S. 256 f.

Das Unternehmen äußert sich zum relevanten Markt. Diese Abgrenzung basiert auf folgenden Faktoren: Grad der physischen Ähnlichkeit zwischen den betreffenden Produkten, Unterschiede in der für die Produkte vorgesehenen Endverwendung, Preisunterschiede zwischen diesen Produkten, Umstellungskosten, Verbraucherpräferenzen und branchenweite Produktklassifizierungen. Zu den Kriterien der Produktdifferenzierung kommen noch die Angaben zur Stellung der Unternehmen auf dem Markt hinzu sowie zur eventuellen Zugehörigkeit zum Konzernunternehmen, das auf den gleichen Märkten wie die in der angemeldeten Vereinbarung beteiligten Unternehmen tätig ist, sowie zum Grad der Offenheit des Marktes.

b. Marktstrukturuntersuchung

Die Marktstruktur umfasst alle Faktoren, die einen Einfluss auf den Wettbewerb und das Preisverhalten auf dem Markt ausüben und relativ konstant sind.[31] Bei einer marktstrukturellen Untersuchung sind auch Interdependenz und Interaktion der einzelnen marktstrukturellen Elemente besonders zu berücksichtigen.

Das Konzept der Marktstruktur ist ein zum Teil subjektives Konzept, da manche der marktstrukturellen Kriterien – der Grad der Produktdifferenzierung oder die „Höhe" der Marktzutrittsschranken – nicht genau numerisch gemessen werden können, andere – die Nachfrageelastizität oder die *economies of scale* – nur schwierig zu quantifizieren sind.

Die für die Untersuchung besonders relevanten Faktoren sind der Marktanteil, die Konzentration auf dem Markt und der Grad der Offenheit des Marktes.

(1) Marktanteil

„The use of market shares is a reasonable, though crude, way of judging whether market power exists or is likely to exist in the future."[32]

Der Marktanteil wird für das wichtigste Element der Marktstruktur gehalten.[33] Er zeigt direkt die Stellung des bestimmten Unternehmens auf dem Markt und ist der üblichste und direkteste Indikator der Fähigkeit des Unter-

---

[31] So *Gabler*, Volkswirtschaftslexikon, S. 956.

[32] *Carlton/Perloff*, Modern Industrial Organization, S. 739.

[33] Vgl. z. B. *Shepherd* [in: The New Palgrave Dictionary of Economics, S. 335]. Er betrachtet die anderen Merkmale – die Marktkonzentration und den Grad der Offenheit der Märkte – bei der allgemeinen Beurteilung der Marktverhältnisse als weniger wichtig. Gleiche Meinung in: *Koch*, in: *Grabitz/Hilf*, Kommentar zur Europäischen Union, Band II, Art. 82 EGV, Rn. 29.

nehmens, Marktmacht auszuüben.[34] Tatsächlich wird der Marktanteil eines Unternehmens vom EuGH allgemein als Indikator für den Grad des Wettbewerbs angesehen, dem das Unternehmen ausgesetzt ist.[35] Manchmal kann aber die Aussagekraft des Marktanteils begrenzt sein.[36]

Ein großer Marktanteil kann nach der Rechtsprechung des EuGH in der Regel als Nachweis für eine marktbeherrschende Stellung ausreichen, bei außergewöhnlichen Umständen ist dieses Kriterium alleine jedoch nicht ausreichend.[37]

Generell lassen sich jedoch gegen die absolute Aussagekraft des Marktanteils Bedenken vortragen.[38] Die Bedeutung eines erheblichen Marktanteils hängt nämlich auch von dem untersuchten Markt ab, vor allem von der jeweiligen Produktions-, Angebots- und Nachfragestruktur.[39] Es kann jedoch allgemein angenommen werden, dass die Bedeutung der übrigen Kriterien mit der Höhe des Marktanteils sinkt.

Die Angaben über den Markt und die Marktanteile sind für Unternehmen und deren Strategien sehr wichtig. In (kartell)rechtlichen Verfahren unterliegen sie meistens der Geheimhaltungspflicht[40] und dürfen nicht veröffentlicht

---

[34] Z. B. die Entscheidung der Kommission 93/247/EWG, *Mannesmann/Hoesch*, ABl. L 114 vom 8.5.1993, 34, 45, (Fusionskontrolle): „Hohe Marktanteile sind ein maßgebender Faktor beim Nachweis einer marktbeherrschenden Stellung, wenn sie ein verläßlicher Indikator für die zukünftigen Bedingungen sind. [...] Andererseits müssen u. U. selbst sehr hohe Marktanteile nicht ausreichen, um eine marktbeherrschende Stellung zu haben."

[35] Rs. 85/76, *Hoffmann-La Roche (Vitamine)*, s. o., 521: „Ein Unternehmen, das während längerer Zeit einen besonders hohen Marktanteil innehat, befindet sich allein durch den Umfang seiner Produktion und seines Angebotes in einer Position der Stärke, die es zu einem nicht zu übergehenden Geschäftspartner macht und ihm bereits deswegen, jedenfalls während relativ langer Zeit, die Unabhängigkeit des Verhaltens sichert, die für eine beherrschende Stellung kennzeichnend ist; die Inhaber von erheblich geringeren Anteilen wären nicht in der Lage, kurzfristig die Nachfrage zu befriedigen, die sich vom Marktführer abwenden wollte." Vgl. auch Rs. 27/76, *United Brands*, s. o., 290 ff. ; Rs. 322/81, *Michelin*, vom 9.11.1983, Slg. 1983, 3461, 3503 ff., 3509.

[36] Z. B. sind in Bezug auf Ausweichentscheidungen der Abnehmer viel relevanter: der Substitutionsgrad der Produkte, das Preisniveau der Konkurrenz, der Zugang zu Konkurrenzprodukten, die Markttransparenz und die Gewohnheiten der Abnehmer sowie die Bereitschaft der Konkurrenz, die Stelle des Zulieferers anzutreten.

[37] Z. B. Rs. 85/76, *Hoffmann-La Roche (Vitamine)*, s. o., 521; Rs. 27/76, *United Brands*, s. o., 290 ff.; Rs. 322/81, *Michelin*, s. o., 3503 ff., 3509.

[38] S. *Carlton/Perloff*, Modern Industrial Organization, S. 739. Marktanteile allein verfügen nicht über ausschließliche Aussagekraft in Bezug auf die Beurteilung der Marktmacht eines Unternehmens. Von Bedeutung sind auch andere Merkmale: Bei z. B. sehr niedrigen Marktzutrittsschranken können die etablierten Unternehmen – ohne Rücksicht auf ihre Marktanteile – den Preis nicht unkompetitiv erhöhen.

[39] So z. B.: Rs. 85/76, *Hoffmann-La Roche (Vitamine)*, s. o., 520; Rs. 27/76, *United Brands*, s. o., 290; Rs. 322/81, *Michelin*, s. o., 3504 ff.

[40] Art. 287 EGV; Art. 20 Abs. 1VO Nr. 17. Die bei Anwendung der Artt. 11, 12, 13 und 14 erlangten Kenntnisse dürfen nur zu dem mit der Auskunft oder Nachprüfung verfolgten Zweck verwertet werden.

werden. Die veröffentlichten Angaben stammen meistens aus verschiedenen Marktstudien oder anderen Studien, oder sie wurden im Rahmen eines Kartellrechtsverfahrens offengelegt.[41]

(2) Marktkonzentration und Marktformen

Ein anderes wichtiges Kriterium bei der Marktstrukturuntersuchung ist die Marktkonzentration. Sie hängt mit dem Marktanteil eng zusammen und gibt ihm noch mehr Aussagekraft. Die Marktkonzentration charakterisiert den Konzentrationsgrad auf dem Markt, d. h. die Anzahl der Unternehmen auf dem Markt und deren Marktanteile. Sie wird auch als ein Indikator der geschwächten Monopolmacht charakterisiert.

Die Marktkonzentration wird anhand verschiedener Indizes[42] gemessen und beschrieben: Sie kann als Konzentrationsindex – die Aufsummierung der Marktanteile der zumeist vier größten Unternehmen – bestimmt werden. Als Nachteil dieser Methode gilt, dass man die Veränderung der einzelnen Anteile der einbezogenen Unternehmen nicht berücksichtigen kann.

Die absolute Konzentration des Marktes wird durch den Herfindahl-Hirschmann-Index[43] bestimmt. Dieser Index hat ohne Kontext jedoch eine sehr geringe Aussagekraft. Deswegen muss er in entsprechende Marktkonzentrationen übertragen werden.[44]

Der Zusammenhang zwischen der Marktstruktur und dem Wettbewerb wird anhand des Konzentrationsgrades auf dem Markt folgendermaßen kategorisiert:

---

[41] Art. 21, Abs. 2 VO Nr. 17: Die Veröffentlichung erfolgt unter Angabe der Beteiligten und des wesentlichen Inhalts der Entscheidung; sie muss den berechtigten Interessen der Unternehmen an der Wahrung ihrer Geschäftsgeheimnisse Rechnung tragen.

[42] So *Tirole* (Industrieökonomik, S. 487): „Der Charme von Konzentrationsindizes besteht darin, dass sie leicht berechen- und interpretierbar sind und man mit ihrer Hilfe zu messen versuchen kann, wie viel Wettbewerb vorhanden ist."

[43] Der HHI ist gleich der Summe der Quadrate der Marktanteile aller Unternehmen auf dem bestimmten Markt. Der Index sinkt mit der Erhöhung der Anzahl der Unternehmen und steigt mit steigender Ungleichheit unter den Unternehmen. Die Quadrate der Marktanteile heben jedoch mehr die Marktanteile großer Unternehmen – im Vergleich mit kleinen Unternehmen – hervor. Der HHI ist das Maß der Marktstruktur. Der Grad der Konzentration kann in drei Bereiche aufgeteilt werden: den nicht konzentrierten Markt (HHI 0 bis 1000 Punkte), den mittelkonzentrierten Markt (1000 bis 1800 Punkte) und den konzentrierten Markt (HHI höher als 1800 Punkte).

[44] S. *Carlin*, ECLR 1996, S. 287. Die Einstellung der *US National Association of Attorneys General* in ihren revidierten Leitlinien zu vertikalen Bindungen: Vertikale Bindungen, die keine Preisbindungen enthalten, werden als zulässig betrachtet, wenn der Herfindahl-Hirschmann-Index auf den relevanten Märkten auf den einbezogenen Stufen niedriger als 1000 ist oder wenn die Beteiligten einen Marktanteil innehaben, der weniger als 10% beträgt. 68 Antitrust Trade Regulation Report (BNA) 422 (30/03/95).

Erstens handelt es sich um vollkommenen Wettbewerb (*perfect competition*), der durch viele Anbieter eines homogenen Produkts auf dem Markt und viele gut informierte Verbraucher sowie durch Abwesenheit von Marktzutritts- und Marktaustrittsschranken gekennzeichnet wird. Unter diesen Voraussetzungen wird der Marktpreis durch die Interaktion der Anbieter und der Verbraucher bestimmt und kann von den einzelnen Marktteilnehmern nicht beeinflusst werden. Auf solchen Märkten herrscht ein scharfer Preiswettbewerb, das Unternehmen wird mit einer vollkommen elastischen Nachfrage konfrontiert. Den Unternehmen steht Überkapazität zur Verfügung. In der Praxis können sich die Märkte diesem Wettbewerb meistens nur nähern.

Die zweite Form des Wettbewerbs ist die monopolistische Konkurrenz (*monopolistic competition*). Auf einem solchen Markt treten viele Anbieter auf. Das Produkt jedes Anbieters unterscheidet sich leicht von denen der anderen Anbieter. Dies ist deswegen möglich, weil für jedes Produkt ein bestimmter Preis existiert, bei dem bestimmte Verbraucher das eine Produkt und andere Verbraucher die anderen Produkte bevorzugen. Die Produktdifferenzierung kann auf horizontaler oder vertikaler[45] bzw. geographischer Basis erfolgen und ist informationsbedingt. In der Realität ist die Produktdifferenzierung meistens mehrdimensional.

Drittens kann der Wettbewerb in Form des Oligopols auftreten. Auf dem Markt ist eine begrenzte Anzahl von Anbietern präsent, von denen keiner eine dominante Marktstellung besitzt, jeder jedoch über einen relativ großen Marktanteil verfügt. Die Anbieter sind auch imstande, den Preis zu beeinflussen.

Die Theorie oligopolistischer Interdependenz[46] argumentiert gegen Oligopole: Sie nimmt an, dass oligopolistische Marktstrukturen eine Dämpfung oder Ausschaltung des Preiswettbewerbs und des Markenwettbewerbs verursachen. Die Wettbewerber sind im Oligopol praktisch voneinander abhängig. Sie können so auch überdurchschnittliche Gewinne erzielen, ohne dabei in Konflikt mit den Wettbewerbsvorschriften zu geraten. Aufgrund logischer Schlussfolgerung wird als Ursache des Oligopols die Industriestruktur gesehen. Hieraus wird gefolgert, dass strukturelle Maßnahmen als Mittel zur Dekonzentration der Märkte unternommen werden sollen.

Diese Sichtweise hat viele kritische Anmerkungen ausgelöst: Erstens wird angenommen, dass die Bedeutung der Interdependenz in oligopolistischen Strukturen übertrieben wird. Der zweite Kritikpunkt zielt darauf, dass Marktstrukturen zu stark vereinfacht werden – in Wirklichkeit sind die

[45] Bei vertikaler Unterscheidung handelt es sich um Qualitätsunterschiede zwischen den betreffenden Produkten, bei horizontaler Unterscheidung um eine unterschiedliche Produktgestaltung, die sich neben der Qualität auch auf andere Merkmale bezieht.

[46] Vgl. z. B. *Whish/Sufrin*, Competition Law, S. 467 ff.

Marktumstände viel komplizierter und werden von verschiedenen Faktoren beeinflusst. Drittens wird kritisiert, dass die Theorie keine Erklärung dafür hat, dass auf manchen oligopolistischen Märkten starker Wettbewerb herrscht. Viertens bleibt ungeklärt, wie die Wettbewerber überdurchschnittliche Gewinne erzielen können, ohne dabei zu Absprachen greifen zu müssen.

Der strukturelle Ansatz zu dieser Problematik kritisiert insbesondere die Unvollkommenheit der Theorie der Interdependenz. Als Alternative wird der Verhaltensansatz gesehen:[47] Das wettbewerbsbeschränkende Verhalten der Oligopolisten soll vermieden werden. Dabei kann jedoch das Problem der Unterscheidung zwischen Absprachen, die wettbewerbsrechtlich relevant sind, und bloßem Parallelverhalten, das der oligopolistischen Marktstruktur zugeschrieben werden könnte, aufkommen. Deswegen sollte eigentlich jeder Fall individuell anhand einer Marktanalyse betrachtet werden.[48]

Die letzte Form der Marktstruktur ist das Monopol oder Monopson.[49] Monopolmacht bedeutet, dass der Monopolist ohne Einschränkungen handeln, z. B. den Preis erhöhen und/oder die Qualität senken kann, ohne dabei mit Nachfrageverlust rechnen zu müssen. Falls auf dem Markt überhaupt Wettbewerb in irgendeiner Form besteht, dann sind dessen Quellen höchstwahrscheinlich Unternehmen mit viel kleineren Marktanteilen, welche die Marktmacht des Monopolisten kaum gefährden können.

Wegen der Ausschaltung des Wettbewerbs auf dem Markt werden Monopole als gefährlich eingestuft, insbesondere in Bezug auf Verbraucher, da eine Preiserhöhung und/oder Qualitätssenkung sowie andere Nachteile meistens auf ihre Kosten gehen. Andererseits können Monopole jedoch auch durch effizientere Produktion oder Innovationen entstehen.[50] Dies kann zwar kurzfristig Verbrauchervorteile implizieren, langfristig bleibt jedoch die Missbrauchsmöglichkeit dieser Stellung immer präsent.[51]

---

[47] S. auch *Smith/Round*, ECLR 1998, S. 225 ff.

[48] Vgl. Rs. 85/76, *Hoffmann-La Roche (Vitamine)*, s. o., 520.

[49] Ein Monopsonist profitiert vom fehlenden Wettbewerb auf einem von seinen Inputmärkten. So ist er imstande, die Inputpreise zu senken. Die Monopolproblematik ist auch hier sehr wichtig, da diese Wettbewerbsformen eng zusammenhängen.

[50] Vgl. den Ansatz der *Chicago School*: Ihre Vertreter betrachten hohe Marktkonzentration als Folge hoher Effizienz der Unternehmen.

[51] Da Innovationen Risiken mit sich tragen, werden Unternehmen in diesem Bereich nur dann tätig, wenn sie hohe Gewinne erwarten können bzw. wenn sie mit rechtlichem Schutz in Form von z. B. Patenten rechnen können.

(3) Grad der Offenheit des Marktes

Das dritte wichtige Kriterium bei einer Marktstrukturuntersuchung ist der Grad der Offenheit des Marktes, der durch die Marktzutritts- und Marktaustrittsschranken charakterisiert wird.[52]

Marktzutritts- und Marktaustrittsschranken sind *conditio sine qua non* für die Ausübung der Marktmacht. Andererseits können sehr niedrige Markzutrittsschranken als wettbewerbsfördernder Faktor auf dem Markt betrachtet werden.[53]

Marktzutrittsschranken beziehen alle Faktoren ein, die es etablierten Unternehmen ermöglichen, überdurchschnittliche Gewinne[54] zu erzielen bei gleichzeitiger Unprofitabilität für eintrittswillige Unternehmen.[55] Diese Gewinne basieren auf der Asymmetrie zwischen den etablierten und den eintrittswilligen Unternehmen,[56] die diese Asymmetrie vorerst durch die mit dem Marktzutritt verbundenen Investitionen ausgleichen müssen. Im Kontext des Art. 82 EGV gelten Marktzutritts- und Marktaustrittsschranken als „sekundäre Indikatoren"[57] der marktbeherrschenden Stellung. Dieses Kriterium hängt also mit potenziellem Wettbewerb auf dem Markt zusammen. Potenzieller Wettbewerb relativiert die Betrachtung der Marktanteile: Er hängt vom Fehlen, Marktmacht vom Bestehen der Eintrittsschranken ab.

---

[52] Zur ökonomischen Betrachtung der Marktzutrittsschranken und deren Messung s. *Salop*, The Antitrust Bulletin 1986, S. 551 ff. Zu Marktzutrittsschranken in der Wirtschaftstheorie s. *Jickeli*, Marktzutrittsschranken im Recht der Wettbewerbsbeschränkungen, S. 4 ff.

[53] Zur fiktiven Analyse von Marktzutrittsschranken s. *Salop*, The Antitrust Bulletin 1986, S. 556 ff.

[54] Diese Definition der Marktzutrittsschranken stammt von *Bain* [*Bain, J.*, Industrial Organization, New York, Wiley, 1968]; *Stigler* [*Stigler, G.*, The Organization of Industry, Homewood, IL, Richard D Irwin Inc., 1968] hebt die Bedeutung der relativen Kostenvorteile der etablierten Unternehmen hervor, ähnlich bauen *Baumoll* und *Willig* [*Baumoll, W./Willig, R.*, Fixed Costs, Sunk Costs, Entry Barriers and Sustainability of Monopoly, in: Quarterly Journal of Economics, 1981, Ss. 405 – 431] ihre Definitionen auf der Notwendigkeit des Kostenaufwandes bei neuen Anbietern auf. [Literaturhinweise in: *Harbord/Hoehn*, IRevLawEcon 1994, S. 432 ff.]

[55] Die ökonomische Beurteilung der Marktzutrittsschranken schwankte von einer breiten Betrachtung – bei *Bein* und der *Harvard School* – zu der Betrachtungsweise der *Chicago School*, die als Marktzutrittsschranken lediglich *economies of scale* und Produktdifferenzierungsvorteile der etablierten Unternehmen (natürliche Marktzutrittsschranken), dann Ausschließlichkeitsbindungen und ruinöse Preisunterbietung (künstliche Marktzutrittsschranken) und staatliche Marktzutrittsschranken anerkennen. Die jetzige Einstellung steht im Lichte der neuen Industrieökonomik zu sehen und zeigt die Marktzutrittsschranken in der Wechselwirkung zwischen der traditionellen Fassung von *Bain* und der strategischen Interaktion zwischen etablierten Unternehmen und neuen Anbietern.

[56] Zu Art. 82 EGV in Bezug auf Marktzutrittsschranken s. *Turnbull*, ECLR 1996, S. 96 ff.

[57] *Harbord/Hoehn*, IRevLawEcon (1994) 14, S. 421.

Marktzutrittsschranken können strukturell oder strategisch bedingt sein:[58] Die Ersteren sichern dem Unternehmen Vorteile struktureller Marktbedingungen, z. B. Kontrolle der knappen Ressourcen, Patentschutz, *economies of scale and scope*, etabliertes Marketing oder Kundenpräferenzen. Die Letzteren beruhen auf Maßnahmen der etablierten Unternehmen gegen den Eintritt eines neuen Unternehmens auf den Markt.[59] Als Beispiele können Preisfestsetzung als Eintrittssperre, ruinöse Preisunterbietung,[60] Bereithaltung von Überkapazitäten, Produktdifferenzierungsstrategie oder vertikale Bindungen genannt werden.[61]

Versunkene Kosten[62] können entweder als strukturelle Marktzutrittsschranke[63] oder als strategische Marktaustrittsschranke betrachtet werden. In diesen Fällen will das Unternehmen insbesondere wegen seines Image, der Vermarktungsmöglichkeiten oder des Zugangs zu Finanzmärkten weiter auf dem Markt bleiben.

Marktaustrittsschranken sind solche Faktoren, die den Rückzug eines Unternehmens aus einem Markt erschweren. Sie beeinflussen praktisch jedoch auch den Markteintritt. Auch die Marktaustrittsschranken können strukturell oder strategisch verursacht werden.

Die Analyse der Marktzutritts- sowie Marktaustrittsschranken ist eine der Grundvoraussetzungen für die Beurteilung der Marktmacht. Verschiedene ökonomische Theorien heben bei dieser Analyse verschiedene Elemente und Sichtweisen hervor. Aus der Sicht der Kartellbehörden spielt die bedeutendste Rolle die Beeinträchtigung der ökonomischen Effizienz – sei es durch einen Missbrauch der Marktmacht oder durch Wettbewerbsbeschränkungen.

---

[58] *Bain* [in *Tirole*, Industrieökonomik, S. 672 f.] hebt vier strukturelle Markteigenschaften – zunehmende Skalenerträge, absolute Kostenvorteile, Kundenpräferenzen durch erfolgreiche Produktpolitik und begrenzte Finanzierungsmöglichkeiten – und drei Verhaltensweisen – Blockade, Abschreckung und Anpassung – hervor, die sich als Marktzutrittsschranken auswirken können.

[59] Marktzutrittsschranken können auch aufgrund Missbrauchs einer marktbeherrschenden Stellung (Art. 82 EGV) geschaffen bzw. verstärkt werden. S. *Turnbull*, ECLR 1996, S. 96 ff.

[60] Es bleibt jedoch sehr schwierig zu unterscheiden, wann die Preisunterbietung antikompetitiv gerichtet ist und wann sie kompetitiven Zwecken dient, z. B. in der Einführungsphase des Produktes, bei technisch überholten Produkten oder am Ende eines Zyklus in zyklischen Branchen.

[61] S. z. B. *Tirole*, Industrieökonomik, S. 671 ff., Gabler Wirtschafts-Lexikon, S. 3030 ff.; *Dobson/Waterson*, Vertical Restraints and Competition Policy, S. 28 f.

[62] Die Unterscheidung zwischen fixen und versunkenen Kosten ist fließend. Kurzfristig sind nämlich die fixen Kosten stets auch versunken. Versunkene Kosten im eigentlichen Sinne können [so z. B. *Tirole*, Industrieökonomik, S. 677] als „die Kosten von Investitionen, die über einen langen Zeitraum hinweg Nutzen stiften, aber niemals rückgängig gemacht oder veräußert werden können" definiert werden. Einer der bedeutendsten Aspekte der versunkenen Kosten ist die von ihnen ausgehende Bindungswirkung (*commitment value*). Die Begriffe „reine fixe" und „versunkene" Kosten stellen lediglich Idealisierungen dar.

[63] Vgl. z. B. *Gilbert* [in: *Schmalensee, R./Willig, R.* (Hrsg.), Handbook of Industrial Organization, Band I, S. 491 ff.], der von versunkenen Kosten als „Austrittskosten" spricht.

Es gibt allerdings kein ideales Analysemuster für Marktzutrittsschranken und deren „Höhe," von dem die Wettbewerbspolitik theoretisch und praktisch Gebrauch machen könnte, es gibt nur mehrere unvollkommene Maßstäbe und Indikatoren.[64]

Harbord und *Hoehn* unterteilen Marktzutrittsschranken in fünf Kategorien:[65] Absolute (Kosten-)Vorteile; strategische Vorteile; vertikale Beschränkungen und vertikale Integration; ruinöse Preisunterbietung; Eintrittshindernisse.

Absolute Kostenvorteile stellen solche Kosten dar, die das eintrittswillige Unternehmen – im Gegensatz zu den etablierten Unternehmen – tragen muss. Hierher gehören die meisten rechtlichen Zutrittsschranken: z. B. Patente[66] oder andere Vorschriften.[67] Eine hohe Effizienz der etablierten Unternehmen aufgrund ihrer technischen oder kommerziellen Vorteile[68] sollte jedoch nicht als Marktzutrittsschranke, sondern lediglich als ein die Erhöhung der Marktzutrittsschranken mitverursachender Faktor betrachtet werden.

Strategische Vorteile sind solche Vorteile, die bei den etablierten Unternehmen wegen des zeitlichen Unterschieds beim Marktzutritt entstehen. Sie können weiter unterteilt werden in Bezug auf die *economies of scale* und versunkene Kosten,[69] die Produktdifferenzierung, Werbung[70] und den guten Ruf des etablierten Unternehmens – diese Faktoren sind besonders wichtig auf Märkten mit hoch differenzierten Produkten – und in Bezug auf Kapitalanforderungen.

Vertikale Beschränkungen und vertikale Integration betreffen alle Praktiken, die potenzielle Wettbewerber an einem nicht diskriminierenden Zugang zu Ressourcen oder Kunden hindern. Diese Praktiken können auf wettbewerbsbeschränkenden Vereinbarungen, auf einseitigem Verhalten, auf vertikaler Integration oder Fusion basieren.[71] Sie betreffen insbesondere Lieferverweigerung und Koppelungsgeschäfte,[72] Integration[73] des Unternehmens

---

[64] S. z. B. *Harbord/Hoehn*, IRevLawEcon (1994) 14, S. 415.

[65] *Harbord/Hoehn*, IRevLawEcon (1994) 14, S. 415 ff.

[66] Z. B. Rs. 27/76, *United Brands*, s. o., 288 ff. (Bananenmarke Chiquita); Rs. 22/78, *Hugin*, vom 31.5.1979, Slg. 1979, 1869, 1895 ff.; Rs. C-53/92P, *Hilti*, vom 12.12.1991, Slg. 1991, II-1439, II-1481; Rs. T-83/91, *Tetra Pak II*, vom 6.10.1994, Slg. 1994, II-755, II-812.

[67] Entscheidung der Kommission, 89/113/EWG, *Decca Navigator System*, ABl. L 43 vom 21.12.1988, 27.

[68] Rs. 85/76, *Hoffmann-La Roche (Vitamine)*, s. o., 523 ff.; Rs. 27/76, *United Brands*, s. o., 288 ff.

[69] Rs. 27/78, *United Brands*, s. o., 291.

[70] Rs. 27/78, *United Brands*, s. o., 290 ff.

[71] Diese Kategorie ist nach Ansicht der *Chicago School* bedeutungslos, da sie annimmt, dass vertikale Beschränkungen sowie vertikale Integration effizienzsteigernd wirken.

[72] Rs. 22/78, *Hugin*, s. o., 1895; Rs. C-53/92P, *Hilti*, s. o., II-1483 ff.; Rs. T-83/91, *Tetra Pak II*, s. o., II-821 ff.

auf die vor- und/oder nachgelagerte Stufe und Alleinvertriebs- sowie Alleinbezugsvereinbarungen.[74]

Bei der Preisunterbietung ist es empirisch nur schwer festzustellen, unter welchen Voraussetzungen sie sich als ruinös auswirkt. Zunächst soll anhand einer Marktstrukturuntersuchung geprüft werden, ob die Preisunterbietung eine rationale Strategie darstellen könnte. Dann folgt eine Analyse des Verhaltens des Unternehmens anhand einer Preis-Kosten-Analyse.[75]

Eintrittshindernisse sind solche Faktoren, die den Marktzutrittsprozess bremsen. Wettbewerbsrechtlich können sie vor allem bei Fusionen und beim Missbrauch einer marktbeherrschenden Stellung relevant sein: Sie zeigen, wie lange vor dem eventuellen Zutritt die etablierten Unternehmen Marktmacht ausüben können mit der Absicht, einen Marktzutritt zu verhindern oder zu verzögern. Als Beispiele können Lizenzen, Zertifikationen, Anforderungen an die Produktregistrierung oder die Zeit, während der die Abnehmer durch langfristige Verträge gebunden sind, genannt werden.

Anhand der Offenheit des Marktes können die *contestable markets*[76] bestimmt werden. Auf diesen Märkten kommen keine Marktzutritts- und Marktaustrittsschranken vor, der Marktzutritt ist frei und der Marktaustritt nicht mit Kosten verbunden. Die etablierten Unternehmen besitzen keine Wettbewerbsvorteile gegenüber neuen Unternehmen.

Für neue Unternehmen ist es dann möglich schnell auf den Markt einzutreten, wenn die Preise von den etablierten Unternehmen höher als die Produktionskosten angesetzt werden. Dies wirkt sich positiv auf die Preise aus, die durch solche *Hit-and-run*-Markteintritte wieder auf das kompetitive Niveau gedrückt werden. Nachdem das neue Unternehmen seinen Eintritt „ausgenutzt" hat, könnte es den Markt wieder – ohne Kosten – verlassen.

In der Praxis kommen solche Märkte ohne Marktzutritts- und Marktaustrittsschranken kaum vor. Beispiele, die dem Modell der *contestable markets* nahe kommen, sind der Luftverkehr und die Telekommunikation. Bei den meisten *contestable markets* handelt es sich um oligopolistische Märkte.

4. Zusammenfassung

Die wettbewerblichen Auswirkungen vertikaler Bindungen sind insbesondere von der Bindungsart und dem gesamtwirtschaftlichen Kontext der Bin-

---

[73] Rs. 27/78, *United Brands*, s. o., 287 ff.

[74] Rs. T-83/91, *Tetra Pak II*, s. o., II-821 ff.

[75] Zu verschiedenen Aspekten der Preisunterbietung: Rs. C-62/86, *AKZO/Kommission*, vom 3.7.1991, Slg. 1991, I-3359, I-3453 ff.

[76] Carlton/Perloff, Modern Industrial Organization, S. 6: *„Markets in which there are few firms, but many firms will enter rapidly if prices exceed the costs are called contestable markets."* S. auch z. B. Hildebrand, The Role of Economic Analysis in the EC Competition Rules, S. 164 ff.

dung abhängig. Dabei sind die Marktstruktur und der Grad des Markenwettbewerbs die wichtigsten Analysefaktoren.

Das wichtigste Beurteilungskriterium stellt die Marktmacht des Unternehmens dar. Diese beruht darauf, ob sich das Unternehmen in einem nennenswerten Umfang unabhängig gegenüber seinen Wettbewerbern sowie den Verbrauchern verhalten und so einen wirksamen Wettbewerb auf dem Markt verhindern kann. Die Ausübung der Marktmacht hängt jedoch wesentlich auch vom Grad der Offenheit des Marktes ab.

Die Marktstruktur umfasst insbesondere den Marktanteil des Unternehmens, den Konzentrationsgrad auf dem Markt und den Grad der Offenheit des Marktes. Berücksichtigt werden können auch weitere Kriterien, die einen Einfluss auf den Wettbewerb und das Preisverhalten auf dem Markt ausüben.

Der Marktanteil wird für den üblichsten und direktesten Indikator der Marktmacht des Unternehmens gehalten. Seine Aussagekraft kann jedoch manchmal begrenzt sein.

Die Marktkonzentration ergänzt die Aussagekraft des Marktanteils. Sie charakterisiert den Konzentrationsgrad auf dem Markt – die Anzahl der Unternehmen und deren Marktanteile. Die Marktkonzentration wird anhand verschiedener Indizes gemessen und beschrieben. Theoretisch können folgende Formen des Wettbewerbs vorkommen: der vollkommene Wettbewerb, die monopolistische Konkurrenz, Oligopol und Monopol bzw. Monopson.

Der Grad der Offenheit des Marktes wird durch die Marktzutritts- bzw. Marktaustrittsschranken bestimmt. Diese können strukturell oder strategisch bedingt werden. *Contestable markets* sind ein Beispiel von Märkten, auf denen der Marktzutritt frei ist und der Marktaustritt mit keinen Kosten verbunden ist.

II. Analyse vertikaler Beschränkungen

1. Grundlagen ökonomischer Analyse vertikaler Beschränkungen

a. Der Grundsatz der Kontextberücksichtigung bei der Analyse vertikaler Beschränkungen

Die untersuchten Beschränkungen dürfen nicht aus ihrem Kontext gerissen und isoliert betrachtet werden. Besonders hervorzuheben sind dabei die rechtlichen und wirtschaftlichen Zusammenhänge:

> „Denn es hätte keinen Sinn, Vereinbarungen, Beschlüsse oder Verhaltensweisen nach ihren Wirkungen zu beurteilen, wenn diese aus dem Markt, in dem sie auftreten, herausgelöst werden und getrennt von dem Bündel in die gleiche oder andere Richtungen gehender Wirkungen betrachtet werden müssten, dem sie angehören."[1]

Die Kontextberücksichtigung spielt mithin eine wichtige Rolle auch bei der Beurteilung vertikaler Beschränkungen. Wie bereits erwähnt sind ihre Auswirkungen meistens stark von den marktstrukturellen Voraussetzungen auf dem Markt abhängig, und ihr Verhältnis zum Wettbewerb lässt sich erst anhand der Analyse der wirtschaftlichen und rechtlichen Zusammenhänge feststellen.[2]

b. Ökonomische Analyse im EG-Kartellrecht in Bezug auf vertikale Beschränkungen

Die Anwendung des EG-Kartellrechts, die fast ausschließlich in den Händen der Juristen liegt, entwickelte sich eher zu „bürokratischen Übungen" als zur Analyse der wettbewerblichen Vor- und Nachteile der Bindungen.[3] Die Verwendung ökonomischer Analysen musste als ungenügend bezeichnet werden.

Ein Schritt nach vorne bei der Anwendung ökonomischer Kriterien in der Beurteilung der Auswirkungen vertikaler Bindungen ist die neue GVO. Die-

---

[1] Rs. 23/67, *Brasserie de Haecht I*, vom 12.12.1967, Slg. 1967, 543, 555.

[2] S. o. B. II. Wettbewerbliche Bedeutung vertikaler Bindungen.

[3] S. vor allem Hawk, CMLR 1995, S. 986: „[...] lawyers spend the great majority of their time in pigeonholing exercises and in textual exegesis of block exemptions and interpretative guidelines." Zur Kritik mangelnder ökonomischer Analyse vgl. z. B. Korah, An Introductory Guide to EC Competition Law and Practice, S. 267 ff., Hildebrand, The Role of Economic Analysis in the EC Competition Rules, S. 413 ff.

se baut ökonomische Beurteilungskriterien bereits ein: Demzufolge wird angenommen, dass Vereinbarungen unterhalb der Marktanteilsschwelle von 30% als freigestellt vom Verbot des Art. 81 Abs. 1 EGV gelten, vorausgesetzt, sie enthalten keine Kernbeschränkungen. Bei der Bewertung der Fälle jenseits dieser Marktanteilsschwelle soll die Kommission eine vollständige Wettbewerbsanalyse[4] vornehmen.

(1) Eine europäische rule of reason?

Der Begriff der *rule of reason* bezeichnet im EG-Kartellrecht[5] eine modifizierte *rule of reason*[6] bzw. einen Trend zur europäischen Auslegung der *rule of reason.*[7] Diese Auslegung zielt jedoch nicht auf eine völlige Gleichsetzung mit der amerikanischen[8] *Rule-of-reason*-Analyse.[9] Die amerikanische *rule of reason*, die lediglich auf wettbewerbliche Gesichtspunkte ausgerichtet ist, wäre im EG-Kartellrecht nicht direkt anwendbar, da das EG-Kartellrecht multifunktional akzentuiert ist und neben dem Effizienzziel auch andere Prioritäten berücksichtigt – insbesondere die Verwirklichung des Binnenmarkts. Der Binnenmarkt ist jedoch nicht völlig vergleichbar mit dem Markt

---

[4] S. die Leitlinien über vertikale Beschränkungen, Rn. 121.

[5] Sie ist durch eine umfassende Berücksichtigung insbesondere der wirtschaftlichen und rechtlichen Zusammenhänge im Entscheidungsprozess charakterisiert. So z. B. *Korah*, An Introductory Guide to EC Competition Law and Practice, S. 283, *Hildebrand*, The Role of Economic Analysis in the EC Competition Rules, S. 234 ff., *Ackermann*, Art. 85 Abs. 1 EGV und die rule of reason, S. 167 ff.; *Väth*, Wettbewerbskonzeption des EuGH, S. 256.

[6] Schon sprachlich kann diese Bezeichnung verwirrend wirken. Im EG-Recht spricht man über *rule of reason* nämlich im Zusammenhang mit Art. 28 EGV. S. Rs. 120/78, *Cassis de Dijon*, vom 20.2.1979, Slg. 1979, 649. Im kartellrechtlichen Gebrauch zeichnet sich der Begriff durch Vieldeutigkeit und eventuell auch Missverständnisse aus. S. *Ackermann*, Art. 85 Abs. 1 EGV und die rule of reason, S. 6 ff.

[7] Vgl. z. B. *Hildebrand*, The Role of Economic Analysis in the EC Competition Rules, S. 235.

[8] Die amerikanische *rule of reason* steht für eine komplette ökonomische Analyse des Marktes. *Black* [in: *Black*, ECLR 1997, 145 ff.] unterscheidet 13 verschiedene *rules of reason*. Meistens wird aber von *the rule of reason* gesprochen. Dies kann entweder auf eine der von den Gerichten angewandten *rules of reason* oder auf *the rule of law*, die in der bestimmten Situation überwiegt, hindeuten. *[T]he purpose of the analysis is to form a judgment about the competitive significance of the restraint.* [*National Society of Professional Engineers v. United States*, 435 U.S. 679, 691-2 (1978), in: *Easterbrook*, ALJ 1984, 154] Im Rahmen der *Rule-of-reason*-Untersuchung [nach dem Modell von Areeda] wird die Vereinbarung zuerst auf mögliche Wettbewerbsnachteile geprüft. Im zweiten Schritt folgt die Feststellung der *redeeming virtues*, eines wettbewerbsfördernden Zwecks der Vereinbarung, welcher die Wettbewerbswidrigkeit der Vereinbarung ausschließen könnte. Weiter wird die *reasonable* Erforderlichkeit der Beschränkung, d. h. das Vorkommen möglicher weniger restriktiven Alternativen untersucht und zuletzt eine Abwägung der wettbewerbsfördernden und wettbewerbsschädlichen Aspekte durchgeführt. Aus der Anwendung der *rule of reason* entwickelte sich die Regel des *Per-se*-Verbots.

[9] S. *Everling*, WuW 1990, S. 1003.

in den Vereinigten Staaten.[10] Im Vertrieb bleibt der Binnenmarkt immer *quasi* aufgeteilt entlang der nationalen Grenzen. Dies basiert auf der Beibehaltung verschiedener nationaler Spezifika sowie auf sprachlichen Unterschieden.

Deswegen spielt das Kriterium des Binnenmarkts immer noch eine wichtige Rolle in der EG-Entscheidungspraxis, welche insbesondere die Marktaufteilung und die Abschottung der jeweiligen Märkte verfolgt.

Andererseits kann jedoch inhaltlich betrachtet die im Rahmen des Art. 81 EGV durchgeführte Analyse als den Grundsätzen der *rule of reason* im Antitrust entsprechend eingestuft werden.[11]

(2) Per-se-Verbote

Aus der Sicht des Ansatzes der *rule of reason* stellen *Per-se*-Verbote Verallgemeinerungen der *rule of reason* auf der Grundlage standardisierter wettbewerblicher Wertungen dar.[12] Sie untersagen Verhaltensweisen aus sich selbst heraus, ohne Berücksichtigung z. B. der Marktumstände. „Das Dilemma ist, daß sich die meisten Verhaltensweisen erst als Wettbewerbsbeschränkungen identifizieren lassen, wenn die besonderen Marktumstände, in denen sie wirken, mitberücksichtigt werden."[13]

Bei der Entscheidung über eine rechtliche Regelung werden neben wettbewerbspolitischen Überlegungen insbesondere auch andere Interessen – z. B. Rechtssicherheit, administrative Effizienz und Durchführungskosten – berücksichtigt. Lediglich die Letztgenannten sind dann im Endeffekt die Gründe für die Befürwortung dieser *Per-se*-Regelungen.[14]

---

[10] Der Markt in den Vereinigten Staaten funktioniert bereits sehr lange ohne innere Grenzen. Auf dem Binnenmarkt hingegen mussten diese sowie die sich als innere Grenzen auswirkenden Handelsbeschränkungen zunächst schrittweise beseitigt werden.

[11] Ausführlich s. *Ackermann*, Art. 85 Abs. 1 EGV und die rule of reason, S. 53 ff. (Die *rule of reason* im EG-Kartellrecht), S. 153 ff. (Die Anwendung der *rule of reason*).

[12] S. *Ackermann*, Art. 85 Abs. 1 EGV und die rule of reason, S. 167: „Der Unterschied ist dabei ein gradueller: Die Untersuchung des Antitrustrechts hat gezeigt, daß auch die *rule of reason* nicht ohne Schematisierungen auskommt, während gleichzeitig die Anwendung eines *Per-se*-Verbots von marktbezogenen Tests abhängen kann."

[13] *Everling*, WuW 1993, S. 26. Vgl. auch S. 25 f. zu möglichen Beurteilungskriterien für Verhaltensverbote zum Schutz des Wettbewerbs als Selbststeuerungsmechanismus: Im Wesentlichen handelt es sich um *Per-se*-Tatbestände, Marktbeherrschung als Eingreifkriterium, Wettbewerbsbeschränkung als Eingreifkriterium unter Würdigung der Marktumstände im Einzelfall und die Zulassung besonderer Rechtfertigungsgründe für Wettbewerbsbeschränkungen etwa im Rahmen des Kriteriums „überragendes Interesse der Allgemeinheit."

[14] S. *Ackermann*, Art. 85 Abs. 1 EGV und die rule of reason, S. 80.

(3) Rule of reason und Per-se-Regelungen bei vertikalen Beschränkungen

Die Entscheidungspraxis im Bereich vertikaler Beschränkungen wendet sowohl *Rule-of-reason*-Überlegungen als auch *Per-se*-Verbote an. Die Ersteren stellen eine Art umfassender Betrachtung des Falles dar – *a kind of rule of reason,*[15] die nicht mehr so rechtsformalistisch ist und der Realität zu entsprechen versucht. Dies zeigte sich insbesondere in der Entscheidung *Delimitis*[16] und wurde in den Entscheidungen *Langnese Iglo*[17] und *Schöller*[18] bestätigt. Die *Per-se*-Verbote betreffen den absoluten Gebietsschutzes und die vertikale Preisbindung.[19]

Der Stand der ökonomischen Analyse im EG-Kartellrecht, vor allem im Bereich vertikaler Beschränkungen, bleibt aber immer noch ungenügend. Die Entwicklung der Entscheidungspraxis in der letzten Zeit ist jedoch ein Beweis für die steigende Bedeutung der Berücksichtigung ökonomischer Zusammenhänge.

c. Kritik der rechtlichen Regelung vertikaler Beschränkungen

Die bisherige Regelung in Form der Gruppenfreistellungsverordnungen stellte eine Widerspiegelung bestimmter ökonomisch-juristischer Schlussfolgerungen aus der Entscheidungspraxis dar.[20] Die meisten von ihnen entsprachen in ihrer Anwendung jedoch nicht der wirtschaftlichen Realität.

Sie wurden auch als *„straight jackets"*[21] bezeichnet: Bei ihrer Schaffung überwog nämlich die juristische „Detaillierung," die die Marktteilnehmer zwang, ihre Vereinbarungen an die in den Gruppenfreistellungsverordnungen enthaltenen Bestimmungen anzupassen.[22]

Einige Durchführungsvorschriften berücksichtigen hingegen in stärkerem Maß die ökonomische Analyse. Dies betrifft insbesondere die Bekanntma-

---

[15] So z. B. *Hildebrand*, The Role of Economic Analysis in the EC Competition Rules, S. 240. S. auch *Ackermann*, Art. 85 Abs. 1 EGV und die rule of reason, S. 207: Er schlägt eine terminologische Korrektur vor: „Der EuGH und das EuG mögen ihre Scheu vor dem Wort „rule of reason" ablegen und das, was sie seit langem praktizieren, endlich auch so nennen."

[16] Rs. C-234/89, *Delimitis*, vom 28.2.1991, Slg. 1991, I-935.

[17] Rs. T-7/93, *Langnese-Iglo*, vom 8.6.1995, Slg. 1995, II-1533.

[18] Rs. T-9/93, *Schöller*, vom 8.6.1995, Slg. 1995, II-1611.

[19] Vgl. GVO Nr. 2790/1999, Art. 4 lit. a; Art. 81 Abs. 1 lit. a; Art. 82 lit. a EGV.

[20] S. o. C. I. 3. a. Materiellrechtliche Vorschriften.

[21] *Follow-up*-Papier, S. 3: Die deutsche Fassung spricht von einem „starren Korsett."

[22] S. *Korah*, An Introductory Guide to EC Competition Law and Practice, S. 277 ff.

chung der Kommission über die Definition des relevanten Marktes[23] und die letzte Bagatellbekanntmachung.[24]

Allgemein können jedoch das EG-Kartellrecht sowie die EG-Wettbewerbspolitik als überregulierend[25] und interventionistisch[26] bezeichnet werden. Die Anwendung des EG-Kartellrechts wird als kompliziert und inkonsequent kritisiert.[27] Die Rechtsvorschriften und die Entscheidungspraxis bilden ein komplexes (und kompliziertes) System mit vielen Ausnahmen, die den Gebrauch vom Kartellrecht für Ökonomen sowie Juristen verkomplizieren und zugleich zu zusätzlicher Regulierung führen.[28]

Hawk identifiziert in seiner Kritik[29] der bisherigen Beurteilungspraxis der Kommission in Bezug auf vertikale Beschränkungen die Ursachen dieses Zustandes: Als Erstes sei die viel zu breite Anwendung des Art. 81 Abs. 1 EGV zu nennen.[30] Dies resultiere aus einer inadäquaten ökonomischen Analyse bei der Anwendung des EG-Kartellrechts. Das EG-Kartellrecht sehe nämlich die Wettbewerbsbeschränkung als Beschränkung jeglicher Wirtschaftsfreiheit der Marktteilnehmer.[31] Des Weiteren weigere sich die Kommission, die Entscheidungspraxis der Gerichte in Bezug auf die ökonomische Beurteilung als Vorbild zu akzeptieren. Diese Tatsachen wirken sich folglich dementsprechend negativ auf die Rechtssicherheit aus.

---

[23] ABl. C 372 vom 9.12.1997, S. 5.

[24] ABl. C 372 vom 9.12.1997, S. 13.

[25] S. insbesondere *Hawk*, CMLR 1995, S. 973 ff.

[26] Vgl. z. B. *Willimsky*, ECLR 1997, S. 55.

[27] S. z. B. *Van den Bergh*, ECLR 1996, S. 86.

[28] S. XXV. WBB (1995), S. 10. Die Tatsache, dass Wettbewerbsregeln komplex sind, weil ihr wirtschaftlicher, rechtlicher und politischer Anwendungsbereich kompliziert ist, bedeutet jedoch nicht, dass sie nicht transparent und einfacher (d. h. klarer) sein könnten. Zu der neuen Regelung (Leitlinien über vertikale Beschränkungen) vgl. jedoch auch Written Question E-1995/99 by *Paul Rübig* (PPE-DE) to the Commission (9.11.1999): Guidelines on vertical restraints, ABl. C 170 E vom 20.6.2000, S. 136 f.

[29] *Hawk*, CMLR 1995, S. 973 ff. Vgl. auch *Korah*, An Introductory Guide to EC Competition Law and Practice, S. 267 ff. Zur Unvorhersagbarkeit und mangelnder Transparenz bei der Auferlegung von Geldbußen: *Van Bael*, ECLR 1995, S. 237 ff.

[30] S. Korah, An Introductory Guide to EC Competition Law and Practice, S. 272: „By creating precedents that any restrictions on conduct of importance on the market restricted competition, the Commission increased this control. The Commission´s reasoning suffices to catch all contracts that have significant effects on the market, whether they increase, decrease or do not affect competition."

[31] *Hawk* [CMLR 1995, S. 978] identifiziert folgende Schwächen des Konzepts der Wettbewerbsbeschränkung der Freiburger Schule: Erstens stellt das Konzept keinen analytischen rechtlichen Rahmen bereit, zweitens distanziert es sich von der Mikroökonomik, die einen Rahmen zur Verfügung stellt, drittens bevorzugt es die Wettbewerber vor den Verbrauchern und deren Rente und viertens führt es zur Erfassung solcher Vereinbarungen durch Art. 81 Abs. 1, die im ökonomischen Sinne keine wettbewerbsschädlichen Auswirkungen haben.

Ein weiterer Kritikpunkt betrifft die Überlastung der Generaldirektion Wettbewerb. Diese ist das Ergebnis des von der Kommission angewandten Notifikationssystems im Rahmen des Art. 81 EGV.[32] Der Ausweg aus dieser Situation durch die Einführung der Gruppenfreistellungsverordnungen zeigte sich zwar bereits damals als grundsätzlich nicht ganz optimal, diese sollten jedoch helfen, die Arbeitsbelastung der Kommission zu reduzieren.

d. Ausweg aus der Situation?

Als Lösung schlug *Hawk* eine umfassende ökonomische Analyse wettbewerblicher Vor- und Nachteile einer Vereinbarung bereits im Rahmen des Art. 81 Abs. 1 EGV und eine noch stärkere Berücksichtigung nicht-wettbewerblicher Politiken – insbesondere des Verbraucherschutzes oder der Umweltpolitik – in Art. 81 Abs. 3 EGV vor.[33]

Eine umfassendere ökonomische Analyse unter Art. 81 Abs. 1 kann jedoch nicht ohne Weiteres mit einer *rule of reason* gleichgesetzt werden: Art. 81 Abs. 1 kann sowohl eine Art *rule of reason* als auch eine *Per-se*-Regelung beinhalten.

Die GVO Nr. 2790/1999 kann durch die Einführung einer umfassenden Berücksichtigung ökonomischer Kriterien einen Schritt nach vorne auf dem Weg zur Erhöhung der Effizienz des EG-Kartellrechts in Bezug auf vertikale Beschränkungen darstellen.

2. Analyse vertikaler Bindungen gemäß GVO Nr. 2790/1999

Unterschiedliche Bindungen können als Lösungsansätze eines bestimmten Problems, eine bestimmte Bindung wiederum als Lösungsansatz unterschiedlicher Probleme dienen.

Der wichtigste Faktor bei der Analyse der Auswirkungen vertikaler Bindungen sind die Marktstruktur und insbesondere der Grad des Markenwettbewerbs auf dem relevanten Produktmarkt.[34] Es kann generell angenommen werden, dass ein starker Markenwettbewerb die Wahrscheinlichkeit möglicher negativer Auswirkungen vertikaler Bindungen auf den Wettbewerb bzw. auf die ökonomische Effizienz minimiert: Vertikale Bindungen können dann zwar den markeninternen Wettbewerb abschwächen, ohne dabei jedoch

---

[32] Durch die Notifikationspflicht genoss die Kommission zugleich erhebliche Überwachungs- und Kontrollbefugnisse.

[33] *Hawk*, CMLR 1995, 986 ff.

[34] Leitlinien über vertikale Beschränkungen, Rn. 6: Bei den meisten vertikalen Beschränkungen stellen sich Wettbewerbsbedenken nur dann, wenn der Markenwettbewerb unzureichend ist.

die ökonomische Effizienz zu beeinträchtigen. Dies kann gelten, auch wenn der markeninterne Wettbewerb ganz beseitigt worden ist.[35]

In Situationen, in denen die möglichen Auswirkungen vertikaler Bindungen der Marktsituation nicht entnommen werden können, soll gemäß den Leitlinien eine ökonomische Analyse durchgeführt werden.

Die GVO Nr. 2790/1999 verwendet in der Bewertung vertikaler Beschränkungen in erster Linie das marktstrukturelle Kriterium des Marktanteils in Verbindung mit der Abgrenzung der sogenannten Kernbeschränkungen. Die Anwendung der GVO Nr. 2790/1999 wird in den Leitlinien über vertikale Beschränkungen konkretisiert. Diese legen – aufgrund der wirtschaftlichen Abwägung der positiven und negativen Auswirkungen dieser Beschränkungen – allgemeine Regeln für deren Bewertung fest.[36]

a. Allgemeine Regeln

Vertikale Beschränkungen in Form des eingeschränkten Vertriebs können bei schwachem Markenwettbewerb die Wohlfahrt der Verbraucher, insbesondere deren Auswahlmöglichkeiten, mindern.

Alleinbezugsvereinbarungen werden als in höherem Maße wettbewerbsschädlich als nicht ausschließliche Vereinbarungen eingestuft.[37] Vertikale Beschränkungen in Bezug auf Nichtmarkenprodukte werden in der Regel als weniger wettbewerbsschädlich als Beschränkungen in Bezug auf Markenprodukte betrachtet.[38] Es besteht auch ein Unterschied zwischen Produkten der Intermediärstufe[39] und Endprodukten. Bei den Ersteren spielen Markennamen in der Regel keine sehr bedeutende Rolle: Deswegen ist auch ein Verlust an markeninternem Wettbewerb auf der Intermediärstufe von geringerer Bedeutung als auf der Endverbraucherstufe.[40]

Kombinationen von vertikalen Beschränkungen verstärken grundsätzlich deren schädliche Auswirkungen. Es können jedoch auch Situationen entstehen, in welchen sich solche Kombinationen auf den Wettbewerb positiver

---

[35] S. *Rey/Caballero-Sanz*, The Policy Implications of the Economic Analysis of Vertical Restraints, S. 41.

[36] Leitlinien über vertikale Beschränkungen, Rn. 119 ff.

[37] Leitlinien über vertikale Beschränkungen, Rn. 119.

[38] Bei den Markenwaren müssen die Produktdifferenzierung und geringere Substituierbarkeit beachtet werden. Diese beeinflussen negativ die Nachfrageelastizität und erhöhen den Spielraum für Preiserhöhungen.

[39] In Abhängigkeit von der Dienstleistung kann dasselbe Produkt je nach Käufer sowohl der Intermediär- als auch der Endstufe angehören. Als Beispiel können Getränke genannt werden.

[40] S. Van den Bergh, ECLR 1996, S. 77: „As long as there is competition for the final good in consumers´ markets, there is no reason to worry about vertical restraints at previous stages of the distribution chain."

auswirken als eine isolierte Anwendung der jeweiligen Beschränkung. Kumulierende Wirkungen ähnlicher vertikaler Strukturen auf dem Markt verstärken negative Auswirkungen der in diesen Strukturen enthaltenen vertikalen Beschränkungen.

Je stärker vertikale Beschränkungen mit einer Übertragung von Know-how verbunden sind, umso mehr kann die vertikale Beschränkung zum Schutz des übertragenen Know-hows und der Investitionen erforderlich sein. Bei spezifischen Investitionen und versunkenen Kosten sind vertikale Beschränkungen für eine bestimmte Zeit in der Regel gerechtfertigt.

Bei Einführung neuer Produkte oder bei Erschließung neuer räumlicher Märkte kann sich die Auferlegung vertikaler Beschränkungen als notwendig erweisen. Es wird angenommen, dass solche vertikalen Beschränkungen im Allgemeinen nicht wettbewerbsbeschränkend sind. Deswegen werden sie – unabhängig vom Marktanteil des Unternehmens – in den ersten zwei Jahren nach der Ersteinführung des Produktes auf dem betreffenden Markt als nicht vom Kartellrecht erfasst betrachtet. Diese Ausnahme gilt für alle vertikalen Beschränkungen, die keine Kernbeschränkungen sind, und im Falle eines neuen räumlichen Marktes für Beschränkungen der Passivverkäufe durch die unmittelbaren Wiederverkäufer des Lieferanten von anderen Märkten an Zwischenhändler in dem neuen Markt.

b. Analysemethoden

Die Leitlinien über vertikale Beschränkungen[41] konkretisieren die Anwendung der GVO Nr. 2790/1999 und schlagen eine vierstufige Untersuchung vor:[42] Zunächst wird die Bindung in Bezug auf Kernbeschränkungen gemäß deren Definition in Art. 4 GVO Nr. 2790/1999 überprüft. Die GVO Nr. 2790/1999 kann nicht auf Kernbeschränkungen angewendet werden. Diese fallen unter Art. 81 Abs. 1 EGV, wobei eine Einzelfreistellung gemäß Art. 81 Abs. 3 EGV eher unwahrscheinlich ist.

Wenn die vertikale Vereinbarung keine der Kernbeschränkungen enthält, muss der relevante Markt abgegrenzt werden. Dies ist für die Ermittlung des Marktanteils des Lieferanten, bei Alleinbelieferungsverpflichtungen für die Ermittlung des Marktanteils des Käufers notwendig. Wenn der Marktanteil unter der Marktanteilsschwelle von 30% liegt, kann die GVO Nr. 2790/1999 angewendet werden. Andernfalls wird untersucht, ob die Bindung von Art. 81 EGV erfasst wird. Wenn diese Frage zu bejahen ist, werden eventuel-

[41] Als eine Grundlage für die Untersuchung ökonomischer Auswirkungen vertikaler Bindungen diente The Policy Implications of the Economic Analysis of Vertical Restraints von *Rey* und *Caballero–Sanz*.

[42] Leitlinien über vertikale Beschränkungen, Rn. 120.

le Voraussetzungen für eine Einzelfreistellung gemäß Art. 81 Abs. 3 EGV überprüft.

Diese Behandlung entspricht der Annahme, dass vertikale Strukturen mit kleinen Marktanteilen auf nicht konzentrierten vor- und nachgelagerten Märkten oder neu auf dem Markt eintretende vertikale Strukturen keiner umfassenden ökonomischen Analyse bedürfen. Als Regelung für die eventuelle Erfassung durch das EG-Kartellrecht reichen klare marktstrukturelle Kriterien.[43]

Im Gegensatz dazu bedürfen vertikale Strukturen mit erheblicher Marktmacht und gesicherter Stellung auf dem Markt einer Analyse der Wettbewerbssituation auf dem Markt sowie der möglichen Auswirkungen der vertikalen Bindung. Eine vertikale Struktur mit dominanter Stellung auf dem Markt bedarf für die vorgeschlagene Einführung vertikaler Bindungen einer Rechtfertigung. Diese soll nachweisen, dass die vertikale Bindung zur Steigerung der ökonomischer Effizienz beiträgt, den Markenwettbewerb nicht abschwächt und dass sie für diese positiven Auswirkungen unentbehrlich ist.

Die Untersuchung der Marktmacht ist durch die GVO Nr. 2790/1999 zur Feststellung der Marktanteile instrumentalisiert worden. Dabei darf nicht vergessen werden, dass der Marktanteil lediglich ein Kriterium darstellt, welches – insbesondere aus ökonomischer Sicht – eine eingeschränkte Aussagekraft besitzen kann. Deswegen könnte aus dieser Perspektive seine Anwendung als Entscheidungskriterium stark kritisiert werden. Die Einführung der Marktanteilsschwelle mit in bestimmten Fällen hinzukommender Analyse weiterer ökonomischer Kriterien kann jedoch auch als eine Kompromisslösung insbesondere für die das Kartellrecht anwendenden Juristen erscheinen.[44]

Die Frage lautet, wie hoch der Marktanteil sein sollte. „Die isolierte Betrachtung des Marktanteils der Parteien und die Fixierung eines bestimmten Prozentsatzes führen daher zu willkürlichen Wertungen."[45] Wenn der Schwellenwert als zu niedrig angesetzt wird, verliert der Zweck der Gruppenfreistellungsverordnung an Bedeutung, wenn der Schwellenwert zu hoch ist, können dabei auch solche Vereinbarungen freigestellt werden, die eigentlich wirtschaftlich schädlich sind.[46]

---

[43] S. *Rey/Caballero–Sanz*, The Policy Implications of the Economic Analysis of Vertical Restraints, S. 42.

[44] S. z. B. *Korah*, An Introductory Guide to EC Competition Law and Practice, S. 278. S. o. D. II. 1. c. Kritik der rechtlichen Regelung vertikaler Beschränkungen.

[45] *Ackermann*, EuZW 1997, S. 273. Kritik der im Grünbuch vorgeschlagenen Variante III, die sich auf die bloße Einführung einer Marktanteilsschwelle von 40% konzentrierte.

[46] Beispielhaft können Alleinbezugsvereinbarungen erwähnt werden, deren eventuelle kumulative Wirkung unabhängig von den Marktanteilen der beteiligten Unternehmen marktzutrittsbeschränkend (und dabei effizienzmindernd) sein kann.

Bei der Untersuchung können auch weitere Kriterien für Marktmacht verwendet werden, anhand derer festgestellt werden kann, ob eine vertikale Beschränkung eine spürbare Beschränkung gemäß Art. 81 Abs. 1 EGV darstellt. Diese Kriterien sowie deren Gewichtung sind fall- und kontextabhängig.

Zu diesen Kriterien zählen die Marktstellung des Lieferanten, die Marktstellung seiner Konkurrenten, die Marktzutrittsschranken, die Nachfragemacht, die Marktphase sowie die Handelsstufe, die Produkteigenschaften[47] sowie sonstige Kriterien, z. B. die Verhandlungsstärke der beteiligten Unternehmen.[48]

3. Zusammenfassung

Die Auswirkungen vertikaler Bindungen hängen sehr stark mit deren Kontext zusammen. Deswegen ist die Kontextberücksichtigung bei deren Analyse sehr wichtig. Die bisherige Analysepraxis im EG-Kartellrecht neigt eher zur Bürokratie als zur Berücksichtigung ökonomischer Kriterien. Dies war vor allem der Fall bei den GVO, welche durch ihren präskriptiven Charakter gekennzeichnet waren. Das EG-Recht in diesem Bereich kann als überregulierend, interventionistisch, kompliziert und inkonsequent bezeichnet werden. Eine weitere Ursache dieser Situation ist die viel zu breite Anwendung des Art. 81 Abs. 1 EGV und die Überlastung der Generaldirektion Wettbewerb.

Die kartellrechtliche Regelung soll einen klaren und einfachen Rahmen für die Beurteilung vertikaler Bindungen zur Verfügung stellen, da die Anwendung dieser Regeln nur dann auch effektiv sein kann. Dabei sollen insbesondere ökonomische Kriterien einbezogen werden.

Die Einführung der Marktanteilsschwelle von 30% durch die GVO Nr. 2790/1999 setzt zwar der völligen Abkoppelung der bisherigen Gruppenfreistellungsverordnungen von den Auswirkungen der freigestellten Vereinbarung ein Ende, der Marktanteil an sich stellt jedoch nur ein Beurteilungskriterium dar. Da der Marktanteil lediglich ein Kriterium ist – dazu noch mit manchmal eingeschränkter Aussagekraft –, bleibt die komplexe Beurteilung aller wirtschaftlichen sowie anderen relevanten Kriterien wichtig.

Die Leitlinien über vertikale Beschränkungen legen allgemeine Regeln zur Beurteilung vertikaler Bindungen fest. Sie schlagen eine vierstufige Untersuchung vor. Zunächst wird die Bindung auf Kernbeschränkungen

---

[47] Es wird z. B. zwischen Verbrauchsgütern und Nicht-Verbrauchsgütern als Produkttypen unterschieden. Davon hängt dann das geographische Ausmaß des Marktes ab. S. *Dobson/Waterson*, Vertical Restraints and Competition Policy, S. 55.

[48] S. *Dobson/Waterson*, Vertical Restraints and Competition Policy, S. 52 f.

überprüft. Dann folgt die Marktabgrenzung und die Ermittlung des Marktanteils des Unternehmens. Die GVO Nr. 2790/1999 wird grundsätzlich bei einem Marktanteil bis zu 30% angewandt. Bei einem höheren Marktanteil wird überprüft, ob die Bindung unter Art. 81 Abs. 1 EGV fällt.

Vertikale Strukturen mit erheblicher Marktmacht bedürfen einer Analyse der Wettbewerbssituation auf dem Markt. Diese soll zeigen, ob die Einführung der Bindung effizienzsteigernd und notwendig für den Wettbewerb ist und die Freistellung der Beschränkung als gerechtfertigt erscheint.

III. Bewertung einzelner vertikaler Beschränkungen

Die Aufteilung folgt der Gliederung in den Leitlinien über vertikale Beschränkungen. Dementsprechend werden folgende vertikale Beschränkungen bzw. deren Kombinationen als Grundlage für die Untersuchung des Einflusses der Marktstrukturen genommen: Markenzwang, Alleinvertrieb, ausschließliche Kundenzuteilung, Selektivvertrieb, Franchising, Alleinbelieferung, Kopplungsgeschäfte, Preisempfehlungen und Höchstpreise sowie sonstige vertikale Beschränkungen.

1. Markenzwang

Markenzwang kann definiert werden als eine unmittelbare oder mittelbare Verpflichtung des Abnehmers, ein bestimmtes Produkt und dessen Substitute lediglich von einem Liefertanten zu beziehen.[1] Die Auswirkung des Markenzwangs zeigt sich insbesondere an der Unmöglichkeit, Produkte von Wettbewerbern zu kaufen, wiederzuverkaufen oder einzufügen. So können Marktabschottung, Erleichterung der Kartellbildung auf der Liefertantenebene bei kumulativer Anwendung gleichartiger Vereinbarungen und Ausschluss des markeninternen Wettbewerbs in Geschäftslokalen unterstützt werden, falls es sich um Verkauf bei Einzelhändlern handelt. Diese Auswirkungen beeinträchtigen dann direkt auch den Markenwettbewerb.

Markenzwang ist das Kernelement der Alleinbezugsvereinbarungen. Dabei wird dem Abnehmer meistens auch ein Wettbewerbsverbot in Bezug auf die Herstellung und den Vertrieb von Produkten auferlegt, welche von einem anderen Hersteller stammen als von dem Hersteller der Vertragsprodukte.[2] So werden zwar nur Herstellung und Vertrieb konkurrierender Produkte, fak-

[1] Synonym kann für Markenzwang der Begriff „Alleinbezugsverpflichtung" verwendet werden. Der Markenzwang muss sachlich begrenzt sein. S. Art. 1 GVO Nr. 1984/83. Zu Bierlieferungsverträgen vgl. Art. 6 GVO Nr. 1984/83. Zu Tankstellenverträgen vgl. Art. 10 GVO Nr. 1984/83. Die GVO Nr. 1984/83 ist nicht gebietsbezogen. Dies galt jedoch nicht für Bierlieferungs- und Tankstellenverträge.

[2] Art. 2 Abs. 2 GVO Nr. 1984/83; Art. 5 lit. a GVO Nr. 2790/1999. Vgl. auch das Koppelungsverbot gemäß Art. 3 lit. c GVO Nr. 1984/83. Hiermit wurde es verboten, eine Alleinbezugspflicht für mehrere Produkte zu vereinbaren, welche weder sachlich noch nach Handelsbrauch zueinander in Beziehung stehen. Vgl. jedoch auch Art. 82 lit. d EGV. Zu Bierlieferungs- und Tankstellenverträgen vgl. das Kumulierungsverbot des Art. 17 GVO Nr. 1984/83. Zur Verpflichtung zur Abnahme vollständiger Produktsortimente vgl. Art. 2 Abs. 3 lit a GVO Nr. 1984/83, welcher diese Verpflichtung freistellte. Diese Bestimmung war jedoch überflüssig, wenn die Produkte im sachlichen Zusammenhang standen. Für Produkte, welche nicht im sachlichen Zusammenhang stehen, durfte nur eine einfache Bezugspflicht vereinbart werden.

tisch jedoch jeglicher fremde Bezug verboten.[3] Dies führt zur Beschränkung des Markenwettbewerbs.

Wettbewerbsverbote können in Form einer Verpflichtung oder einer Anreizregelung auftreten, welche den Händler dazu veranlassen sollen, dass er seinen Gesamtbedarf auf einem bestimmten Markt nur bei einem Hersteller deckt. Ein Beispiel sind Mengenvorgaben.[4] Sie werden als eine schwache Form des Wettbewerbverbots betrachtet. Mengenvorgaben können auch indirekt bestimmt werden, z. B. als Mindestbezugsanforderungen oder nicht lineare Preisbindung.[5] Der Hersteller verpflichtet sich andererseits zu regelmäßigen und ausreichenden Lieferungen.

Ein dem Lieferanten auferlegtes Wettbewerbsverbot war mit der GVO Nr. 1984/83 im Einklang.[6]

Die Alleinbezugspflicht kann auch als Teil eines Koppelungsgeschäftes vorkommen.[7] Alleinbezugsvereinbarungen können die Risikoverteilung, die Qualitätskontrolle oder die Kreditgewährung fördern bzw. diese Vorteile überhaupt erst ermöglichen. Die Kreditfunktion spielt insbesondere bei Bierlieferungs- und Tankstellenverträgen eine große Rolle. Der Hersteller gewährt dem Abnehmer praktisch eine Investitionshilfe zu günstigen Bedingungen und führt den Betrag über den Preis der gekoppelten Produkte zurück.

Durch die Alleinbezugsverpflichtung wird der Abnehmer gezwungen, sich intensiv mit dem Absatz der Produkte zu beschäftigen.[8] Er genießt keinen Gebietsschutz und ist dem markeninternen Wettbewerb ausgesetzt. Darüber hinaus fördert die Zusammenarbeit zwischen dem Hersteller und dem Abnehmer auch den Markenwettbewerb.

---

[3] Zu Bierlieferungsverträgen vgl. jedoch z. B. *Gleiss/Hirsch*, Kommentar zum EG-Kartellrecht, S. 586 ff. Bei Tankstellen wäre es technisch schwierig, mehr als eine Marke zu verkaufen.

[4] Die Verpflichtung zur Abnahme von Mindestmengen der Vertragsprodukte war gemäß Art. 2 Abs. 3 lit. b. GVO Nr. 1984/83 freigestellt. Diese Bestimmung war überflüssig, da bereits die Alleinbezugspflicht freigestellt war. Das Ziel dieser Verpflichtung war, den Abnehmer zu zwingen, seine Tätigkeit auf den Absatz der Vertragsprodukte zu konzentrieren.

[5] Hierher gehören z. B. Mengenrabattregelungen, Treuerabatte oder zweiteilige Tarife.

[6] Art. 2 Abs. 1 GVO Nr. 1984/83. Die Freistellung galt auch für Bierlieferungs- und Tankstellenverträge. Es war die einzige Wettbewerbsbeschränkung, welche dem Hersteller nach der GVO Nr. 1984/83 auferlegt werden durfte. Das Wettbewerbsverbot musste sachlich und räumlich begrenzt werden. Sachlich bezog es sich nur auf Vertragsprodukte sowie auf Produkte, welche mit den Vertragsprodukten im Wettbewerb stehen, räumlich auf das Hauptabsatzgebiet des Abnehmers. Es durften lediglich direkte Lieferungen verboten werden.

[7] Ausführlich s. D. III. 7. Koppelungsgeschäfte.

[8] Als unbedenklich seitens der GVO Nr. 1984/83 galten Vertriebsförderungspflichten. S. Art. 2 Abs. 3 lit. d GVO Nr. 1984/83. Dazu zählen insbesondere die Verpflichtungen, Werbung zu treiben, ein Verkaufsnetz bzw. ein Lager zu unterhalten, Kundendienst und Garantieleistungen zu gewähren sowie fachlich oder technisch geschultes Personal zu verwenden.

Kartellrechtlich kann jedoch die Gebundenheit der Abnehmer bedenklich sein: Sie stehen nicht mehr den konkurrierenden Herstellern zur Verfügung. Zwar ist jede Transaktion mit Verdrängungseffekten verbunden, bei Alleinbezugsvereinbarungen können sie jedoch besonders spürbar sein, wenn eine große Zahl von Abnehmern für einen längeren Zeitraum gebunden wird.[9]

a. Spürbarkeit beim Markenzwang

Die Voraussetzung für die Anwendung des Art. 81 Abs. 1 EGV ist die Spürbarkeit der Vereinbarung und deren Auswirkung auf den zwischenstaatlichen Handel.[10] Bei Alleinbezugsverpflichtungen allgemein und insbesondere bei Bierlieferungsverträgen werden beide Voraussetzungen zusammen geprüft, da diese Verträge meistens rein national sind.

Bei der Beurteilung der Spürbarkeit der Bierlieferungsverträge müssen deswegen auch nationale Unterschiede berücksichtigt werden. Systeme der gebundenen Schankstätten kommen nämlich lediglich in Belgien, Deutschland, Frankreich, Luxemburg, den Niederlanden und dem Vereinigten Königreich vor.[11] In diesen Ländern ist der Hauptabsatzmarkt für Bier: Hier wurden 78 % des gesamten EG-Bierumsatzes getätigt. Außerdem befindet sich dort auch der Sitz von ca. 93 % aller Brauereien.[12] Selbst dann hat jedoch ein Bierlieferungsvertrag eine nur marginale Auswirkung auf den Wettbewerb.

Die Berücksichtigung des gesamten wirtschaftlichen und rechtlichen Kontextes führte bei der Anwendung des Art. 81 Abs. 1 EGV zu der sogenannten Bündeltheorie, welche die Auswirkung der Gesamtheit aller Bierlieferungsverträge als Grundlage hat. Die Entscheidung *Brasserie de Haecht*[13]

---

[9] Rs. C-234/89, *Delimitis*, vom 28.2.1991, Slg. 1991, I-935, I-985. Entscheidung der Kommission 79/934/EWG, *BP Kemi-DDSF*, ABl. L 286 vom 14.11.1979, 32, 41, 43 f.

[10] Bagatellbekanntmachung, Rn. 18. Die Bagatellbekanntmachung findet keine Anwendung auf Beschränkungen durch kumulative Auswirkungen nebeneinander bestehender Netze gleichartiger Vereinbarungen.

[11] S. XX. WBB (1990), Nr. 395. Es ist vom Land zu Land unterschiedlich, wie viel von dem Bierabsatz durch gebundene Schankstätten getätigt wird: Im Vereinigten Königreich waren 62 %, in Belgien 35 %, in Deutschland 25 %, in Frankreich und in den Niederlanden 10 % und in Luxemburg 40 % der Schankstätten gebunden. In Tschechien waren im Jahre 1997 ca. 77 % der Schankstätten gebunden, dabei 59 % aller Schankstätten an die 5 größten Bierbrauereien. Der Markt kann gemäß dem HHI als mittelkonzentriert bezeichnet werden. S. Entscheidungen der Kartellbehörde: S 91/97-240, *Pivovar RADEGAST*, vom 16.3.1998; S 11/98-240, *Plzeňský Prazdroj*, vom 30.3.1998. Die Bedeutung des Marktes und die Marktstellung der Brauerei ist sehr groß – Bier ist aus der Sicht des tschechischen Verbrauchers nämlich ein sehr wichtiges Produkt. In Tschechien werden 160 Liter Bier pro Kopf und Jahr verbraucht. Dies stellt den größten Bierverbrauch in der Welt dar.

[12] S. XX. WBB (1990), Nr. 395.

[13] Rs. 23/67, *Brasserie de Haecht I*, vom 12.12.1967, Slg. 1967, 543.

legte Grundsätze zur Bündeltheorie fest. Die Entscheidung *Delimitis*[14] führte eine zweistufige Analyse der Auswirkungen der Alleinbezugsvereinbarungen ein: Erstens wird die Marktstruktur auf dem Markt überprüft, in welcher der Absatzvertrag eingebettet ist. Einer der wichtigsten Faktoren ist dabei die Offenheit des Marktes. Die Bündelung der Vereinbarungen und deren kumulative Auswirkung auf den Wettbewerb auf dem Markt ist lediglich einer unter mehreren Faktoren, anhand deren die Offenheit des Marktes zu beurteilen ist. Zweitens wird der Beitrag der untersuchten Vereinbarung zu dieser Abschottungswirkung geprüft, welche das Bündel dieser Vereinbarungen aufgrund ihres wirtschaftlichen und rechtlichen Gesamtzusammenhangs entwickelt. Die wettbewerbsbeschränkende Wirkung der einzelnen Vereinbarungen wird erst dann vermutet, wenn diese in erheblichem Maße zu der Abschottung beitragen. Dies ist insbesondere von der Stellung der Vertragspartner auf dem relevanten Markt und von der Vertragsdauer[15] abhängig.[16] Für die Anwendbarkeit des Art. 81 Abs. 1 müssen diese beiden Voraussetzungen kumulativ erfüllt werden.

Die Dauer der Alleinbezugspflicht ist für Zwecke der Gruppenfreistellung begrenzt: In der GVO Nr. 1984/83 beträgt die zulässige Dauer für normale Alleinbezugsvereinbarungen 5 Jahre.[17] Sogenannte Staffelverträge werden im Allgemeinen als unzulässige Umgehung der GVO Nr. 1984/83 betrachtet. Für Bierlieferungs- und Tankstellenvereinbarungen gelten gemäß der GVO Nr. 1984/83 Sonderregeln: Bierlieferungsverträge i. S. v. Art. 6 GVO Nr. 1984/83 dürfen für maximal 10 Jahre geschlossen werden, sofern sich die Alleinbezugspflicht nur auf bestimmte Biere bezieht.[18] Wenn die Alleinbezugspflicht neben Bieren auch andere Getränke einbezieht, verkürzt sich die maximale Vertragsdauer auf 5 Jahre.[19] Für Tankstellenverträge gilt eine maximale Dauer von 10 Jahren.[20] Wenn neben der Alleinbezugsvereinbarung auch ein Pachtvertrag über die Gaststätte/Tankstelle bzw. ein sonstiges rechtliches oder tatsächliches Benutzungsverhältnis zwischen dem Lieferanten und dem Abnehmer abgeschlossen wird, dürfen diese Höchstlaufzei-

---

[14] Rs. C-234/89, *Delimitis*, s. o., I-935.

[15] S. *Delimitis*, s. o., I-987. Die Verhältnismäßigkeit der Vertragsdauer wird an der durchschnittlichen Dauer der auf dem relevanten Markt allgemein geschlossenen Bierlieferungsverträge gemessen. „Eine Brauerei mit verhältnismäßig geringem Marktanteil, die ihre Verkaufsstellen für viele Jahre an sich bindet, kann nämlich zu einer ebenso erheblichen Marktabschließung beitragen wie eine Brauerei mit verhältnismäßig starker Marktstellung, die ihre Verkaufsstellen normalerweise in kürzeren Zeitabständen aus der Bindung entläßt."

[16] S. *Delimitis*, s. o., I-987.

[17] Art. 3 lit. d GVO Nr. 1984/83.

[18] Art. 8 Abs. 1 lit. d GVO Nr. 1984/83.

[19] Art. 8 Abs. 1 lit. c GVO Nr. 1984/83.

[20] Art. 12 Abs. 1 lit. c GVO Nr. 1984/83.

ten überschritten werden.[21] Dann darf sich die Alleinbezugspflicht über den gesamten Zeitraum erstrecken, in dem der Abnehmer die Gaststätte bzw. Tankstelle tatsächlich betreibt.

Die GVO Nr. 2790/1999 stellt Markenzwang bis zu einem Marktanteil von 30% frei, sofern alle unmittelbaren oder mittelbaren Wettbewerbsverbote auf bis zu 5 Jahre beschränkt sind. Diese Begrenzung gilt nicht, wenn die Vertragsprodukte vom Abnehmer in Räumlichkeiten und auf Grundstücken verkauft werden, welche Eigentum des Lieferanten, gemietet oder gepachtet worden sind. Das Wettbewerbsverbot darf sich dabei nicht über den Zeitraum hinaus erstrecken, in welchem der Abnehmer diese Räumlichkeiten bzw. Grundstücke benutzt.[22]

b. Einschränkung des Markenzwangs

Die Alleinbezugspflicht sowie das Wettbewerbsverbot des Abnehmers können durch die sogenannte Öffnungsklausel eingeschränkt werden.[23] Diese Klausel darf nicht lediglich *pro forma* vereinbart sein – sei es aufgrund der rein hypothetischen Natur der Einschränkung des Geltungsbereichs des Wettbewerbsverbots oder aufgrund von dessen wirtschaftlicher Bedeutungslosigkeit.[24] Die Bedeutung der Klausel soll aufgrund ihres Wortlautes, ihres wirtschaftlichen und rechtlichen Kontextes sowie des Zusammenhangs mit den weiteren in der Alleinbezugsvereinbarung enthaltenen Verpflichtungen beurteilt werden. Bei Bierlieferungsvereinbarungen ist dann zu prüfen, wie das Verhältnis der Mindestabnahmemenge an Vertragsbieren zum üblichen Bierumsatz in der bestimmten Gaststätte ist. Nur so kann die wirkliche wirtschaftliche Wirkung der Öffnungsklausel eingeschätzt werden.

Der durch die Öffnungsklausel erlaubte Bezug von Produkten aus anderen Mitgliedstaaten muss von jedem Drittanbieter möglich sein, d. h. auch von inländischen oder ausländischen Zwischenhändlern. Andere Vereinbarungen, z. B. die Einschränkung lediglich auf den Direktbezug von Herstellern, die in anderen Mitgliedstaaten ansässig sind, berauben die Öffnungsklausel praktisch ihrer Wirkung. Im Einzelfall muss die Vertriebssituation auf die Möglichkeit des Fremdbezugs geprüft werden.

Bei der Anwendung der Öffnungsklausel bedurfte die Alleinbezugsvereinbarung dementsprechend zunächst keiner Gruppenfreistellung. Wenn jedoch die Öffnungsklausel durch Mindestabnahmepflichten entwertet wurde,

---

[21] Vgl. Art. 8 Abs. 2 lit. a und Art. 12 Abs. 2 GVO Nr. 1984/83.
[22] Art. 5 lit. a GVO Nr. 2790/1999.
[23] Die Öffnungsklausel öffnet dem Abnehmer den Bezug von Dritten für Produkte, welche mit den Vertragsprodukten im Wettbewerb stehen und dabei aus anderen Mitgliedstaaten stammen.
[24] S. *Delimitis*, s. o., I-988.

konnte die Verpflichtung wieder als Alleinbezug betrachtet werden und fiel unter die Gruppenfreistellung.[25]

Eine andere „Auflockerungsmöglichkeit" der Alleinbezugspflicht ist die sogenannte englische Klausel. Sie ermöglicht den Bezug von Dritten, wenn deren Preise unter den Preisen des bindenden Anbieters liegen. Die Voraussetzung für den eventuellen Fremdbezug ist die vorherige Mitteilung an den bindenden Anbieter, der dadurch die Möglichkeit bekommen soll, mitzuziehen.

Die Kommission betrachtet diese Klausel eher skeptisch:[26] Sie kann sich nämlich einerseits wettbewerbsbeschränkend auf horizontaler Ebene auswirken, zwischen dem bindenden Anbieter und seinen Konkurrenten, weil der Anbieter auf diese Weise über die Preise seiner Konkurrenten informiert wird. Solche Praxis entspricht jedoch andererseits dem normalen Marktverhalten, wenn der Abnehmer in Verhandlungen mit dem Lieferanten auch günstigere Angebote der Konkurrenz nennt. So ist das Argument der künstlichen Erhöhung der Markttransparenz ein zweifelhafter Standpunkt.[27] Die englische Klausel sollte deswegen bei typischen Alleinbezugsvereinbarungen positiv beurteilt werden.[28] Die GVO Nr.1984/83 stand der Anwendung der englischen Klausel nicht entgegen.[29]

Die eventuelle Unzulässigkeit der englischen Klausel kann sich auf andere Tatsachen beziehen: Dies ist der Fall, wenn der Abnehmer das Produkt bei gleichem Preis von seinem Lieferanten beziehen muss, obwohl das Konkurrenzangebot aus anderen Gründen, z. B. Qualität, vielleicht besser wäre.[30]

Die englische Klausel kann sich auch als Mengenvorgabe auswirken. Die Bewertung der Mengenvorgaben hängt von ihren Auswirkungen auf den Markt ab. In diese Beurteilung müssen insbesondere die Marktstruktur und die Marktverhältnisse einbezogen werden. Nur so kann festgestellt werden,

---

[25] Rs. C-234/89, *Delimitis*, s. o., I-988 f. Die Beurteilung der Öffnungsklausel im Hinblick auf Art. 81 Abs. 1 EGV richtet sich dann nach der Beurteilung der Bierlieferungsverträge im Allgemeinen. Wenn jedoch die Öffnungsklausel tatsächlich von Bedeutung ist, ist der Vertrag grundsätzlich nicht geeignet, den Handel zwischen den Mitgliedstaaten im Sinne von Art. 81 Abs. 1 zu beeinträchtigen, und fällt nicht unter das in diesem Artikel enthaltene Verbot.

[26] S. *BP Kemi-DDSF*, s. o., 42.

[27] Vgl. jedoch auch *Emmerich*, in: *Immenga/Mestmäcker*, EG-Wettbewerbsrecht, Kommentar, Band I, S. 240 (positiv); *BP Kemi-DDSF*, s. o., 42 f. (Nr. 64 ff.). Zu Art. 82 EGV s. Rs. 85/76, *Hoffmann-La Roche (Vitamine)*, vom 13.2.1979, Slg. 1979, 461, 544 ff. (insbesondere Nr. 107 f.).

[28] Bekanntmachung zu den GVO Nr. 1983/83 und GVO Nr. 1984/83, Rn. 35.

[29] Vgl. Art. 8 Abs. 2 lit. b 1. Alt. GVO Nr. 1984/83 (Pachtverträge bei Bierlieferungsverträgen). Hierdurch wurde die Alleinbezugspflicht für andere Getränke als Bier aufgelockert. Die Freistellung konnte lediglich dann entzogen werden, wenn der Lieferant dauernd oder systematisch Fremdbezüge des Gastwirts verhinderte.

[30] S. *BP Kemi-DDSF*, s. o., 42.

ob die englische Klausel überhaupt wirtschaftlich realistisch ist und nicht lediglich als Tarnung einer Wettbewerbsbeschränkung verwendet wird.

c. Die Entscheidungspraxis der tschechischen Kartellbehörde

Bei der Beurteilung von Alleinbezugsvereinbarungen lehnt sich die tschechische Kartellbehörde als Hilfe bei der Auslegung des GSWW an das EG-Kartellrecht an. In Bezug auf den Markenzwang sind es insbesondere die GVO Nr. 1984/83 und die Bündeltheorie.[31]

In der Entscheidung *Český Plyn*[32] wurde die Alleinbezugsvereinbarung über Gaslieferungen an Tankstellen als vereinbar mit dem GSWW betrachtet, obwohl die Vertragsdauer 15 Jahre beträgt. Die Vereinbarung räumt nämlich ein Kündigungsrecht ein und es gibt keine erheblichen technischen Hindernisse bei der eventuellen Kündigung. Die Marktzutrittsschranken sind niedrig und werden durch diese Vereinbarungen nicht erhöht. Es wird auch lediglich ein geringer Teil der Tankstellen gebunden. In der Entscheidung *Primaplyn*[33] war anscheinend der Marktanteil des Unternehmens sowie der Anteil der von ihm durch langfristige Alleinbezugsverträge gebundenen Abnehmer viel höher als im Fall *Český Plyn*. Dies hatte zur Folge, dass die Kartellbehörde diese Vereinbarungen aufgrund des kumulativen Effekts als marktabschließend bewertete.

In der Entscheidung *Česká Rafinérská/Shell Czech Republic*[34] wurde bei der Beurteilung insbesondere auf marktstrukturelle Kriterien abgestellt. Das Unternehmen *Česká Rafinérská* ist der einzige Produzent von Benzinen und bleifreien Benzinen in der Tschechischen Republik und sein Anteil an Lieferungen von diesen Produkten überschreitet erheblich die 30%ige Marktanteilsgrenze.[35] Ebenso besitzt das Unternehmen bei Diesel eine marktbeherrschende Stellung, da sein einziger Wettbewerber eher von geringer Bedeutung ist. Der Anteil von *Shell Czech Republic* am Verkauf dieser Produkte an Endverbraucher ist deutlich unter 30%. Die Dauer der vorgelegten Vereinbarung soll jedoch lediglich ein Jahr betragen. Der Wettbewerb auf dem Markt wird als stark bezeichnet, es gibt auch genügend nicht gebundene Tankstellen. Ebenso droht in Bezug auf die Vertragsdauer keine Gefahr der Wettbe-

---

[31] Vgl. z. B. die Entscheidung S 89/98-240, *Benzina*, vom 17.8.1998; R 17/98, *Benzina*, vom 29.7.1999.

[32] S 39/99-960/99-210, *Český Plyn*, vom 23.6.1999.

[33] S 38/99-1230/99-210, *Primaplyn*, vom 2.7.1999.

[34] S 76/99/220/2201, Česká Rafinérská/Shell Czech Republic, vom 9.9.1999.

[35] S 76/99/220/2201, *Česká Rafinérská/Shell Czech Republic*, s. o. Es wird geschätzt, dass ca. 36% aller Tankstellen durch Alleinbezugsvereinbarungen an *Česká Rafinérská* gebunden sind. Insgesamt werden ca. 43% aller Benzinlieferungen und 20% aller Diesellieferungen in gebundenen Tankstellen verkauft.

werbsbeschränkung, einschließlich möglicher kumulierender Effekte dieser Vereinbarungen. Es wurden insbesondere die aus dieser Vereinbarung folgenden Rationalisierungsvorteile hervorgehoben und die Vereinbarung wurde bewilligt.

Der Markt für Biere kann in Tschechien als mittelkonzentriert[36] bezeichnet werden. Des Weiteren ist er saturiert, so dass der Verkauf von den durch Werbung unterstützten Marken wächst. Die meisten Bierbrauereien verwenden für ihre Bierlieferungen an Gaststätten Alleinbezugsvereinbarungen. So werden ca. 60% aller Gaststätten[37] an die 5 größten Brauereien gebunden, meistens auch über einen längeren Zeitraum (10 Jahre oder länger, eventuell für einen *de facto* unbestimmten Zeitraum). Der Marktzutritt bzw. die Beibehaltung der Marktanteile ist für kleine und mittlere Brauereien sehr schwierig. Alle diese Tatsachen bringen negative Auswirkungen auf den Wettbewerb auf dem Markt sowie auf den Verbraucher mit sich, dessen Auswahlmöglichkeiten verringert werden. Die Alleinbezugsvereinbarungen von *Plzeňský Prazdroj*[38] und *Pivovar RADEGAST*,[39] zwei der größten Brauereien, werden dementsprechend als wettbewerbsbeschränkend bewertet.

d. Bewertung des Markenzwangs anhand marktstruktureller Kriterien

Die Marktstellung des Lieferanten ist für die Beurteilung des Markenzwangs und des Wettbewerbsverbots[40] von primärer Bedeutung:[41] Wenn der Markt-

[36] Der HHI für 1996 beträgt 1 080 Punkte. S. die Entscheidung S 91/97-240, *Pivovar RADEGAST*, vom 16.3.1998, Slg. Ent. 1998/II, 125, 131.

[37] Dabei wird im EG-Kartellrecht die Gebundenheit von 30 – 40% der Gaststätten als gefährlich für den Wettbewerb betrachtet. Vgl. auch Fn. Nr. 11.

[38] S 11/98-240, *Plzeňský Prazdroj*, vom 30.3.1998, Slg. Ent. 1998/I, 117.

[39] S 91/97-240, *Pivovar RADEGAST*, s. o., 125; R 7/98, *Pivovar RADEGAST*, vom 24.8.1998, Slg. Ent. 1998/II, 140; S 124/98-240, *Pivovar RADEGAST*, vom 16.11.1998, Slg. Ent. 1998/II, 186. Durch die letzte Entscheidung wurde der Brauerei *RADEGAST* eine Ausnahme genehmigt. Dadurch werden diese Alleinbezugsvereinbarungen zwischen *RADEGAST* und den gebundenen Gaststätten für den Zeitraum von 5 Jahren von dem Verbot des § 3 Abs. 1 GSWW ausgenommen (freigestellt).

[40] Dabei ist auch der Umfang und die Dauer des Wettbewerbsverbotes entscheidend: Wettbewerbsverbote, welche für einen Zeitraum kürzer als 1 Jahr von nicht marktbeherrschenden Unternehmen vereinbart werden, gelten als nicht nachteilig für den Wettbewerb. Bei Vereinbarungen, welche von solchen Unternehmen für 1 bis 5 Jahre abgeschlossen werden, müssen deren wettbewerbsfördernde und -schädliche Auswirkungen abgewogen werden. Bei Wettbewerbsverboten, welche über 5 Jahre dauern sollen, wird angenommen, dass die Effizienzgewinne nicht die Marktabschottungsauswirkungen überwiegen können. Marktbeherrschende Unternehmen müssen imstande sein, die von ihnen auferlegten Wettbewerbsverbote im Rahmen des Art. 82 EGV zu rechtfertigen.

[41] Art. 3 Abs. 1 GVO Nr. 2790/1999. Der Markenzwang kann bis zu einem Marktanteil von 30% freigestellt werden, vorausgesetzt, dass das Wettbewerbsverbot auf bis zu 5 Jahre beschränkt ist.

anteil des Lieferanten die in der GVO Nr. 2790/1999 festgelegte Marktanteilsgrenze von 30% und die Maximaldauer des Wettbewerbsverbots überschreitet, ist eine Abwägung der Auswirkungen der Vereinbarung notwendig. Bei dieser Beurteilung sind insbesondere die Stellung der beteiligten Unternehmen auf dem Markt und die Marktkonzentration wichtig.

Der Wettbewerb auf dem Markt ist insbesondere durch die Marktstellung der Wettbewerber bestimmt. Der Marktausschlusseffekt ist nur dann zu erwarten, wenn die Wettbewerber des Lieferanten schwach sind. Bei kumulativer Anwendung[42] des Wettbewerbsverbots durch wichtige Lieferanten können neu auf den Markt tretende Unternehmen ausgeschlossen werden. Des Weiteren kann eine solche Situation auch zur Erleichterung der Kartellbildung auf der Lieferantenebene führen.

Anhand der Marktzutrittsschranken kann festgestellt werden, ob eine tatsächliche Marktabschottung vorliegt. Wenn es für die Wettbewerber auf der Lieferantenebene nämlich relativ einfach ist, durch vertikale Integration auf der nachgelagerten Stufe Fuß zu fassen, besteht keine erhebliche Gefahr der Marktabschottung. Wichtig ist auch die Nachfragemacht: Schwache Abnehmer erlauben eine nicht auf Effizienzgewinnen beruhende Abschottung, welche auch Nachteile für die Verbraucher mit sich bringen kann. Die mit starken Abnehmern vereinbarten Wettbewerbsverbote können jedoch auch einen starken Marktabschottungseffekt hervorrufen.

Für die Beurteilung der Abschottungswirkungen ist auch die Handelsebene relevant. Die Marktabschottung ist auf der Intermediärstufe eher unwahrscheinlich, sofern es auf dem Markt nicht zu kumulierenden Effekten kommt und keiner der Marktteilnehmer marktbeherrschend ist. Kumulierende Effekte lassen sich als gefährlich einstufen, wenn mehr als 50% des Markts gebunden sind. Die von marktbeherrschenden Lieferanten auferlegten Alleinbezugsverpflichtungen können Marktabschottung verursachen.

Die eventuelle Marktabschottung auf der Großhandelsstufe hängt neben den Marktzutrittsschranken auch von der Art des Großhandels ab.[43] Marktabschottung ist eher auf der Einzelhandelsebene wahrscheinlich – es wäre für die meisten Lieferanten schwierig, für ihre Produkte eigene Verkaufsstätten zu errichten, da hier die Marktzutrittsschranken hoch sind. Wettbewerbsverbote auf dieser Ebene können zur Minderung des *in-store* Markenwettbewerbs führen. Deswegen liegt die Marktanteilsgrenze des nicht marktbeherr-

---

[42] S. Leitlinien über vertikale Beschränkungen, Rn. 142: Ein gebundener Marktanteil bis zu 5% gilt nicht als erheblich für den kumulativen Marktabschottungseffekt. Des Weiteren kann angenommen werden, dass wenn der Markanteil des größten Lieferanten unter 30% liegt und die fünf größten Lieferanten (CR5) über einen Marktanteil unter 50% verfügen, die Wettbewerbssituation als positiv zu betrachten ist.

[43] S. Leitlinien über vertikale Beschränkungen, Rn. 147.

schenden Lieferanten, oberhalb welcher wettbewerbswidrige Auswirkungen entstehen können, bei 30% des relevanten Marktes. Bei marktbeherrschenden Unternehmen können solche Auswirkungen bereits bei geringen gebundenen Marktanteilen entstehen. Der Wettbewerb auf der Einzelhandelsebene kann auch durch kumulative Effekte gefährdet werden.[44]

In bestimmten Sektoren kann es technisch problematisch sein, mehr als eine Marke zu verkaufen. In diesen Fällen wird als Reaktion auf die eventuelle Marktabschottung die Begrenzung der Vertragsdauer verwendet.

Beim Vorkommen spürbarer wettbewerbswidriger Wirkungen kann eventuell die Einzelfreistellung gemäß Art. 81 Abs. 3 EGV infrage kommen, solange der Lieferant nicht marktbeherrschend ist. Wettbewerbsverbote können nämlich zu Effizienzgewinnen bei der Lösung des Trittbrettfahrerproblems und der *Hold-up*-Probleme sowie bei Unvollkommenheit des Kapitalmarktes[45] beitragen. Versunkene Investitionen auf der Seite des Lieferanten rechtfertigen die Einzelfreistellung des Wettbewerbsverbots bzw. der Mengenvorgabe für den Zeitraum der Abschreibung der Investitionsgüter.[46] Die Übertragung von Know-how rechtfertigt ein Wettbewerbsverbot für die gesamte Laufzeit des Vertrags. Das Gleiche gilt auch für Kombinationen von Wettbewerbsverboten mit Alleinvertrieb unterhalb der Schwelle der Marktbeherrschung.

2. Alleinvertriebsvereinbarungen

Einer Alleinvertriebsvereinbarung liegt die Verpflichtung des Herstellers zugrunde, seine Produkte in einem bestimmten Gebiet ausschließlich an einen bestimmten Händler zu liefern. Die Ausschließlichkeitsbindung ist für den Händler eine Art Garantie für seine Leistungen in der Vertriebsförderung sowie für die im Zusammenhang mit diesen Leistungen erbrachten spezifischen Investitionen. Diese sind vor allem bei neuen Produkten sowie beim Marktzutritt neuer Unternehmen unbedingt notwendig.[47] Alleinvertriebsbindungen

[44] Kumulative Effekte drohen in der Regel nicht, wenn keines der Unternehmen auf dem Markt einen Marktanteil über 30% besitzt und der gesamte Anteil der gebundenen Anteile unter 40% liegt. Diese Zahlen sind lediglich Orientierungswerte, es werden dabei auch andere Faktoren berücksichtigt. S. auch Leitlinien über vertikale Beschränkungen, Rn. 149.

[45] S. Leitlinien über vertikale Beschränkungen, Rn. 156. Ein Darlehen kann nur dann ein Wettbewerbsverbot rechtfertigen, wenn der Abnehmer jederzeit die Vereinbarung beenden und den Restbetrag zurückzahlen kann, ohne dass er Strafgeld zahlen muss.

[46] S. Leitlinien über vertikale Beschränkungen, Rn. 155.

[47] Vgl. Erwägungsgrund Nr. 6 zu GVO Nr. 1983/83. Alleinvertriebsvereinbarungen sind für den Hersteller oft das wirksamste und manchmal sogar das einzige Mittel zur Marktdurchdringung und Behauptung im Wettbewerb mit anderen Herstellern auf diesem Markt. Dies bezieht sich insbesondere auf kleine und mittlere Unternehmen. Im Idealfall sollte sich der Händler mit den Produkten des Herstellers identifizieren. Vgl. auch die Entwicklung der Vertriebssysteme und die

ermöglichen auch Rationalisierung des Vertriebs: So werden z. B. Transaktionskosten reduziert und Schwierigkeiten sprachlicher, rechtlicher oder sonstiger Art vermieden, die sich im grenzüberschreitenden Verkehr ergeben.

Diese enge Zusammenarbeit wirkt sich grundsätzlich wettbewerbsfördernd auf den Markenwettbewerb aus, obwohl dabei der markeninterne Wettbewerb abgeschwächt wird. Aufgrund der Abwägung dieser Auswirkungen hat die Kommission die Gruppenfreistellungsverordnung Nr. 1983/83 für Alleinvertriebsvereinbarungen erlassen. Dabei wurden insbesondere die positiven Effekte in Bezug auf die Verbesserung der Verteilung der Produkte, die Erleichterung der Absatzförderung und die intensivere Bearbeitung des Marktes hervorgehoben.[48]

Der Alleinvertrieb kann den markeninternen Wettbewerb verringern und zur Marktabschottung und -aufteilung führen. Die Marktaufteilung kann des Weiteren zur Erleichterung der Preisdiskriminierung führen. Wenn die meisten Lieferanten Alleinvertriebsvereinbarungen verwenden, kann dadurch die Kartellbildung auf der Lieferanten- sowie auf der Händlerebene erleichtert werden.

a. Die einzelnen Beschränkungen

(1) Ausschließliche Lieferverpflichtung des Herstellers

Aufgrund dieser Verpflichtung soll der Hersteller in einem bestimmten Vertragsgebiet ausschließlich den zugelassenen Händler beliefern.[49] Dadurch

---

Übernahme verschiedener Aufgaben, die bisher eher dem Hersteller vorbehalten waren. Entscheidung der Kommission 70/488/EWG, *Omega*, ABl. L 242 vom 5.11.1970, 22 (Montagearbeiten – Herstellung landesspezifischer Uhrengehäuse und Einbau der Original-Uhrwerke). Der Händler kann kundenorientierter arbeiten, indem er auf diese Art und Weise spezielle Kundenwünsche stärker berücksichtigen kann. Bei der Feststellung der Warenidentität verwendet die Kommission den Ansatz der Wertsteigerung. Dieser Ansatz ist jedoch völlig ungeeignet und zu unbestimmt. Vgl. Rn. 10 und 11 der Bekanntmachung zu GVO Nr. 1983/83 und Nr. 1984/83. Die Abgrenzung kann in der Praxis jedoch schwierig sein. S. Entscheidung der Kommission 78/253/EWG, *Campari*, ABl. L 70 vom 13.3.1978, 69, 76. vgl. zum Verlängerungsantrag XVIII. WBB (1988), Nr. 69 und Pressemitteilung IP (88) 594. Computer-Software stellt ein Produkt i. S. v. GVO Nr. 1983/83 dar.

[48] Vgl. Erwägungsgründe Nr. 5 bis 7 zu GVO Nr. 1983/83.

[49] S. die Bekanntmachung der Kommission zu den GVO Nr. 1983/83 und Nr. 1984/83, Rn. 27; *Veelken*, in: *Immenga/Mestmäcker*, EG-Wettbewerbsrecht, S. 446, Rn. 30. Die Alleinbelieferungspflicht schließt nicht das Recht des Herstellers aus, die Vertragsprodukte an andere Wiederverkäufer abzugeben, die sie anschließend im Vertragsgebiet des Alleinvertriebshändlers veräußern. Die Zulässigkeit dieser Lieferungen war davon abhängig, dass der Wiederverkäufer, und nicht der Hersteller für die Transportkosten der Produkte in dem Vertragsgebiet aufkam. S. auch XVIII. WBB (1988), Nr. 21.

wird die Freiheit des Herstellers in Bezug auf die Auswahl der Vertriebsstellen in diesem Gebiet eingeschränkt. Außerdem wirkt sich diese Verpflichtung als Marktzutrittsschranke für neue Händler sowie als Schranke für die Expansion zugelassener Händler in fremde Vertragsgebiete aus.[50] Deswegen wird sie von der Kommission als Verstoß gegen Art. 81 Abs. 1 EGV gesehen. Die GVO Nr. 1983/83 stellte diese Verpflichtung frei.[51] Des Weiteren war auch die Verpflichtung des Herstellers freigestellt, im Vertragsgebiet Verbraucher nicht mit Vertragswaren zu beliefern.[52] Die GVO Nr. 2790/1999 stellt die ausschließliche Lieferverpflichtung des Herstellers bis zu einem Marktanteil von 30% frei.

Die GVO Nr. 1983/83 stellte lediglich uneingeschränkte Ausschließlichkeit frei, der Hersteller durfte sich weder verpflichten, neben dem Händler auch eine bestimmte Zahl weiterer Händler zu beliefern,[53] noch seinen Alleinvertriebshändler verpflichten, in seinem Vertragsgebiet lediglich bestimmte Abnehmergruppen zu beliefern und die Belieferung sonstiger Gruppen anderen vom Hersteller ernannten Wiederverkäufern zu überlassen.[54] In solchen Fällen entfiel dann die Gruppenfreistellung insgesamt, die GVO Nr. 1983/83 enthielt nämlich keine „Minusklausel."[55] Im Einzelfall konnte jedoch eine Einzelfreistellung gemäß Art. 81 Abs. 3 EGV beantragt werden.[56] Als Lösung konnten in solchen Fällen die Vertragsgebiete der einzelnen Alleinvertriebshändler eng abgegrenzt und dem Hersteller kein Wettbewerbsverbot zu Lasten des Alleinvertriebshändlers auferlegt werden.

Der Sinn der Alleinbelieferungspflicht des Herstellers ist die Ausschaltung der Konkurrenz durch andere Wiederverkäufer im Vertragsgebiet des Alleinvertriebshändlers. Die Kommission stellte bei der Auslegung auf den Ort der Übergabe der Vertragsprodukte ab.[57] Dies fand zum einen keine Entsprechung im Wortlaut der GVO Nr. 1983/83, zum anderen widersprach es sogar dem Sinn und Zweck der Gruppenfreistellung. Diese vertragsgebietsbezogene Regelung untersagte lediglich eine aktive Vertriebspolitik: So galt gemäß der GVO Nr. 1983/83 das Belieferungsverbot für gebietsansässige

---

[50] Entscheidung der Kommission 85/559/EWG, *Ivoclar*, ABl. L 369 vom 31.12.1985, 1, 3.

[51] Art. 1 GVO Nr. 1983/83.

[52] Art. 2 Abs. 1 GVO Nr. 1983/83.

[53] Zu Kfz-Verträgen vgl. Art. 1 Nr. 2 GVO Nr. 1475/95.

[54] Bekanntmachung der Kommission zu den GVO Nr. 1983/83 und Nr. 1984/83, Rn. 29.

[55] Z. B. in Art. 1 Abs. 3 GVO Nr. 2349/84 (Patentlizenzen) und in Art. 1 Abs. 6 GVO Nr. 556/89 (Know-how-Vereinbarungen). Minusklauseln erweitern den Anwendungsbereich der Bestimmungen auch auf gleichartige Beschränkungen geringerer Bedeutung.

[56] Entscheidung der Kommission 77/100/EWG, *Junghans*, ABl. L 30 vom 2.2.1977, 10, 15 f., XVII. WBB (1987), Nr. 28.

[57] S. Bekanntmachung der Kommission zu den GVO Nr. 1983/83 und Nr. 1984/83, Rn. 27. Entsprechend dieser Bestimmung war die Übergabe außerhalb des Vertragsgebietes kein Verstoß gegen das Alleinvertriebsrecht des Händlers.

Wiederverkäufer uneingeschränkt, für gebietsfremde eingeschränkt auf deren aktive Vertriebspolitik.[58] Die GVO Nr. 1983/83 stellte nämlich auf den Ort der Weiterveräußerung der gelieferten Produkte ab.[59]

Zur indirekter Belieferung anderer Wiederverkäufer im Vertragsgebiet vertrat die Kommission in ihrer Bekanntmachung zu den GVO Nr. 1983/83 und Nr. 1984/83 eine zweifelhafte Position:[60] Individuelle Lieferungen galten als nicht gegen das Alleinvertriebsrecht des gebundenen Händlers verstoßend, solange die Übergabe der Produkte außerhalb des Vertragsgebiets stattfand. Dies hatte keine entsprechende Bestimmung in der GVO Nr. 1983/83 und widersprach Sinn und Zweck der Gruppenfreistellung.

Art. 1 GVO Nr. 1983/83 verlangte auch eine Bestimmung der Vertragsprodukte. Der Alleinvertriebshändler sollte hierdurch zum einen gegen eine einseitige Ausdehnung der Alleinbezugspflicht durch den Hersteller, zum anderen vor einer einseitigen Einschränkung des Alleinvertriebsrechts geschützt werden.

Die Position des EuGH zur Alleinbelieferungsverpflichtung ist nicht eindeutig.[61] Der EuGH fokussiert seine Aufmerksamkeit auf den Einfluss auf den parallelen Handel mit dem Produkt, insbesondere auf die Art des Gebietsschutzes.[62] Absoluter Gebietsschutz verursacht nämlich „automatisch" einen Verstoß gegen Art. 81 Abs. 1 EGV.[63] Dabei wird überprüft, ob die Alleinvertriebsvereinbarung rechtlich oder tatsächlich den parallelen Handel blockiert. Die beiden Tatbestandsmerkmale „Wettbewerbsbeschränkung"

---

[58] Aktive Vertriebspolitik kommt vor, wenn der Händler um Kunden wirbt. Passive Vertriebspolitik zeichnet sich dadurch aus, dass der Händler lediglich von den Kunden selbst ausgehende Bestellungen entgegennimmt. Die letztere Vertriebspolitik scheint jedoch eher unrealistisch zu sein.

[59] Art. 1 GVO Nr. 1983/83: „[...] zum Zwecke des Weiterverkaufs im Vertragsgebiet[...]"

[60] Bekanntmachung der Kommission zu den GVO Nr. 1983/83 und Nr. 1984/83, Rn. 27. Die nationalen Gerichte sowie der EuGH waren an diese Stellungnahme nicht gebunden.

[61] So z. B. *Gleiss/Hirsch*, Kommentar zum EG-Kartellrecht, S. 438, Rn. 1086.

[62] S. unten D. III. 2. a. (3) Gebietsschutz. Absoluter Gebietsschutz fällt automatisch unter das Verbot in Art. 81 Abs. 1 EGV, er wird auch durch die GVO Nr. 2790/1999 nicht freigestellt. S. Art. 4 lit. b GVO Nr. 2790/1999. Durch den absoluten Gebietsschutz wird nämlich der parallele Handel verhindert. S. jedoch auch Rs. 1/71, *Cadillon/Höss*, vom 6.5.1971, Slg. 1971, 351, 356. Diese Entscheidung stellt jedoch einen Ausnahmefall dar. Es ist möglich, dass eine Alleinvertriebsvereinbarung selbst bei absolutem Gebietsschutz mit Rücksicht auf die schwache Stellung, welche die Beteiligten auf dem Markt der fraglichen Produkte im geschützten Gebiet haben, für die Verwirklichung der Ziele eines einheitlichen zwischenstaatlichen Marktes nicht nachteilig sein kann. Zum absoluten Gebietsschutz vgl. insbesondere Rs. 56/65, *STM*, vom 30.6.1966, Slg. 1966, 281, 304; Verb. Rs. 56 und 58/64, *Consten/Grundig*, vom 13.7.1966, Slg. 1966, 321, 391; Rs. 22/71, *Béguelin*, vom 25.11.1971, Slg. 1971, 949, 960; Rs. 8/74, *Dassonville*, vom 11.7.1974, Slg. 1974, 837, 853 (Binnenmarktrelevanz hervorgehoben).

[63] Rs. 56/65, *STM*, s. o., 304; Rs. 1/71, *Cadillon/Höss*, s. o., 356; Rs. 22/71, *Béguelin*, s. o., 960; Rs. 8/74, *Dassonville*, s. o., 853; Rs. C-279/87, *Tipp-Ex*, vom 8.2.1990, Slg. 1990, I-261.

und „Spürbarkeit" werden miteinander vermischt. Neben der Spürbarkeit[64] der Wettbewerbsbeschränkung kommt es auch auf die eventuellen mit den Alleinvertriebsvereinbarungen auf dem Markt verbundenen kumulativen Wirkungen[65] an.

Wenn die Ausschließlichkeitsbindung für die Markterschließung unbedingt notwendig ist, kann sie in Ausnahmefällen als zulässig betrachtet werden. Aus der Entscheidungspraxis des EuGH war es jedoch nicht ersichtlich, ob dabei die Wettbewerbsbeschränkung oder die Spürbarkeit verneint wurden.[66]

(2) Wettbewerbsverbot zu Lasten des Herstellers[67]

Mit der Alleinbelieferungsverpflichtung des Herstellers hängt auch das Wettbewerbsverbot zu dessen Lasten zusammen: Art. 2 Abs. 1 GVO Nr. 1983/83 verbietet die Belieferung der Verbraucher im Vertragsgebiet.[68] Das Wettbewerbsverbot war zwar keine Voraussetzung für die Gruppenfreistellung, es war jedoch umstritten, ob die Parteien darauf verzichten konnten.[69] Dieser Grundsatz war unter der GVO Nr. 1983/83 strittig, da ein solcher Verzicht sogar geboten sein kann. Die Gruppenfreistellung war blockiert, wenn die Verbraucher die Vertragsprodukte innerhalb des Vertragsgebiets nur von dem Alleinvertriebshändler beziehen konnten und auch außerhalb des Vertragsgebiets keine alternativen Versorgungsquellen vorhanden waren.[70] Daher waren Wettbewerbsverbote des Herstellers mit Vorbehalt passiver Verkäufe zulässig, meistens inklusive der Verpflichtung zur Ausgleichszahlung an den Alleinvertriebshändler für solche Verkäufe.

---

[64] Die Spürbarkeit hängt insbesondere von der Marktstellung der beteiligten Unternehmen (wenn diese unbedeutend ist) oder von der geographischen Bedeutung der Vereinbarung ab (lokale oder regionale Bedeutung). S. Rs. 1/71, *Cadillon/Höss*, s. o., 356.

[65] Rs. 23/67, *Brasserie De Haecht I*, s. o., 545.

[66] Rs. 56/65, *STM*, s. o., *304*. So kann selbst absoluter Gebietsschutz ausnahmsweise zulässig sein: Rs. 1/71, *Cadillon/Höss*, s. o., 356. Berührungspunkte zur EuGH-Rechtsprechung zu ausschließlichen Lizenzen: S. Rs. 258/78, *Nungesser (Maissaatgut)*, vom 8.6.1982, Slg. 1982, 2015, 2069, 2070 f., 2073 f.

[67] Zur Bewertung des Wettbewerbsverbots in der neuen Regelung s. o. D. III. 1. d. Bewertung des Markenzwangs anhand marktstruktureller Kriterien.

[68] Die Regelung spricht von Verbrauchern im Gegensatz zu Wiederverkäufern i. S. v. Art. 1 GVO Nr. 1983/83. Dies bezieht sich auf alle Abnehmer, die die Produkte nicht zum Zwecke des Weiterverkaufs abnehmen. Zu Kfz-Verträgen vgl. Art. 2 GVO Nr. 1475/95.

[69] Entscheidung der Kommission 79/934/EWG, *BP Kemi-DDSF*, ABl. L 286 vom 14.11.1979, 32, 47.

[70] Art. 3 lit. c GVO Nr. 1983/83. Gemäß der Bekanntmachung der Kommission zu den GVO Nr. 1983/83 und Nr. 1984/83, Rn. 31 war auch der Hersteller als alternative Versorgungsquelle anzusehen.

Zu den durch den Vorbehalt passiver Verkäufe oder der Belieferung bestimmter Verbraucher[71] eingeschränkten Wettbewerbsverboten ist die Stellung der Kommission unklar: Zuerst war sie der Meinung, dass das Wettbewerbsverbot nicht eingeschränkt werden dürfte.[72] Folglich vertrat sie den Standpunkt, dass das Wettbewerbsverbot des Herstellers nicht absolut sein müsse.[73] Die Entscheidung richtete sich insbesondere nach dem wirtschaftlichen Zusammenhang des Kundenvorbehalts.[74]

Die Stellung der Kommission zur Reichweite des Wettbewerbsverbotes zu Lasten des Herstellers in der Bekanntmachung der Kommission zu den GVO Nr. 1983/83 und Nr. 1984/83 war ähnlich verfehlt wie bei der Alleinbelieferungsverpflichtung des Herstellers. Passive Verkäufe waren nämlich unter gleichen Voraussetzungen zulässig. Ebenso ignorierte die Abgrenzung des Begriffs „Endverbraucher" die ökonomische Realität und trug so zur Abwertung der Freistellung des Wettbewerbsverbotes bei.

Die Verpflichtung des Herstellers, nicht an Einkaufsvermittler zu liefern, fiel unter das durch Art. 2 Abs. 1 GVO Nr. 1983/83 freigestellte Wettbewerbsverbot. Bei Kfz-Verträgen findet die spezielle Regelung in der GVO Nr. 1475/95 statt, die Lieferungen an Vermittler unter bestimmten Voraussetzungen erlaubt.[75]

(3) Gebietsschutz

Gebietsschutz für einen Vertriebshändler besteht immer aus zwei Elementen: Zum einen ist es die Verpflichtung der Händler gegenüber dem Hersteller, das Vertragsgebiet des geschützten Händlers zu respektieren, zum anderen die Verpflichtung des Herstellers gegenüber dem geschützten Händler, diese

---

[71] Dies erfolgt gegebenenfalls gegen Zahlung einer Entschädigung an den Alleinvertriebshändler.

[72] S. *BP Kemi-DDSF*, s. o., 44, 47. In dieser Entscheidung hielt die Kommission ein durch den Vorbehalt bestimmter Kunden eingeschränktes Wettbewerbsverbot des Herstellers für unzulässig, da diese Kundenaufteilung nach Meinung der Kommission eine horizontale Absprache war, die nicht unter die GVO Nr. 1983/83 fällt.

[73] S. die Bekanntmachung der Kommission zu den GVO Nr. 1983/83 und Nr. 1984/83, Rn. 30.

[74] Vgl. Art. 3 lit. a oder b GVO Nr. 1983/83 und Bekanntmachung der Kommission zu den GVO Nr. 1983/83 und Nr. 1984/83, Rn. 30. Die Kundenaufteilung konnte angewandt werden, wenn sich die Vertriebsleistung des Händlers von der des Herstellers deutlich unterschied, z. B. Belieferung von Klein- und Großverbrauchern, oder wenn für die jeweiligen Verbrauchergruppen unterschiedliche Vertriebsmaßnahmen nötig waren. So wurde durch die eingeschränkten Wettbewerbsverbote insbesondere die Verteilung der Produkte verbessert.

[75] Art. 3 Nr. 11 GVO Nr. 1475/95; I. 3 der Bekanntmachung der Kommission zu ihrer Verordnung (EWG) Nr. 123/85 vom 12.12.1984 über die Anwendung von Art. 81 Abs. 3 EGV auf Gruppen von Vertriebs- und Kundendienstvereinbarungen über Kraftfahrzeuge vom 18.1.1985, ABl. C 17, S. 4 f. sowie die Bekanntmachung der Kommission zur Klarstellung der Tätigkeit von Kraftfahrzeugvermittlern vom 18.12.1991, ABl. C 329, S. 6 f.

Respektierungsverpflichtung anderen Händlern bzw. sonstigen Abnehmern aufzuerlegen.[76]

Es handelt sich um zwei Seiten ein- und derselben Medaille: um die relative Einkommenssicherheit (Gebietsmonopol) einerseits und die freiwillige Beschränkung unternehmerischer Handlungsmöglichkeiten (Verzicht auf den Einsatz bestimmter Aktionsparameter) andererseits.[77]

Der Gebietsschutz durch den Hersteller kann als Gebietsschutz durch Exportverbot zu Lasten der Vertragshändler bzw. der unmittelbar oder mittelbar belieferten Abnehmer auferlegt werden. Der Erstere besteht darin, dass der Hersteller seine Händler bzw. sonstigen Abnehmer verpflichtet, nicht in das Gebiet des jeweils anderen Vertragshändlers zu liefern. Der Letztere betrifft die den Kunden der Vertragshändler und sonstiger Abnehmer auferlegten Exportverbote. Diese Verbote werden sowohl auf aktive als auch auf passive Verkäufe angewendet.

Der Gebietsschutz kann in sehr unterschiedlichen Formen auftreten, z. B. als Exportverbot[78] oder als indirektes Exportverbot in Form des Verbots der Umpackung der Produkte, die mit dem Warenzeichen des Herstellers versehen sind,[79] als Verwendungsbestimmungen und Destinationsklauseln,[80] als

---

[76] S. *Gleiss/Hirsch*, Kommentar zum EG-Kartellrecht, S. 453, Rn. 1122.

[77] *Väth*, Die Wettbewerbskonzeption des EuGH, S. 82 f.

[78] Bekanntmachung der Kommission zu den GVO Nr. 1983/83 und Nr. 1984/83, Nr. 17. Verbot des Herstellers: Rs. 25/75, *Dalle Crode*, vom 1.10.1975, Slg. 1975, 1103, 1111; Rs. 86/82, *Hasselblad*, vom 21.1.1984, Slg. 1984, 883, 904 ff.; Rs. 31/85, *ETA/DK Investment (Swatch)*, vom 10.12.1985, Slg. 1985, 3933, 3943; Entscheidung der Kommission 84/282/EWG, *Polistil/Arbois*, ABl. L 136 vom 23.5.1984, 9, 14. Übernahme der Verpflichtung seitens der Händler: Entscheidung der Kommission 88/172/EWG, *Konica*, ABl. L 78 vom 23.3.1988, 34, 41; Entscheidung der Kommission 87/409/EWG, *Sandoz*, ABl. L 222 vom 10.8.1987, 28, 32 (Hierher fallen auch Reimportverbote); Entscheidung der Kommission 85/79/EWG, *John Deere*, ABl. L 35 vom 7.2.1985, 58, 62 (absolutes Exportverbot).

[79] Entscheidung der Kommission 90/645/EWG, *Bayer Dental*, ABl. L 351 vom 15.12.1990, 46, 48 f.; Es kommt darauf an, ob das Umpacken eine Warenzeichenverletzung darstellt. Dies ist nicht der Fall, wenn der Händler lediglich die äußere Gebindeverpackung öffnet, um die originalverpackten Einzelstücke weiterzuverkaufen. Wenn jedoch durch das Öffnen der letzten Originalverpackung das Produkt beeinträchtigt werden könnte, ist das Umpacken unzulässig. Die EuGH-Rechtsprechung zu den Fällen des Umpackens ist unklar. S. Rs. 102/77, *Hoffmann-La Roche/Centrafarm*, vom 23.5.1978, Slg. 1978, 1139, 1165 ff. Hier werden drei Bedingungen festgelegt, bei deren Vorliegen es sich nicht um Warenzeichenverletzung beim Umpacken handelt. Es bleibt jedoch unklar, wann die nötige Absicht des Warenzeicheninhabers zur „künstlichen" Abschottung nationaler Märkte vorkommt. S. Rs. 1/81, *Pfizer/Eurim-Pharm*, vom 3.12.1981, 2913, 2926. Wichtig ist die Vermeidung der Irreführungsgefahr bei Verbrauchern oder Endabnehmern. So sollte der Hersteller eigentlich nur eingeschränkte Verbote des Umpackens dem Händler auferlegen. Des Weiteren kann der Händler auch verpflichtet werden, den Hersteller über das Umpacken zu unterrichten und auf der Packung auf diese Tatsache aufmerksam zu machen. S. Rs. 102/77, *Hoffmann-La Roche/Centrafarm*, s. o., 1167.

Weitergabe von Exportverboten,[81] als Preisabsprachen[82] und Preisgestaltung,[83] als abgestimmtes Verhalten,[84] als Unterstützung von Händlerabsprachen,[85] als Ausübung der Rechte des intellektuellen Eigentums[86] oder als

---

[80] Diese Verpflichtung schreibt dem Händler vor, wie er die Produkte verwenden soll oder wo er sie weiterverkaufen darf. Praktisch handelt es sich um verdecktes Exportverbot. Entscheidung der Kommission 90/38/EWG, *Bayo-n-ox*, ABl. L 21 vom 26.1.1990, 71, 73, 76 (Verwendung nur zur Deckung des eigenen Bedarfs vorgeschrieben. Es handelt sich gleichzeitig um ein Exportverbot, wenn die Produkte ohne Verwendungsbeschränkung, jedoch zu einem höherem Preis lieferbar sind.) *Bayer Dental*, s. o., 49 (Positive Verpflichtung, in welche Gebiete geliefert werden darf. Dies kann einem verdeckten Lieferungsverbot in andere Gebiete gleichgesetzt werden.)

[81] Entscheidung der Kommission 91/50/EWG, *Ijsselcentrale*, ABl. L 28 vom 2.2.1991, 32, 40. Das Gleiche gilt auch für Verbote, nicht an solche Kunden zu liefern, die in Gebiete außerhalb des Vertragsgebietes weiterliefern wollen. Entscheidung der Kommission 87/406/EWG, *Tipp-Ex*, ABl. L 222 vom 10.8.1987, 1, 8.

[82] Entscheidung der Kommission 91/335/EWG, *Gosme/Martell-DMP*, ABl. L 185 vom 11.7.1991, 23, 28: (Berechnung höherer Preise oder Streichen von Rabatten, wenn der Abnehmer die Produkte exportieren will).

[83] Verhinderung oder Erschwerung von Lieferungen in fremde Vertragsgebiete durch Systeme der gespaltenen Preise, Entscheidung der Kommission 78/163/EWG, *Distillers*, ABl. L 50 vom 22.2.1978, 16, 25 f.; *John Deere*, s. o., 62; *Tipp-Ex*, s. o., 8 (Streichung der Rabatte als Sanktion für Lieferungen an Parallelimporteure); *Gosme/Martell-DMP*, s. o., 28 f. (Absprachen zwischen Hersteller und Händler über die Streichung der Rabatte bei exportwilligen Abnehmern); Entscheidung der Kommission 85/617/EWG, *Sperry New Holland*, ABl. L 376 vom 31.12.1985, 21, 26: Bonussysteme als Motivation zur aktiven Vermarktung dürfen nicht als Anreiz zur Weitergabe von Exportverboten missbraucht werden. Dies gilt nicht für Boni, die sich lediglich auf Lieferungen an Kunden mit Sitz im Vertragsgebiet des Händlers beziehen, da dadurch der Parallelhandel nicht verhindert wird. Das Ziel solcher Bonussysteme ist nämlich die Konzentration der aktiven Verkäufe auf das Vertragsgebiet. Die Kommission differenziert bei der Beurteilung von Rabatten und Prämien: Wenn diese für eine Vertriebsförderungsleistung fällig sind, die mit dem Export der Produkte wegfällt, ist deren Streichung zulässig. *Gosme/Martell-DMP*, s. o., 29.

[84] Bei einseitigem Verhalten des Herstellers galt die GVO Nr. 1983/83 nicht. Es wurde eine Vereinbarung im Sinne von Art. 81 Abs. 1 oder abgestimmtes Verhalten angenommen. Dogmatisch wird dies dadurch begründet, dass sich die einseitigen Handlungen in eine bestehende vertragliche Beziehung einfügten. S. *Sandoz*, s. o., 32. Dies ist jedoch falsch. In der GVO Nr. 1983/83 kam es auf diese Tatsache nicht an. S. *Tipp-Ex*, s. o., 9. Es war dabei unerheblich, von welcher Seite die Initiative ausging. *Tipp-Ex*, s. o., 3 ff.; Entscheidung der Kommission 82/367/EWG, *Hasselblad*, ABl. L 161 vom 12.6.1982, 18, 26; Rs. 86/82, *Hasselblad*, s. o., 903 f. Als ebenso unzulässig gelten z. B. Aufkaufaktionen. S. *Konica*, s. o., 38, 41.

[85] Rs. 86/82, *Hasselblad*, s. o., 903 f. Die GVO Nr. 1983/83 galt dann nicht.

[86] Art. 3 lit. d GVO Nr. 1983/83 nannte zwei Beispieltatbestände der missbräuchlichen Ausnutzung dieser Rechte, welche zur Unanwendbarkeit der GVO Nr. 1983/83 führte: die Ausübung gewerblicher Schutzrechte und die Ausübung sonstiger Rechte oder die Vornahme von Maßnahmen, um den Parallelhandel zu verhindern. S. Erwägungsgrund Nr. 11 zu GVO Nr. 1983/83. Art. 3 lit. d GVO Nr. 1983/83 musste eng ausgelegt werden. S. Rs. 170/83, *Hydrotherm/Compact*, vom 12.7.1984, Slg. 1984, 2999, 3018. Grundsätzlich entfiel die Gruppenfreistellung immer dann, wenn dieses Recht wegen Erschöpfung nicht mehr geltend gemacht werden konnte und die Vertragsparteien diese Tatsache nicht beachten wollten. Die GVO Nr. 1983/83 galt nicht, wenn der Hersteller bewusst verschiedene Warenzeichen für dasselbe Produkt wählte, wodurch er die nationalen Märkte künstlich abschotten wollte. S. Rs. 3/78, *Centrafarm/AHPC*, vom 10.10.1978, Slg.

Ausübung sonstiger Rechte[87] oder Maßnahmen.[88] Die GVO Nr. 1983/83 war in diesen Fällen nicht anwendbar.

Die Unterscheidung der Verbote passiver und aktiver Verkäufe hat keine Bedeutung für die Beurteilung der Beschränkung gemäß Art. 81 Abs. 1 EGV – beide sind mit Art. 81 Abs. 1 unvereinbar. Diese Unterscheidung ist jedoch für die Gruppenfreistellung wichtig. Das Verbot aktiver Verkäufe ist nämlich durch die GVO Nr. 2790/1999 freigestellt.[89] So wird lediglich ein relativer Gebietsschutz gewährt, da der Parallelhandel nicht eingeschränkt werden darf.[90] Im Gegensatz zu relativem Gebietsschutz ist die Stellung der Kommission zu absolutem Gebietsschutz sehr restriktiv. Absoluter Gebietsschutz kann nämlich auch als Mittel der Abschottung der einzelnen Vertragsgebiete betrachtet werden.[91]

Die Erschwerung des parallelen Handels verursachte die Blockierung der GVO Nr. 1983/83.[92] Die GVO Nr. 1983/83 fand in solchen Fällen von Anfang an keine Anwendung. Dadurch entstand beträchtliche Rechtsunsicherheit in Bezug auf mehrere Aspekte.[93] Einer dieser Aspekte kann darin gesehen werden, dass sich der Tatbestand der Erschwerung im Wortlaut auf ein

---

1978, 1823, 1841. Zulässig ist jedoch die Verwendung unterschiedlicher Marketing-Strategien für die jeweiligen nationalen Märkte, wenn dies durch kulturelle, sprachliche, rechtliche oder wettbewerbliche Unterschiede gerechtfertigt ist.

[87] Art. 3 lit. d GVO Nr. 1983/83 bestimmte jedoch nicht näher, was unter „sonstigen Rechten" zu verstehen war. Es schloss alle materiellrechtlichen Befugnisse des Herstellers oder Alleinvertriebshändlers ein, die nach nationalem Recht gegeben waren und zum Schutz der Absatzorganisation gegen Parallelimporte angewandt werden konnten. S. Rs. 22/71, *Béguelin*, s. o., 960. Sonst gelten *mutatis mutandis* die Grundsätze zu den Rechten intellektuellen Eigentums.

[88] Unter „Maßnahmen" werden sonstige einseitige Handlungen der Händler oder der Hersteller verstanden, die darauf gerichtet sind, den Parallelhandel zu verhindern oder zu erschweren. Es kann sich auch um Unterlassungen handeln, die Voraussetzung ist dann jedoch eine besondere Handlungsverpflichtung. Hierzu gehören insbesondere Service-, Reparatur- und Garantiedienstpflichten des Händlers. Besondere Handlungspflichten können sich auch aus dem Art. 82 EGV ergeben.

[89] Art. 4 lit. b GVO Nr. 2790/1999. Vgl. auch GVO Nr. 1983/83 und GVO Nr. 1475/95. Art. 4 Abs. 1 lit. b GVO Nr. 2790/1999: Beschränkungen des aktiven Verkaufs in Gebiete oder an Gruppen von Kunden, die der Hersteller sich selbst vorbehalten oder ausschließlich einem anderen Händler zugewiesen hat, sofern dadurch Verkäufe seitens der Kunden des Händlers nicht begrenzt werden.

[90] Gemäß der GVO Nr. 1983/83 durfte das Alleinvertriebssystem mit einem selektiven Vertriebssystem kombiniert werden. Dementsprechend durfte der Händler verpflichtet werden, nur an autorisierte Händler weiterzuverkaufen. Zu Kfz-Verträgen s. Art. 3 Nr. 6 und 7 GVO Nr. 1475/95 (Weitergabe von Verpflichtungen an Untervertragshändler).

[91] S. jedoch auch B. II. Wettbewerbliche Bedeutung vertikaler Bindungen.

[92] Art. 3 lit. d GVO Nr. 1983/83. Falls innerhalb des Gemeinsamen Marktes keine alternative Versorgungsquelle zur Verfügung stand, bezog sich die Freiheit des parallelen Handels auf den Handel mit Drittstaaten. S. Bekanntmachung der Kommission zu den GVO Nr. 1983/83 und Nr. 1984/83, Nr. 32.

[93] Ausführlich s. *Gleiss/Hirsch*, Kommentar zum EG-Kartellrecht, S. 455, Rn. 1128.

nachvertragliches tatsächliches Verhalten der Vertragsparteien bzw. bereits lediglich *einer* der Vertragsparteien bezog, und nicht auf vertragliche Absprachen oder abgestimmtes Verhalten. Daraus ergab sich eine Fehlregelung: Aus dem nachträglichen Verhalten konnte die Unanwendbarkeit *ex ante* der GVO Nr. 1983/83 gefolgert werden.[94]

Die Verpflichtung des Herstellers, alle übrigen Kunden von Lieferungen in das Vertragsgebiet abzuhalten, schloss *ex ante* die Anwendung der GVO Nr. 1983/83 aus. Das Maß der Erschwerung des Parallelhandels war dann irrelevant.

(4) Ausgleichszahlungen

Ausgleichszahlungen können als Ersatzmaßnahmen für absoluten Gebietsschutz verwendet werden. Deswegen kommt es bei deren Beurteilung insbesondere auf die sachlichen Motive an, die diesen Maßnahmen zugrunde liegen, sowie auf die typischen Auswirkungen dieser Maßnahmen. So werden Ausgleichszahlungen für Exporte als wettbewerbsbeschränkend angesehen, „weil die Wettbewerbsposition des zur Zahlung verpflichteten Unternehmens geschwächt, sein Export verteuert und so ein Beitrag zur gegenseitigen Respektierung von Vertragsgebieten geleistet wird."[95] Die eventuelle Einzelfreistellung basiert auf der Notwendigkeit der Verpflichtung für die intensivere Konzentration des Unternehmens auf sein Vertragsgebiet oder für die Markterschließung oder -einführung und ist zeitlich begrenzt auf diese Phase.[96]

Gebiets-[97] und Übergrenzprovisionen[98] sind dagegen unbedenklich. Die Ausgleichsentschädigungen für Importe stellen lediglich einen internen Leistungsaustausch zwischen dem Hersteller und dem Händler bzw. zwischen den Händlern dar. Ausgleichszahlungen in Form des Eintrittsgeldes sollen als Schutz des zurückgetretenen Vertragshändlers sowie als Entlohnung für seine bisherigen Verkaufsförderungsleistungen gelten.[99] Der neue Händler bekommt praktisch einen bereits bearbeiteten Markt. Die Beurteilung solcher

---

[94] S. auch Bekanntmachung der Kommission zu den GVO Nr. 1983/83 und Nr. 1984/83, Nr. 33. Eine nachträgliche Erschwerung der Parallelimporte verursachte lediglich den Entzug der Gruppenfreistellung für die Zukunft. So sollte diese Fehlregelung gemildert werden.

[95] Entscheidung der Kommission 75/76/EWG, *Rank/Sopelem*, L 29 vom 3.2.1975, 20, 22.

[96] Vgl. auch Leitlinien über vertikale Beschränkungen, Rn. 116.

[97] Die Gebietsprovision ist eine Ausgleichszahlung des Herstellers an den Vertragshändler für Lieferungen, die der Hersteller in dessen Vertragsgebiet getätigt hat. Es handelt sich hier lediglich um internen Leistungsaustausch ohne Einfluss auf den Markt.

[98] Mit der Übergrenzprovision wird ein Vertragshändler von einem anderen für seine Unkosten in Bezug auf die importierten Produkte entschädigt, z. B. für unentgeltlichen Kundendienst.

[99] Dabei kann der neue Vertragshändler den bisherigen vollständig ersetzen oder das Vertragsgebiet des bisherigen Vertragshändlers wird zugunsten des neuen verkleinert.

Ausgleichszahlungen basiert insbesondere auf deren Angemessenheit in Bezug auf die Dauer der Marktbearbeitung durch den zurückgetretenen Vertragshändler, auf die Höhe der Ausgleichszahlung sowie auf das Preis-Leistungs-Verhältnis.[100]

(5) Reparatur- und Garantiedienste

Die Beschränkungen im Zusammenhang mit den Reparatur- und Garantiediensten für parallel importierte Produkte können sich auf Endverbraucher (unmittelbar) sowie auf Parallelimporteure (mittelbar) diskriminierend auswirken. Die Kommission strebt deswegen die Beseitigung dieser Diskriminierung an, insbesondere im Bereich hochwertiger technischer Produkte.[101]

Das primäre Ziel des Art. 81 EGV ist jedoch der Schutz des Wettbewerbs, nicht der Schutz der Endverbraucher.[102] „Aus Art. 81 EGV lässt sich insbesondere nicht die Pflicht für Hersteller oder Händler ableiten, überhaupt Verbrauchergarantien zu gewähren."[103] Der Verbraucherschutz gehört in erster Linie in das Kauf- und Produkthaftungsrecht, es handelt sich um ein zivilrechtliches Gebiet. Der Händler darf dem Kunden eine eigenständige Garantie gewähren. Dieser Kaufvertrag wird nicht von Art. 81 Abs. 1 erfasst. Eventuelle Benachteiligung der Endverbraucher, die parallel importierte Produkte gekauft haben, ist daher für Art. 81 Abs. 1 sowie für die Gruppenfreistellung irrelevant.

Die Politik der Kommission konzentriert sich auf Herstellergarantien:[104] Obwohl die Herstellergarantie keine Vereinbarung i. S. v. Art. 81 ist, wird sie von der Kommission trotzdem als Teil einer solchen Vereinbarung durch exzessive Auslegung[105] betrachtet.[106] Dies scheint jedoch bedenklich zu sein.

---

[100] *Ivoclar*, s. o., 3, 4. Diese Prüfungsmaßstäbe gelten jedoch lediglich im Rahmen der Einzelfreistellung gemäß Art. 81 Abs. 3 EGV. Sie waren ohne Bedeutung für die Anwendbarkeit der Gruppenfreistellung. Die Ausgleichszahlung kann die Ausschließlichkeitsbindung des Herstellers verstärken. Für den neuen Vertriebshändler ist es eine Marktzutrittsschranke, jedoch lediglich im internen Leistungsaustausch zwischen dem Hersteller und dem neuen Händler.

[101] XVI. WBB (1986), Nr. 56. Es handelt sich insbesondere um Uhren, Geräte der Unterhaltungselektronik, Elektrohaushaltsgeräte und Personalcomputer. Zu Kfz-Verträgen s. Art. 5 Abs. 1 Nr. 1 GVO Nr. 1475/95: Diese Leistungen sind hier Voraussetzung für die Gruppenfreistellung.

[102] Vgl. C. I. 1. c. Steigerung der wirtschaftlichen Effizienz. Andere Prioritäten: Förderung kleiner und mittlerer Unternehmen. Verbraucherschutz.

[103] *Gleiss/Hirsch*, Kommentar zum EG-Kartellrecht, S. 481, Rn. 1195.

[104] Die Herstellergarantie kann als direkter Vertrag zwischen Hersteller und Endverbraucher definiert werden. Der Umfang und die Bedingungen einer Garantie sind in der Garantieurkunde des Herstellers enthalten. Der Vertragshändler kann lediglich Hilfedienste oder die Ausführung dieser Dienste für den Hersteller gegen Vergütung übernehmen. Rs. 31/85, *ETA/DK Investment (Swatch)*, s. o., 3942 f.; Entscheidung der Kommission 84/233/EWG, *IBM-Personalcomputer*, ABl. L 118 vom 4.5.1984, 24, 26.

[105] *Gleiss/Hirsch*, Kommentar zum EG-Kartellrecht, S. 482, Rn. 1197.

Die Kommission hat den Grundsatz der EG-weiten Verbrauchergarantie entwickelt.[107] Diese Garantie darf nicht davon abhängen, wo bzw. von wem das Produkt gekauft worden ist. Hiermit wird der Verbraucherschutz hervorgehoben. Hauptsächlich geht es jedoch um die Vermeidung der Abschottung nationaler Märkte und um den Schutz des parallelen Handels.

Der Grundsatz der EG-weiten Herstellergarantie ist durch die Zwischenstaatlichkeitsklausel,[108] die Zulässigkeit selektiver Vertriebssysteme,[109] das Fehlen eines Gleichbehandlungsgrundsatzes in Bezug auf solche Garantien[110] sowie durch Verfallsklauseln eingeschränkt.

Wenn die Herstellergarantie dem Grundsatz der EG-weiten Verbrauchergarantie nicht entspricht, gilt dies als so schwerwiegende Behinderung des Parallelhandels, dass der Alleinvertriebsvertrag nicht freigestellt werden kann.[111]

Die GVO Nr. 1983/83 enthält keine ausdrücklichen Bestimmungen über Herstellergarantien. Sie findet jedoch keine Anwendung, wenn der Hersteller mit dem Händler Absprachen über Umfang, Bedingungen und Dauer der Herstellergarantie trifft, die eine Diskriminierung der Endverbraucher vorsieht.[112] Das Gleiche gilt für die GVO Nr. 1475/95.[113]

(6) Quer-, Sprung- und Rücklieferungsverbote

Quer-,[114] Sprung-[115] und Rücklieferungsverbote[116] beschränken den Händler in der Auswahl seiner Kunden. Sie dämpfen auch den markeninternen Preis-

---

[106] Entscheidung der Kommission 78/922/EWG, *Zanussi*, ABl. L 322 vom 16.11.1978, 36, 38; Rs. 31/85, *ETA/DK Investment (Swatch)*, s. o., 3942 f.

[107] *IBM-Personalcomputer*, s. o., 26; *Zanussi*, s. o., 38.

[108] Rs. 31/85, *ETA/DK Investment (Swatch)*, s. o., 3945. Dabei kommt es insbesondere auf Produkteigenschaften an: Der Verstoß gegen Art. 81 Abs. 1 wird durch die Verhinderung oder Erschwerung der Parallelimporte verursacht. Diese Beeinträchtigung kann durch die eingeschränkte Herstellergarantie bedingt werden. Als Maßstab gilt die Bedeutung der Herstellergarantie für den Verbraucher. In der Regel ist diese Bedeutung höher bei hochwertigen Produkten.

[109] Die Voraussetzung hierfür ist jedoch, dass das selektive Vertriebssystem sowie die Einschränkung der Herstellergarantie durch das Produkt gerechtfertigt sind. Solch ein Grund kann z. B. die Notwendigkeit intensiver Kundenberatung sein: *IBM-Personalcomputer*, s. o. 26; Rs. 31/85, *ETA/DK Investment (Swatch)*, s. o., 3944.

[110] Die eventuelle Beeinträchtigung des parallelen Handels durch die Garantie wird aufgrund der in dem jeweiligen Mitgliedstaat für das betreffende Produkt geltenden Bedingungen gemessen. Die Garantie darf davon abhängen, in welchem Mitgliedstaat die daraus folgenden Ansprüche geltend gemacht werden.

[111] Rs. 31/85, *ETA/DK Investment (Swatch)*, s. o., 3942 ff.

[112] Die Kommission nimmt an, dass eine solche Absprache zugleich Absprachen über Gebietsschutz enthält. S. Art. 2 GVO Nr. 1983/83.

[113] S. Erwägungsgrund Nr. 12 zu GVO Nr. 1475/95.

[114] Ein Querlieferungsverbot untersagt Lieferungen an Händler derselben Handelsstufe.

wettbewerb. Quer- und Rücklieferungsverbote wirken sich mindernd auf die Rente der potenziellen Abnehmer des Händlers, da sie den „offiziellen" Vertriebsweg einhalten müssen und nicht bei diesem zu günstigeren Preisen beziehen dürfen. Sprunglieferungsverbote mindern insbesondere die Konsumentenrente, da sie die Verbraucher von günstigen Einkaufsquellen abschneiden.

Die Minderung des markeninternen Wettbewerbs kann in bestimmten Situationen, z. B. bei der Gewährleistung besonderer Serviceleistungen (Kundenberatung bei komplizierten Produkten) notwendig sein. So werden andererseits sowohl die Absatzorganisation als auch der Markenwettbewerb verstärkt.

In der Praxis werden diese Verbote teils im Rahmen des Art. 81 Abs. 1, teils im Rahmen des Art. 81 Abs. 3 überprüft. Sie werden grundsätzlich als akzessorisch zur Vertriebsorganisation betrachtet. Dabei wird besonderer Wert darauf gelegt, ob sie für das Funktionieren des Vertriebssystems unerlässlich sind.

Querlieferungsverbote und entsprechend auch Querbezugsverbote sind grundsätzlich nicht zulässig,[117] weil sie sich negativ auf den parallelen Handel auswirken. Sie können auch als ein Instrument indirekter quantitativer Selektion angewendet werden. Dies gilt für alle Handelsstufen. Auch bei rein nationalen Querlieferungsverboten wurde von der Kommission und dem EuGH angenommen, dass sie sich als Exportverbote auswirken und demzufolge als unzulässig behandelt werden müssen.[118]

Selektive Vertriebssysteme ohne Alleinvertrieb, die selbst nicht gegen Art. 81 Abs. 1 verstoßen, lassen Querlieferungsverbote als akzessorische Verpflichtung zu. Es muss sich jedoch um die einfache Selektion nach qualitativen Kriterien und um ein sogenanntes eingeschränktes Querlieferungsverbot handeln. Dieses eingeschränkte Querlieferungsverbot ist für die Aufrechterhaltung des selektiven Vertriebssystems notwendig. In jedem Fall müssen aber Querlieferungen innerhalb des Vertriebssystems frei bleiben.

In einfachen Alleinvertriebssystemen sind Querlieferungsverbote untersagt, da dadurch der Parallelhandel verhindert wird. Ein ähnlicher wirtschaftlicher Effekt in Bezug auf Querlieferungen zwischen den Alleinvertriebs-

---

[115] Beim Sprunglieferungsverbot darf die nächste Handelsstufe nicht ausgelassen werden.

[116] Beim Rücklieferungsverbot darf das Produkt nicht auf eine höhere Absatzstufe geliefert werden.

[117] *Omega*, s. o., 24, 28; Entscheidung der Kommission 76/159/EWG, *SABA I*, ABl. L 28 vom 3.2.1976, 19, 24; IV. WBB (1974), Nr. 93 ff. *Dior und Lancôme*.

[118] Entscheidung der Kommission 73/322/EWG, *Deutsche Philips*, ABl. L 293 vom 20.10.1973, 40, 41; Entscheidung der Kommission 75/73/EWG, *BMW*, ABl. L 29 vom 3.2.1975, 1, 5; *Junghans*, s. o., 13; Entscheidung der Kommission 77/66/EWG, *Gerofabriek*, ABl. L 16 vom 19.1.1977, 8, 11; *Hasselblad*, s. o., 28; Rs. 86/82, *Hasselblad*, s. o., 908.

händlern kann jedoch auch durch Anwendung der Alleinbezugsverpflichtung des Händlers erzielt werden.

Bei der Kombination von Alleinvertrieb mit selektivem Vertrieb richtet sich die Zulässigkeit des Querlieferungsverbotes nach der Zulässigkeit des Vertriebssystems. Ein eingeschränktes Querlieferungsverbot war gemäß GVO Nr. 1983/83 für Alleinvertriebssysteme mit einer einfachen Selektion der Händler nach qualitativen Kriterien zulässig, da dieses Verbot für die Absicherung der selektiven Komponente notwendig war.[119]

Quantitative Selektion in Kombination mit Alleinvertrieb kann auf zwei Ebenen stattfinden: Zum einen ist es die direkte quantitative Selektion der Händler, die unmittelbar vom Hersteller beliefert werden, zum anderen die indirekte quantitative Selektion der Händler, die von anderen Händlern beziehen. Die erstere Selektion ist eine Voraussetzung für Alleinvertriebssysteme und war demzufolge durch Art. 1 GVO Nr. 1983/83 freigestellt. Im Gegensatz hierzu wurde die indirekte quantitative Selektion mittels Querlieferungsverbot als Mittel des Gebietsschutzes betrachtet, welcher nach Art. 3 lit. d GVO Nr. 1983/83 untersagt wurde.

Die Bewertung von Sprunglieferungsverboten basiert auf den gleichen Grundsätzen wie die von Querlieferungsverboten: Grundsätzlich sind sie verboten.[120] Die GVO Nr. 1983/83 fand keine Anwendung, da dieses Verbot nicht zu den zulässigen Beschränkungen gemäß Art. 2 Abs. 2 GVO Nr. 1983/83 gehörte. Die Verpflichtung des Herstellers zur ausschließlichen Belieferung des Alleinvertriebshändlers und zum Wettbewerbsverbot enthält jedoch zugleich auch ein Sprunglieferungsverbot zu Lasten des Herstellers. Diese Art des Sprunglieferungsverbots war durch Art. 1 und 2 GVO Nr. 1983/83 erfasst und freigestellt.

Bei einfacher Selektion nach qualitativen Kriterien gelten Sprunglieferungsverbote für Großhändler als zulässig. Der Wettbewerb der Großhändler mit dem Einzelhändler wäre nicht leistungsgerecht. Deswegen ist er auch nicht von Art. 81 Abs. 1 geschützt.[121] Die Voraussetzung für diese Behand-

---

[119] Die Anwendung der GVO Nr. 1983/83 war durch die Erfüllung von zwei Voraussetzungen bedingt: Erstens musste es sich um einfache Selektion nach qualitativen Kriterien handeln, zweitens mussten Querlieferungen innerhalb des selektiven Vertriebssystems frei bleiben. S. Rs. 86/82, *Hasselblad*, s. o., 908. Bei Verbindung des Alleinvertriebs mit qualifizierter Selektion der Händler nach qualitativen Kriterien konnte die GVO Nr. 1983/83 insgesamt nicht angewandt werden und ein Querlieferungsverbot des Händlers konnte nicht freigestellt werden. Dies bezog sich lediglich auf die Verkaufsförderungspflichten, die gegen Art. 81 Abs. 1 verstießen. Art. 2 Abs. 3 GVO Nr. 1983/83 enthielt eine nicht abschließende Liste von Verpflichtungen des Händlers, die auch als Auswahlkriterien verwendet werden konnten. Ein Verbot der Querlieferungen an Händler, die diese Kriterien nicht erfüllten, war dann auch zulässig.

[120] *Deutsche Philips*, s. o., 41; *BMW*, s. o., 5; *SABA I*, s. o., 25.

[121] *SABA I*, s. o., 26; Entscheidung der Kommission 85/404/EWG, *Grundig EG-Vertriebsbindung*, ABl. L 233 vom 30.8.1985, 1, 5; Entscheidung der Kommission 85/616/EWG, *Villeroy &*

lung ist eine mehrstufige Vertriebsorganisation mit unterschiedlichen Groß- und Einzelhandelsfunktionen. Der Händler soll dadurch an seine generelle Funktion innerhalb des Vertriebssystems gebunden werden.

Die GVO Nr. 1983/83 enthielt in Art. 2 Abs. 3 lit. c die Verpflichtung zur Unterhaltung eines Verkaufsnetzes, worunter auch die Errichtung eines einfachen selektiven Vertriebssystems fiel. Demzufolge war auch ein Sprunglieferungsverbot zum Schutz eines solchen Systems zulässig.

Zu Einzelfreistellungsanträgen nahm die Kommission positiv Stellung: Sie betrachtete Sprunglieferungsverbote wegen ihres Beitrags zur Rationalisierung des Vertriebs durch die Arbeitsteilung zwischen den Beteiligten und durch den Zwang zur Konzentration auf eigene Vertriebstätigkeit und verstärkte Absatzförderung insbesondere bei kapitalintensiven und servicebedürftigen Produkten als gerechtfertigt.[122]

Rücklieferungsverbote sind grundsätzlich nach Art. 81 Abs. 1 verboten.[123] Als Ausnahme gilt deren Anwendung bei einfachen selektiven Vertriebssystemen, wobei den Händlern jedoch Rücklieferungen innerhalb des Vertriebssystems erlaubt werden müssen.

Ökonomisch sind Rücklieferungen an sich sinnlos. Ausnahmsweise können sie jedoch bei erheblichen Preisunterschieden zwischen Mitgliedstaaten eingesetzt werden. In solchen Fällen behindern die Rücklieferungsverbote den parallelen Handel und wirken sich marktabschottend aus.

(7) Preisbindung für parallel- oder reimportierte Produkte

Vertikale Preisbindung ist in den Mitgliedstaaten bereits durch nationale Kartellgesetze grundsätzlich verboten. Eine Ausnahme hiervon bilden Verlagserzeugnisse.[124] Das EG-Kartellrecht bezieht sich dann zum einen auf die nicht vom nationalen Recht erfassten vertikalen Preisbindungen, zum anderen auf vertikale Preisbindung bei exportierten bzw. reimportierten Produkten.

Bei Alleinvertriebssystemen ist vertikale Preisbindung lediglich bei den Produkten zulässig, die über den zuständigen Alleinvertriebshändler an die übrigen Händler in seinem Absatzgebiet geliefert werden. Reimportierte und

---

Boch, ABl. L 376 vom 31.12.1985, 15, 19; Rs. 26/76, *Metro/SABA I*, vom 25.10.1977, Slg. 1977, 1875, 1909.

[122] BMW, s. o., 7; Grundig EG-Vertriebsbindung, s. o., 6 ff.

[123] *Deutsche Philips*, s. o., 42; *SABA I*, s. o., 24.

[124] Vgl. z. B. *Gleiss/Hirsch*, Kommentar zum EG-Kartellrecht, Band I, S. 505 ff., Rn. 1257 ff. Die Buchpreisbindung wird als eine Ausnahme betrachtet werden, welche durch den Schutz besonderer kultureller Werte begründet wird.

parallelimportierte sowie exportierte Produkte dürfen keiner Preisbindung unterliegen.[125]

Die GVO Nr. 1983/83 fand auf Preisbindung keine Anwendung.[126] In der GVO Nr. 2790/1999 gehört vertikale Preisbindung in die Kategorie der sogenannten Kernbeschränkungen.[127] Die Beschränkung der Preisfestsetzungsmöglichkeiten schließt auch Preisempfehlungen ein, sofern sie sich in der Praxis als Fest- oder Mindestverkaufspreise auswirken. Die bloße Mitteilung unverbindlicher Richtpreise gilt als zulässig.[128]

Bei Einzelfreistellungsanträgen kann die Kommission zwar die Freistellungsfähigkeit jeder Preisbindung überprüfen, eine Einzelfreistellung ist jedoch sehr unwahrscheinlich.[129] Dies wird durch die durch die Preisbindung geminderte Beteiligung der Verbraucher an den Vorteilen des Vertriebssystems begründet.[130]

(8) Wettbewerbsverbot des Händlers

Wettbewerbsverbote sind in Art. 1 lit. b GVO Nr. 2790/1999 definiert als

> „alle unmittelbaren oder mittelbaren Verpflichtungen, die den Händler veranlassen, keine Produkte herzustellen, zu beziehen, zu verkaufen oder weiterzuverkaufen, die mit den Vertragsprodukten im Wettbewerb stehen, sowie alle unmittelbaren oder mittelbaren Verpflichtungen des Händlers, mehr als 80% seiner auf der Grundlage des Einkaufswertes des vorherigen Kalenderjahres berechneten gesamten Einkäufe von Vertragsprodukten sowie ihrer Substitute auf dem relevanten Markt vom Hersteller oder einem anderen vom Hersteller bezeichneten Unternehmen zu beziehen."

Wettbewerbsverbote gehören in der GVO Nr. 2790/1999 zu den Einschränkungen der Gruppenfreistellung. Diese entfällt, wenn die Wettbe-

---

[125] *Omega*, s. o., 28; *Deutsche Philips*, s. o., 42; *SABA I*, s. o., 24; *Junghans*, s. o., 24; IV. WBB (1974), *Dior und Lancôme*, Nr. 93 ff.; *Gerofabriek*, s. o., 11.

[126] Vgl. Erwägungsgrund Nr. 8 zu GVO Nr. 1983/83.

[127] Art. 4 lit. a GVO Nr. 2790/1999.

[128] Entscheidung der Kommission 83/610/EWG, *Murat*, ABl. L 348 vom 10.12.1983, 20, 21; Entscheidung der Kommission 89/94/EWG, *Charles Jourdan*, ABl. L 35 vom 7.2.1989, 31, 37.

[129] Ausdrücklich zur Überprüfbarkeit: Rs. 243/83, *Binon/AMP*, vom 3.7.1985, Slg. 1985, 2015, 2046. Eine Freistellung könnte in Fällen erlaubt werden, in denen die Beschränkung des markeninternen Preiswettbewerbs unerlässlich für die Stärkung des Markenwettbewerbs ist. S. Rs. 26/76, *Metro/SABA I*, s. o., 1906.

[130] Entscheidung der Kommission 78/172/EWG, *Gewürze*, ABl. L 53 vom 24.2.1978, 20, 25.

werbsverbote für eine unbestimmte Dauer oder für eine Dauer von mehr als fünf Jahren auferlegt werden.[131]

Ein nachvertragliches Wettbewerbsverbot schränkt die Gruppenfreistellung nicht ein, wenn es sich auf Produkte bezieht, die mit den Vertragsprodukten im Wettbewerb stehen, wenn es sich auf die Räumlichkeiten und Grundstücke beschränkt, von denen aus der Händler während der Vertragsdauer seine Geschäfte betrieben hat, sowie wenn es unerlässlich für den Schutz des vom Hersteller an den Händler übertragenen Know-how ist und dabei auf einen Zeitraum von höchstens einem Jahr nach Beendigung der Vereinbarung begrenzt ist. Dabei dürfen Nutzung und Offenlegung von nicht allgemein bekannt gewordenem Know-how zeitlich unbegrenzt beschränkt werden.[132]

Die zeitliche Begrenzung der Beschränkung des Markenwettbewerbs entspricht dem Zweck der Markteinführung eines neuen Produktes bzw. des Marktzutritts eines Herstellers und des Aufbaus seines Vertriebsnetzes.

Art. 2 Abs. 2 lit. a GVO Nr. 1983/83 enthielt ein Wettbewerbsverbot zu Lasten des Händlers. Dieses Verbot bezog sich lediglich auf die Dauer des Alleinvertriebsvertrages.[133] Die Grundsätze der *Pronuptia*-Entscheidung können nicht auf Alleinvertriebsverträge übertragen werden. Bei Alleinvertriebsverträgen kommt es nämlich auf den besonderen Schutz des Know-how nicht an. In solchen Fällen musste für ein nachvertragliches Wettbewerbsverbot Einzelfreistellung beantragt werden.

Sachlich betrifft das Wettbewerbsverbot alle Produkte, die mit den Vertragsprodukten im Markenwettbewerb stehen oder die von der Vertriebsförderung des Herstellers profitieren können.[134]

(9) Verbot anderweitiger wirtschaftlicher Betätigung des Alleinvertriebshändlers

Ein generelles Verbot anderweitiger wirtschaftlicher Betätigung stellt zwar eine Wettbewerbsbeschränkung im Sinne des Art. 81 Abs. 1 dar, gemäß der GVO Nr. 2790/1999 ist diese Beschränkung jedoch zulässig, wenn der Hersteller einen Marktanteil unter 30% besitzt. Die GVO Nr. 1983/83 stellte diese Beschränkung nicht frei, eine Einzelfreistellung war notwendig.

[131] Art. 5 lit. a GVO Nr. 2790/1999.

[132] Art. 5 lit. b GVO Nr. 2790/1999.

[133] Vgl. Bekanntmachung der Kommission zu den GVO Nr. 1983/83 und Nr. 1984/83, Nr. 18.

[134] S. z. B. Entscheidung der Kommission 85/562/EWG, *Whisky and Gin*, ABl. L 369 vom 31.12.1985, 19, 22 f.

Dieses Verbot kann als notwendig für die Konzentration des Händlers auf den Vertrieb der Vertragsprodukte gesehen werden, insbesondere bei hohem Kapitaleinsatz.

Ebenso erfasst von Art. 81 Abs. 1 ist auch der Zustimmungsvorbehalt des anderen Vertragspartners zur Aufnahme neuer Tätigkeiten, z. B. der Übernahme weiterer Vertretungen oder Alleinvertriebsrechte.[135]

Im Falle faktischer Beschränkungen, z. B. wenn der Händler aufgrund seiner Kapazitäten gezwungen ist, sich ausschließlich auf den Vertrieb der Produkte des Herstellers zu konzentrieren, liegt kein Verstoß gegen Art. 81 Abs. 1 vor.[136] Davon wären nämlich insbesondere kleine und mittlere Unternehmen betroffen.

Ein Kündigungsrecht des Herstellers für den Fall anderweitiger wirtschaftlicher Betätigung des Händlers ist samt angemessener Kündigungsfrist zulässig. Es darf jedoch nicht z. B. einem Zustimmungsvorbehalt entsprechen. Das Kündigungsrecht muss daher mit einer angemessenen Kündigungsfrist verbunden werden.

(10) Akquisitions- und Werbeverbot außerhalb des Vertragsgebiets

Vertriebs-, Akquisitions-, Werbe- und ähnliche Verbote in Bezug auf die Betätigung des Alleinvertriebshändlers außerhalb seines Vertriebsgebiets stellen Wettbewerbsbeschränkungen dar.

Bei der Anwendung der GVO Nr. 1983/83 kam es bei diesen Beschränkungen auf die Unterscheidung zwischen aktiven und passiven Verkäufen an.[137] Aktive Verkäufe durften einem Verbot unterliegen. Diese Verbote betrafen insbesondere Kundenwerbung,[138] die Einrichtung von Niederlassun-

---

[135] *BMW*, s. o., 2, 6: Auch wenn diese Zustimmung vereinbarungsgemäß nur bei sachlich berechtigtem Grund verweigert werden darf, liegt eine Wettbewerbsbeschränkung im Sinne des Art. 81 Abs. 1 vor. Die GVO Nr. 1983/83 fand Anwendung lediglich im Falle konkurrierender Produkte. In anderen Fällen musste eine Einzelfreistellung beantragt werden.

[136] So wurde durch Art. 2 Abs. 3 GVO Nr. 1983/83 die Verpflichtung freigestellt, vollständige Warensortimente oder Mindestmengen abzunehmen sowie vertriebsfördernde Maßnahmen zu ergreifen.

[137] Als aktive Verkäufe werden solche Maßnahmen des Händlers verstanden, die gezielt im Vertragsgebiet anderer Händler unternommen werden, um dort ansässige Kunden zu akquirieren. Bei passiven Verkäufen geht die Initiative vom Kunden aus, eingeschlossen sind auch Bestellungen über Vermittler.

[138] Überregionale Werbemaßnahmen sprechen meistens nicht nur die Kunden im Vertragsgebiet des Händlers, sondern auch potenzielle Kunden in den Vertragsgebieten anderer Händler an. In der Praxis sind überregional wirksame Werbemaßnahmen des Herstellers relevanter, insbesondere bei Markenartikeln. S. *Murat*, s. o., 21. Die Aufgabe der überregionalen Werbung durch den Händler entspricht der Aufgabenverteilung innerhalb der Vertriebsorganisation, die sich wettbewerbsneutral auf den markeninternen Wettbewerb und wettbewerbsfördernd auf den Markenwettbewerb auswirkt. S. Art. 2 Abs. 2 lit. c GVO Nr. 1983/83.

gen, Unterhaltung von Auslieferungslagern, die Einschaltung von Absatzmittlern[139] oder eingeschränkte Verbote[140] hiervon.

Passive Verkäufe durften keinem Verbot unterliegen. Der Hersteller durfte jedoch Auskunft über die Geschäfte mit Kunden außerhalb des Gebiets des Händlers verlangen unter der Voraussetzung, dass er ein solches Auskunftsrecht nicht zur Behinderung dieser Geschäfte missbraucht.[141]

Gebietsbeschränkungen sind aus der Anwendung der GVO Nr. 2790/1999 ausgenommen, es sei denn, solche Beschränkungen betreffen den aktiven Verkauf in Gebiete, die der Hersteller sich selbst vorbehalten oder ausschließlich einem anderen Händler zugewiesen hat, sofern dadurch Verkäufe seitens der Kunden des Händlers nicht beschränkt werden. So bleibt praktisch die in der bisherigen Regelung enthaltene Aufteilung zwischen aktiven und passiven Verkäufen für die Zwecke der Freistellung erhalten.

Die Verpflichtung des Herstellers, das dem Alleinvertriebshändler auferlegte Akquisitions- und Werbeverbot auch seinen anderen Alleinvertriebshändlern aufzuerlegen, beeinträchtigte die Gruppenfreistellung nicht.

(11) Alleinbezugspflicht des Händlers

Die Alleinbezugspflicht des Alleinvertriebshändlers war durch die GVO Nr. 1983/83 freigestellt.[142] Diese Verpflichtung korrespondiert mit der Alleinbelieferungspflicht des Herstellers. In der Praxis werden meistens beide Verpflichtungen vereinbart.

Die Alleinbezugsverpflichtung des Händlers schaltet praktisch Querbezüge zwischen Alleinvertriebshändlern aus.[143]

---

[139] Lieferungen an Vermittler, die auf Rechnung und im Namen auswärtiger Kunden arbeiten, werden nicht als aktive Verkäufe betrachtet. Es muss jedoch nachgewiesen werden, dass der Vermittler wirklich im Interesse des Kunden und nicht als ein verkappter Absatzmittler des Händlers handelt.

[140] *BMW*, s. o., 2.

[141] *BMW*, s. o., 4, 6.

[142] S. Art. 2 Abs. 2 lit. b GVO Nr. 1983/83. Die GVO Nr. 1983/83 fand jedoch keine Anwendung auf eine Alleinbezugspflicht des Händlers, wenn dieser keine Alleinbelieferungsverpflichtung des Herstellers gegenüberstand. Eine solche Vereinbarung fiel dann in den Anwendungsbereich der GVO Nr. 1984/83.

[143] Die dadurch verursachte Ausschaltung des parallelen Handels wurde von der GVO Nr. 1983/83 gedeckt. Art. 3 lit. d GVO Nr. 1983/83 betraf den parallelen Handel durch Zwischenhändler, der nicht ausgeschaltet werden darf. Der wirtschaftliche Effekt der Alleinbezugspflicht ist ähnlich den Auswirkungen eines Querlieferungsverbotes. Bei der Alleinbezugspflicht werden jedoch die Querlieferungen zwischen den Alleinvertriebshändlern und fremden Wiederverkäufern nicht ausgeschaltet.

Der Hersteller darf dem Händler diese Verpflichtung für sämtliche Vertragsprodukte auferlegen, inklusive Ersatzteile und Zubehör. Des Weiteren ist der Vorbehalt der Sortimentserweiterung oder -einschränkung sowie ein Leistungsbestimmungsrecht für Neuheiten für den Hersteller von großer Bedeutung.

(12) Abnahme vollständiger Warensortimente oder Mindestmengen

Art. 2 Abs. 3 lit. a GVO Nr. 1983/83 erlaubte die Verpflichtung des Alleinvertriebshändlers, vollständige Produktsortimente oder Mindestmengen zu beziehen.[144]

(13) Benutzung von Warenzeichen und Ausstattungen des Herstellers

Die positive Verpflichtung, die Vertragsprodukte nur unter den Warenzeichen oder in einer vom Hersteller vorgeschriebenen Ausstattung zu vertreiben, stellt in der Regel keine Wettbewerbsbeschränkung gemäß Art. 81 Abs. 1 dar.[145] Es ist ohnehin dem Händler aus wettbewerbsrechtlichen Gründen verboten, Warenzeichen oder Ausstattungen des Herstellers zu verändern oder zu entfernen.

Nichtangriffspflichten spielen während der Dauer des Alleinvertriebsvertrages keine wichtige Rolle: Der Alleinvertriebshändler hat kein wirtschaftliches Interesse an einem Angriff gegen das Warenzeichen des Herstellers, da dies ein wichtiges Marketing-Instrument auch für ihn darstellt. Die Nichtangriffspflichten können erst für die Zeit nach dem Ablauf der Alleinvertriebsvereinbarung relevant werden.[146]

Der Vertrieb der Produkte unter der Handelsmarke des Händlers war auch von der GVO Nr. 1983/83 gedeckt. Dies galt jedoch nicht für OEM-Verträge.[147]

---

[144] Bekanntmachung der Kommission zu den GVO Nr. 1983/83 und Nr. 1984/83, Nr. 19. Beide Pflichten durften auch kombiniert werden, jedoch ohne dass sie den Charakter der nicht zugelassenen Wettbewerbsbeschränkungen annahmen. Diese Pflichten könnten sich dann wettbewerbsbeschränkend auswirken, wenn sie zu einer *de facto*-Alleinbezugspflicht führten. Diese war jedoch ausdrücklich durch Art. 2 Abs. 2 lit. b GVO Nr. 1983/83 freigestellt. S. *BMW*, s. o., 2.

[145] Art. 2 Abs. 3 lit. a GVO Nr. 1983/83. *Omega*, s. o., 25

[146] Erstens muss die Spürbarkeit dieser Beschränkung im Sinne von Art. 81 Abs. 1 überprüft werden. Die Kommission lässt die Verpflichtung zu, dem Hersteller das Eigentum am Warenzeichen nicht streitig zu machen. Es muss jedoch frei bleiben, die Gültigkeit des Warenzeichen anzugreifen. S. Entscheidung der Kommission 90/186/EWG, *Moosehead/Whitbread*, ABl. L 100 vom 20.4.1990, 32, 36; Entscheidung der Kommission 88/563/EWG, *Delta Chemie-DDD*, ABl. L 309 vom 15.11.1988, 34, 38.

[147] In den OEM-(*Original Equipment Manufacturer*)Verträgen verpflichtet sich der Hersteller, dem Abnehmer bestimmte Produkte zur Vervollständigung seiner Produktpalette zu liefern. Dies

(14) Vertriebsförderungspflichten

Die Vertriebsförderungspflichten stellen einen wichtigen Teil der Alleinvertriebsvereinbarung dar. Deswegen waren sie nach Art. 2 Abs. 3 lit. c GVO Nr. 1983/83 freigestellt. Sie sollen dem Hersteller die Wahrung seiner Interessen im dem Alleinvertriebshändler zugewiesenen Gebiet sichern. Der Hersteller darf diese Pflichten jedoch nicht zur Verfolgung wettbewerbsbeschränkender Ziele missbrauchen.

Bei Kombinationen des Alleinvertriebs mit selektivem Vertrieb gilt ebenso der Grundsatz der Nichtdiskriminierung der Händler. Eine Abweichung vom Gleichbehandlungsgrundsatz darf nur bei Vorliegen sachlicher Gründe erfolgen.

Die Pflicht des Alleinvertriebshändlers, Werbung zu treiben, nimmt den ersten Platz unter den Vertriebsförderungspflichten ein. Ebenso freigestellt war die Konkretisierung dieser Pflicht. Der Händler kann zu einer jährlichen Mindestwerbung sowie zu regelmäßigen Kundenbesuchen verpflichtet werden. Die Konkretisierung betrifft insbesondere die Bindung des Alleinvertriebshändlers an bestimmte allgemeine Werberichtlinien, an Werbeformen, Werbeinhalte[148] und die Verpflichtung zur Verwendung von Werbematerial des Herstellers.[149] Der Hersteller kann den Händler auch verpflichten, einen bestimmten absoluten Betrag pro Geschäftsjahr für Werbezwecke aufzuwenden.[150]

Der Hersteller darf über Werbebeschränkungen Preise und Bedingungen beim Weiterverkauf nicht beeinflussen.[151] Unzulässig ist auch ein allgemei-

---

ist in den Branchen üblich, in denen die Verbraucher mehrere kompatible Produkte „aus einer Hand" kaufen wollen. Der Wettbewerb hängt entscheidend von der Fähigkeit ab, Komplettprogramme anzubieten. Der Hersteller und der Abnehmer können dabei sogar Wettbewerber sein. Die OEM-Verträge ermöglichen dem einzelnen Abnehmer, seine Schwächen in einer Komponente durch den Bezug dieser Komponente von einem anderen Hersteller und deren Verkauf unter eigener Marke auszugleichen. Es handelt sich hierbei nicht um Vertriebsvereinbarungen, da sich der Abnehmer als Hersteller der bezogenen Produkte geriert. Nach Meinung der Kommission fehlt es am Erfordernis „zum Zwecke des Weiterverkaufs." Die OEM-Verträge stehen daher normalen Bezugsvereinbarungen näher.

[148] Dies ist notwendig für Aufbau und Instandhaltung einer einheitlichen Vertriebsorganisation. *BMW*, s. o., 2.

[149] *Murat*, s. o., 21.

[150] *Campari*, s. o., 75. Diese Verpflichtung kann sich auch auf einen bestimmten Prozentsatz des Umsatzes beziehen. Es ist umstritten, ob der Alleinvertriebshändler verpflichtet werden darf, in die Einzelpreise einen bestimmten Prozentsatz einzukalkulieren. Dies ist lediglich dann zulässig, wenn es sich um einen so unwesentlichen Prozentsatz handelt, dass er in seinem Preiswettbewerb frei bleibt.

[151] *BMW*, s. o., 2; *Hasselblad*, s. o., 24, 28.

nes, im Ermessen des Herstellers liegendes Kontrollrecht über die Werbemaßnahmen des Händlers.[152]

Die über diese Konkretisierung hinausgehenden Werbeverbote sind nicht zulässig. Der Hersteller darf dem Händler jedoch die Nutzung der Werbemedien untersagen, die er sich selbst vorbehalten hat.

Verpflichtungen des Alleinvertriebshändlers zur Teilnahme an Messen, Ausstellungen oder ähnlichen Veranstaltungen sind zulässig. Teilnahmeverbote werden nach deren Zweck beurteilt: Grundsätzlich sind diese Verbote bei überregionalen und internationalen Messen zulässig, wenn dadurch der Interessenkonflikt zwischen dem Hersteller und seinen Alleinvertriebshändlern gelöst wird.[153] Diese Beschränkung bestätigt praktisch nur die Aufgabenverteilung innerhalb der Vertriebsorganisation. Ein generelles Teilnahmeverbot an solchen Messen ist jedoch unzulässig, es sei denn, dass das Messepublikum überwiegend aus anderen Vertragsgebieten als dem des Händlers stammt oder der Alleinvertriebshändler an einer örtlichen Messe in einem fremden Vertragsgebiet teilnehmen möchte. Dieser Ausnahmefall kann praktisch einem Verbot aktiver Verkäufe außerhalb des Vertragsgebietes gleichgesetzt werden.

Der Hersteller darf die Mindestausstattung des Geschäftslokals bestimmen. Dadurch wird mittelbar auch die Werbung angesprochen, vor allem bei Luxusartikeln und Kraftfahrzeugen.[154] Diese Mindestanforderungen sollen lediglich sicherstellen, dass das Image sowie andere Identifikationsmerkmale des Vertriebsnetzes nach außen einheitlich bleiben.

Der Vorbehalt der Zustimmung des Herstellers zu Änderungen der Gesellschaftsstruktur, z. B. durch den Wechsel geschäftsführender Organe, Gesellschafterwechsel oder Veräußerung der Gesellschaftsanteile scheint problematisch zu sein. Bei der Anwendung der GVO Nr. 1983/83 kam es darauf an, ob diese Änderung wesentliche Auswirkungen auf die Vertriebsorganisation mit sich brachte. Als Kriterien wurden in erster Linie die Art der Produkte und die Erwartungen der Abnehmer angesetzt.

Vorschriften in Bezug auf die Schaffung und Unterhaltung eines Verkaufsnetzes sind zulässig, ebenso Vorschriften über Art, Umfang, Qualifikation und Tätigkeit des Außendienstes.[155] Der Hersteller durfte gemäß GVO Nr. 1983/83 den Alleinvertrieb mit einfacher qualitativer Selektion kombinieren. Dann durfte dem Händler untersagt werden, an nicht zugelassene

---

[152] Rs. 86/82, *Hasselblad*, s. o., 909; Rs. 107/82, *AEG*, vom 25.10.1983, Slg. 1983, 3151, 3218 ff.

[153] Dies wäre z. B. der Fall, wenn der Hersteller selbst an der Veranstaltung teilnehmen will und lediglich die alleinige Vertretung der Art der Vertragsprodukte entspricht.

[154] Diese Anforderungen waren durch die GVO Nr. 1983/83 freigestellt. Zu Kfz-Verträgen s. Art. 4 Abs. 1 Nr. 1 lit. a GVO Nr. 1475/95.

[155] Vgl. Art. 2 Abs. 3 lit. c GVO Nr. 1983/83.

Vertriebshändler zu liefern. Bei der sogenannten qualifizierten Selektion kann es auf die wirtschaftliche Bedeutung der auferlegten Beschränkung ankommen: So konnte sie von der GVO Nr. 1983/83 gedeckt werden oder fiel unter Art. 81 Abs. 1 und bedurfte einer Einzelfreistellung gemäß Art. 81 Abs. 3.

Lagerhaltungspflichten verstoßen in der Regel nicht gegen Art. 81 Abs. 1, es sei denn sie würden soviel Ressourcen des Alleinvertriebshändlers binden, dass er keine Konkurrenzprodukte mehr vertreiben kann.[156] Diese Verpflichtung kann in der Praxis zu einem *de facto*-Wettbewerbsverbot des Händlers führen, das allerdings durch die GVO Nr. 1983/83 ausdrücklich freigestellt war.[157] Die auferlegte Verpflichtung darf auch die Einzelheiten der Lagerhaltung konkretisieren.[158]

Der Händler darf auch zu Leistungen im Bereich des Kunden- und Garantiedienstes sowie zur Mitwirkung an Rückrufaktionen verpflichtet werden.[159] Dabei dürfen im Rahmen des Kunden- und Garantiedienstes die parallel importierten Produkte nicht benachteiligt werden.

Der Hersteller darf dem Alleinvertriebshändler vorschreiben, lediglich fachlich oder technisch geschultes Personal zu verwenden.[160] Andere personalbezogene Vorschriften sind auch zulässig, insbesondere in Bezug auf die Teilnahme an Schulungen oder ähnlichen Veranstaltungen des Herstellers.

b. Die Entscheidungspraxis der tschechischen Kartellbehörde

Die meisten Entscheidungen betreffen Genehmigungen von Alleinvertriebsvereinbarungen.[161] Interessant ist auch die Entscheidung *Karlovarská Becherovka/Plzeňský Prazdroj*.[162] Sehr wichtig war hier die Abgrenzung des rele-

---

[156] Art. 2 Abs. 3 lit. c GVO Nr. 1983/83. S. *Murat*, s. o., 22 (branchenüblicher Mindestvorrat); Entscheidung der Kommission 80/489/EWG, *Krups*, ABl. L 120 vom 17.4.1980, 26, 28 (so geringer Vorrat, dass der Vertrieb von Konkurrenzprodukten möglich blieb).

[157] Art. 2 Abs. 2 lit. a GVO Nr. 1983/83.

[158] *BMW*, s. o., 3.

[159] Art. 2 Abs. 3 lit. c GVO Nr. 1983/83. Der Händler darf verpflichtet werden, diese Leistungen nach den Weisungen und Richtlinien des Herstellers auszuführen. S. *BMW*, s. o., 3, 5. Des Weiteren darf er verpflichtet werden, bei Wartungs- und Reparaturarbeiten nur Originalteile des Herstellers zu verwenden. Dies soll durch technische Gründe oder die Wahrung des Qualitätsstandards bedingt sein.

[160] Art. 2 Abs. 3 lit. c GVO Nr. 1983/83.

[161] Z. B. S 6/97-240, *Plzeňský Prazdroj/Primalco*, vom 17.2.1997, Slg. Ent. 1997/I, 128; S 62/97-240, *Plzeňský Prazdroj/William Grant*, vom 21.7.1997, Slg. Ent. 1997/II, 208; S 5/99-240, *Pražské Pivovary/Allied Domecq*, vom 28.4.1999.

[162] S 11/97-240, *Karlovarská Becherovka/Plzeňský Prazdroj*, vom 22.5.1997, Slg. Ent. 1998/I, 2. S. auch R 35/97, R 36/97, *Karlovarská Becherovka/Plzeňský Prazdroj*, vom 12.1.1998, Slg. Ent. 1988/I, 18.

vanten Marktes: Es handelt sich um den bekannten Kräuterlikör *Becherovka*, welcher keine Substitute auf dem Markt hat.[163] In diesem Fall wandte der Hersteller Preisbindung und Reimportverbot an. Dadurch, dass das Unternehmen seine Rahmenvertriebsverträge ohne Grund kündigte, missbrauchte es auch seine Monopolstellung auf dem Markt. Auch beim Alleinvertrieb ist die Entscheidungspraxis und das EG-Kartellrecht eine wichtige Informationsquelle bei der Beurteilung der Fälle. Die Kartellbehörde untersucht die Vereinbarung hypothetisch auf ihre Vereinbarkeit mit der EG-kartellrechtlichen Regelung, im Falle der Alleinvertriebsvereinbarungen mit der GVO Nr. 1983/83. Dieser Vergleich soll die Übereinstimmung des tschechischen Kartellrechts mit dem EG-Kartellrecht illustrieren.

Ein gutes Beispiel der Marktstrukturanalyse ist die Entscheidung *EuroTel Praha/Panasonic Czech Republic.*[164] Der Lieferant *Panasonic* gehört zu Herstellern mit kleineren Marktanteilen an dem Markt für Mobiltelefone. Der Markt wurde als ein neuer sich entwickelnder Markt bewertet, auf dem starker Wettbewerb herrscht und keine Marktzutrittsschranken vorliegen. Der Anteil der Mobiltelefone *Panasonic* an dem gesamten Verkauf von Mobiltelefonen durch *EuroTel* liegt bei lediglich 3,5%, der Anteil am relevanten Markt ist dementsprechend noch geringer. Die Alleinvertriebsvereinbarung stellt für *Panasonic* die einzige Möglichkeit, wie das Unternehmen auf den Markt eindringen kann. Des Weiteren wurde auch berücksichtigt, dass die Vereinbarung im Einklang mit der GVO Nr. 1983/83 geschlossen wurde.

c. Bewertung der Alleinvertriebsvereinbarungen anhand marktstruktureller Kriterien

Alleinvertriebsvereinbarungen werden durch die GVO Nr. 2790/1999 bis zu einem Marktanteil von 30% freigestellt. Dabei können sie auch andere vertikale Beschränkungen enthalten, z. B. Wettbewerbsverbot, Mengenvorgaben oder Alleinbezug. Eine Kombination mit selektivem Vertrieb ist gemäß der GVO nur unter der Voraussetzung freigestellt, dass Aktivverkäufe der Händler keinen Beschränkungen unterliegen. Wenn der Marktanteil des Lieferanten höher als 30% ist, muss eine Abwägung der Auswirkungen der Alleinvertriebsvereinbarung durchgeführt werden.

Am Wichtigsten ist die Marktstellung des Lieferanten und seiner Wettbewerber. Für die Freistellungsfähigkeit der Vereinbarung muss der Verlust an markeninternem Wettbewerb durch Effizienzgewinne gerechtfertigt werden. Wenn die Wettbewerber stark sind, wird die Verringerung des markeninter-

---

[163] S 11/97-240, Karlovarská Becherovka/Plzeňský Prazdroj, s. o., 4 ff.

[164] S 136/96-27/97-210, *EuroTel Praha/Panasonic Czech Republic*, vom 3.1.1997, Slg. Ent. 1997/I, 100, 101 ff.

nen Wettbewerbs durch den Markenwettbewerb ausgewogen. In Situationen, in welchen die Anzahl der Wettbewerber gering und ihre Marktstellung ähnlich sind – in Bezug auf deren Marktanteile, Kapazität und Vertriebsnetze, kann jedoch die Gefahr der Kartellbildung entstehen. Der Alleinvertrieb mehrerer Marken durch einen Händler in einem bestimmten Gebiet kann diese Gefahr weiter erhöhen, da durch diesen Alleinvertrieb der Markenwettbewerb zwischen diesen Marken verringert wird.

Der Marktausschluss anderer Lieferanten droht nicht, wenn der Alleinvertrieb nicht mit Markenzwang verbunden ist. Der Ausschluss anderer Händler stellt ein Problem dar, wenn auf dem nachgelagerten Markt Nachfragemacht und Marktmacht bestehen, insbesondere auf großen Gebieten, auf welchen die Alleinvertriebshändler die einzigen Käufer auf ihren jeweiligen Märkten sind. Der Ausschluss kann noch schwerwiegender werden, wenn es sich um den Alleinvertrieb mehrerer Marken durch einen Händler handelt.

Des Weiteren sind bei der Beurteilung auch die Nachfragemacht,[165] die Reife des Marktes[166] sowie die Handelsstufe wichtig. Ebenso in Bezug auf die Handelsstufe kann sich der Alleinvertrieb unterschiedlich auswirken: So kann der markeninterne Wettbewerb auf der Einzelhandelsstufe gefährdet werden, wenn der Alleinvertrieb mit großen Gebieten verbunden ist. Der Verbraucher hat dann keine Möglichkeit, zwischen hohem Preis und hochwertigem Service einerseits und niedrigem Preis und weniger Service andererseits zu wählen. Die eventuellen Verluste am markeninternen Wettbewerb auf der Großhandelsstufe können durch Effizienzgewinne bei Logistik oder Verkaufsförderung ausgeglichen werden, insbesondere wenn es sich um einen ausländischen Lieferanten handelt. Auf der Großhandelsstufe wird jedoch mehr der Markenwettbewerb beim Alleinvertrieb mehrerer Marken durch einen Großhändler gefährdet.

Wenn Alleinvertrieb mit Markenzwang kombiniert wird, kann dadurch zusätzlich der Markt für andere Lieferanten abgeschottet werden, insbesondere im Fall eines dichten Netzes von Alleinvertriebshändlern mit kleinen Gebieten oder bei kumulativer Wirkung. Wenn sich jedoch diese Kombination als nicht marktabschottend erweist, kann sie den Alleinvertriebshändler zur Konzentration seiner Bemühungen auf die bestimmte Marke veranlassen. In solchen Fällen ist diese Verbindung für die gesamte Laufzeit der Vereinbarung freistellungsfähig, insbesondere auf der Großhandelsstufe.

---

[165] Die Nachfragemacht kann die Kartellbildungsgefahr auf der Händlerebene erhöhen, wenn die Alleinvertriebsvereinbarungen durch wichtige Händler durchgesetzt werden.

[166] Die Minderung des markeninternen Wettbewerbs und die Preisdiskriminierung wirken sich schwerwiegender auf reifen Märkten aus als auf Märkten mit wachsender Nachfrage, sich entwickelnden Technologien und Marktpositionen.

Die Verbindung von Alleinvertrieb mit Alleinbezug kann sich negativ auf den markeninternen Wettbewerb auswirken und Marktaufteilung fördern. Dies kann dann Preisdiskriminierung erleichtern. Die Arbitragemöglichkeiten der Kunden der Alleinvertriebshändler werden bereits beim Alleinvertrieb eingeschränkt, durch Alleinbezug werden zusätzlich die Arbitragemöglichkeiten der Alleinvertriebshändler beseitigt. So kann der Lieferant leichter den markeninternen Wettbewerb begrenzen und unterschiedliche Verkaufsbedingungen anwenden. Deswegen wird diese Kombination bei Lieferanten mit einem Marktanteil über 30% nur dann freigestellt, wenn die erheblichen Effizienzgewinne auch niedrige Preise für alle Verbraucher mit sich bringen. Die Freistellung kann beim Fehlen dieser Effizienzgewinne sogar bei einem Marktanteil des Lieferanten unter 30% entzogen werden.

Die Produkteigenschaften sind lediglich bei der Beurteilung möglicher Effizienzgewinne relevant. Diese lassen sich eher bei neuen und komplexen Produkten finden sowie bei Produkten, deren Eigenschaften vor dem Verbrauch (*experience products*) oder sogar nach dem Verbrauch (*credence products*) schwierig zu beurteilen sind. Alleinvertrieb kann zum Schutz von Investitionen zum Schutz oder zur Entwicklung des Markenimage effizienzbringend verwendet werden sowie zu Einsparungen bei Logistikkosten durch Skalenerträge beim Transport und Vertrieb.

3. Ausschließliche Kundenzuteilung (Kundenkreisbegrenzung)

Die Kundenkreisbegrenzung schränkt den Lieferanten in seiner Auswahl der Händler ein: Der Lieferant darf nämlich zum Wiederverkauf seines Produktes an eine bestimmte Kategorie von Kunden lediglich einen bestimmten Vertriebshändler beliefern. Gleichzeitig werden dem Vertriebshändler Beschränkungen in Bezug auf Aktivverkäufe außerhalb seines Kundenkreises auferlegt.

Diese Beschränkung tritt insbesondere auf der intermediären Stufe und auf der Großhandelsstufe auf. Auf dieser Ebene lassen sich Kundenkategorien mit unterschiedlichen Anforderungen an das Produkt unterscheiden.

a. Auswirkungen ausschließlicher Kundenzuteilung auf den Wettbewerb

Diese Beschränkung beeinträchtigt insbesondere den markeninternen Wettbewerb und führt zur Aufteilung des Marktes. Falls die Kundenkreisbegrenzungen auf dem Markt verbreitet sind, können sie Absprachen auf der Lieferanten- sowie auf der Händlerebene erleichtern.

b. Bewertung ausschließlicher Kundenzuteilung anhand marktstruktureller Kriterien

Ausschließliche Kundenzuteilung wird durch die GVO Nr. 2790/1999 bis zu einem Marktanteil des Lieferanten von 30% freigestellt, sogar mit anderen vertikalen Beschränkungen, welche jedoch nicht zu Kernbeschränkungen gehören dürfen. Die Kombination von ausschließlicher Kundenzuteilung und selektivem Vertrieb kommt einer Kernbeschränkung gleich, da die zugelassenen Händler dann bei Aktivverkäufen an Endverbraucher nicht frei sind.

Bei Marktanteilen über 30% gelten *mutatis mutandis* die Regeln für die Beurteilung des Alleinvertriebs.[167]

Da die ausschließliche Kundenzuteilung bereits die Arbitragemöglichkeiten der Kunden erschwert und jedem zugelassenen Händler eine Kundenkategorie zuweist, können nicht zugelassene Händler, welche nicht zu dieser Kategorie gehören, Schwierigkeiten haben, das Produkt überhaupt zu erwerben. Dadurch werden ihre Arbitragemöglichkeiten verringert. Dies führt dazu, dass eine Freistellung bei einem Marktanteil, welcher höher als 30% ist, eher unwahrscheinlich ist, es sei denn, diese Beschränkung führe zu eindeutigen und erheblichen Effizienzgewinnen.

Die Effizienzgewinne durch ausschließliche Kundenzuteilung lassen sich insbesondere bei Investitionen in spezifische Ausrüstungen oder Know-how erzielen. Die Abschreibungsdauer ist für die Länge der Laufzeit dieser Beschränkung ausschlaggebend. In Bezug auf Produkteigenschaften sind diese Gewinne am höchsten bei neuen oder komplexen Produkten sowie bei Produkten, welche an die Bedürfnisse des einzelnen Kunden angepasst werden müssen.

Die Zuweisung einer bestimmten Kategorie von Verbrauchern erweist sich nicht als effizienzbringend und kann deswegen kaum freigestellt werden.

4. Selektive Vertriebssysteme

Der Grundgedanke hinter selektiven Vertriebssystemen ist die Gewährleistung entsprechender Leistungen im Vertrieb bestimmter Produkte, insbesondere technisch hochwertiger Produkte und Luxusprodukte. Diese besonderen Produkteigenschaften begründen die Anforderungen an Händler, die über eine ausreichende Qualifikation verfügen müssen.[168] Die auf qualitativen

---

[167] S. o. D. III. 2. c. Bewertung der Alleinvertriebsvereinbarungen anhand marktstruktureller Kriterien.

[168] Entscheidung der Kommission 70/322/EWG, *Kodak*, ABl. L 147 vom 7.7.1970, 24, 25; *Omega*, s. o., 25; *Krups*, s. o., 28.

Kriterien basierende Auswahl der Vertriebshändler (einfache Fachhandelsbindung[169]) soll dementsprechend die Erhaltung des Niveaus des Vertriebs sowie des Image der Produkte sichern.

Soweit die Beschränkungen in den Vereinbarungen des selektiven Vertriebs mit dem Ziel des Vertriebssystems und der Art der Produkte[170] übereinstimmen, sind sie kartellrechtlich unbedenklich. Selektive Vertriebssysteme dämmen zwar einerseits den markeninternen Wettbewerb, andererseits fördern sie aber den Markenwettbewerb unter den Herstellern konkurrierender Produkte.[171] Diese positiven Wirkungen und entsprechend die Vereinbarkeit des selektiven Vertriebssystems mit Art. 81 Abs. 1 EGV hängen von Art und Beschaffenheit des jeweiligen Produktes sowie von der Erforderlichkeit des Vertriebssystems für den Absatz des Produktes ab.

Die bisherige Regelung im Bereich selektiver Vertriebssysteme basiert auf der Entscheidungspraxis der Kommission und der Gerichtshöfe. Die Leitentscheidung *Yves Saint-Laurent Parfums* legte alle wesentlichen Grundsätze zu selektiven Vertriebssystemen fest.[172]

a. Erforderlichkeit der Fachhandelsbindung und der Auswahlkriterien

(1) Produkteigenschaften

Die Beurteilung der Erforderlichkeit einer Fachhandelsbindung stellt in erster Linie auf die Eigenschaften und die Beschaffenheit des Produktes ab. Zum einen wird überprüft, ob das Produkt beratungs- und erklärungsbedürftig ist, zum anderen ob eine Fachhandelsbindung für die Erhaltung der Qualität, des Rufes und des Image dieses Produktes notwendig ist.[173]

Erstes Untersuchungskriterium ist die technische Hochwertigkeit des Produktes. Der EuGH vertritt die Auffassung, dass Fachhandelsbindungen zulässig sein können, wenn es sich um langlebige, hochwertige und technisch hochentwickelte Produkte handelt.[174] Es kommt jedoch immer auf den

[169] Z. B. *Junghans*, s. o., 10.

[170] Rs. 31/80, *L'Oréal*, vom 11.12.1980, Slg. 1980, 3775, 3791; Entscheidung der Kommission 92/33/EWG, *Yves Saint-Laurent Parfums*, ABl. L 12 vom 18.1.1992, 24, 28.

[171] Rs. 26/76, *Metro/SABA I*, s. o., 1905 f.

[172] So auch *Klotz*, EuR 1993, S. 83 ff.

[173] Rs. 31/80, *L'Oréal*, s. o., 3791; Entscheidung der Kommission 85/616/EWG, *Villeroy & Boch*, ABl. L 376 vom 31.12.1985, 15, 17; *Yves Saint-Laurent Parfums*, s. o., 28 f.

[174] Geräte der Unterhaltungselektronik: Rs. 26/76, *Metro/SABA I*, s. o., 1905; Rs. 75/84, *Metro/SABA II*, vom 22.10.1986, Slg. 1986, 3021, 3088; Rs. 210/81, *Demo-Studio Schmidt*, vom 11.10.1983, Slg. 1983, 3045, 3061. *Grundig EG-Vertriebsbindung*, s. o., 4. Computer, sofern es sich nicht um einfachste Spielzeugcomputer handelt: *IBM-Personalcomputer*, s. o., 27. Foto- und Filmprodukte: *Kodak*, s. o., 24; *Konica*, s. o., 34. Qualitativ hochwertige Schmuckartikel aus

Einzelfall und den Stand der neuesten technischen Entwicklung an. Als weiteres Kriterium neben technischer Hochwertigkeit werden auch Geltungsnutzen und Prestigewert der Produkte berücksichtigt. Dieses Kriterium findet insbesondere auf zur Luxusklasse gehörende Kosmetika sowie andere Luxusprodukte Anwendung.[175] Einen Sonderfall stellen Presseprodukte dar: Hier ist die Erforderlichkeit selektiver Vertriebssysteme dadurch gerechtfertigt, dass diese Produkte nur für kurze Zeit aktuell sind, der Verbraucher eine repräsentative Auswahl braucht und der Verleger zur Rücknahme unverkaufter Exemplare verpflichtet ist.[176]

Dieser Beurteilungsansatz, gemäß welchem die Kommission und die Gerichte sich das Recht vorbehalten zu entscheiden, ob die Produkteigenschaften die Erforderlichkeit eines selektiven Vertriebssystems für den Absatz des Produktes rechtfertigen, ist verfehlt.[177] Dies sollte in erster Linie eine Entscheidung des Herstellers, und nicht eine Anpassung an die Kriterien der Kommission sein.[178]

Die Analyse der Angemessenheit des selektiven Vertriebssystems für das jeweilige Produkt sollte jedoch eher auf einer wettbewerblichen Wertung aufbauen, welche die Wettbewerbsbedingungen auf dem betroffenen Markt als Grundlage hätte, als auf der „ohnehin nicht konsequent durchgehaltenen technisch-funktionalen Betrachtung der Produkteigenschaften."[179]

Gold, Silber und Golddoublé: *Murat*, s. o., 22. Hochwertige Klein- und Großuhren: *Junghans*, s. o., 14; Dentalprodukte: *Ivoclar*, s. o., 4.

[175] Entscheidung der Kommission 92/428/EWG, *Parfums Givenchy*, ABl. L 236 vom 19.8.1992, 11, 15 f.; XXI. WBB (1991), 134 ff. *Yves Saint-Laurent Parfums*, s. o., 29: Die Kosmetika müssen eine „Originalschöpfung" darstellen und für den „verwöhnten Geschmack" gedacht, aus hochwertigen Ausgangsstoffen hergestellt und aufwendig verpackt werden. Wichtig ist auch der Preis und die Marke. Diese Grundsätze können auch bei anderen Luxusprodukten angewandt werden, z. B. bei Tafelgeschirr und Ziergegenständen aus Feinkeramik: *Villeroy & Boch*, s. o., 18. Zu Parfums s. *Klotz*, EuR 1993, S. 72 ff. Eine andere Produktgruppe sind Kraftfahrzeuge: Hier handelt es sich um technisch komplizierte, wartungsbedürftige Produkte, auf die sich bereits die GVO für Kfz-Vereinbarungen Nr. 1475/95 bezieht.

[176] Rs. 243/83, *Binon/AMP*, vom 3.7.1985, Slg. 1985, 2015, 2043; Rs. 126/80, *Salonia/Poidomani und Giglio*, vom 16.1.1981, Slg. 1981, 1563, 1580 f.

[177] S. z. B. *Gleiss/Hirsch*, Kommentar zum EG-Kartellrecht, S. 643, Rn. 1663.

[178] Die Beurteilung anhand des Kriteriums der Produkteigenschaften sollte durch das Kriterium der Wettbewerbsstruktur ersetzt werden. Es kommen Fälle vor, in denen es fraglich ist, ob die Beschaffenheit des Produkts das Vertriebssystem überhaupt rechtfertigen kann. S. z. B. Entscheidung der Kommission 85/44/EWG, *Grohe*, ABl. L 19 vom 23.1.1985, 17, 20 f.; Entscheidung der Kommission 85/45/EWG, *Ideal-Standard*, ABl. L 20 vom 24.1.1985, 38, 41 f. In beiden diesen Fällen handelte es sich darüber hinaus um bekannte und führende Marken und Unternehmen mit nicht unerheblichen Marktanteilen.

[179] *Ackermann*, Art. 85 Abs. 1 EGV und die rule of reason, S. 242 f.

(2) Qualitative/Quantitative Kriterien

Die Anforderungen an die Vertriebshändler gehen ebenso von Produkteigenschaften aus. Die Auswahlkriterien müssen sich nach objektiven qualitativen Gesichtspunkten richten.[180] Falls dies nicht der Fall ist und die Fachhandelsbindung als nicht erforderlich für den Absatz des bestimmten Produkts bewertet wird, liegt grundsätzlich ein Verstoß gegen Art. 81 Abs. 1 EGV vor.[181] Dies gilt auch für quantitative Auswahl.[182] Die Art der Qualifikation ist im Allgemeinen irrelevant.[183] Diese Einstellung ist strittig, da praktisch jede Art qualitativer Auswahl auch immer auf eine quantitative Auswahl hinausläuft.

Des Weiteren wird geprüft, ob die Fachhandelsbindung – die Auswahlkriterien sowie die auferlegten Bindungen – für den sachgerechten Vertrieb des Produktes erforderlich ist.[184] Diese Erforderlichkeitsprüfung kann in der Praxis kaum von der Produkteigenschaftsprüfung getrennt werden. Aufgrund des Kriteriums der Erforderlichkeit darf der Hersteller lediglich solche potenziellen Verkäufer ausschließen, die für den Vertrieb der jeweiligen Produkte nicht geeignet sind.[185] Die Kriterien müssen sich in erster Linie auf die fachliche Eignung des Wiederverkäufers, sein Personal und auf die sachliche Ausstattung seines Geschäfts beziehen.[186]

Wenn die in der Vereinbarung auferlegten Beschränkungen über das erforderliche Maß hinausgehen, werden dadurch Händler ausgeschlossen, die zwar die qualitativen Zulassungsanforderungen erfüllen, die übrigen Verpflichtungen jedoch nicht übernehmen können bzw. wollen.[187] So können sich die Zulassungskriterien als Marktzutrittsschranke auswirken, wenn sie über die Anforderungen an die fachliche Qualifikation der betreffenden Händler und ihres Verkaufspersonals sowie an die sachliche Ausstattung der Verkaufsräume, welche für einen sachgerechten Absatz des jeweiligen Produkts erforderlich sind, hinausgehen.[188]

---

180 Rs. 126/80, *Salonia/Poidomani u. Giglio*, s. o., 1580; Rs. 107/82, *AEG-Telefunken*, s. o., 3204; *Hasselblad*, s. o., 29; *Yves Saint-Laurent Parfums*, s. o., 29.

181 Hasselblad, s. o., 29; Yves Saint-Laurent Parfums, s. o., 30; Grohe, s. o., 24; Ideal-Standard, s. o., 41.

182 Rs. 99/79, *Lancôme*, vom 10.7.1980, Slg. 1980, 25 11, 2536.

183 *Kodak*, s. o., 25 (allgemeine und vage Kriterien); *BMW*, s. o., 3; *Junghans*, s. o., 11 (sehr spezifizierte und schwer zu erfüllende Kriterien).

184 Rs. 31/80, *L'Oréal*, s. o., 3791; *Villeroy & Boch*, s. o., 17; *Yves Saint-Laurent Parfums*, s. o., 28 f.

185 *SABA I*, s. o., 25; *Junghans*, s. o., 14; Rs. 26/76, *Metro/SABA I*, s. o., 1875 ff.

186 Rs. 107/82, *AEG/Kommission*, s. o., 3195.

187 *SABA I*, s. o., 25.

188 *SABA II*, s. o., 46.

Einerseits legt die Kommission bei dieser Prüfung den Grundsatz der Verhältnismäßigkeit zwischen den Produkteigenschaften und den Auswahlkriterien fest, andererseits darf jedoch dessen Anwendung nicht zur faktischen Regelung der Vertriebspolitik der Hersteller führen:

„Ein selektives Vertriebssystem ist vielmehr bereits dann zulässig, wenn Produkteigenschaften, Produktplazierung, Vertriebskonzeption und Auswahlkriterien nach den Festlegungen des Herstellers in sich stimmig und widerspruchsfrei sind."[189]

(3) Verbot quantitativer Selektion

Die Anwendung quantitativer Selektionskriterien, d. h. zahlenmäßiger Auswahl, ist verboten, und zwar ohne Rücksicht auf deren Erwägungsgründe.[190] Der Hersteller darf auch nicht solche Händler ablehnen, die alle Qualifikationsmerkmale erfüllen.[191] Er muss alle Händler, die die Zulassungskriterien erfüllen, zum Vertriebssystem zulassen. Bei der Auswahl der Vertriebshändler ist Gleichbehandlung – die gleiche Anwendung der Auswahlkriterien für alle Bewerber – geboten.[192] Die Auswahlkriterien sowie das Zulassungsverfahren müssen objektiv festgelegt und eindeutig geregelt werden.[193] Wie bereits ausgeführt, ist es dabei im Einzelfall von der Art und Beschaffenheit des Produktes abhängig, wie konkret diese Festlegung erfolgen soll.

Durch das Gleichbehandlungsprinzip soll vermieden werden, dass der Hersteller willkürlich über die Zulassungen Preise oder Lieferungen einzelner Händler beeinflusst. Daher darf er eine Ablehnung lediglich dann erteilen, wenn diese auf sachlichen Gründen basiert.

---

[189] *Gleiss/Hirsch*, Kommentar zum EG-Kartellrecht, S. 645, Rn. 1670.

[190] *BMW*, s. o., 5; *SABA I*, s. o., 26. So sollen die Händler z. B. veranlasst werden, sich intensiv mit dem Absatz der Vertragsprodukte zu beschäftigen, wofür sie ihr „Vertragsgebiet" als Gegenleistung bekommen. S. *Omega*, s. o., 23; *Ivoclar*, s. o. 1; Rs. 99/79, *Lancôme*, s. o., 2536. Ähnlich wie Gebietszuweisung wirkt sich künstliche Beschränkung der Zahl der Zulassungen aus: Rs. 86/82, *Hasselblad*, s. o., 909.

[191] Solche Ablehnungsgründe können in der „Gefahr für das allgemeine Preisniveau" begründet sein: Rs. 107/82, *AEG-Telefunken*, s. o., 3195. Jede Ablehnung muss auch ausreichend begründet werden: Rs. 107/82, *AEG-Telefunken*, s. o., 3206.

[192] Rs. 26/76, *Metro/SABA I*, s. o., 1905; *Yves Saint-Laurent Parfums*, s. o., 29. Wenn der Hersteller bei einer einfachen Fachhandelsbindung den Grundsatz der Gleichberechtigung ignoriert, liegt ein Verstoß gegen Art. 81 Abs. 1 EGV vor. Bei einer qualifizierten Fachhandelsbindung kann in einem solchen Fall die Freistellung entzogen werden. Der Gleichbehandlungsgrundsatz stellt eigentlich lediglich eine Obliegenheit für den Hersteller dar: Aus dem Art. 81 EGV ergibt sich für den abgewiesenen Händler kein Zulassungsanspruch.

[193] Entscheidung der Kommission 83/672/EWG, *SABA II*, ABl. L 376 vom 31.12.1983, 41, 42; *Grundig EG-Vertriebsbindung*, s. o., 5; allgemeine Stellungnahme im XIII. WBB (1983), Nr. 33.

b. Auswahlkriterien bei einfacher Fachhandelsbindung

(1) Fachkenntnisse, Geschäftsausstattung, Lage des Geschäfts

Der Hersteller darf entsprechende für den Absatz der Produkte notwendige Fachkenntnisse sowie die materielle und personelle Ausstattung des Geschäftes als Voraussetzung für die Aufnahme in das Vertriebsnetz festlegen.[194] So kann der Händler verpflichtet werden, z. B. technisch[195]/kosmetisch[196]/kaufmännisch[197] ausgebildetes Verkaufspersonal zur Verfügung zu stellen oder sich und sein Personal beim Hersteller schulen zu lassen.[198] Auch die Geschäftsausstattung muss dem sachgerechten Absatz des Produktes entsprechen.[199] Dies ist besonders wichtig bei Prestigeartikeln.[200] Wenn die Lage des Geschäfts für den Vertrieb des Produktes wichtig ist, kann dies als ein Zulassungskriterium auftreten.[201] Dies gilt nicht für den erzielten Umsatz mit den Vertragsprodukten. Der Umsatz mit gleichartigen Produkten darf nur bedingt als Zulassungskriterium verwendet werden.[202]

(2) Verkaufsförderungspflichten und Lagerhaltungspflichten

Verkaufsförderungspflichten sind zulässig, sie unterliegen jedoch strengen Anforderungen in Bezug auf deren Erforderlichkeit.[203] Falls sie als nicht erforderlich eingestuft werden, kann ein Verstoß gegen Art. 81 Abs. 1 EGV

---

194 Grundig EG-Vertriebsbindung, s. o., 4.

195 IBM-Personalcomputer, s. o., 25, 27.

196 *Yves Saint-Laurent Parfums*, s. o., 29; Entscheidung der Kommission 91/153/EWG, *Vichy*, ABl. L 75 vom 21.3.1991, 57, 60.

197 IBM-Personalcomputer, s. o., 27.

198 Yves Saint-Laurent Parfums, s. o., 29.

199 Grundig EG-Vertriebsbindung, s. o., 4; Grohe, s. o., 19.

200 *Yves Saint-Laurent Parfums*, s. o., 29: Die Anforderung, einen dem Ansehen der Marke entsprechenden Platz für die Produkte im Geschäft zu schaffen, ist zulässig, Angaben bezüglich dessen Größe jedoch nicht. Zulässig sind Vorschriften über Namensschilder, die auf die betreffenden Produkte hinweisen sollen.

201 Kosmetika: *Yves Saint-Laurent Parfums*, s. o., 29. Jedoch: *Villeroy & Boch*, s. o., 16 (Bei Tafelgeschirr darf die Zulassung nicht von der „zentralen Lage" des Geschäftes abhängig gemacht werden.)

202 Nicht zulässig ist das Kriterium, dass der Händler seinen Umsatz überwiegend oder vollständig mit gleichartigen Produkten erzielt. Andererseits darf der Hersteller verlangen, dass der Verkauf gleichartiger Produkte in dem Fachgeschäft oder in der Fachabteilung mehr als 50% solchen Umsatzes bildet. S. *SABA I*, s. o., 24.

203 *Villeroy & Boch*, s. o., 18; Rs. 31/80, *L'Oréal*, s. o., 3791.

vorliegen. Dann handelt es sich nämlich um eine qualifizierte Fachhandelsbindung, die der Freistellung nach Art. 81 Abs. 3 bedarf.[204]

Verpflichtungen zur Lagerhaltung als Zulassungskriterium sind ebenso untersagt.[205] Nach der Auffassung der Kommission können sie sich als Ausschlussmittel gegen Konkurrenten auswirken.[206] Als Ausnahme wird fehlende Spürbarkeit der Wettbewerbsbeschränkung betrachtet: Dann kann die Verpflichtung, ein angemessen tiefes und breites Angebot an Vertragsprodukten und ein entsprechendes Lager zu unterhalten, zulässig sein. Dies ist der Fall, wenn es sich um einen Hersteller mit sehr kleinem Marktanteil handelt, wenn dabei auf dem Markt ein starker Markenwettbewerb herrscht und jeder Hersteller frei ist, konkurrierende Produkte zu führen.[207]

(3) Mindestabnahme, Warensortimente, Verkaufsverbote, allgemeine Vertragspflichten

Mindestabnahmenpflichten des Herstellers werden als unzulässig angesehen.[208] Ebenso die Verpflichtung zu bestimmten Markensortimenten und zur Mitwirkung bei der Einführung neuer Marken fällt unter Art. 81 Abs. 1 EGV. Das Gleiche gilt auch für die Verpflichtung zur Führung vollständiger Produktsortimente.[209] Zu Ausnahmen kann es wieder bei fehlender Spürbarkeit kommen.[210]

---

[204] Qualifizierte Fachhandelsbindungen zeichnen sich vor allem durch die Auferlegung besonderer Vertriebsförderungspflichten aus, die über das Niveau hinausgehen, welches für den ordnungsgemäßen Absatz der Produkte typisch ist. Beispiele sind die Verpflichtung zum Beitrag beim Aufbau des Vertriebsnetzes, das Erzielen bestimmter Umsätze, die Abnahme von Mindestmengen, die Verpflichtung zur Unterhaltung eines angemessenen Lagers, die Pflicht zur Führung vollständiger Sortimente oder zur Mitwirkung an Werbeveranstaltungen. Diese Verpflichtungen waren jedoch nicht im Einklang mit Art. 81 Abs. 1 EGV und bedurften insgesamt einer Freistellung. Wenn diese Verpflichtungen zur Verbesserung des Vertriebs der Produkte beitragen und zugleich keine unmittelbaren oder mittelbaren Preisbestimmungen enthalten, können sie meistens freigestellt werden, da sie in der Regel den Absatz der Produkte verbessern.

[205] Yves Saint-Laurent Parfums, s. o., 30.

[206] *Grundig EG-Vertriebsbindung*, s. o., 5; *Grohe*, s. o., 21. Ausnahmsweise kann diese Verpflichtung zulässig sein, wenn der Händler aus wirtschaftlichen Gründen sowieso ein Lager im vorgeschriebenen Umfang halten müsste. S. *Murat*, s. o., 22 (Schmuck – ein Vorrat, welcher der Verkaufsmenge für drei Monate entspricht.)

[207] *Villeroy & Boch*, s. o., 18 (Marktanteil kleiner als 10%).

[208] *Yves Saint-Laurent Parfums*, s. o., 30. S. auch Entscheidung der Kommission 87/17/EWG, *Pronuptia*, ABl. L 13 vom 15.1.1987, 39, 44 (Verpflichtung zur Bestellung von 50% der im Vorjahr getätigten Verkäufe für das laufende Jahr im voraus); *SABA I*, s. o., 25 f. („angemessener" Umsatz).

[209] *SABA I*, s. o., 25.

[210] Villeroy & Boch, s. o., 18.

Verkaufsverbote in Bezug auf andere Produkte können zulässig sein, wenn durch den Verkauf dieser Produkte dem Prestige und der Exklusivität der Vertragsprodukte Schaden zugefügt werden könnte.[211] Dieses Verbot darf sich jedoch nicht als Mittel zur Verhinderung der Konkurrenz auswirken.

Allgemeine Vertragspflichten, welche die angemessene rechtliche und wirtschaftliche Vertragserfüllung sichern sollen, sind kartellrechtlich unbedenklich.[212]

(4) Beschränkungen in Bezug auf den Preis

Alle Beschränkungen, die unmittelbar oder mittelbar den Preis betreffen, verstoßen im Zweifel gegen das Verbot des Art. 81 Abs. 1 EGV. In dem Fall *Metro I.* wurde zwar entschieden, dass der Preiswettbewerb nicht die einzige wirksame Form des Wettbewerbs ist und auch nicht diejenige Form, die unter Umständen absoluten Vorrang erhalten müsse.[213] So kann zwar der Preiswettbewerb gedämpft werden, wenn und soweit dies für die Steigerung des Wettbewerbs durch Leistungen des Fachhandels erforderlich ist.[214] Es dürfen jedoch weder Vertriebsformen vom Vertriebssystem ausgeschlossen,[215] noch dem Vertriebshändler unmittelbar oder mittelbar Preise vorgeschrieben werden.[216] In der Praxis handelt es sich um eine dem selektiven Vertriebssystem inhärente Tendenz zur Stabilisierung der Preise.

Jedweder Einfluss auf das Preisverhalten verursacht eine unzulässige Wettbewerbsbeschränkung.[217] Das Verbot der Einflussnahme auf die Preisgestaltung der Händler darf nicht einmal durch die Abwehr der Gefahr von Rufschädigungen z. B. durch Lockvogelangebote gelockert werden.[218]

---

[211] Yves Saint-Laurent Parfums, s. o., 29. S. auch Villeroy & Boch, s. o., 16, 18.

[212] *IBM-Personalcomputer*, s. o., 25, 27: Es handelt sich z. B. um die Respektierung der Geschäftsbedingungen des Herstellers, um die Vermeidung widersprechender, anderweitiger vertraglicher Verpflichtungen, um den Nachweis der Kreditfähigkeit durch Bankreferenzen oder andere geeignete Mittel oder um das Verbot der Absatzförderung auf unlautere Weise.

[213] Rs. 26/76, *Metro/SABA I*, s. o., 1906.

[214] *Ideal Standard*, s. o., 45.

[215] *Ideal Standard*, s. o., 45; *Grohe*, s. o., 21.

[216] Entscheidung der Kommission 82/267/EWG, *AEG-Telefunken*, ABl. L 117 vom 30.4.1982, 15, 23, 25; Rs. 107/82, *AEG-Telefunken*, s. o., 3204, 3216; Entscheidung der Kommission 83/560/EWG, *Ford*, ABl. L 327 vom 24.11.1983, 31, 39.

[217] Rs. 107/82, *AEG-Telefunken*, s. o., 3216 (Informelle Nennung von Preisen), 3204; *Ford*, s. o., 39 (Maßnahmen zur Sicherung des bestehenden Preisniveaus oder bestimmter Mindestspannen), *AEG-Telefunken*, s. o., 23 (Zulassung preisaktiver oder sonstwie unerwünschter Händler).

[218] *Ideal Standard*, s. o., 44; Ausnahmsweise können den Händlern Verbote hinsichtlich der Werbung mit Abhol-, Selbstbedienungs- oder Mitnahmepreisen auferlegt werden, weil dadurch implizit die Kundendienstleistungen gestrichen werden. S. *Grundig EG-Vertriebsbindung*, s. o., 4.

c. Beschränkungen in Bezug auf den Parallelhandel

Eine Fachhandelsbindung ist kartellrechtlich bedenklich, wenn sie den Parallelhandel beschränkende Maßnahmen beinhaltet.[219] Innerhalb des selektiven Vertriebssystems sind jedoch bestimmte Beschränkungen in Bezug auf Quer- und Sprunglieferungen notwendig. Es handelt sich insbesondere um die Verpflichtung des Herstellers und der Groß- und Einzelhändler, nur an solche Händler zu liefern, welche die Qualifikationsmerkmale erfüllen.[220] Ebenso darf den Großhändlern untersagt werden, direkt an private Endverbraucher zu verkaufen.[221] Querlieferungen zwischen den anerkannten Wiederverkäufern müssen frei bleiben.[222]

Der Hersteller ist auch berechtigt, die Einhaltung der seinen Händlern auferlegten Beschränkungen zu kontrollieren.[223] Es handelt sich dabei um akzessorische Verpflichtungen, die von dem rechtlichen „Schicksal" der Verpflichtungen abhängen, deren Erfüllung sie sichern.[224]

Wenn der parallele Handel jedoch behindert wird, wird der Markt künstlich aufgeteilt und das Preisniveaus in den jeweiligen Mitgliedstaaten beibehalten. Die Praktizierung eines selektiven Vertriebssystems kann dann auch auf die Aufrechterhaltung eines hohen Preisniveaus oder auf den Ausschluss bestimmter Vertriebsarten hinzielen.[225] Dies führt zur einer solchen Abschwächung des markeninternen Wettbewerbs innerhalb des Vertriebssystems, welche auch die Minderung der Konsumentenrente mit sich bringt, da

---

219 *Ford*, s. o., 39; *Hasselblad*, s. o., 18; *Villeroy & Boch*, s. o., 16 (zwar kein Exportverbot, obwohl Export lediglich an zugelassene Händler). *John Deere*, s. o., 63 (Erschwerung der Parallelimporte über Preis- und Rabattgestaltung); *Hasselblad*, s. o., 28; Rs. 86/82, *Hasselblad*, s. o., 905 (Einschränkungen des Umfangs des Kundendienstes oder der Herstellergarantie); Rs. 107/82, *AEG-Telefunken*, s. o., 3210 (Versprechen, keine Parallelimporte mehr vorzunehmen, als Voraussetzung der Zulassung zum Vertriebssystem).

220 Grundig EG-Vertriebsbindung, s. o., 5.

221 *Grundig EG-Vertriebsbindung*, s. o., 5; *Villeroy & Boch*, s. o., 19. Die Einzelhändler dürfen jedoch nicht verpflichtet werden, nur an private Endverbraucher zu verkaufen. S. Entscheidung der Kommission 83/400/EWG, *Windsurfing International*, ABl. L 229 vom 20.8.1983, 1, 16. Das Sprunglieferungsverbot für Großhändler ist dadurch begründet, dass der Wettbewerb zwischen den Großhändlern und den Einzelhändlern nicht leistungsgerecht wäre. Diese Annahme gilt jedoch nur für stufenweise organisierte Vertriebssysteme mit getrennten Einzel- und Großhandelsfunktionen. Die jeweiligen Händler sollen dadurch veranlasst werden, sich auf ihre Funktion innerhalb des Systems intensiv zu konzentrieren. Die Beurteilung hängt auch vor allem von der Art der Produkte und entsprechend der Eigenschaften des Vertriebssystems ab, in dem der Einzelhandel – im Gegensatz zum Großhandel – besondere qualitative Kriterien erfüllen muss. S. Rs. 26/76, *Metro/SABA I*, s. o., 1909 f.

222 Villeroy & Boch, s. o., 16.

223 *Grundig EG-Vertriebsbindung*, s. o., 5. Eventuell darf auch die Großhandelsstufe zur Unterstützung bei der Überwachung des Einzelhandels verpflichtet werden.

224 *Grohe*, s. o., 22; *SABA II*, s. o., 46; *Yves Saint-Laurent Parfums*, s. o., 31.

225 *Ford*, s. o., 36.

diese aufgrund des fehlenden Preiswettbewerbs höhere Preise bezahlen und eventuell auch ein niedrigeres Serviceniveau in Kauf nehmen müssen.

d. Freistellungsfähigkeit

Selektive Vertriebssysteme sind in der Regel freistellungsfähig gemäß Art. 81 Abs. 3 EGV, wenn es sich um Fachhandelsbindungen mit „überschießenden"[226] Anforderungen oder um Fachhandelsbindungen mit zusätzlicher quantitativer Auswahl handelt, sofern für diese sachliche Gründe vorhanden sind.[227] Diese Gründe betreffen insbesondere die Unterstützung der intensiven Bemühungen der Händler um Markterschließung und einen kontinuierlichen Absatz der Vertragsprodukte.[228] Dabei wird vorausgesetzt, dass der parallele Handel frei bleibt und den Händlern kein absoluter Gebietsschutz gewährt wird.

Qualifizierte Fachhandelsbindungen zeichnen sich vor allem durch die Auferlegung besonderer Vertriebsförderungspflichten aus, die über das Niveau hinausgehen, welches für den ordnungsgemäßen Absatz der Produkte typisch ist. Beispiele sind die Verpflichtung zum Beitrag beim Aufbau des Vertriebsnetzes,[229] das Erzielen bestimmter Umsätze, die Abnahme von Mindestmengen, die Verpflichtung zur Unterhaltung eines angemessenen Lagers, die Pflicht zur Führung vollständiger Sortimente[230] oder zur Mitwirkung an Werbeveranstaltungen.[231] Diese Verpflichtungen waren jedoch nicht im Einklang mit Art. 81 Abs. 1 EGV und bedurften insgesamt einer Freistellung.

Wenn diese Verpflichtungen zur Verbesserung des Vertriebs der Produkte beitragen und zugleich keine unmittelbaren oder mittelbaren Preisbestimmungen enthalten, können sie meistens freigestellt werden, da sie in der Regel den Absatz der Produkte verbessern.

e. Bewertung des selektiven Vertriebs anhand marktstruktureller Kriterien

Die Beschränkungen, welche für das Funktionieren des selektiven Vertriebssystems erforderlich sind und für welche auch die Beschaffenheit des Produkts ein Rechtfertigungskriterium ist, fallen nicht unter das Verbot des Art. 81 Abs. 1 EGV.

---

[226] So *Gleiss/Hirsch*, Kommentar zum EG-Kartellrecht, S. 655, Rn. 1706.

[227] Verb. Rs. 253/78 und 1 bis 3/79, *Parfums*, vom 10.7.1980, Slg. 1980, 2327, 2372; *SABA II*, s. o., 46.

[228] *Omega*, s. o., 26; *BMW*, s. o., 7; *Ivoclar*, s. o., 4.

[229] Rs. 31/80, *L'Oréal*, s. o., 3791.

[230] *SABA II*, s. o., 46.

[231] Yves Saint-Laurent Parfums, s. o., 30.

Qualitativer sowie quantitativer Selektivvertrieb sind bis zu einem Marktanteil von 30% durch die GVO freigestellt. Dies gilt auch für Kombinationen mit anderen vertikalen Beschränkungen, welche nicht zu Kernbeschränkungen gehören. Die Aktivverkäufe der Händler dürfen dabei nicht beschränkt werden. Die Freistellung gemäß der GVO Nr. 2790/1999 wird ohne Rücksicht auf Produkteigenschaften angewandt. Wenn sich jedoch der selektive Vertrieb als nicht notwendig für ein bestimmtes Produkt erweist, entfallen auch Effizienzgewinne, welche den Verlust am markeninternen Wettbewerb ausbalancierten.

Für die Beurteilung möglicher wettbewerbswidriger Auswirkungen ist die Marktstellung des Lieferanten und seiner Wettbewerber von größter Bedeutung: Der Verlust am markeninternen Wettbewerb ist nämlich nur bei gleichzeitig begrenztem Markenwettbewerb problematisch. Je stärker die Marktstellung des Lieferanten ist, desto problematischer kann der Verlust an markeninternem Wettbewerb sein. Ebenso spielt der mögliche kumulative Effekt eine Rolle.[232]

Wenn auf dem Markt starke Wettbewerber auftreten, kann der Verlust an markeninternem Wettbewerb durch den Markenwettbewerb ausgeglichen werden. Wenn jedoch die meisten Lieferanten selektiven Vertrieb verwenden, ist der Verlust an markeninternem Wettbewerb erheblich. Dabei können auch bestimmte Typen von Vertriebshändlern ausgeschlossen werden.[233] Des Weiteren kann dadurch die Kartellbildung auf der Lieferanten- oder Händlerebene erleichtert werden. Die Leitlinien über vertikale Beschränkungen nehmen an, dass bis zu einem Anteil von 50% selektiver Vertriebssysteme auf dem Markt diese keine wettbewerbswidrigen kumulativen Effekte entwickeln. Wenn dieser Anteil diese 50%-Grenze zwar überschreitet, der Anteil der 5 größten Lieferanten jedoch unter dieser Grenze liegt, gilt die Situation ebenso als nicht wettbewerbswidrig. Sind beide Anteile höher als 50% des relevanten Marktes, richtet sich die Beurteilung danach, ob all die 5 größten Lieferanten selektiven Vertrieb verwenden. Wenn dies der Fall ist, können dadurch Marktabschottungswirkungen verursacht werden, insbesondere wenn diese selektiven Systeme direkt oder indirekt quantitative Kriterien anwenden.[234] Ein Unternehmen mit einem Marktanteil von weniger als 5% wird nicht als erheblich beitragend zum kumulativen Effekt betrachtet.

Marktzutrittsschranken im Selektivvertrieb gelten im Allgemeinen als beträchtlich, da diese Vertriebssysteme für Markenprodukte angewendet wer-

[232] S. Leitlinien über vertikale Beschränkungen, Rn. 187.

[233] Diese Gefahr ist größer beim selektiven Vertrieb, da dieser Lieferungen an nicht zugelassene Händler verbietet.

[234] Zur Freistellung gemäß Art. 81 Abs. 3 EGV s. Leitlinien über vertikale Beschränkungen, Rn. 189.

den. Nachfragemacht kann die Gefahr der Kartellbildung auf der Händlerebene erhöhen, insbesondere wenn starke Vertriebshändlerorganisationen auf die Lieferanten Auswahlkriterien anwenden und effizientere Händler vom Markt ausschließen.

Gemäß Art. 5 lit. c der GVO Nr. 2790/1999 darf der Lieferant den zugelassenen Händlern das Verbot auferlegen, bestimmte Marken seiner Wettbewerber zu verkaufen. Damit sollen horizontale Absprachen vermieden werden. Diese Beschränkung gilt als nicht freistellbar, wenn der Marktanteil der 5 größten Lieferanten 50% oder mehr beträgt, es sei denn keiner der betreffenden Lieferanten gehört zu diesen 5 größten Lieferanten.

Der Marktausschluss anderer Lieferanten ist nicht gravierend, solange der Selektivvertrieb nicht mit Markenzwang verbunden ist. Die Marktausschlusswirkungen dieser Kombination sind schwerwiegend, wenn es sich um dichte Netze zugelassener Händler oder Kumulativwirkung handelt.

Wenn die größten Lieferanten in ihren selektiven Vertriebssystemen zusätzliche Verpflichtungen auferlegen, z. B. Anforderungen an minimalen Regalraum oder minimalen Anteil der Verkäufe des bestimmten Produkts am Gesamtumsatz des Händlers, kann dadurch der Marktausschluss konkurrierender Lieferanten bewirkt werden. Dies soll nicht der Fall sein, wenn der Anteil selektiver Systeme auf dem Markt bzw. der Anteil der 5 größten Lieferanten unter 50% liegt.

Für die Beurteilung der Auswirkungen ist auch die Reife des Marktes von Belang. Ein Verlust an markeninternem Wettbewerb und Preisdiskriminierung sind auf einem reifen Markt problematischer als auf einem Markt mit wachsender Nachfrage, sich entwickelnden Technologien und Marktpositionen.

Wichtig ist auch die Beschaffenheit des Produkts. Selektivvertrieb kann zwar unabhängig von den Produkteigenschaften aufgrund von Skalenerträgen im Transport zu Einsparungen bei den Logistikkosten führen, dieser Effizienzgewinn ist jedoch marginal. Bei der Lösung des Trittbrettfahrerproblems auf der Händlerebene oder bei der Entwicklung des Markenimage ist die Beschaffenheit des Produkts von entscheidender Bedeutung.[235]

Die Kombination von Selektivvertrieb und Alleinvertrieb wird als wettbewerbsschädlich angesehen, wenn sie von einem Lieferanten mit einem Marktanteil über 30% angewendet wird oder wenn der Kumulativeffekt vorkommt. Eine Freistellung gemäß Art. 81 Abs. 3 EGV ist nur dann möglich, wenn die Kombination zum Schutz erheblicher spezifischer Investition dient.

[235] Die Effizienzgewinne sind am Größten bei neuen und bei komplexen Produkten sowie bei *experience products* und *credence products*.

5. Franchising

Franchiseverträge basieren auf einem Lizenzvertrag[236] zur Nutzung von Rechten an geistigem Eigentum,[237] an Markennamen,[238] Warenzeichen und Know-how[239] für den Verkauf und den Vertrieb. Die in einer Franchisevereinbarung enthaltenen Beschränkungen des Vertriebs der Produkte sind häufig eine Verbindung von Selektivvertrieb, Wettbewerbsverbot und Alleinvertrieb oder schwächeren Formen hiervon.[240] Aus ökonomischer Sicht entsprechen die Alleinvertriebsbestimmungen in Franchisevereinbarungen denen in „reinen" Alleinvertriebsvereinbarungen.

Die Franchisevereinbarung verbessert in der Regel den Vertrieb der Vertragsprodukte, da sie es dem Franchisegeber ermöglicht, mit Investitionen in begrenzter Höhe seine Franchise-Idee zu vermarkten. Der Franchisenehmer profitiert auch – er „erwirbt" durch die Franchisevereinbarung zugleich Erfahrungen und Hilfe des Franchisegebers. Dies fördert den Eintritt des Franchisenehmers auf den Markt und verbessert den Markenwettbewerb.

---

[236] Leitlinien über vertikale Beschränkungen, Rn. 199, Rn. 200 i. V. m. Rn. 43 und Rn. 30 ff. Die in Franchisevereinbarungen enthaltene Lizenzvergabe fällt insoweit unter die GVO Nr. 2790/1999, wie der Lizenzvertrag oder darin enthaltene Bestimmungen mit dem Verkauf von Produkten unmittelbar verbunden sind und für diesen erforderlich sind. Diese gewerblichen Schutzrechte betreffen insbesondere Warenzeichen, Urheberrecht und Know-how.

[237] Die GVO Nr. 2790/1999 grenzt in Art. 1 lit. e d „intellektuelle Eigentumsrechte" ab. Diese umfassen unter anderem gewerbliche Schutzrechte, Urheberrechte sowie verwandte Schutzrechte.

[238] Insbesondere Markennamen spielen eine wichtige Rolle bei der Beurteilung vertikaler Beschränkungen: Sie signalisieren das Vorhandensein nicht unerheblicher Marktmacht.

[239] In Art. 1 lit. f der GVO Nr. 2790/1999 wird Know-how als „eine Gesamtheit nicht patentierter praktischer Kenntnisse, die der Lieferant durch Erfahrung und Erprobung gewonnen hat und die geheim, wesentlich und identifiziert sind" definiert. Des weiteren werden die Merkmale „geheim, wesentlich" und „identifiziert" abgegrenzt. Diese Definition ist annähernd identisch mit der Definition in der Verordnung (EWG) Nr. 556/89 der Kommission vom 30.11.1988 zur Anwendung von Art. 81 Abs. 1 EGV auf Gruppen von Know-how-Vereinbarungen, ABl. L 61 vom 4.3.1989, S. 1; geändert durch VO (EWG) Nr. 151/93 vom 23.12.1992, ABl. L 21 vom 29.1.1993, S. 8. Das innerhalb einer vertikalen Vereinbarung übertragene Know-how bedarf jedoch besonderer Regelung. Die Abgrenzung dieses Know-how ist nämlich nicht so eindeutig wie bei anderen Rechten des intellektuellen Eigentums. Es wird z. B. durch die Schulung des Personals des Franchisenehmers oder durch technische Hilfe übertragen. Ein weiterer Anlass zur speziellen Regelung ist die Notwendigkeit des Schutzes der spezifischen Investitionen beim Franchisegeber sowie beim Franchisenehmer.

[240] Alleinbezugsrechte und das Wettbewerbsverbot sollen den Franchisenehmer daran hindern, dass er das Know-how des Franchisegebers zum Vertrieb anderer Produkte bzw. zur Ausübung anderer Tätigkeiten „missbraucht." Andererseits sichert der Gebietsschutz dem Franchisenehmer einen angemessenen Gewinn für seine versunkenen Kosten. Opportunistisches Verhalten kann insbesondere durch die Anwendung verschiedener Vergütungsmethoden verhindert werden.

a. Die Leitentscheidung Pronuptia

Die Beurteilungskriterien für Franchisevereinbarungen wurden in der Entscheidungspraxis in der Leitentscheidung des EuGH *Pronuptia* festgelegt.[241] Der EuGH unternahm hier praktisch zwei „*Rule-of-reason*-Analysen:"[242]

Die erste Analyse betraf die Identifizierung des Wesens von Franchising und der zwei Hauptvoraussetzungen für erfolgreiches Funktionieren der Franchisesysteme:[243]

„Erstens muss der Franchisegeber in der Lage sein, dem Franchisenehmer sein Know-how zu vermitteln und ihm die für die Anwendung seiner Methoden erforderliche Unterstützung zukommen zu lassen, ohne Gefahr zu laufen, dass dieses Know-how und diese Unterstützung – sei es auch nur mittelbar – Konkurrenten zugute kommen. [...] Zweitens muss der Franchisegeber die Maßnahmen ergreifen können, die zum Schutz der Identität und des Namens der durch die Geschäftsbezeichnung symbolisierten Vertriebsorganisation angezeigt sind."

Im Rahmen dieser Analyse wurden dann all die Beschränkungen von dem Verbot des Art. 81 Abs. 1 EGV ausgeschlossen, die für die Erfüllung der genannten Voraussetzungen unerlässlich waren. Der EuGH überprüfte hiermit eine der Voraussetzungen für eine Einzelfreistellung gemäß Art. 81 Abs. 3 EGV.

Die zweite „*Rule-of-reason*-Analyse" bestimmte aufgrund einer Abwägung der pro- und antikompetitiven Auswirkungen der Beschränkungen, ob diese unter das Kartellrecht fallen.

Die *Pronuptia*-Entscheidung unterscheidet drei Gruppen von Beschränkungen des Franchisenehmers, die notwendig für die Durchführung einer Vertriebsfranchisevereinbarung sind: Erstens handelt es sich um Bestimmungen, die der Vermeidung der Gefahr des Trittbrettfahrerverhaltens seitens der Konkurrenten dienen sollen. Die zweite Gruppe beinhaltet Bestimmungen zum Schutz der Identität und des Namens der durch die Geschäftsbezeichnung symbolisierten Vertriebsorganisation. In die dritte Gruppe gehören Be-

---

[241] S. Venit, ELRev 1986, 217 f. „*An American lawyer would say that the Court was, in effect, applying a doctrine of ancillary restraints, i.e., identifying the legitimate purpose of the contractual arrangements and then excluding from the prohibition on restrictive agreements all contractual provisions that are reasonably related to the successful realisation of these legitimate purposes.*"

[242] S. *Ackermann*, Art. 85 Abs. 1 EGV und die rule of reason, S. 192 ff., 195; *Venit*, ELRev 1986, S. 217.

[243] Rs. 161/84, *Pronuptia*, vom 28.1.1986, Slg. 1986, 353, 381f.

stimmungen, die den Wettbewerb zwischen den Mitgliedern der Vertriebsorganisation beschränken.[244]

Dieser Dreiteilung beim Vertriebsfranchising folgt auch die Kommission.[245] Die Entscheidung galt auch als Muster für die Regelung in der GVO Nr. 4087/88.

b. Einzelne Beschränkungen

(1) Beschränkungen zum Schutz des Know-how

Die Beschränkungen zum Schutz des Know-how bilden die Grundlage der Franchisevereinbarungen. Sie sollen bezwecken, dass das Know-how und die ständige Unterstützung des Franchisenehmers durch den Franchisegeber nicht Konkurrenten zugute kommt. So werden die zu solchem Schutz unerlässlichen Bestimmungen nicht von Art. 81 Abs. 1 EGV erfasst.[246] Die Kommission legte in ihrer Entscheidungspraxis fest, welche Beschränkungen in diese Kategorie fallen können, der EuGH ließ sie offen.

Die GVO Nr. 4087/88 enthielt in Art. 3 Abs. 2 (Teil der sogenannten „weißen" Liste) eine Liste von Vertragsbestimmungen in Bezug auf Know-how, die im Allgemeinen nach Art. 81 Abs. 1 unbedenklich waren. Diese Liste konnte jedoch nicht als abschließend betrachtet werden. Teilweise waren diese Bestimmungen auch in Art. 3 Abs. 1 (Teil der sogenannten „grauen" Liste) zu finden, teilweise konnten sie als Wettbewerbsbeschränkungen gemäß Art. 2 GVO Nr. 4087/88 freigestellt werden.

Die daraus folgende Betrachtungsweise trug auch zur kritischen Einstellung gegenüber der GVO Nr. 4087/88 bei: Wettbewerbsbeschränkungen, die eigentlich unerlässlich in Bezug auf das übertragene Know-how als Garantie für den Franchisegeber waren, wurden nach unterschiedlichen Kriterien „aufgeteilt" und unterschiedlich beurteilt. Diese Einstellung beeinträchtigte gleichzeitig die Handlungsfreiheit der Marktteilnehmer, indem sie in der Vertragsgestaltung eingeschränkt waren.[247]

Zu den Beschränkungen zum Schutz des Know-how gehören insbesondere die Geheimhaltungspflicht,[248] die Nutzungsbeschränkung,[249] das Verbot

---

[244] Rs. 161/84, *Pronuptia*, s. o., 382 f.

[245] Insbesondere *Pronuptia*, s. o., 42 ff.; Entscheidung der Kommission 87/14/EWG, *Yves Rocher*, ABl. L 8 vom 10.1.1987, 49, 54 ff.; *Charles Jourdan*, s. o., 36 f.

[246] Rs. 161/84, *Pronuptia*, s. o., 382.

[247] Zur zur Kritik der GVO Nr. 4087/88 s. o. C. I. 2. b. (1) (e) iii. (iii) Franchise-GVO Nr. 4087/88.

[248] Art. 3 Abs. 2 lit. a GVO Nr. 4087/88. Entscheidung der Kommission 88/604/EWG, *ServiceMaster*, ABl. L 332 vom 14.11.1988, 38, 39. Art. 3 Abs. 2 lit. a GVO Nr. 4087/88.

[249] Art. 3 Abs. 2 lit. d GVO Nr. 4087/88. *ServiceMaster*, s. o., 39.

der Übertragung von Rechten und Pflichten aus dem Franchisevertrag[250] sowie die Verpflichtung, Geschäftsführer nur mit Zustimmung des Franchisegebers zu bestellen.[251] Dem Franchisenehmer kann auch die Nutzung des Know-how nach Vertragsablauf verboten werden, jedoch nur unter der Voraussetzung, dass dieses noch geheim ist.[252]

Zum Schutz des Know-how dienen des Weiteren auch die mit dem Wettbewerbsverbot zu Lasten des Franchisenehmers verbundenen Beschränkungen.[253] Die Grundsätze für Wettbewerbsverbote des Franchisenehmers gelten *mutatis mutandis* auch für Beteiligungsverbote. Ein Beteiligungsverbot an

---

[250] Art. 3 Abs. 2 lit. j GVO Nr. 4087/88. *Charles Jourdan*, s. o., 36; Rs. 161/84, *Pronuptia*, s. o., 382.

[251] Charles Jourdan, s. o., 36.

[252] Art. 5 lit. d GVO Nr. 4087/88. *ServiceMaster*, s. o., 39. Falls jedoch das Know-how erst durch Vertragsbruch des Franchisenehmers bekannt geworden ist, durfte das nachvertragliche Nutzungsverbot zur Geltung gebracht werden.

[253] Art. 3 Abs. 1 lit. c GVO Nr. 4087/88 ließen das Verbot für den Franchisenehmer zu, „in Gebieten, in denen er mit Unternehmen des Franchisenetzes einschließlich des Franchisegebers in Wettbewerb treten würde, die Franchise weder mittelbar noch unmittelbar in einem ähnlichen Geschäft zu nutzen." Die Zulässigkeit dieses Verbotes war durch dessen Erforderlichkeit bedingt. Diese Bestimmung war zwar nicht ganz klar, der Begriff „Nutzung der Franchise" konnte sich jedoch nur auf das Know-how beziehen. Vgl. Art. 2 lit. c GVO Nr. 4087/88, der den Franchisenehmer verpflichtet, die Franchise nur von dem vertraglich bezeichneten Geschäftslokal aus zu nutzen. Es handelt sich dementsprechend nicht um Gebietsschutz, sondern um den Schutz des Know-how. Zur Erforderlichkeit vgl. Rs. 161/84, *Pronuptia*, s. o., 382: Der EuGH sieht als erforderlich – und nicht als Wettbewerbsbeschränkung gemäß Art. 81 Abs. 1 EGV – alle Beschränkungen, die zur Vermeidung der Gefahr dienen, dass das Know-how und die Unterstützung des Franchisegebers Konkurrenten zugute kommen könnten. Bei nachvertraglichen Wettbewerbsverboten wurden strengere Regeln angewandt: Art. 3 Abs. 1 lit. c GVO Nr. 4087/88 erlaubte ein Wettbewerbsverbot für die Zeit nach Vertragsende lediglich hinsichtlich des Gebiets, in welchem der Franchisenehmer die Franchise genutzt hat. Diese absolute räumliche Begrenzung widerspricht jedoch dem Sinn des Wettbewerbsverbotes. Andererseits führte ein räumlich unbegrenztes Verbot zur Nichtanwendung der GVO Nr. 4087/88. S. *Pronuptia*, s. o., 43; Entscheidung der Kommission 87/407/EWG, *Computerland*, ABl. L 222 vom 10.8.1987, 12, 15, 17. Gemäß Art. 3 Abs. 1 lit. c GVO Nr. 4087/88 durfte das nachvertragliche Wettbewerbsverbot lediglich auf „einen angemessenen Zeitraum" nach der Beendigung der Vereinbarung, maximal jedoch auf ein Jahr beschränkt werden. Diese Grenze blieb auch in Art. 5 lit. b der GVO Nr. 2790/1999 bestehen. Die Rechtsprechung des EuGH geht von „einem angemessenen Zeitraum" aus und nennt keine absoluten Grenzen. Es muss im Einzelfall überprüft werden, welche Dauer angemessen ist. Bei dieser Überprüfung kommt es dann auf eine Bewertung des Know-how an. S. *Charles Jourdan*, s. o., 36. Bei der Entscheidung muss auch das Schutzinteresse des Franchisegebers gegen das Interesse des Franchisenehmers abgewogen werden, sich nach Vertragsende weiterhin unternehmerisch zu betätigen. (*Yves Rocher*, s. o., 55; *Pronuptia*, s. o., 41, 43). Nicht unbedeutend ist auch das Interesse des Franchisegebers, einen Ersatz-Franchisenehmer zu finden und zu etablieren. So ist ein für diese Zeit notwendiges nachvertragliches Wettbewerbsverbot gerechtfertigt. (*Yves Rocher*, s. o., 55; *Computerland*, s. o., 14, 17; *ServiceMaster*, s. o., 40, 41) Als Voraussetzung gilt, dass weder der Franchisegeber noch einer seiner Franchisenehmer in diesem Gebiet tätig waren, oder dass den Franchisenehmern die Werbung in fremden Vertragsgebieten verboten war.

konkurrierenden Unternehmen sichert in der Praxis das Wettbewerbsverbot ab und verhindert indirekten Wettbewerb des Franchisenehmers unter Ausnutzung des Know-how des Franchisegebers. Es ist jedoch nur dann zulässig, wenn der Franchisenehmer durch den Erwerb von Anteilen einen wesentlichen Einfluss auf das wirtschaftliche Verhalten des konkurrierenden Unternehmens ausüben könnte.[254]

Das Know-how soll auch durch das Verbot der Herstellung, des Verkaufs sowie der Verwendung der Produkte, die mit den Produkten des Franchisegebers[255] im Wettbewerb stehen, geschützt werden.[256] Dieses Verbot dient entsprechend auch der Qualitätskontrolle und der Sicherung der Absatzinteressen des Franchisegebers. Der Franchisenehmer soll sich nämlich lediglich auf den Absatz der Franchiseprodukte konzentrieren und dadurch auch das Franchisesystem stärken.

Eine ausschließliche Bezugsverpflichtung des Franchisenehmers für die Produkte des Franchisegebers wurde von der GVO Nr. 4087/88 nicht freigestellt. Für ausdrückliche Bezugspflichten kam deswegen das Widerspruchsverfahren gemäß Art. 6 GVO Nr. 4087/88 zur Anwendung. Bei der Bezugsverpflichtung handelt es sich um eine wirtschaftliche Bezugsbindung, da der Franchisenehmer auf die Produkte des Franchisegebers praktisch angewiesen

---

[254] Das Beteiligungsverbot an sich fiel bereits unter Art. 3 Abs. 1 lit. c GVO Nr. 4087/88. Lit. d desselben Art. stellte eigentlich eine Sonderregelung dar, die auf einen „wesentlichen Einfluss" auf das geschäftliche Verhalten des Konkurrenzunternehmen hinauslief. „Wesentlicher Einfluss" als Terminus blieb jedoch vage. In der Entscheidung der Kommission *Computerland*, s. o., 17, wurde von der „Kontrolle des Konkurrenzunternehmens" als Grenze für den wesentlichen Einfluss gesprochen. Die Entscheidung der Kommission *ServiceMaster*, s. o., 39, verwendete eine Beteiligungsgrenze von 5% des Kapitals einer börsennotierten Gesellschaft. In der Entscheidung der Kommission *Yves Rocher*, s. o., 55, war lediglich die persönliche Beteiligung des Franchisenehmers nicht erlaubt – im Gegensatz zu reiner Kapitalbeteiligung. Die Kommissionspraxis kann nicht als Vorbild für Einheitlichkeit dienen, sie führt eher zur Rechtsunsicherheit. Zum Zwecke des Schutzes des Know-how sollte eigentlich jede Beteiligung an Konkurrenzunternehmen sowie Teilnahme an geschäftsführenden, beratenden oder beaufsichtigenden Organen dieser Unternehmen verboten werden. Frei bleibt dabei die Möglichkeit, in diese Unternehmen zu investieren.

[255] Art. 1 Abs. 3 lit. d. GVO Nr. 4087/88: Produkte des Franchisegebers waren als Produkte definiert, die vom Franchisegeber oder nach dessen Anweisungen hergestellt und/oder mit dessen Namen oder Warenzeichen gekennzeichnet sind.

[256] Art. 2 lit. e GVO Nr. 4087/88. Es handelte sich dabei um solche Produkte, die den Kern des Franchisesystems bildeten und nur vom Franchisegeber bezogen werden durften. Ersatzteile und Zubehör durften nicht in dieses Verbot einbezogen werden. Dies galt auch, wenn sie vom Gegenstand der Franchisevereinbarung umfasst waren. Zulässig waren lediglich Qualitätskontrollen. S. Art. 3 Abs. 1 lit. b, Art. 5 lit. b und c GVO Nr. 4087/88. Hierdurch wurde jedoch auch ein schwieriges Abgrenzungsproblem geschaffen. Vgl. den Erwägungsgrund Nr. 9 zur GVO Nr. 4087/88. So sollten die Verbote lediglich auf den Hauptgegenstand der Franchisevereinbarung beschränkt sein. Dabei wurde bei dieser Abgrenzung das Kriterium der Parteivereinbarung abgelehnt und stattdessen ein objektiver, in der Regel jedoch willkürlicher Maßstab durchgesetzt. Vgl. Art. 4 lit. e GVO Nr. 2790/1999 (Beschränkungen des Lieferanten).

ist.[257] Das Verbot von Bezugspflichten in Art. 5 lit. c GVO Nr. 4087/88 konnte irreführend wirken: Es galt denn lediglich für Ersatzteile und Zubehör.

(2) Beschränkungen zum Schutz der Einheitlichkeit des Franchisesystems

Die Einheitlichkeit des Franchisesystems – insbesondere die Identität und der Name des Vertriebssystems – stellt den wichtigsten Rechtfertigungsgrund für die Ausnahme der für diesen Zweck notwendigen Beschränkungen vom Anwendungsbereich des Art. 81 Abs. 1 EGV dar.[258]

Der Franchisegeber muss auch die Möglichkeit haben, die Einheitlichkeit des Systems zu kontrollieren, und eventuell auch Maßnahmen zum Schutz der Identität und des Namens treffen können.

Der Aufbau eines Franchisesystems ist lediglich mit geeigneten Unternehmen möglich. Im Vordergrund steht die Vermarktung der Geschäftsidee. Deswegen kann der Franchisegeber beim Aufbau seines Vertriebssystems in Bezug auf die Selektionskriterien nicht so beschränkt werden, wie es beim selektiven Vertrieb der Fall ist. Daher sind in Franchisesystemen weder objektive Selektionskriterien noch die Garantie eines Zugangs für alle Bewerber erforderlich. Zulässig ist auch quantitative Selektion.[259]

Beschränkungen zum Schutz der Einheitlichkeit des Franchisesystems können in folgende Gruppen unterteilt werden: Anforderungen an das Geschäftslokal des Franchisenehmers, Verpflichtung zur Anwendung der Geschäftsmethoden, Preisempfehlungen, Vertriebsförderungspflichten, Vertriebsbindung sowie weitere Kontrollrechte des Franchisegebers. Hierzu gehört auch die Qualitätskontrolle.[260]

Der Franchisegeber darf dem Franchisenehmer Verpflichtungen in Bezug auf die Einrichtung und Gestaltung des Geschäftslokals bzw. der Transportmittel sowie auf die Lage des Geschäftslokals auferlegen.[261] Die Nutzung der Franchise darf auch dadurch beschränkt werden, dass sie alleine von dem Geschäftslokal des Franchisenehmers aus erfolgt.[262] Der Franchisenehmer

---

[257] *Yves Rocher*, s. o., 55; *ServiceMaster*, s. o., 40; *Charles Jourdan*, s. o., 36.

[258] Rs. 161/84, *Pronuptia*, s. o., 382, mit Betonung des Rechts des Franchisegebers auf freie Auswahl der Franchisenehmer. *Computerland*, s. o., 17; *ServiceMaster*, s. o., 40; *Charles Jourdan*, s. o., 36.

[259] *Yves Rocher*, s. o., 54; *Charles Jourdan*, s. o., 37; Rs. 161/84, *Pronuptia*, s. o., 382.

[260] S. unten. D. III. 5. b. (3) Beschränkungen zum Zwecke der Qualitätskontrolle.

[261] *Pronuptia*, s. o., 43; *Yves Rocher*, s. o., 54; *Computerland*, s. o., 18; *Charles Jourdan*, s. o., 36; Rs. 161/84, *Pronuptia*, s. o., 382; *ServiceMaster*, s. o., 40.

[262] Rs. 161/84, *Pronuptia*, s. o., 382; Art. 2 lit. c GVO Nr. 4087/88. Nach der Ansicht der Kommission gehört diese Verpflichtung in die Kategorie der freistellungsbedürftigen Wettbewerbsbeschränkungen, der EuGH dagegen hält sie für unerlässlich für ein einheitliches Erscheinungsbild.

darf auch verpflichtet werden, Waren- und Wortzeichen des Franchisegebers nur in Verbindung mit dem Geschäftsnamen zu verwenden.[263] Weiter darf der Franchisenehmer die Franchisevereinbarung während deren Laufzeit nicht übertragen oder das Geschäft verlegen, verkaufen, verpachten, untervermieten oder durch Dritte verwalten lassen.[264]

Des Weiteren verpflichtet sich der Franchisenehmer, die Geschäftsmethoden des Franchisegebers einschließlich aller späteren Änderungen sowie die lizenzierten Rechte an gewerblichem und geistigem Eigentum zu verwenden.[265] Die Verpflichtung zur Anwendung der Geschäftsmethoden beinhaltet auch die Teilnahme an Schulung[266] und Werbung.[267] Der Franchisenehmer darf daher auch verpflichtet werden, dem Franchisegeber einen Teil seines Einkommens für Werbezwecke zu überweisen, wovon die überregionale Werbung finanziert wird.[268]

Die Einheitlichkeit eines Franchisesystems kommt auch in den Preisen zum Ausdruck. Diese sind bei allen Franchisenehmern ungefähr gleich. Es darf sich jedoch lediglich um Preisempfehlungen handeln, welche nur insoweit zulässig sind, solange sie sich nicht als vertikale Preisbindung auswirken. Der Franchisenehmer muss in seiner Preispolitik frei bleiben. Alle Einflussnahmen des Franchisegebers, die gegen diese Freiheit verstoßen, fallen unter Art. 81 Abs. 1 EGV.[269] Dabei besteht die Kommission darauf, dass die

---

[263] *Pronuptia*, s. o., 44; *Computerland*, s. o., 17. Dem Franchisenehmer darf auch auferlegt werden, auf seine Eigenschaft als Franchisenehmer des Franchisegebers ausdrücklich hinzuweisen. Vgl. auch Art. 4 lit. c GVO Nr. 4087/88, wonach der Franchisenehmer verpflichtet war, seine Stellung als unabhängiger Händler bekannt zu geben. Dies basiert insbesondere auf verbraucherschutzrechtlichen Überlegungen. S. *Computerland*, s. o., 19.

[264] Rs. 161/84, *Pronuptia*, s. o., 382, *Yves Rocher*, s. o., 54. S. auch Art. 3 Abs. 2 GVO Nr. 4087/88.

[265] Rs. 161/84, *Pronuptia*, s. o., 382; *Pronuptia*, s. o., 43; *Yves Rocher*, s. o., 55; *Computerland*, s. o., 17; *ServiceMaster*, s. o., 40. S. auch Art. 3 Abs. 2 lit. f GVO Nr. 4087/88.

[266] *Yves Rocher*, s. o., 54; *Computerland*, s. o., 17. Art. 3 Abs. 2 lit. e GVO Nr. 4087/88.

[267] *Charles Jourdan*, s. o., 36. Art. 3 Abs. 1 lit. g GVO Nr. 4087/88: Der Franchisenehmer darf verpflichtet werden, bei eigenen Werbemaßnahmen die Zustimmung des Franchisegebers zu der Art der Werbung einzuholen. Rs. 161/84, *Pronuptia*, s. o., 383, *Pronuptia*, s. o., 43. Der Zustimmungsvorbehalt darf sich jedoch nicht auf Preise beziehen. *Yves Rocher*, s. o., 55; *Computerland*, s. o., 18; *ServiceMaster*, s. o., 40. Art. 5 lit. e GVO Nr. 4087/88.

[268] Art. 3 Abs. 1 lit. g GVO Nr. 4087/88. *Yves Rocher*, s. o., 52; *Computerland*, s. o., 19. Für zulässig hält die Kommission einen Betrag z. B. von 4 bis 5% auf den Gesamtumsatz beim Direktverkauf an Endverbraucher (*Pronuptia*, *ubi* supra, 44). Die Einbeziehung der Umsätze zwischen Franchisenehmern gilt als unzulässige Beschränkung des Parallelhandels (*Pronuptia*, s. o., 44, *Computerland*, s. o., 19)

[269] Rs. 161/84, *Pronuptia*, s. o., 383; *Pronuptia*, s. o., 44; *Yves Rocher*, s. o., 57 (Aufhebung von Preisbindungen). Keine Gruppenfreistellung möglich: Art. 5 lit. e GVO Nr. 4087/88. Horizontal sind auch Absprachen in Bezug auf Preise verboten: Art. 8 lit. d GVO Nr. 4087/88. Dies kann zum Entzug der Gruppenfreistellung führen.

Preisfestsetzungsfreiheit in den Verträgen auch ausdrücklich festgelegt wird.[270] Bloße Mitteilung der Richtpreise ist jedoch unbedenklich.[271]

Ähnlich wie bei Alleinvertriebsvereinbarungen dürfen dem Franchisenehmer Verpflichtungen zur Vertriebsförderung auferlegt werden.[272] In der GVO Nr. 4087/88 waren diese Verpflichtungen in der „grauen" Liste enthalten. Dies war sinnlos. Sie sind sehr eng mit der Errichtung und Aufrechterhaltung des Franchisesystems verbunden, weswegen der Vorbehalt der Erforderlichkeit eher überflüssig zu sein scheint.

Den Franchisesystemen sind auch Elemente des selektiven Vertriebs eigen, welche in Bezug auf die Einheitlichkeit des Systems die Vertriebsbindung betreffen: Der Franchisenehmer darf verpflichtet werden, lediglich an Endverbraucher und an solche Wiederverkäufer zu verkaufen, die Mitglieder des Franchisesystems sind.[273] Diese Bestimmung gehörte in die „graue" Liste. Die Kommission ging davon aus, dass die Lieferbeschränkungen des Franchisenehmers grundsätzlich zulässig waren und nur in Ausnahmefällen unter Art. 81 Abs. 1 EGV fielen.[274] Ein Belieferungsverbot konnte eventuell im Rahmen des Widerspruchsverfahrens nach Art. 6 GVO Nr. 4087/88 freigestellt werden. Dies galt auch z. B. für das Verbot der Ausübung der Großhandelstätigkeit.[275]

Der Franchisegeber besaß auch bestimmte Kontrollrechte, deren Zulässigkeit sich nach der Zulässigkeit der zu kontrollierenden Hauptpflichten richtete.[276] Diese Rechte sollen die Überprüfung der Einhaltung der verschie-

---

[270] Charles Jourdan, s. o., 35.

[271] Rs. 161/84, *Pronuptia*, s. o., 384, *Pronuptia*, s. o., 44 (Empfehlung, im Rahmen von Verkaufsförderungsaktionen vom Franchisegeber genannte Preise nicht zu überschreiten); *Yves Rocher*, s. o., 53, 56; *ServiceMaster*, s. o., 41; *Charles Jourdan*, s. o., 35, 37 (Richtpreiskatalog).

[272] Art. 3 Abs. 1 lit. f GVO Nr. 4087/88. *ServiceMaster*, s. o., 40; *Computerland*, s. o., 17 (nähere Bestimmung); auch Verpflichtungen zum Mindestumsatz und Mindestlager sind zulässig, *Pronuptia*, s. o., 39, 44; sowie Verpflichtung zum Mindestsortiment. Auch Verpflichtung zum Kundendienst und Garantieleistungen, dies darf jedoch nicht den Parallelhandel erschweren.

[273] Art. 3 Abs. 1 lit. e GVO Nr. 4087/88. Die Bestimmung sah jedoch eher wie ein Verbot aus, welches die Untersagung der Lieferungen an andere Franchisenehmer bzw. der Bezüge von anderen Franchisenehmern betraf. Dabei müssen jedoch Querlieferungen im Franchisenetz frei bleiben. Falls die Franchiseprodukte auch über ein anderes, vom Franchisegeber errichtetes Netz zugelassener Händler vertrieben wurden, z. B. ein parallel errichtetes selektives Vertriebssystem, musste der Franchisenehmer frei sein, die betreffenden Produkte auch von diesen Händlern zu beziehen. S. Art. 4 lit. a GVO Nr. 4087/88. *Charles Jourdan*, s. o., 39; XXI. WBB (1991), Rn. 125. Das Gleiche galt für die Belieferung dieser Händler sowie der Fachhändler des Herstellers in seinem selektiven Vertriebssystem. Das letztere Belieferungsverbot konnte jedoch freistellungsfähig sein, wenn dadurch erzielt werden sollte, dass sich der Franchisenehmer lediglich auf seine Einzelhandelstätigkeit konzentriert. *Computerland*, s. o., 19, 21.

[274] Ausnahmefall ist z. B. das Vertriebskettenfranchising. S. *Computerland*, s. o., 19.

[275] Charles Jourdan, s. o., 39.

[276] *Yves Rocher*, s. o., 56.

denen Verpflichtungen des Franchisenehmers ermöglichen.[277] Sie können lediglich durch den Schutz des intellektuellen Eigentums des Franchisegebers und die Aufrechterhaltung der Einheitlichkeit und des Ansehens des Franchisenetzes gerechtfertigt werden.

(3) Beschränkungen zum Zwecke der Qualitätskontrolle

Die Garantie gleicher Qualität der Franchiseprodukte im ganzen Franchisenetz ist eine *conditio sine qua non* für die Geschäftsidee des Franchisegebers und des Erfolgs des Franchisesystems. Die Einhaltung der Qualität sichert auch den Wert des Know-how, denn mögliche negative Externalitäten in Form von Qualitätsbeeinträchtigung durch einzelne Franchisenehmer schaden sowohl anderen Franchisenehmern als auch der ganzen Franchisekette.[278] Deswegen ist das besondere Interesse des Franchisegebers an der Qualität der Produkte im Sortiment des Franchisenehmers gerechtfertigt – einschließlich des Zubehörs, der Ersatzteile sowie anderer Nebenartikel, welche in Form der Qualitätsanforderungen zum Ausdruck gebracht wird.

Die einfachste und effektivste Qualitätskontrolle kann mittels Bezugspflichten des Franchisenehmers durchgeführt werden. Der Franchisenehmer darf die Franchiseprodukte nur vom Franchisegeber bzw. von einem vom Franchisegeber benannten Lieferanten beziehen.[279] Die Kommission zieht jedoch den Bezugspflichten in erster Linie Qualitätsanforderungen vor.[280] Dies gilt jedoch nicht für die sogenannten Produkte „erster Priorität" (die Franchiseprodukte), sondern nur für Ersatzteile und Zubehör sowie für andere Produkte, die der Franchisenehmer anbietet, z. B. Nebenartikel und Accessoires.

---

[277] Art. 3 Abs. 2 lit. h GVO Nr. 4087/88: Überprüfung des Geschäftslokals, der Transportmittel, des Umfangs der verkaufen Produkte und der Bücher des Franchisenehmers. *Computerland*, s. o., 18; *ServiceMaster*, s. o., 40; *Charles Jourdan*, s. o., 34, 36 (Personal und Lagerräume). Berichte über die Finanzlage, *Yves Rocher*, s. o., 56; *ServiceMaster*, s. o., 40, Berichte über Verkäufe, *Charles Jourdan*, s. o., 34, 36, Bilanzen, *Computerland*, s. o., 18.

[278] S. auch *Computerland*, s. o., 18; Rs. 161/84, *Pronuptia*, s. o., 383.

[279] Die Kommission und die GVO Nr. 4087/88 sahen Bezugspflichten als das letzte Mittel der Qualitätskontrolle und bevorzugten mildere Mittel. Dies führte zu Rechtsunsicherheit.

[280] Art. 3 Abs. 1 lit. a GVO Nr. 4087/88: Der Franchisenehmer durfte verpflichtet werden, lediglich solche Produkte zu verkaufen [oder bei Erbringung von Dienstleistungen zu verwenden], die eine vom Franchisegeber festgelegte Mindestqualität erreichen. Diese Bestimmung gehörte auch in die „graue" Liste: Die Festlegung der Mindestqualität durch den Franchisegeber durfte lediglich zum Schutz der Rechte des Franchisegebers an intellektuellem Eigentum oder zur Aufrechterhaltung der Einheitlichkeit und des Ansehens des Franchisenetzes erfolgen und durfte dabei nicht über das nötige Maß hinausgehen. Vgl. Art. 5 lit. b GVO Nr. 4087/88. Die Kriterien mussten außerdem auf einer objektiven Basis aufbauen. S. Art. 3 Abs. 1 lit. b GVO Nr. 4087/88. S. Rs. 161/84, *Pronuptia*, s. o., 383. (In der Entscheidung wurde lediglich die Objektivität überprüft.)

Der Franchisegeber darf auch entsprechende Qualitätskontrollen durchführen.[281]

Die Qualitätsanforderungen waren durch das Erforderlichkeitskriterium bedingt. Die Überprüfung dieser Voraussetzung lag im Ermessen der Kommission und der Gerichte. Dies scheint etwas merkwürdig zu sein: Diese betriebswirtschaftlichen Entscheidungsvariablen sowie deren Bedeutung sollten doch vom Franchisegeber selbst und nicht von außerhalb bestimmt werden.

Art. 3 Abs. 1 lit. b GVO Nr. 4087/88 ließ Verkaufs- und Verwendungsverbote zu, die praktisch zu einer wirtschaftlichen Bezugspflicht führten. Ausdrückliche Bezugspflichten waren zwar nicht freigestellt, die Kommission ging jedoch davon aus, dass diese Bestimmung auch die Freistellung von Bezugspflichten beinhaltete. Der EuGH knüpfte die „Legalität" der Bezugspflichten an die Bedingung der Unmöglichkeit bzw. eines zu hohen Aufwands bei der Festlegung und Überwachung objektiver Qualitätskriterien. Diese Bestimmung galt nicht für Produkte, die Gegenstand der Franchisevereinbarung waren, sondern lediglich für Ersatzteile und Zubehör.

Manchmal kann es jedoch sehr schwierig bzw. unmöglich sein, objektive Qualitätskriterien festzulegen. Die Ursachen sind entweder in technischen oder in ästhetischen, geschmacklichen und sonstigen Anforderungen zu sehen.[282] Des Weiteren muss auch überprüft werden, ob diese Qualitätskriterien überhaupt praktikabel sind. Dies betrifft sowohl die Anwendung durch den Franchisenehmer als auch die Kontrolle durch den Franchisegeber. Als Kriterien hierfür werden insbesondere die Kosten sowie die Zahl der zu kontrollierenden Franchisenehmer genommen.[283] Falls eines der Kriterien nicht praktikabel erscheint, darf das Verkaufs- oder Verwendungsverbot angewandt werden. Der Franchisenehmer muss dabei über ein Vorschlagsrecht für Hersteller verfügen, die auf die Lieferantenliste des Franchisegebers kommen sollen. Diesen kommt jedoch lediglich die „zweite Priorität" zu.[284]

---

[281] *Yves Rocher*, s. o., 56 (Lager und Geschäftslokal); *Pronuptia*, s. o., 41, 44 (nachträgliche Kontrolle über Produkte, die der Franchisenehmer bei Dritten bezieht).

[282] *Computerland*, s. o., 18 (komplizierte technische Produkte, schnelle Veraltung aufgrund ständigen technischen Fortschritts); *ServiceMaster*, s. o., 40 (Sicherheit, Ungiftigkeit, biologische Abbaubarkeit und Wirksamkeit als Kriterien für Reinigungsgeräte und -mittel). Rs. 161/84, *Pronuptia*, s. o., 383. *Pronuptia*, s. o., 43 (Image – für Modeartikel und dazugehörige Accessoires – keine objektiven Qualitätskriterien). S. auch *Yves Rocher*, s. o., 55 (akzessorische Produkte zu Kosmetika).

[283] Rs. 161/84, *Pronuptia*, s. o., 383; *Yves Rocher*, s. o., 55; *Computerland*, s. o., 18 (Genehmigung des Franchisegebers für Produkte von Dritten zulässig).

[284] Vgl. Art. 5 lit. c GVO Nr. 4087/88 (Gründe für die eventuelle Verweigerung der Zulassung seitens des Franchisegebers). Des Weiteren durfte der Franchisegeber nicht eigene wirtschaftliche Absatzinteressen als Grund nennen. Kostengesichtspunkte in Bezug auf die Zahl der zugelassenen Hersteller sind jedoch relevant.

(4) Gebietsschutz

Der Gebietsschutz ist ein wesentliches Element jedes funktionierenden Franchisesystems, welches für beide Beteiligten wichtig ist: Für den Franchisenehmer ist es die Garantie für seinen vollen Einsatz für die Franchisekette sowie für seine Verkaufsförderung, insbesondere für die lokale Werbung. Nur unter dem Gebietsschutz kann sich der Franchisenehmer darauf verlassen, dass einerseits seine Aufwendungen anderen Franchisenehmern nicht direkt zugute kommen und dass er andererseits einen bestimmten Umsatz erzielen kann, um für die Eintritts- und Franchisegebühren aufzukommen. Für den Franchisegeber ergeben sich daraus die Förderung der Vermarktung seines Franchisekonzepts sowie die Entwicklung und die Stärkung des Franchisesystems. Diese Grundsätze werden entsprechend auch auf Master-Franchisevereinbarungen[285] angewendet.

Beschränkungen, die einen Gebietsschutz bewirken, fallen unter Art. 81 Abs. 1 EGV und sind eventuell im Rahmen des Art. 81 Abs. 3 freistellbar. Begrenzter Gebietsschutz konnte unter der Voraussetzung der Unerlässlichkeit zum Schutz des Franchisenehmers gegen den Verlust seiner finanziellen Aufwendungen gemäß der GVO Nr. 4087/88 freigestellt werden.[286]

Zu den Gebietsbeschränkungen des Franchisegebers gehört die Verpflichtung, im Vertragsgebiet[287] des Franchisenehmers keine weiteren Franchisen zu vergeben,[288] die Franchise nicht selbst zu nutzen bzw. die Franchiseprodukte mittels einer ähnlichen Methode zu vertreiben[289] sowie diese

[285] Art. 1 Abs. 2 Satz 2 GVO Nr. 4087/88; Art. 1 Abs. 3 lit. c GVO Nr. 4087/88 (Definition der Hauptfranchisevereinbarung): Als Master- oder Hauptfranchisen wurden solche Franchisevereinbarungen bezeichnet, in denen zwischen dem Franchisegeber und seinen Franchisenehmern ein weiteres Unternehmen, der Hauptfranchisenehmer, eingeschaltet ist. Der Hauptfranchisenehmer ist für ein bestimmtes größeres Gebiet zuständig und übernimmt in diesem Gebiet die Betreuung der Franchisenehmer. So können z. B. örtliche Besonderheiten besser berücksichtigt werden. Als Sonderregelung galt Art. 2 lit. b GVO Nr. 4087/88, wonach der Hauptfranchisenehmer verpflichtet werden konnte, mit Dritten außerhalb des Vertragsgebietes keine Franchisevereinbarungen zu schließen. Es blieb jedoch unklar, ob es sich um den Sitz oder das Betätigungsgebiet der Dritten handeln sollte.

[286] Erwägungsgrund Nr. 10 zur GVO Nr. 4087/88.

[287] Art. 2 lit. a GVO Nr. 4087/88. Das Vertragsgebiet wurde als „ein abgegrenztes Gebiet des Gemeinsamen Marktes" definiert. Die daraus folgende Frage, ob der ganze Gemeinsame Markt Vertragsgebiet sein kann, war lediglich für Master-Franchiseverträge relevant. Zur Festlegung des Vertragsgebietes: *Computerland*, s. o., 19, 21.

[288] Art. 2 lit. a 1. Alt. GVO Nr. 4087/88. Auch die Vergabe von „teilweiser" Nutzung der Franchise an Dritte konnte diesem Verbot unterliegen.

[289] Art. 2 lit. a 2. Alt. GVO Nr. 4087/88. Die Kriterien für „ähnliche Methoden" sollten im Vertrag mit dem Franchisenehmer bestimmt werden. Diese Regelung sollte den Franchisenehmer vor der Konkurrenz seitens des Franchisegebers schützen. Dies führte zu einer weiten Auslegung dieser Bestimmung. S. *Charles Jourdan*, s. o., 33 (Verbot des Vertriebs der Markenartikel im Ver-

nicht selbst an Dritte oder auch an Endverbraucher[290] zu liefern. All diese Beschränkungen durften für den Zweck der Gruppenfreistellung auch kombiniert werden.[291]

Räumliche Verpflichtungen des Franchisenehmers beschränken den markeninternen Wettbewerb, weswegen sie dem Verbot des Art. 81 Abs. 1 EGV unterliegen. Eventuell können sie jedoch freistellungsfähig sein.[292]

Der Franchisenehmer darf verpflichtet werden, die Franchise lediglich von dem vertraglich bezeichneten Geschäftslokal aus zu nutzen.[293] Dabei darf ihm jedoch die Möglichkeit, ein zweites Geschäft zu eröffnen, nicht genommen werden.[294] Die Beurteilung dieser Beschränkung des Franchisenehmers hängt von deren Spürbarkeit ab: Kleine, finanzschwache Franchisenehmer wären ohnehin nicht fähig, ein weiteres Geschäftslokal zu eröffnen. Bei mittelständischen Unternehmen wird die Spürbarkeit bejaht.[295]

Das Verbot aktiver Verkäufe[296] außerhalb des Vertragsgebietes des Franchisenehmers bedeutet einen Verstoß gegen Art. 81 Abs. 1 EGV. Das Verbot konnte gemäß der GVO Nr. 4087/88 freigestellt werden, wobei sich diese

---

tragsgebiet des Franchisenehmers durch eigene Filialen, wenn es dem Geschäft des Franchisenehmers schaden könnte).

[290] Art. 2 lit. a 3. Alt. GVO Nr. 4087/88. Entsprechend durfte sich der Franchisegeber auch verpflichten, keine Endverbraucher mit den Franchiseprodukten zu beliefern. Die Direktbelieferung der Endverbraucher durch den Franchisegeber, z. B. durch den Versandhandel, konnte jedoch zulässig sein. S. *Pronuptia*, s. o., 45; *Yves Rocher*, s. o., 51, 56, 57. Im Falle der Nichtfranchiseprodukte durfte sich der Franchisegeber lediglich verpflichten, solche Produkte nicht mit ähnlichen Methoden zu vertreiben. Ein Vertriebsverbot im Vertragsgebiet war nicht zulässig.

[291] *Charles Jourdan*, s. o., 33, 37, 38.

[292] EuGH: Rs. 161/84, *Pronuptia*, s. o., 384.

[293] Rs. 161/84, *Pronuptia*, s. o., 382. Diese Verpflichtung dient der Einheitlichkeit des Franchisesystems. Andererseits wird sie jedoch auch als Verbot der Eröffnung eines zweiten Geschäfts ausgelegt. Dieses Verbot kann gegen Art. 81 Abs. 1 EGV verstoßen, insbesondere wenn es mit der Verpflichtung des Franchisegebers kumuliert, keinen weiteren Franchisenehmer in dem Vertragsgebiet zu ernennen, da dadurch ein Gebietsschutz des Franchisenehmers entsteht. S. *Pronuptia*, s. o., 45; *Yves Rocher*, s. o., 56; *Computerland*, s. o., 19; *Charles Jourdan*, s. o., 37. Vgl. jedoch mit Art. 2 lit. c GVO Nr. 4087/88, der dies deckt.

[294] Dies darf von der Verpflichtung zum Einholen der Zustimmung des Franchisegebers abhängig gemacht werden, da dem Franchisegeber hierdurch Kontrollmöglichkeiten in Bezug auf die Einheitlichkeit des Franchisesystems gesichert werden sollen. Die Verweigerung der Zustimmung darf lediglich aus Gründen, die mit der Einheitlichkeit und dem Ansehen des Franchisenetzes zusammenhängen, erfolgen, da sonst ein Verstoß gegen Art. 81 Abs. 1 EGV vorliegen kann. Als Verstoß gegen Art. 81 Abs. 1 EGV erkennt die Kommission z. B. auch eine weitere Aufnahmegebühr für das zweite Geschäftslokal. S. *Computerland*, s. o., 19. Dies muss jedoch nicht ungerechtfertigt sein, wenn es sich um eine Preisanpassung für das übermittelte Know-how des Franchisegebers handelt.

[295] Vgl. *Computerland*, s. o., 19. S. auch *Charles Jourdan*, s. o., 37: Spürbarkeit ist vorhanden, auch wenn die Ausschließlichkeitsbindung des Franchisegebers nur auf die Einsetzung weiterer Franchisenehmer beschränkt ist.

[296] *ServiceMaster*, s. o., 41.

Freistellung lediglich auf Produkte bezog, die Gegenstand der Franchise waren.[297] Die sogenannten passiven Verkäufe, z. B. über Vermittler, dürfen nicht verboten werden.[298]

Das Verbot der Belieferung von Kunden mit Sitz außerhalb des Vertragsgebietes kann nicht freigestellt werden. Wenn der Franchisenehmer jedoch gleichzeitig gegen das Verbot aktiver Verkäufe verstoßen hat, darf die Belieferung dieser Kunden untersagt werden. Passive Verkäufe dürfen nicht ausdrücklich untersagt werden, und deren faktische Erschwerung oder Verhinderung sprechen zunächst nicht gegen die Gruppenfreistellung.

Der Franchisegeber darf seinen Franchisenehmern auch kein Querlieferungsverbot auferlegen.[299] Querlieferungen und Querbezüge erfolgen innerhalb der Vertriebsorganisation des Franchisegebers, seien es andere Franchisenehmer oder zugelassene Händler des Franchisegebers, wenn dieser neben dem Franchisenetz ein weiteres, paralleles Vertriebssystem verwendet, und dürfen nicht untersagt oder beschränkt werden. Dabei müssen jedoch auch die Anforderungen der Qualitätskontrolle beachtet werden.

Der Franchisenehmer darf verpflichtet werden, für die Produkte des Franchisegebers Garantieleistungen zu erbringen.[300] Diese Verpflichtung bezieht sich auch auf Produkte, die der Kunde bei einem anderen Franchisenehmer oder einem anderen Vertriebshändler des Franchisegebers gekauft hat.[301] Die Verpflichtung war dadurch bedingt, dass die Produkte bei denjenigen Franchisenehmern oder Vertriebshändlern gekauft wurden, die selbst zur Leistung der Garantie verpflichtet sind. Diese Garantiepflicht musste nicht identisch, sondern lediglich „ähnlich" sein. Der Sinn der Garantieverpflichtung liegt vor allem im Schutz des parallelen Handels: Die Garantieleistung darf nicht von der Herkunft des Produktes des Franchisegebers abhängig gemacht werden, sonst könnte dadurch Gebietsschutz geschaffen werden.

Allgemein wird absoluter Gebietsschutz im EG-Kartellrecht als untersagt betrachtet. Die GVO Nr. 2790/1999 verbietet Beschränkungen des Gebiets, in das der Käufer Vertragsprodukte verkaufen darf.[302] Lediglich ausnahms-

---

[297] Art. 2 lit. d GVO Nr. 4087/88. Sonst vgl. die Situation bei Alleinvertriebsvereinbarungen.

[298] Die Behinderung der Vermittlertätigkeit konnte entweder zur Anwendung des Art. 5 lit. g GVO Nr. 4087/88 oder des Art. 8 lit. c GVO Nr. 4087/88 führen.

[299] Rs. 161/84, *Pronuptia*, s. o., 383. Art. 4 lit. a GVO Nr. 4087/88. Bei Querlieferungsverboten sind die Franchisevereinbarungen nicht freistellungsfähig. S. *Yves Rocher*, s. o., 58. Berechnung der Franchisegebühren und Querbezüge: *Pronuptia*, s. o., 44; *Computerland*, s. o., 19.

[300] Art. 4 lit. b GVO Nr. 4087/88.

[301] Dabei ist es fraglich, ob der Begriff „Vertriebshändler" im Sinne von Art. 4 lit. b GVO Nr. 4087/88 gleichzusetzen ist mit dem Begriff „zugelassener Händler" im Sinne von Art. 4 lit. a GVO Nr. 4087/88 und 12. Erwägungsgrund zur GVO Nr. 4087/88.

[302] Art. 4 lit. b GVO Nr. 2790/1999.

weise können Beschränkungen, die zum absoluten Gebietsschutz führen, im Rahmen des Art. 81 Abs. 3 freigestellt werden.

(5) Sonstige Beschränkungen des Franchisenehmers

Der Franchisenehmer darf verpflichtet werden, seine Stellung als unabhängiger Händler bekannt zu geben.[303] Dies soll insbesondere einer besseren Aufklärung der Verbraucher dienen.[304] Das Recht des Franchisenehmers, auf seine Stellung hinzuweisen, darf so eingeschränkt werden, dass durch Art und Weise dieses Hinweises (Größe, Ort, Gestaltung) die Einheitlichkeit des äußeren Erscheinungsbilds des Franchisenetzes nicht beeinträchtigt und dass die Zugehörigkeit zu dem Franchisenetz klar und eindeutig zum Ausdruck kommt.

Eine weitere Einschränkung des Franchisenehmers stellen die sogenannten *Grant-back*-Klauseln dar.[305] Diese verankern die Pflicht des Franchisenehmers, dem Franchisegeber alle bei der Nutzung der Franchise erworbenen Erfahrungen zu übergeben sowie diesem und seinen anderen Franchisenehmern die Nutzung des auf diesen Erfahrungen basierenden Know-how zu ermöglichen. Dadurch soll die Verbesserung des Franchisesystems gesichert werden.

Das Verbot der Anfechtung der Rechte am intellektuellen Eigentum des Franchisegebers kann sich auf das Eigentum und/oder die Gültigkeit dieser Rechte beziehen.[306] Der Franchisegeber darf dem Franchisenehmer keine Nichtangriffspflichten gegen diese Rechte auferlegen, die auch Gegenstand der Franchise waren.[307] Er verfügt lediglich über ein Kündigungsrecht. Fraglich war die Einstellung zur Nichtangriffspflicht in Fällen, in denen diese Rechte nicht Gegenstand der Franchise waren.

Das Verbot der Anfechtung des Eigentums des Rechts an sich soll nicht als eine Beschränkung des Wettbewerbs im Sinne von Art. 81 Abs. 1 EGV betrachtet werden: Durch das Eigentum dieses Rechts wird dessen Verwendung durch Dritte ausgeschlossen, weswegen dieses Verbot folglich ohnehin für den Wettbewerb belanglos wird. Diese Klausel darf jedoch lediglich die Eigentumsfrage im Binnenverhältnis betreffen und muss die Möglichkeit offen lassen, die Gültigkeit des Schutzrechtes anzugreifen.[308]

---

303 Art. 4 lit. c GVO Nr. 4087/88.

304 Erwägungsgrund Nr. 12 zu GVO Nr. 4087/88.

305 Art. 3 Abs. 2 GVO Nr. 4087/88.

306 Vgl. die Rechtslage bei Lizenzverträgen: z. B. *Moosehead/Whitbread*, s. o., 35.

307 S. Art. 5 lit. f GVO Nr. 4087/88. Es ist jedoch zulässig, dass dem Franchisenehmer verboten wurde, die Eigentümerposition des Franchisegebers anzugreifen. Lizenzverträge: S. *Moosehead/Whitbread*, s. o., 36.

308 S. *Delta Chemie-DDD*, s. o., 38.

Die Nichtangriffspflicht kann sich allerdings auch wettbewerbsbeschränkend auswirken, wenn der Erhalt dieses Schutzrechts zu ungerechtfertigter Abschottung des betreffenden Marktes führt.[309]

Die Verwendung des Schutzrechts an sich kann als erheblicher Wettbewerbsvorteil, sein Fehlen als Marktzutrittsschranke betrachtet werden. Dabei kommt es insbesondere auf die Situation auf dem Markt an: Es wird berücksichtigt, ob dieses Schutzrecht [relativ] neu auf dem Markt ist, ob auf dem Markt konkurrierende Produkte mit gleichartigen Schutzrechten vorkommen sowie ob es für eintrittswillige Unternehmen oder für Wettbewerber einen spürbaren Nachteil darstellt.

„Insgesamt wird die praktische Bedeutung von Nichtangriffsverboten in der Rechtsprechung des EuGH, vor allem aber in der Praxis der Kommission, [jedoch] weit überschätzt."[310]

Die Beistandspflichten des Franchisenehmers sind unbedenklich.[311] Sie dürfen allerdings nicht so weit ausgelegt werden, dass sie sich wie Nichtangriffspflichten auswirken.

c. Die Entscheidungspraxis der tschechischen Kartellbehörde

Die Entscheidungspraxis der tschechischen Kartellbehörde ist sehr stark auf die Entscheidungspraxis im EG-Kartellrecht ausgerichtet. In der Entscheidung *McDonald's* wird ausdrücklich erwähnt, dass der Wortlaut der Franchisevereinbarung identisch mit dem der entsprechenden Franchisevereinbarung in der EU ist.[312] Dies sollte als einer der Gründe für die Genehmigung der Franchisevereinbarung dienen. Des Weiteren wird auch auf die geltende Regelung im EG-Kartellrecht hingewiesen. Die Behandlung der in einer Franchisevereinbarung enthaltenen Beschränkungen ist praktisch identisch mit der EG-kartellrechtlichen Entscheidungspraxis.[313]

---

[309] Moosehead/Whitbread, s. o., 36.

[310] Zu Lizenzverträgen s. *Gleiss/Hirsch*, Kommentar zum EG-Kartellrecht, Rn. 937, S. 379.

[311] Art. 3 Abs. 2 lit. c GVO Nr. 4087/88. Der Franchisenehmer kann verpflichtet werden, dem Franchisegeber Verletzungen seiner Rechte am intellektuellen Eigentum mitzuteilen, die Gegenstand der Lizenz sind, des Weiteren gegen Verletzer selbst Klage zu erheben oder den Franchisegeber in einem Rechtsstreit gegen Verletzer zu unterstützen.

[312] S 54/98-240, *McDonald's/Jandouš*, vom 21.5.1998.

[313] S. z. B. S 54/98-240, *McDonald's/Jandouš*, s. o.. Die Franchisevereinbarung wird als eine Rationalisierungsvereinbarung mit Spezialisierungselementen eingestuft. Dabei wird jedoch weder die Marktstellung der Unternehmen noch die Marktstruktur erwähnt. In der Entscheidung S 25/97-230/642, *Montblanc-Simplo/Carollinum*, vom 25.7.1997, wird auch die Marktstruktur in Bezug auf die Wettbewerber und die Marktanteile der beteiligten Unternehmen berücksichtigt. S. auch Entscheidung S 104/96-845/96-210, *Kralupol/Polyform*, vom 13.9.1996; S 135/96-220, *Ba-*

d. Bewertung der Franchisevereinbarungen anhand marktstruktureller Kriterien

Im Mittelpunkt der Analyse der Auswirkungen einer Franchisevereinbarung stehen der Markenname und das Know-how des Herstellers. Die Franchise-Idee basiert auch darauf, dass das System über ein nach außen einheitliches Erscheinungsbild verfügt. Die mit Markennamen verbundenen vertikalen Beschränkungen sind für den Schutz des Image und des Rufs des Herstellers unentbehrlich und wirken sich fördernd auf den Markenwettbewerb aus.

Die Übertragung des Know-how ist mit einer Art spezifischer Investition seitens des Franchisegebers sowie des Franchisenehmers verbunden. Durch die in vertikalen Bindungen auferlegten Beschränkungen zum Schutz des Know-how wollen sich beide Unternehmen gegen eventuelles opportunistisches Verhalten sichern. Vertikale Beschränkungen, Alleinvertriebsvereinbarungen oder Wettbewerbsverbote einerseits und Gebietsschutz andererseits sind infolgedessen unbedingt notwendig, weil sonst das Fehlen jeglicher Absicherung in der Tätigung lediglich suboptimaler spezifischer Investitionen resultieren könnte. Alleinvertriebsverpflichtungen und Wettbewerbsverbote hindern den Franchisenehmer an der Ausnutzung des Know-how für den Vertrieb von Konkurrenzprodukten oder für die Ausübung ähnlicher Tätigkeiten. Andererseits sichert der Gebietsschutz den Franchisenehmern bestimmte Einkünfte aus ihren Investitionen. Die mit der Übertragung des Know-how verbundenen Koordinationsprobleme können mit Trittbrettfahrerproblemen verglichen werden.

Bezüglich der Koordination zwischen vertikalen Strukturen auf dem Markt und der Förderung des Markenwettbewerbs können sich Franchisevereinbarungen marktzutrittsfördernd auswirken: Sie erhöhen Anreize zu Investitionen in das Know-how und unterstützen die Einführung innovativer Technologien. Dies betrifft insbesondere Verpflichtungen, die es dem Franchisenehmer verbieten, das erworbene Know-how auch für andere Produkte und Zwecke zu „missbrauchen."

Wenn jedoch auf dem Markt starke etablierte Unternehmen tätig sind, kann das Know-how deren Marktposition noch verstärken und mögliche Konkurrenz seitens zutrittswilliger Unternehmen einschränken. Die Beschränkungen zum Schutz des Know-how wirken sich dann marktzutrittsbeschränkend aus. So können aufeinander abgestimmte Verhaltensweisen und Kartellbildung unter den bestehenden Konkurrenten auf dem Markt unterstützt werden. Das Know-how kann auch als ein Mittel zu marktzutrittsbeschränkenden Strategien durch etablierte Unternehmen ausgenutzt werden.

---

rum Continental/PNEU-CAR, vom 16.3.1997; S 149/98-220/61, *Barum Continental/IFC Velimex Racing*, vom 8.1.1999.

Entsprechend können auch Markennamen marktmachterhöhend und marktzutrittsbeschränkend wirken.

Der Markenwettbewerb wird mittelbar auch durch die Vermarktung des Know-how beeinflusst: Die Beschränkungen, welche notwendig für die Verbesserung der Koordination innerhalb der vertikalen Struktur sind, erhöhen den Gewinn aus dem Know-how und verstärken die Anreize zu weiteren Investitionen in das Know-how. Diese Beschränkungen wirken nicht immer effizienzsteigernd: Sie mögen zwar den Gewinn erhöhen, *ex post* können sie jedoch den Gesamtnutzen reduzieren. Die Gewinnerhöhung in solchen Fällen fördert allerdings die *Ex-ante*-Anreize zu Investitionen in das Know-how.[314] Ähnlich können Franchisevereinbarungen zwar kurzfristig effizienzmindernd, langfristig jedoch innovationssteigernd wirken. Der Einfluss des Markenwettbewerbs auf die Erweiterung des Produktsortiments bleibt dabei nicht immer positiv.[315]

Für die Beurteilung der Beschränkungen in einer Franchisevereinbarung ist in erster Linie die Beschaffenheit des Produkts ausschlaggebend. Anhand dieser wird zunächst untersucht, inwieweit sie die Anwendung des Franchisesystems und die damit verbundenen Beschränkungen rechtfertigt. So fallen die Beschränkungen, welche zum Schutz des übertragenen Know-how und der Einheitlichkeit des Systems gehören, nicht unter das Verbot des Art. 81 Abs. 1 EGV.[316] Bei dieser Beurteilung ist die Rolle der Marktstruktur deswegen gering.

Franchisevereinbarungen enthalten jedoch auch Bestimmungen, die zu einer gewissen Marktaufteilung zwischen dem Franchisegeber und dem Franchisenehmer oder unter den Franchisenehmern selbst führen[317] und dadurch den markteninternen Wettbewerb beschränken können. Bei deren Beurteilung kommt es dann z. B. auf die Verbreitung des Firmenzeichens[318] oder die Ausweitung des Vertriebsnetzes an.[319]

---

[314] S. *Rey/Caballero-Sanz*, The Policy Implications of the Economic Analysis of Vertical Restraints, S. 38. Dies betrifft alle Formen versunkener Kosten beim Markteintritt. Beim Know-how ist diese Auswirkung noch stärker, da hier *spillovers* und positive, durch Innovationen und Know-how hervorgerufene Externalitäten vorkommen können.

[315] S. *Rey/Caballero-Sanz*, The Policy Implications of the Economic Analysis of Vertical Restraints, S. 39.

[316] Rs. 161/84, *Pronuptia*, s. o., 380; *Yves Rocher*, s. o., 54. S. auch Leitlinien über vertikale Beschränkungen, Rn. 30 ff.

[317] *Computerland*, s. o., 19.

[318] Rs. 161/84, *Pronuptia*, s. o., 384.

[319] *Computerland*, s. o., 20.

Besonders wichtig ist die Wettbewerbsstruktur[320] und der Markenwettbewerb auf dem Markt: Zunächst wird der Marktanteil des Unternehmens ermittelt und so seine Stellung auf dem relevanten Markt eingeschätzt.[321] Hierzu gehört auch die Konzentration auf dem Markt.[322] Wenn die Franchisenehmer im unmittelbaren Wettbewerb mit zahlreichen anderen Einzelhändlern stehen, welche die gleichen Produkte anbieten, führt dieser verstärkte Wettbewerb zur Verbesserung der Qualität, Dienstleistungen und Preise.[323] So wird die durch das untersuchte Franchisesystem hervorgebrachte Rationalisierung und Verbesserung des Vertriebs an Endverbraucher weitergegeben.[324]

Dabei wird auch überprüft, ob die kumulative Wirkung aller Franchiseverträge zur Ausschaltung des Markenwettbewerbs führen kann.[325]

Es ist auch besonders wichtig, dass der Preiswettbewerb auch im markeninternen Wettbewerb innerhalb des Franchisesystems erhalten bleibt.[326]

Da begrenzter Gebietsschutz als unerlässlich für die Errichtung und Existenz des Franchisenetzes betrachtet werden kann, werden die zum Gebietsschutz führenden Beschränkungen – die Einräumung der ausschließlichen Nutzung des Firmenzeichens und des Know-how des Franchisegebers jeweils nur einem Franchisenehmer innerhalb eines bestimmten Gebiets und die Verpflichtung des Franchisenehmers, diesen Franchisevertrag lediglich von dem im Vertrag genannten Geschäftslokal aus anzuwenden, beim Ausbleiben wettbewerbsmindernder Faktoren als nicht vom Verbot des Art. 81 Abs. 1 EGV erfasst betrachtet. Die marktstrukturellen Voraussetzungen hier-

---

[320] Es darf z. B. keine Erstarrung der Vertriebsstrukturen auf dem Markt vorliegen und der Hersteller darf nicht in der Lage sein, den Marktzugang konkurrierender Hersteller spürbar zu erschweren. S. *Yves Rocher*, s. o., 56.

[321] In den zitierten Entscheidungen handelt es sich um Unternehmen, deren Marktanteile eher gering waren: *Computerland* (Marktanteil unter 4%); *Yves Rocher* (Marktanteile zwischen weniger als 5% und 7,5%, in einem bestimmten Sektor maximal 15%); *ServiceMaster* (Marktanteil von 6% in Großbritannien, Franchisenetz jedoch noch im Stadium der Entwicklung); *Charles Jourdan* (Marktanteil von fast 10% des französischen Gesamtmarktes und rund 2% des Marktes in der Gemeinschaft für Schuhe mittlerer und gehobener Qualität, der Marktanteil am gesamten Schuhmarkt und am Markt der anderen von der Gruppe vertriebenen Produkte unbedeutend); *Pronuptia* (Marktanteil von ca. 30% für Hochzeitskleidung in Frankreich, in anderen EU-Ländern ist ihre Marktstellung eher bescheiden); ausschließliche Lizenz: *Moosehead/Whitbread* (Anteil von 12% des Einzelverkaufs von Bier in Großbritannien).

[322] In den zitierten Entscheidungen waren die Märkte nicht konzentriert: z. B. *Yves Rocher* (schwache Angebotskonzentration auf dem betreffenden Markt, der Marktanteil des führenden europäischen Herstellers bei 15%, die übrigen maximal 5%).

[323] *Computerland*, s. o., 21.

[324] *Yves Rocher*, s. o., 57 (z. B. in Form eines umfassenden Angebots in mehreren EG-Mitgliedstaaten).

[325] *Yves Rocher*, s. o., 58.

[326] *Computerland*, s. o., 22; *Yves Rocher*, s. o., 58; *ServiceMaster*, s. o., 42;

für sind starker Markenwettbewerb und das Fehlen von Marktzutrittsbeschränkungen auf dem relevanten Markt.

Diese Behandlung entspricht auch der nunmehr kodifizierten Regelung in der GVO Nr. 2790/1999 und in den Leitlinien über vertikale Beschränkungen.

6. Alleinbelieferung

Bei Alleinbelieferung wird die Anzahl der Abnehmer extrem begrenzt: Der Lieferant darf das für den Endverbrauch bestimmte Produkt ausschließlich an einen einzigen Abnehmer liefern. Dies gilt *mutatis mutandis* auch für die Intermediärstufe.[327]

Die GVO Nr. 2790/1999 stellt Alleinbelieferung bis zu einem Marktanteil von 30% des Abnehmers frei – auch in Verbindung mit anderen vertikalen Beschränkungen, sofern es sich nicht um Kernbeschränkungen handelt. Wenn der Marktanteil des Abnehmers höher ist, kommen die marktstrukturellen Kriterien zu Wort.

Die größte Gefahr bei Alleinbelieferung stellt den Ausschluss anderer Wettbewerber dar. So ist die Marktstellung des Abnehmers auf dem vorgelagerten Markt für die Feststellung ausschlaggebend, inwieweit er fähig ist, Alleinbelieferungsverpflichtungen aufzuerlegen. Die Marktstellung des Abnehmers auf dem nachgelagerten Markt bestimmt, ob die Wohlfahrt der Verbraucher gefährdet werden kann.[328]

Neben der Marktstellung des Abnehmers auf dem vor- und nachgelagerten Markt sind auch der Umfang und die Dauer der Verpflichtung ausschlaggebend.[329] Je höher der gebundene Marktanteil der Lieferungen und je länger die Dauer der Bindung, desto schwerwiegender ist die Ausschlusswirkung.[330]

---

[327] Auf der Intermediärstufe wird Alleinbelieferung (*exclusive supply*) auch als *industrial supply* bezeichnet.

[328] S. Leitlinien über vertikale Beschränkungen, Rn. 204.

[329] *BP Kemi-DDSF*, s. o., 41, 43, 46. In diesem Fall lag auf dem Markt eine bereits geschwächte Wettbewerbsstruktur vor. Die Liefervereinbarung war für sechs Jahre abgeschlossen. Eine solche Bindung geht mit Sicherheit über das Maß dessen hinaus, was nach dem Wesen der rechtlichen und wirtschaftlichen Beziehungen zwischen den Beteiligten wettbewerbsrechtlich zulässig ist. Die Liefervereinbarung war darüber hinaus mit einer Kooperationsvereinbarung verbunden, welche eine englischen Klausel enthielt. Des Weiteren erzielten DDSF und BP Kemi durch ihr abgestimmtes Marktverhalten eine so starke Stellung auf dem dänischen Markt, dass dadurch die Marktzutrittsschwierigkeiten noch vergrößert wurden.

[330] Leitlinien über vertikale Beschränkungen, Rn. 205. Alleinbelieferungsverpflichtungen von Unternehmen ohne marktbeherrschende Stellung und mit einer Vertragsdauer bis zu 5 Jahren verlangen eine Abwägung wettbewerbsfördernder und -schädlicher Auswirkungen. Bei Alleinbelieferungsvereinbarungen mit einer Laufzeit über 5 Jahre wird angenommen, dass deren Vorteile nicht deren negative Ausschlussauswirkungen nicht überwiegen können.

So werden nämlich Lieferbeziehungen eingefroren und die Funktion von Angebot und Nachfrage ausgeschaltet.

Ebenso ist die Marktstellung der Wettbewerber des Abnehmers auf den vorgelagerten Märkten wichtig. Wenn die Wettbewerber über eine ähnliche Marktstellung bzw. vergleichbare Absatz- und Vertriebsmöglichkeiten verfügen, ist ihr Markausschluss eher unwahrscheinlich. Dies gilt jedoch nicht für neu auf den Markt tretende Unternehmen.

Die Marktzutrittsschranken auf der Lieferantenebene bestimmen, ob der Marktausschluss tatsächlich vorkommt.[331] Der Marktausschluss ist des Weiteren dann zu erwarten, wenn die Lieferanten schwach und die Abnehmer stark sind. Wenn die Marktstellung der Lieferanten stark ist, kann die Alleinbelieferung mit Wettbewerbsverboten kombiniert werden.[332] Bei spezifischen Investitionen auf beiden Seiten entsteht das Geiselnahmeproblem, welches die Verbindung von Alleinbelieferung mit Wettbewerbsverbot bis zur Marktbeherrschungsschwelle rechtfertigt.[333]

Ebenso sind die Handelsstufe und die Produkteigenschaften von Bedeutung: Ein Marktausschluss erweist sich als weniger wahrscheinlich auf der Intermediärstufe[334] und bei homogenen Produkten.[335]

7. Koppelungsgeschäfte

Koppelungsgeschäfte kommen in zwei Erscheinungsvarianten vor: Zum einen sind es Geschäfte, bei denen der Lieferant die Lieferung eines Produktes davon abhängig macht, dass der Händler auch ein weiteres Produkt abnimmt. Zum anderen setzt der Lieferant lediglich eine Ursache für die gleichzeitige Abnahme beider Produkte. Diese Ursachen basieren häufig auf ökonomischen Anreizen: ein billigerer Kombinationspreis, die Gewährung von kombinierten Rabatten[336] oder Gesamtumsatzrabatten. Die Erfassung der zweiten Gruppe durch Art. 81 Abs. 1 EGV ist offen.

---

[331] Wenn die Marktzutrittsschranken zu hoch sind, kann der Abnehmer nämlich durch vertikale Integration auf die vorgelagerte Stufe auf die Marktabschottung reagieren.

[332] Zum Wettbewerbsverbot s. o. D. III. 1. d. Bewertung des Markenzwangs anhand marktstruktureller Kriterien.

[333] Bei Geiselnahmeproblemen lassen sich Effizienzgewinne durch Alleinbelieferungsverpflichtungen erwarten. Dies ist wahrscheinlicher auf der Intermediär- als auf der Endverbraucherstufe. Deswegen kann die Vereinbarung auch bei wettbewerbswidrigen Auswirkungen gemäß Art. 81 Abs. 3 EGV freigestellt werden. Als Alternative können beim Geiselnahmeproblem und bei Skalenerträgen im Vertrieb z. B. Mengenvorgaben für den Lieferanten verwendet werden. Diese entwickeln dann ähnliche, jedoch mildere Auswirkungen.

[334] Auf der Intermediärstufe sind die Hersteller in der Regel flexibler als Groß- oder Einzelhändler. Eine wichtige Rolle können hier z. B. auch Marken spielen.

[335] S. auch Leitlinien über vertikale Beschränkungen, Rn. 210.

[336] Rs. 322/81, *Michelin*, s. o., 3521.

Des Weiteren können Koppelungsgeschäfte in einfache und qualifizierte Koppelungsgeschäfte aufgeteilt werden. Bei den Ersteren muss der Händler eine feste Kombination von Produkten abnehmen,[337] bei den Letzteren wird ein Produkt mit einer Alleinbezugsverpflichtung für ein anderes Produkt gekoppelt.[338]

Um ein Koppelungsgeschäft handelt es sich auch dann, wenn der Händler das gekoppelte Produkt nicht vom Lieferanten, sondern von einem vom Lieferanten vorgegebenen Dritten beziehen muss.

Vorschriften über Koppelungsgeschäfte waren auch in Gruppenfreistellungsverordnungen enthalten.[339] Dabei handelte es sich meistens um qualifizierte Koppelungsgeschäfte. Regelungsgegenstand war die rechtliche oder faktische Bezugspflicht.

Art. 81 Abs. 1 lit. e EGV verbietet Koppelungsgeschäfte nicht generell.[340] Untersagt ist lediglich die Absprache zur Praktizierung von diesen Geschäften. Ein individuelles, vom Lieferanten autonom angebotenes Koppelungsgeschäft ist in Einklang mit Art. 81 Abs. 1. Von Art. 81 Abs. 1 werden lediglich diejenigen Absprachen, Koppelungsgeschäfte zu praktizieren, erfasst, welche eine unzulässige Wettbewerbsbeschränkung darstellen. Art. 81 Abs. 1 lit. e setzt voraus, dass das gekoppelte Produkt weder sachlich noch nach Handelsbrauch in Beziehung zum ersten, koppelnden Gut steht. Ohne diese Qualifikation könnte jede Absprache über Koppelungsgeschäfte verfolgt werden. „Der Wortlaut der Regelung [...] ist jedoch verunglückt, die Bedeutung unklar."[341] Die Abgrenzung ist vage und gibt unzureichende Anhaltspunkte für die Beurteilung einer solchen Beschränkung.

---

337 Rs. 193/83, *Windsurfing International*, s. o., 656 f. In diese Gruppe gehören auch die Verpflichtungen, vollständige Produktsortimente oder Mindestmengen abzunehmen. Vgl. Art. 2 Abs. 3 lit. a GVO Nr. 1983/83, Art. 2 Abs. 3 lit. a und b GVO Nr. 1984/83.

338 Die Beurteilung der Bezugspflichten richtet sich nach den allgemeinen Regeln. Darüber hinaus wird noch Art. 81 Abs. 1 lit. e EGV angewandt. Die Bezugspflichten sind zulässig, wenn sie sich auf sachlich oder handelsüblich zugehörige Produkte beziehen. In den Gruppenfreistellungsverordnungen werden Bezugspflichten als „in der Regel nicht wettbewerbsbeschränkend" bezeichnet und freigestellt, wenn sie sachlich erforderlich sind. Art. 2 Abs. 1 Nr. 1 GVO Nr. 2349/84 für Patentlizenzen; Art. 2 Abs. 1 Nr. 5 GVO Nr. 556/89 für Know-how-Vereinbarungen.

339 GVO Nr. 556/89 für Know-how-Vereinbarungen; GVO Nr. 2349/84 für Patentlizenzen. Vgl. auch Art. 3 lit. c GVO Nr. 1984/83, welcher eine ausschließliche Bezugspflicht für mehrere Produkte verbietet, welche weder sachlich noch nach Handelsbrauch zueinander in Beziehung stehen. Diese Beurteilung kann jedoch umstritten sein.

340 Vgl. mit Art. 82 lit. d EGV und dessen Anwendungsbereich. Zur Absprache, keine Koppelungsgeschäfte zu schließen, vgl. Art. 81 Abs. 1 lit. a EGV.

341 *Gleiss/Hirsch*, Kommentar zum EG-Kartellrecht, S. 181, Rn. 393.

Koppelungsgeschäfte umfassen mindestens zwei Produkte.[342] Bei der Betrachtung der Produkte gilt, dass sie als separate Produkte behandelt werden, wenn sie geeignet sind, separat gehandelt zu werden.[343]

Die sachliche Zugehörigkeit zwischen dem koppelnden und dem gekoppelten Produkt wird anhand objektiver Betrachtung festgestellt. Dabei reicht es, wenn die Kopplung technisch oder wirtschaftlich vernünftig erscheint. Dann spielt das Kriterium der Üblichkeit keine Rolle.

Die Betrachtungskriterien sind in den erwähnten GVO verankert: Diese Produkte müssen für eine technisch einwandfreie Benutzung der Erfindung oder Technologie notwendig sein.[344] Ein weiteres Kriterium ist die Forderung einer bestimmten Qualität der gekoppelten Produkte als Schutz berechtigter Interessen des Lieferanten in Fällen, in denen objektive Qualitätskriterien als weniger einschneidendes Mittel nicht angewandt werden können.[345] Die sachliche Beziehung wegen Qualitätskontrolle ist auch dann angemessen, wenn das Koppelungsgeschäft die kostengünstigste Variante für den zulässigen Zweck darstellt.[346] Sachliche Beziehung kann auch durch die nur mittels gekoppelter Produkte gewährleistete Betriebssicherheit gerechtfertigt werden. Dabei wird jedoch streng auf die „normalen" Handlungen zur Gewährleistung der Sicherheit abgestellt.[347] Sachliche Beziehung kommt auch dann vor, wenn die Garantieleistungen für das Hauptprodukt von dem Bezug der nötigen Zusatzprodukte abhängig gemacht werden.[348]

---

[342] Dabei kann es sich um Produkte, Dienstleistungen, gewerbliche Schutzrechte sowie andere handelbare Wirtschaftsgüter, z. B. Know-how, handeln.

[343] Rs. 322/81, *Michelin*, vom 9.11.1983, Slg. 1983, 3461, 3521 (Koppelung von Pkw-Reifen und Reifen für schwere Fahrzeuge); *Grohe*, s. o., 19 (Koppelung von Wasserarmaturen mit Montage durch Installationsfachbetriebe); Rs. 193/83, *Windsurfing International*, vom 25.2.1986, 611, 656 f. (Koppelung von Rigg mit Brett, also Verkauf nur des kompletten Surfbrettes); Entscheidung der Kommission 89/113/EWG, *Decca Navigator System*, ABl. L 43 vom 21.12.1988, 27, 43 f. (Koppelung von Navigationssignalen mit der Vermietung von Empfangsgeräten); *Moosehead/Whitbread*, s. o., 35 (Koppelung von Warenzeichenlizenz und Know-how zur Bierherstellung mit der nötigen Hefe).

[344] Art. 2 Abs. 1 Nr. 1 GVO Nr. 2349/84 für Patentlizenzen; Art. 2 Abs. 1 Nr. 5 GVO Nr. 556/89 für Know-how-Vereinbarungen. S. *Moosehead/Whitbread*, s. o., 35: Lediglich die Hefe des Lizenzgebers konnte die technische Verwertung des überlassenen Know-how gewährleisten.

[345] Als berechtigte Interessen werden z. B.Schutz des intellektuellen Eigentums des Lieferanten am koppelnden Produkt (s. *Moosehead/Whitbread*, s. o., 35 – Schutz des Warenzeichens), die Aufrechterhaltung der Einheitlichkeit und des Ansehens des Franchisenetzes (Art. 3 Abs. 1 lit. b GVO Nr. 4087/88) oder Goodwill-Schutz und Sicherung gegen Produkthaftung des Herstellers von Kraftfahrzeugen, soweit es sich um Ersatzteile handelt (Art. 3 Nr. 4 GVO Nr. 123/85).

[346] Dabei müssen die objektiv nachprüfbaren Qualitäts- und Sicherheitskriterien für jede Qualitätskontrolle im voraus festgelegt werden. S. Rs. 193/83, *Windsurfing International*, s. o., 655.

[347] Die Begründung der Koppelungsgeschäfte darf auch nicht auf dem Argument, dass nationale Sicherheitsvorschriften zum gleichen Ergebnis führen würden, basieren. S. *Grohe*, s. o., 19, 23.

[348] S. Entscheidung der Kommission 88/138/EWG, *Eurofix-Bauco/Hilti*, ABl. L 65 vom 11.3.1988, 19, 37. Allgemein kann es jedoch problematisch für den Lieferanten sein festzustellen,

Berechtigte wirtschaftliche Interessen des Lieferanten liegen z. B. im Falle der Alleinbezugspflicht des Händlers vor, der als Alleinvertriebshändler tätig ist und durch diese auf die Vertragsprodukte bezogene Pflicht veranlasst werden soll, sich auf den Vertrieb dieser Produkte zu konzentrieren.[349] Beim Alleinvertrieb und Alleinbezug darf der Händler zur Abnahme von Mindestmengen oder vollständigen Warensortimenten verpflichtet werden.[350] Bierlieferungs- und Tankstellenverträge sind Beispiele für sachliche Beziehungen, wenn der Lieferant die Sachinvestitionen des Händlers finanziert, und dementsprechend dann eine Bezugsbindung für die benötigten Produkte auferlegt.[351]

Im Falle eines entsprechenden Handelsbrauchs ist die sachliche Beziehung nicht nötig. Der Handelsbrauch setzt nämlich Üblichkeit voraus, die von einer bestimmten Nachhaltigkeit sein muss. Bei der Beurteilung kommt es dann auf die Tatsachen des Einzelfalls sowie auf die Vereinbarkeit des Handelsbrauches mit dem nationalen Recht und/oder den Zielen des Gemeinschaftsrechts an.

a. Die Entscheidungspraxis der tschechischen Kartellbehörde

In dem Fall *Benzina*[352] schloss der Lieferant *Benzina* mit seinen Abnehmern neben Tankstellenverträgen und Pachtverträgen auch eine Vereinbarung über das Sortiment und die Lieferanten anderer Produkte als Kraftstoffe für Motorfahrzeuge ab, in welchem er seinen Abnehmern ausschließliche Bezugspflichten sowie seine festgesetzten Preise für diese Produkte aufzwang. So sind die Abnehmer in ihrer Freiheit eingeschränkt worden, über das Sortiment und die Lieferanten dieser Produkte entscheiden zu können. Dabei kam es noch zu einem kumulierendem Effekt, da dadurch der Wettbewerb auf ca. 20% des relevanten Marktes (Tankstellen und Verkauf von anderer Produkte als Kraftstoffe für Motorfahrzeuge) ausgeschaltet worden ist.

Die Beurteilung der Vereinbarungen gemäß GSWW wurde als mit dem EG-Kartellrecht vereinbar bezeichnet und die GVO Nr. 1984/83 zitiert.[353] Die Vereinbarungen wurden zwar nicht ausdrücklich als Koppelungsvereinbarungen behandelt, praktisch kam es jedoch zur Koppelung der einzelnen Vereinbarungen: Der Verkauf von anderen Produkten als Kraftstoffe für Mo-

---

ob und inwieweit fremde Zusatzprodukte umfangreichere Garantieleistungen verursachen als die eigenen Zusatzprodukte. Dann sollte er eher die eigenen Garantieleistungen einengen und entsprechend entwerten. Dies kann dem Händler oft mehr Nachteile bringen als die Koppelung.

[349] Art. 2 Abs. 2 lit. a und b GVO Nr. 1983/83; Art. 3 Nr. 3 GVO Nr. 123/85.

[350] Art. 2 Abs. 3 lit. a GVO Nr. 1983/83; Art. 2 Abs. 3 lit. a und b GVO Nr. 1984/83.

[351] Art. 6, 10, 11 lit. b und d GVO Nr. 1984/83.

[352] S 89/98-240, *Benzina*, vom 17.8.1998, bestätigt durch R 17/98, *Benzina*, vom 29.7.1999.

[353] Art. 11 GVO Nr. 1984/83.

torfahrzeuge wurde mit dem Leistungsgegenstand Verkauf von Kraftstoffen und Betreiben einer Tankstelle gekoppelt. Diese Koppelung ist kaum zu rechtfertigen, da den Abnehmern sonst günstigere Alternativen von mindestens gleicher Qualität und unter besseren Bedingungen zur Verfügung stünden.

b. Bewertung der Koppelungsvereinbarungen anhand marktstruktureller Kriterien

Koppelung kann zur Abschottung des Marktes für das gekoppelte Produkt führen. Es handelt sich dabei nämlich immer um eine Art Verpflichtung zu Mindestabnahmen. Die Marktabschottungswirkung kann noch durch auferlegte Wettbewerbsverbote in Bezug auf das gekoppelte Produkt verstärkt werden. Koppelung kann auch suprakompetitive Preise verursachen.[354] Des Weiteren kann sie auch die Marktzutrittsschranken auf den Märkten für beide Produkte erhöhen.

Die GVO Nr. 2790/1999 stellt Koppelungsgeschäfte bei einem Marktanteil des Lieferanten bis zu 30% sowohl auf dem Markt des Koppelungsproduktes als auch auf dem Markt des gekoppelten Produktes frei. Wenn der Lieferant einen höheren Marktanteil auf beiden Märkten besitzt, muss eine Abwägung der möglichen Auswirkungen der Koppelung durchgeführt werden.

Die wichtigste Rolle spielt dabei die Marktstellung des Lieferanten, da sie es ihm ermöglichen kann, diese Vereinbarung überhaupt durchzusetzen. Die Marktmacht des Lieferanten ist jedoch insbesondere von der Marktstellung seiner Wettbewerber abhängig: Wenn der Wettbewerb auf dem Markt stark ist, lassen sich auch genügend Alternativen für den Abnehmer erwarten, sofern die gleiche Form der Koppelung nicht auch von anderen Lieferanten verwendet wird. Bei der Beurteilung der Marktmacht des Lieferanten sind auch die Marktzutrittsschranken auf dem Markt für das Koppelungsprodukt wichtig. Die Marktstellung des Lieferanten wird auch durch die Verbindung der Koppelung mit einem Wettbewerbsverbot für das Koppelungsprodukt verstärkt. Relevant ist auch die Nachfragemacht der Abnehmer.

Falls sich eine Koppelungsvereinbarung spürbar negativ auf den Wettbewerb auswirkt und der Lieferant dabei keine marktbeherrschende Stellung

---

[354] S. Leitlinien über vertikale Beschränkungen, Rn. 217. Dies ist bei folgenden Voraussetzungen der Fall: Erstens wenn die Produkte für den Abnehmer mindestens teils austauschbar sind, zweitens wenn die Koppelung Preisdiskriminierung ermöglicht in Abhängigkeit von der Art und Weise, wie der Abnehmer das gekoppelte Produkt verwendet, und drittens wenn es sich um langfristige Vereinbarungen bzw. um Märkte für Original-Ausrüstungsteile mit langer Wiederbeschaffungszeit handelt.

besitzt, kann eine eventuelle Einzelfreistellung beantragt werden. Denn Koppelungsvereinbarungen können auch zu Effizienzgewinnen durch gemeinsame Herstellung oder gemeinsamen Vertrieb bzw. durch eine Einheitlichkeit und Standardisierung der Qualität führen. Dabei muss mindestens ein Teil dieser Vorteile an die Verbraucher weitergegeben werden und die Koppelungsvereinbarung muss für diese positiven Gewinne unerlässlich sein. Mindestqualitätsanforderungen fallen normalerweise nicht unter das Verbot des Art. 81 Abs. 1 EGV.[355]

Wenn der Marktanteil des Lieferanten höher als 30% is, ist die Freistellung von Koppelungsvereinbarungen eher unwahrscheinlich, es sei denn, dass dadurch eindeutige Effizienzgewinne entstehen, welche mindestens teilweise an die Verbraucher weitergegeben werden. Auch die Verbindung der Koppelungsvereinbarung mit einem Wettbewerbsverbot mindert die Chancen auf eine Freistellung. Die Freistellung kann entzogen werden – insbesondere wenn die Koppelungsvereinbarung keine Effizienzgewinne mit sich bringt oder wenn diese Gewinne nicht an die Verbraucher weitergegeben werden. Gleiches lässt sich bei einem Kumulativeffekt erwarten, wenn die meisten Lieferanten ähnliche Koppelungsvereinbarungen verwenden und dabei keine der eventuellen Effizienzgewinne zumindest teilweise an die Verbraucher weitergeben.

8. Preisempfehlungen und Höchstpreise

Preisempfehlungen und Höchstpreise werden nicht allgemein untersagt.[356] Ihre Freistellung gemäß der GVO Nr. 2790/1999 richtet sich nach dem Marktanteil des Lieferanten, welcher unter der Marktanteilsgrenze von 30% liegen soll. Vertikale Preisbindung an sich als direkte oder indirekte Einflussnahme auf die Preisgestaltungsfreiheit in Form der Fest- oder Mindestpreise und Fest- oder Mindestpreisniveaus gehört jedoch in die Kategorie der sogenannten Kernbeschränkungen.[357]

---

[355] S. Leitlinien über vertikale Beschränkungen, Rn. 222.

[356] Vgl. z. B. Rs. 161/84, *Pronuptia*, s. o., 383, 384; *Yves Rocher*, s. o., 53, 57; *Charles Jourdan*, s. o., 35; *ARG/Unipart*, s. o., 38 (Die Verpflichtung des Großhändlers, seinen Einzelhändlern unverbindliche Endverkaufspreise zu empfehlen, war zwar als nicht vereinbar mit Art. 81 Abs. 1 EGV von der Kommission gesehen, sie erteilte jedoch eine Einzelfreistellung, ohne auf diese Verpflichtung näher einzugehen.); *Murat*, s. o., 21; Zu Höchstpreisen s. *Pronuptia*, s. o., 44.

[357] Art. 4 lit. a GVO Nr. 2790/1999. S. o. C. I. b. (1) (e) iv. (i) Art. 4 GVO Nr. 2790/1999: Kernbeschränkungen. Vgl. auch Art. 81 Abs. 1 lit. a EGV: Hiermit wird die zentrale Bedeutung des Preiswettbewerbs hervorgehoben. Preiskartelle gelten als die wichtigsten und gleichzeitig gefährlichsten Kartelle und werden demzufolge in allen Formen und auf sämtlichen Handelsstufen untersagt. In der Entscheidungspraxis s. z. B. *Deutsche Philips*, s. o., 41 f.; *Villeroy & Boch*, s. o., 16; *AEG-Telefunken*, s. o., 23; Entscheidung der Kommission 73/194/EWG, *Du Pont de Nemours*, ABl. L 194 vom 16.7.1973, 27.

Die indirekte Einflussnahme kann unterschiedlich zum Ausdruck gebracht werden: als Festsetzung des Gewinnaufschlags der Vertriebsstufe, als Festsetzung des maximalen Rabatts, welchen der Händler bei bestimmten Preisniveaus gewähren darf, als Bindung der vom Hersteller gewährten Rabatte[358] oder der Erstattung der mit der Verkaufsförderung verbundenen Kosten durch den Hersteller an die Einhaltung bestimmter Preise oder Preisniveaus, als Bindung des vorgeschriebenen Verkaufspreises an die Preise der Wettbewerber, als Drohungen, Einschüchterungen, Warnungen, Verspätungen bei Lieferungen oder sogar Nichtbelieferung sowie Beendigung der Vereinbarung als Folge der Nichteinhaltung eines bestimmten Preisniveaus.[359] Diese Mittel können zusätzlich noch mit Maßnahmen zur Identifizierung der Händler, welche gegen das festgelegte Preissystem verstoßen, oder mit Maßnahmen, welche die Händler vom effektiven Preiswettbewerb abhalten,[360] verbunden werden.

Wenn diese Maßnahmen jedoch als Druck- oder Anreizmittel bei Preisempfehlungen und Höchstpreisen verwendet werden, können sich diese tatsächlich als Fest- oder Mindestverkaufspreise auswirken und dementsprechend fallen sie in die Kategorie der Kernbeschränkungen.

Des Weiteren können Preisempfehlungen und Höchstpreise wettbewerblich bedenklich sein, indem sie die Händler zur uniformen Anwendung eines bestimmten Preises veranlassen. Sie können die Kartellbildung auf der Herstellerebene erleichtern.

Der Zweck der Preisbeeinflussung ist die Erhaltung eines bestimmten Preisniveaus in einem Mitgliedstaat einerseits, welches über dem Wettbewerbspreisniveaus liegt, sowie die Erhaltung unterschiedlicher Preisniveaus in den einzelnen Mitgliedstaaten andererseits. Diejenigen Mitglieder des Vertriebssystems, welche gegen dieses „Preissystem" verstoßen, indem sie an Parallelhändler liefern bzw. Exportieren, werden dann seitens der Lieferanten dementsprechend bestraft.

a. Die Entscheidungspraxis der tschechischen Kartellbehörde

§ 3 Abs. 2 lit. a GSWW verbietet Vereinbarungen, welche direkte oder indirekte Festsetzung von Preisen enthalten. Diese Vereinbarungen werden als ein besonders schwerwiegender und absichtlicher Verstoß gegen das GSWW

---

358 *Gosme-Martell*, s. o., 26 f., 28 f. Streichen von Rabatten gleicht in diesem Fall einem Exportverbot.

359 Leitlinien über vertikale Beschränkungen, Rn. 47.

360 Zu diesen Maßnahmen gehören z. B. auf der Produktpackung gedruckter empfohlener Preis oder die Erzwingung der Anwendung der Meistbegünstigungsklausel.

betrachtet.[361] Allgemein wird dabei zwischen empfohlenen Preisen und Preisbindung[362] unterschieden.[363]

Da sich auch in diesem Bereich die Entscheidungspraxis der tschechischen Kartellbehörde nach dem Vorbild des EG-Kartellrechts richtet, ist praktisch in jeder Entscheidung der tschechischen Kartellbehörde ein Verweis auf die Vereinbarkeit der Beurteilung des Falles mit der Stellung der Kommission zu ähnlichen Vereinbarungen.[364]

b. Bewertung der Preisempfehlungen und Höchstpreise anhand marktstruktureller Kriterien

Bei der Beurteilung von Preisempfehlungen und Höchstpreisen kommt es zunächst vor allem darauf an, wie sich diese Bestimmungen tatsächlich auswirken. Wenn sich Preisempfehlungen und Höchstpreise wie Fest- und Mindestpreise auswirken, werden sie automatisch verboten,[365] unabhängig von marktstrukturellen Voraussetzungen. Denn die Festlegung von Fest- und Mindestpreisen gilt als eine schwerwiegende Wettbewerbsbeschränkung.

Wenn dies nicht der Fall ist, wird der Marktanteil des Lieferanten festgestellt. Wenn dieser über der 30%igen Marktanteilsgrenze liegt, wird auf weitere marktstrukturelle Kriterien abgestellt, insbesondere die Marktanteile der Wettbewerber und die Konzentration auf dem Markt.

Wenn der Lieferant über eine starke Marktstellung verfügt, ist das Risiko viel höher, dass Preisempfehlungen und Höchstpreise jedoch praktisch zur Verwendung gleicher Preise durch seine Abnehmer führen werden.

Des Weiteren wird auch auf die Marktkonzentration abgestellt. Insbesondere in Oligopolen kann nämlich die Veröffentlichung und Verwendung von Preisempfehlungen und Höchstpreisen zur Erleichterung der Kartellbildung auf der Lieferantenebene führen.

---

[361] S. z. B. S 82/97-240, *UNILEVER ČR (Algida, Kapitán Iglo)*, vom 27.11.1997, Slg. Ent. 1997/II, 234, 242.

[362] Zu Festpreisen s. z. B. S 130/98-240, *Radegast/JULIUS MEINL Praha*, vom 11.1.1999; S 1/97-230/414, *Sklárny Kavalier*, vom 16.5.1997, Sgl. Ent. 1998/I, 28; bestätigt durch R 38/97, *Sklárny Kavalier*, vom 9.1.1998, Slg. Ent. 1998/I, 28. Zu Mindestpreisen und Mindestrabatten s. z. B. S 56/99-240, *Jihočeské pivovary*, vom 30.7.1999.

[363] S. z. B. S 87/98-240, *Procter & Gamble – Rakona*, vom 12.8.1998, Slg. Ent. 1998/II, 105, 108. Das Unternehmen *Procter & Gamble – Rakona* glaubte, die verbotene Preisfestsetzung dadurch beseitigt zu haben, dass es vor diese Bestimmungen das Wort „empfohlen" hinzufügte. Faktisch führte es jedoch seine Preispolitik weiter durch. Dabei handelt es sich um ein Unternehmen mit nicht unerheblichen Marktanteilen für die relevanten Produkte. Dies eliminierte den markeninternen Wettbewerb. Die Hinzufügung des Wortes „empfohlen" zeigte sich als lediglich *pro forma*.

[364] Z. B. S 87/98-240, *Procter & Gamble – Rakona*, s. o., 117.

[365] Art. 81 Abs. 1 lit. a EGV; Art. 4 lit. a GVO Nr. 2790/1999.

E. Schlussfolgerung

Die kartellrechtliche Relevanz einer Wettbewerbsbeschränkung ist zunächst durch ihre quantitative Spürbarkeit bedingt. Diese wird durch Außenwirkungen der Beschränkung auf Dritte charakterisiert. Durch das Tatbestandserfordernis der Spürbarkeit soll die Anwendung der kartellrechtlichen Regeln auf sogenannte Bagatellkartelle vermieden werden. Dieses marktstrukturelle Kriterium wurde auch quantifiziert: In der Anwendungspraxis der Kommission ist die Bagatellbekanntmachung ausschlaggebend, welche für vertikale Vereinbarungen einen Marktanteil von 10% als Spürbarkeitsgrenze setzt. Dabei muss jedoch auch betont werden, dass diese Grenze lediglich Hinweischarakter hat. Die Gerichte wenden bei der Beurteilung sowohl quantitative als auch qualitative Kriterien an, maßgeblich ist die Gesamtbetrachtung des Falles – die Struktur des Marktes, die Stellung der beteiligten Unternehmen, die Art der Wettbewerbsbeschränkung. Als wichtigstes Kriterium wird der Marktanteil der Unternehmen auf dem relevanten Markt betrachtet. Der tschechischen Kartellbehörde steht ebenso ein Marktanteilskriterium zur Verfügung: Zum einen betrifft es den Anteil am gesamtstaatlichen Markt, welcher bei 5% liegt, zum anderen den Anteil am örtlichen Markt, auf dem der Marktanteil 30% betragen darf.

Neben der quantitativen Spürbarkeit ist manchmal auch die eine Abwägung der Auswirkungen der Wettbewerbsbeschränkung notwendig. Diese betrifft dann die „qualitative" Spürbarkeit.

Die bisherige Regelung der Gruppenfreistellung im Bereich vertikaler Wettbewerbsbeschränkungen basierte auf präskriptiver Kategorisierung und detaillierter Unterteilung der einzelnen Beschränkungen. Dies mochte vielleicht aus juristischer Sicht reichen, praktisch war jedoch kein Spielraum für eine Analyse der wirtschaftlichen und wettbewerblichen Auswirkungen vertikaler Beschränkungen vorhanden. Dies machte die ganze Situation unerträglich.

Der Reformprozess im diesem Bereich brachte eine intensivere ökonomische Analyse mit sich: Die Bagatellbekanntmachung modifizierte das Marktanteilskriterium, so dass unterschiedliche Grenzen für horizontale Vereinbarungen einerseits und vertikale Vereinbarungen andererseits eingeführt wurden. Die höhere Grenze für vertikale Vereinbarungen berücksichtigt die Veränderung der Betrachtungsweise: Diese Vereinbarungen werden als weniger schädlich für den Wettbewerb angesehen als horizontale Vereinbarungen.

Die Ergebnisse des Reformprozesses sind in der GVO Nr. 2790/1999 und den Leitlinien über vertikale Beschränkungen enthalten, welche die Anwendung dieser GVO konkretisieren.

Im Mittelpunkt der neuen Regelung steht der Marktanteil des Lieferanten bzw. des Käufers im Falle der Alleinbelieferung. Dieses quantifizierte Kriterium soll die Arbeit der Kommission erleichtern. Dabei können auch Fragen nach der Angemessenheit dieses Kriteriums gestellt werden. Die Quantifizierung bringt jedoch – mindestens momentan – die Vereinfachung der Grundregelung und hoffentlich eine Verringerung der Anträge mit sich. Die neuen Regeln werden als einfach und klar anerkannt. Dies könnte jedoch etwas umstritten erscheinen, wenn man die Leitlinien über vertikale Beschränkungen liest. Nichtsdestotrotz bieten sie eine Orientierungshilfe auf dem neuen Weg, auf welchem die Markmacht, die Marktkonzentration, die Marktzutrittsschranken sowie weitere ökonomische Kriterien, anhand welcher der Stand des Markenwettbewerbs und des markeninternen Wettbewerbs und folglich die wirtschaftlichen und wettbewerblichen Auswirkungen der vertikalen Bindung beurteilt werden, von entscheidender Bedeutung sind.

Der neue Trend – die Einbeziehung marktstruktureller Kriterien – darf durch eine solche Angst vor einer weiteren komplizierten Regelung nicht in den Schatten gestellt werden.

In diesem Bereich können keine eindeutigen „schwarz-weiß-Urteile" entstehen. Die Auswirkungen vertikaler Beschränkungen sind ambivalent. Sie hängen von der wettbewerblichen Situation auf dem Markt ab. Die rechtliche Regelung muss dieser Tatsache entsprechend Rechnung tragen – mit klaren Grundregeln und erklärenden Leitlinien, welche ebenso klar sein müssen.

Die neue Regelung bringt eine Neuorientierung mit sich: Die Unternehmen verlieren ihre „Stütze" oder ihr vorschreibendes „Korsett" und bekommen mehr Entscheidungsfreiheit in Bezug auf ihre vertikalen Vereinbarungen.

Die bisherige Regelung erlaubte sogenannte Kernbeschränkungen nicht, gemäß der neuen sind sie verboten. Diese Beschränkungen entwickeln so schwerwiegend negative Auswirkungen auf den Wettbewerb, dass sie einem absoluten Verbot unterliegen (müssen). Eine Einzelfreistellung ist in solchen Fällen unwahrscheinlich. Für die Beurteilung dieser Beschränkungen sind die marktstrukturellen Kriterien irrelevant.

Die Beurteilung der Nicht-Kernbeschränkungen richtet sich nach der Marktstruktur: Neben dem Marktanteil sind die Konzentration auf dem Markt und die Tatsache, ob es sich um ein neu auf den Markt eintretendes Unternehmen wichtig. Wenn vertikale Bindungen durch Unternehmen mit kleinen Marktanteilen, auf nicht konzentrierten Märkten oder bei deren Marktzutritten verwendet werden, wird angenommen, dass sich diese nicht wettbewerbsschädlich auswirken.

Wenn der Marktanteil des Unternehmens die Marktanteilsschwelle von 30% überschreitet, ist eine Analyse wettbewerblicher Auswirkungen der vertikalen Vereinbarung notwendig. Dabei sind in erster Linie die Marktmacht und die Marktstellung des Unternehmens ausschlaggebend.

Literaturverzeichnis

Ackermann, Thomas, Artikel 85 Absatz 1 EGV und die rule of reason, FIW-Schriftenreihe, Carl Heymanns Verlag KG, Köln, Berlin, Bonn, München, 1997

Ackermann, Thomas, Die Zukunft vertikaler Vertriebsvereinbarungen im EG-Kartellrecht, in: EuZW 1997, Ss. 271 - 275

Ahlert, Dieter (Hrsg.), Vertragliche Vertriebssysteme zwischen Industrie und Handel: Grundzüge einer betriebswirtschaftlichen, rechtlichen und volkswirtschaftlichen Beurteilung, Gabler, Wiesbaden, 1981

Arnold, Rainer, Několik poznámek k účinkům Evropské dohody v právním řádu ES a k jejímu bezprostřednímu účinku [Einige Bemerkungen zu den Auswirkungen des Europa-Abkommens im Rechtssystem der EG und zu dessen unmittelbaren Wirkung], in: Právník 1996, Ss. 45 - 57

Arnold, Rainer, Ústavněprávní otázky přistoupení České republiky k Evropské unii [Verfassungsrechtliche Fragen des Beitritts der Tschechischen Republik zur Europäischen Union], in: Evropské právo EP 3/1999, Příloha (Beilage), Ss. 2 - 5

Arquit, Kevin J., Market Power in Vertical Cases, in: Antitrust Law Journal [Vol. 60 1992], Ss. 921 – 934

Bach, Albrecht, Die Zukunft des selektiven Vertriebs in der EG: Zur Novellierung der Gruppenfreistellungsverordnung für den Kfz.-Vertrieb, in: WuW 1995, Ss. 5 - 21

Barták, Petr, Podnikatelské klima lze účinně kultivovat [Das Marktklima kann wirksam kultiviert werden], [Interview mit dem Vorsitzenden der Kartellbehörde Josef Bednář], in: Profit 33/99, www.compet.cz

Bartling, Hartwig, Schlußfolgerungen aus Entwicklungstendenzen der Wettbewerbstheorie für die Wettbewerbspolitik, in: WuW 1993, Ss. 16 - 30

Baudenbacher, Carl/Beeser, Simone, Gesamteuropäische Konvergenzentwicklungen im Kartellrecht, in: WuW 1997, Ss. 681 - 691

Bednář, Josef, Routes Leading to the 21st Century (Vortrag), 29. 11. 1999, Forum on New Trends in Competition Law and Their Implications for Business in Central and Eastern Europe, http://www.compet.cz/aktuality/Trends.htm

Bejček, Josef, Existenční ochrana konkurence [Existenzschutz der Konkurrenz], Brno, 1997

Bejček, Josef, K působnosti Ministerstva pro ochranu hospodářské soutěže a k řízení před ním [Zur Kompetenz des Ministeriums für den wirtschaftlichen Wettbewerb und zum Verfahren in wettbewerbsrechtlichen Fällen], in: Právo a podnikání 3/1995, Ss. 5 -12

Bejček, Josef, Vývoj práva na ochranu hospodářské soutěže [Die Entwicklung des Rechts zum Schutz des wirtschaftlichen Wettbewerbs], in: Právník 5/1994, Ss. 381 - 396

Bejček, Josef/Bučková, Ivana, Das tschechische Kartellgesetz und die kartellrechtlichen Organe im Überblick, in: WiRO 1998, Ss. 52 - 59

Black, Oliver, Per Se Rules and Rules of Reason: What Are They?, in: ECLR 1997, Ss. 145 - 161

Bock, Betty, An Economist Appraises Vertical Restraints, in: The Antitrust Bulletin, Spring 1985, Ss. 117 - 142

Böhnel, Gisela, Die Auswirkungen der Europa-Abkommen auf das Wettbewerbsrecht der Staaten Mittel- und Osteuropas, in: EuZW 1998, Ss. 111 - 116

Carlin, Fiona M., Vertical Restraints: Time for Change?, in: ECLR 1996, Ss. 281 - 288

Carlton, Dennis W./Perloff, Jeffrey M., Modern Industrial Organization, HarperCollins College Publ., New York, 1996

Chalupa, Kristian, Antimonopolní úřad musi zvýšit výkonnost [Die Kartellbehörde muss ihre Effizienz steigern], [Interview mit dem Vorsitzenden der Kartellbehörde, *Josef Bednář*], in: Lidové noviny Nr. 27, 2.2.1999, S. 14

Chard, J. S., The Economics of the Application of Article 85 to Selective Distribution Systems, in: ELR 1982, Ss. 83 - 102

Cox, Helmut/Jens, Uwe/Markert, Kurt, Handbuch des Wettbewerbs, Verlag Franz Vahlen, München, 1981

Craig, Paul/de Búrca, Gráinne, EC Law: Text, Cases, and Materials, Claredon Press, Oxford, 1995

Dauses, Manfred A., Osterweiterung der EU: MOE-Staaten ante portas (Editorial), in: EuZW 1996, S. 353

Dauses, Manfred (Hrsg.), Osterweiterung der EU: Rechtsangleichung und strukturpolitischer Rahmen, Dt. Univ.-Verlag, Wiesbaden, 1998

Dauses, Manfred A./Verny, Arsène/Zemánek, Jiří, Allgemeine Methodik der Rechtsangleichung an das EU-Recht am Beispiel der Tschechischen Republik, Bamberg, 1997

de la Cruz, Peter, Vertical Restraints: U.S. and E. U: Policy Toward Manufacturer - Retailer Relationship, in: ECLR 1997, Ss. 292 - 299

de la Cruz, Peter, Vertical Restraints under EC Competition Law (Letter), in: ECLR 1996, S. 419

Deringer, Arved, Stellungnahme zum Weißbuch der Europäischen Kommission über die Modernisierung der Vorschriften zur Anwendung der

Art. 85 und 86 EG-Vertrag (Art. 81 und 82 EG), in EuZW 2000, Ss. 5 - 11

Dietl, Clara-Erika/Lorenz, Egon, Wörterbuch für Recht, Wirtschaft und Politik/Dictionary of Legal, Commercial and Political Terms, C. H. Beck´sche Verlagsbuchhandlung, München, 1990

Dobson, P. W./Waterson, M., Vertical Restraints and Competition Policy, An Office of Fair Trading Research Paper, London, 1996

Dohnalová, Alena, Kterak chránit konkurenci? [Wie soll die Konkurrenz geschützt werden?], in: Ekonom 25/1997, Ss. 58 - 59

Duijm, Bernhard, Die Wettbewerbspolitik der EG gegenüber vertikalen Vertriebsvereinbarungen, Nomos, Baden-Baden, 1997

Easterbrook, Frank H., Vertical Arrangements and the Rule of Reason, in: Antitrust Law Journal [Vol. 52 1984], Ss. 135 - 173

Eatwell, John/Milgate, Murray/Newmann, Peter (Hrsg.), The New Palgrave A Dictionary of Economics, The Macmillan Press Limited, London, 1987

Ehlermann, Claus-Dieter, The Contribution of EC Competition Policy to the Single Market, in: CMLR 1992, Ss. 257 - 282

Ehlermann, Claus-Dieter, Ist die Verordnung Nr. 17 noch zeitgemäß?, in: WuW 1993, Ss. 97 - 1001

Emmerich, Volker, Kartellrecht, Beck, München, 1994

Esser, Michael/Fricker, Achim, Beseitigung von Koordinationshemmnissen zwischen Produktion und Vertrieb, in: IO Management Zeitschrift 62(1993)/11, Ss. 73 - 75

Estrin, Saul/Holmes, Peter (Hrsg.), Competition and Economic Integration in Europe; Edward Elgar Publishing Limited, Cheltenham, 1998

Estrin, Saul/Holmes, Peter, Competition Policy for Central and Eastern Europe: The Challenge of the Europe Agreements, in: *Estrin, Saul/Holmes, Peter* (Hrsg.), Competition and Economic Integration in Europe, Edward Elgar Publishing Limited, Cheltenham, 1998, Ss. 1 - 22

Everling, Ulrich, Zur Wettbewerbskonzeption in der neueren Rechtsprechung des Gerichtshofs der Europäischen Gemeinschaften, in: WuW 1990, Ss. 995 – 1009

Fiala, Tomáš, Distribuční smlouvy v soutěžním právu Evropské unie [Vertriebsverträge im Kartellrecht der Europäischen Union], in: Právní rádce 2/1997, Ss. 7 - 9

Fingleton, John/Fox, Eleanor/Neven, Damien/Seabright, Paul, Competition Policy and the Transformation of Central Europe, Centre for Economic Policy Research, London, 1996

Fox, Eleanor M., The Central European Countries and the European Union´s Waiting Room: Why Must They Adopt the EU´s Competition Law?, in: *Estrin, Saul/Holmes, Peter* (Hrsg.), Competition and Economic Integration in Europe, Edward Elgar Publishing Limited, Cheltenham, 1998, Ss. 23 - 47

Fuller, C. W. Baden, Article 86 EEC: Economic Analysis of the Existence of a Dominant Position, in: ELR 1979, Ss. 423 – 441

Gabler-Volkswirtschafts-Lexikon, 3. Aufl., Wiesbaden, Gabler 1990

Gabler Wirtschafts-Lexikon, Gabler Verlag, Wiesbaden 1997

Gärtner, W., Durchführung der Wettbewerbsbestimmungen der Europa-Abkommen in Tschechien und Polen, in: WiRO 1997, Ss. 70 - 71

Gieseke, Frank, Parallelimporte und EU-Wettbewerbspolitik, in: WuW 1995, Ss. 284 - 289

Gleiss, Alfred/Hirsch, Martin/Burkert, Thomas, O. J., Kommentar zum EG-Kartellrecht, Band 1, 4. Auflage, 1993, Verlag Recht und Wirtschaft GmbH, Heidelberg

Grabitz, Eberhard/Hilf, Meinhard (Hrsg.), Kommentar zur Europäischen Union, Loseblattsammlung, 12. Ergänzungslieferung Mai 1998, Beck´sche Verlagsbuchhandlung München

Grossekettler, Heinz, Die gesamtwirtschaftliche Problematik vertraglicher Vertriebssysteme, in: *Ahlert, Dieter* (Hrsg.), Vertragliche Vertriebssysteme zwischen Industrie und Handel: Grundzüge einer betriebswirtschaftlichen, rechtlichen und volkswirtschaftlichen Beurteilung, Gabler, Wiesbaden, 1981, Ss. 255 - 314

Grossekettler, Heinz, Die volkswirtschaftliche Problematik von Vertriebskooperationen. Zur wettbewerbspolitischer Beurteilung von Vertriebsbindungs-, Alleinvertriebs-, Vertragshändler und Franchisesystemen, in: ZfgG 28 (1978), Ss. 325 - 373

Gyselen, Luc, Vertical Restraints in the Distribution Process: Strength and Weakness of the Free Rider Rationale under EEC Competition Law, in: CMLR 1984, Ss. 647 – 668

Harbord, David/Hoehn, Tom, Barriers to Entry and Exit in European Competition Policy, in: International Review of Law and Economics (1994) 14, Ss. 411 - 435

Hart, Oliver, An Economist´s Perspective on the Theory of the Firm, in: Columbia Law Review 1989, Ss. 1757 - 1774

Hawk, Barry E., System Failure: Vertical Restraints and EC Competition Law, in: CMLR 1995, Ss. 973 - 989

Hegyi, Gabor, Neuere Entwicklungen im Kartell- und Wettbewerbsrecht Ungarns unter Berücksichtigung der ungarischen Gruppenfreistellungsverordnungen, in: GRUR Int. 1999, Ss. 312 - 322

Hennipman, Pieter, Welfare Economics and the Theory of Economic Policy, Edwar Elgar Publishing Limited, Aldershot, 1995

Herdzina, Klaus, Wettbewerbspolitik, Gustav Fischer Verlag, Stuttgart, 1993

Hildebrand, Doris; The Role of Economic Analysis in the EC Competition Rules, Kluwer Law International, The Hague 1998

Holmes, Peter/Mathis, James, Europe Agreement Competitio Policy for the Long Term: An Accession Oriented Approach, in: Legal Issues of European Integration, Vol. 24, Issue No. 1, Ss. 17 – 33

Iacobucci, Edward, The Case for Prohibiting Resale Price Maintenance, in: World Competition 1995, Ss. 71 - 103

Immenga, Ulrich, Eine Wende in der gemeinschaftsrechtlichen Kartellpolitik? (Editorial), in: EuZW 1999, S. 609

Immenga, Ulrich/Mestmäcker, Ernst-Joachim, EG-Wettbewerbsrecht: Kommentar, Beck Verlag, München, 1997

Ipsen, Hans Peter, Europäisches Gemeinschaftsrecht, J. C. B. Mohr, Tübingen, 1972

Jickeli, Joachim, Marktzutrittsschranken im Recht der Wettbewerbsbeschränkungen, Nomos, Baden - Baden, 1990

Kantzenbach, Erhard/Kallfass, Hermann H., Das Konzept des funktionsfähigen Wettbewerbs – workable competition, in: *Cox, Helmut/Jens, Uwe/ Markert, Kurt*, Handbuch des Wettbewerbs, Vahlen, München, 1981

Kapp, Thomas, Wettbewerbsbeschränkung durch vertikale Vertriebsbindungen?, Nomos Verlagsgesellschaft, Baden-Baden, 1984

Katz, Michael L., Vertical Contractual Relations, in: *Schmalensee, R./Willig, R. D.*, Handbook of Industrial Organization, Volume I, Elsevier Science Publishers B. V., 1989, Ss. 656 - 721

Kay, J. A., Vertical Restraints in European Competition Policy, in: European Economic Review 1990, Ss. 551 - 561

Kirchhoff, Wolfgang, Die kartellrechtliche Beurteilung vertikaler Vertriebsverträge: Intrabrand- und Interbrand-Wettbewerb als Kriterien in den USA, Deutschland und der EG, Heymann, Köln, 1990

Kirchner, Christian, "Ökonomische Analyse des Rechts" und Recht der Wettbewerbsbeschränkungen (Antitrust Law And Economics), in: ZHR 144 (1980), Ss. 563 - 588

Klotz, Robert, Der selektive Vertrieb von Luxus-Artikeln in der aktuellen Entwicklung des Europarechts, in: EuR 1993, Ss. 72 - 86
Knauf, Angelika, Angleichung des Wirtschaftsrechts am Beispiel der Tschechischen Republik, Ss. 99 - 196, in: *Dauses, Manfred* (Hrsg.), Osterweiterung der EU: Rechtsangleichung und strukturpolitischer Rahmen, Dt. Univ.-Verl., Wiesbaden, 1998
Korah, Valentine, An Introductory Guide to EC Competition Law and Practice, 5. Auflage, Sweet & Maxwell, London, 1994
Korah, Valentine, Tetra Pak II - Lack of Reasoning in Court´s Judgment, in: ECLR 1997, Ss. 98 - 103
Korah, Valentine, The Future of Vertical Agreements under E. C. Competition Law, in: ECLR 1998, Ss. 506 – 513

Langen/Bunte, Kommentar zum deutschen und europäischen Kartellrecht, Luchterhand, Neuwied, Kriftel, Berlin, 1998
Lugard, Paul, Vertical Restraints under EC Competition Law: A Horizontal Approach?, in: ECLR 1996, Ss. 166 – 177

Malenovský, Jiří, O "chudokrevnosti" mezinárodního rozměru české ústavy a možných terapiích [Über die "Blutarmut" der internationalen Dimension der tschechischen Verfassung und über mögliche Therapien], in: Právník 7/1997, Ss. 537 - 556
Marceau, Gabrielle, The Full Potential of the Europe Agreement: Private Positive Comity, Direct Effect and New Balancing within Public Interest Clauses, in: *Estrin, Saul/Holmes, Peter* (Hrsg.), Competition and Economic Integration in Europe, Edward Elgar Publishing Limited, Cheltenham, 1998, Ss. 60 - 80
Marceau, Gabrielle, The Full Potential of the Europe Agreements: Trade and Competition Issues - The Case of Poland, in: World Competition, Vol. 19, December 1995, Ss. 35 - 69
Maresceau, Les accords d´association: Concurrence, in: RMC 1993, S. 512
Martinek, Michael/Habermeier, Stefan, Das Chaos der EU-Gruppenfreistellungsverordnungen, in: ZHR 158 (1994), Ss. 107 - 148
Masing, Alf, Ungarn: Kartellrecht: Entscheidung des ungarischen Verfassungsgerichts 30/1998, in: GRUR Int. 1999, Ss. 872 - 879
Matachová, Soňa, Approximating Czech Competition Law and European Union Law: Advantages and Disadvantages, in: *Estrin, Saul/Holmes, Peter* (Hrsg.), Competition and Economic Integration in Europe, Edward Elgar Publishing Limited, Cheltenham, 1998, Ss. 119 - 124
Matachová, Soňa/Stankov, Vladimír/Fiala, Tomáš, Soutěžní právo ES v rozhodovací praxi Úřadu pro ochranu hospodářské soutěže [Das EG-Kar-

tellrecht in der Entscheidungspraxis der Behörde zum Schutz des wirtschaftlichen Wettbewerbs (Kartellbehörde)], in: EMP 9-10/1998, Ss. 61 - 73

Mathewson, G. F./Winter, R. A., The Economics of Vertical Restraints in Distribution, in: *Stiglitz, J./Matthewson, G. F.* (Hrsg.), New Development in the Analysis of Market Structure, Macmilan, London, 1986

Möschel, Wernhard, Antitrust and Economic Analysis of Law, in: ZgS 140 (1984), Ss. 156 - 171

Molle, Willem, The Economics of European Integration (Theory, Practice and Policy), Dartmouth, Aldershot, 1990

Munková, Jindřiška, Zákon o ochraně hospodářské soutěže [Das Gesetz zum Schutz des wirtschaftlichen Wettbewerbs], Komentář; C. H. Beck/ Sevt, Praha 1994

Musil, Aleš, Nové směry právní úpravy ochrany hospodářské soutěže v České republice [Neue Richtungen der rechtlichen Regelung zum Schutz des wirtschaftlichen Wettbewerbs in der Tschechischen Republik], in: EMP 9-10/1997, Ss. 12 - 24

Musil, Aleš, Ochrana hospodářské soutěže v transformačním období [Der Schutz des wirtschaftlichen Wettbewerbs während der Transformation], in: EMP 2/1996, Ss. 18 - 20

Musil, Aleš, Právo hospodářské soutěže v České republice [Das Recht des wirtschaftlichen Wettbewerbs in der Tschechischen Republik], in: EMP 4-5/1995, Ss. 51 - 64

Musil, Aleš, Rozhodnutí Ministerstva pro hospodářskou soutěž ve věci Škoda automobilová, a. s., rozsudek Vrchního soudu v Olomouci a nález Ústavního soudu v Brně [Die Entscheidung des Ministeriums für den wirtschaftlichen Wettbewerb im Fall Škoda automobilová, a. s., das Urteil des Oberen Gerichts in Olmütz und das Urteil des Verfassungsgerichts in Brünn], in: EMP 9-10/1997, Ss. 95 - 99

Musil, Aleš, Zelená kniha EU o vertikálních omezeních hospodářské soutěže v evropské soutěžní politice [Das Grünbuch der EU über vertikale Wettbewerbsbeschränkungen in der europäischen Wettbewerbspolitik], in: EMP 9-10/1997, Ss. 117 – 130

Nicolaysen, Gert, Europarecht 2, Das Wirtschaftsrecht im Binnenmarkt, Nomos, Baden-Baden, 1996

Ojala, Marjo, The Competition Rules of the European Community and the Economy of Eastern Europe, A Study of the Possibility of Legal Transplants (Academic Dissertations on photocopy series, number 1), University of Helsinki, Faculty of Law, Helsinki 1996

Oliva, Leoš/Verny, Arsène, Das neue Kartellrecht der Tschechischen Republik, in: WiRO 1994, Ss. 145 - 147
Olten, Reiner, Wettbewerbstheorie und Wettbewerbspolitik, R. Oldenbourg Verlag, München, Wien, 1995

Pelc, Vladimír, Hospodářská soutěž [Wirtschaftlicher Wettbewerb], Grada Publishing, Praha, 1995
Pheasant, John/Weston, Daniel, Vertical Restraints, Foreclosure and Article 85: Developing an Analytical Framework, in: ECLR 1997, Ss. 323 - 328
Phillips, Bernard J., Territorial Restraints and Inter-Brand Competition in the EEC, in: World Competition 1989, Nr. 4, Ss. 23 - 30
Pšenička, Jiří/Krčálová, Ivana, Ať úspěšní rostou [Die erfolgreichen sollen wachsen], in: Tyden Nr. 9, 22.2.1999, Ss. 34 – 37

Rey, Patrick/Caballero-Sanz, Francisco, The Policy Implications of the Economic Analysis of Vertical Restraints, Economic Paper der Kommission Nr. 119, 1996
Rittner, Fritz, Kartellpolitik und Gewaltenteilung in der EG [Gastkommentar], in: EuZW 2000, S. 129
Rübig, Paul, Written Question E-1995/99 to the Commission, 2000/C 170 E/163), vom 20. 6. 2000, C 170 E 136-7

Salop, Steven C., Measuring ease of entry, in: The Antitrust Bulletin 1986, Ss. 551 - 570
Sanfilippo, Luca, The Retail Sector and Application of Antitrust Rules, in: ECLR 1997, Ss. 492 - 497
Schaub, Alexander/Dohms, Rüdiger, Das Weißbuch der Kommission über die Modernisierung der Vorschriften zur Anwendung der Artikel 81 und 82 EG-Vertrag, in: WuW 1999, Ss. 1055 - 1070
Scherer, F. M./Ross, David, Industrial Market Structure and Economic Performance, Houghton Mifflin Company, Boston, 1990
Schlemann, Berndt/Verny, Arsène, Die Harmonisierung des Rechts der Tschechischen Republik im Rahmen des Harmonisierungsprozesses, in: WiRO 1996, Ss. 89 - 92
Schmalensee, Richard/Willig, Richard D. (Hrsg.), Handbook of Industrial Organization, Elsevier Science Publishers B. V., Amsterdam, 1989
Schmidt, Carsten, Handelsrecht, Carl Heymanns Verlag KG, Köln, Berlin, Bonn, München, 1994
Schödermeier, Martin, Begrenzter Lieferzwang für Betreiber selektiver Vertriebssysteme, in: WuW 1987, Ss. 496 - 502

Schroeder, Dirk, The Green Paper on Vertical Restraints: Beware of Market Share Thresholds, in: ECLR 1997, Ss. 430 - 434

Schweitzer, Michael/Hummer, Waldemar, Europarecht, Luchterhand Verlag GmbH, Neuwied, Kriftel, Berlin, 1996

Schulze, Ulrich W., Das Kartellrecht der Tschechoslowakei, in: WuW 1992, Ss. 126 - 130

Sherer, F. M., The Economics of Vertical Restraints, in: ALJ 1983, Ss. 687 - 707

The Single Market Review Series, Subseries II - Impact on Services, Distribution (Summary), Coopers & Lybrand N. V. & UCL, Juli 1996, http://europa.eu.int/comm/trade/studies/stud3.htm

Skoumal, Ivo, Bez nezávislých orgánů se regulace monopolu neobejde [Die Regulierung der Monopole kommt ohne unabhängige Behörden nicht aus], in: Hospodářské noviny Nr. 130, 8.7.1998, S. 5

Slay, Ben (Hrsg.), De-monopolization and Competition Policy in Post-Communist Economies, Westview Press, Inc., A Division of HarperCollins Publishers, Inc., 1996

Smith, Edward, EU Competition Policy without Membership: Lessons from the European Economic Area, in: *Estrin, Saul/Holmes, Peter* (Hrsg.), Competition and Economic Integration in Europe, Edward Elgar Publishing Limited, Cheltenham, 1998, Ss. 48 - 59

Smith, Rhonda/Round, David, Competition Assessment and Strategic Behaviour, in: ECLR 1998, Ss. 225 - 236

Streinz, Rudolf, Europarecht, C. F. Müller Juristischer Verlag Heidelberg, 1995

Sullivan, Lawrence A., Post-Chicago Economics: Economists, Lawyers, Judges, and Enforcement Officials in a Less Determinate Theoretical World, in: Antitrust Law Journal 1995, Ss. 669 – 681

Thiel, Matthias, Das Wettbewerbs- und Kartellrecht in Osteuropa, in: OER 1995, Ss. 99 - 120

Tirole, Jean, Industrieökonomik, R. Oldenbourg Verlag München, Wien, 1995

Turnbull, Sarah, Barriers to Entry, Article 86 EC and the Abuse of a Dominant Position: An Economic Critique of European Community Competition Law, in: ECLR 1996, Ss. 96 – 103

Väth, Andreas, Die Wettbewerbskonzeption des EuGH, Verlag P.C.O., Bayreuth, 1987

Van Bael, Ivo, Fining a la Carte: The Lottery of EU Competition Law, in: ECLR 1995, Ss. 237 - 243

Van den Bergh, Roger, Modern Industrial Organisation versus Old-fashioned European Competition Law, in: ECLR 1996, Ss. 75 - 87

van den Bossche, A. M., Mezinárodní dimenze soutěžního práva Evropských společenství: Evropská dohoda [Die internationale Dimension des EG-Kartellrechts: Das Europa-Abkommen], in: EMP 8/1998, Ss. 21 - 29

Venit, James S., Pronuptia: Ancillary Restraints or Unholly Alliances, in: ELR 1986, Ss. 231 - 222

Verny, Arsène, Das neue Kartellrecht in der Tschechoslowakei, in WiRO 1992, Ss. 212 -219

Volkai, The Application of the Europe Agreement and European Law in Hungary: The Judgment of an Activist Constitutional Court on Activist Notions, http:/www.law.harvard.edu/Programs/JeanMonnet/papers/99/990801.html; 1.12.1999

von der Groeben/Thiesing/Ehlermann, Handbuch des Europäischen Rechts, Systematische Sammlung mit Erläuterungen, Wettbewerb – Kommentar, Nomos Verlagsgesellschaft, Baden-Baden, 387. Lieferung - Juli 1999

Wezenbeek, Rogier, Phare-Assistance in the Field of Competition Protection, in: EMP 4/5/1995, Ss. 26 - 27

Whish, Richard/Sufrin, Brenda, Competition Law, Butterworth, London, 1993

Williamson, Oliver E., Antitrust Economics: Mergers, Contracting, and Strategic Behavior, Basil Blackwell, Oxford, Cambridge (U.S.A.), 1989

Williamson, Oliver E., Transaction-Cost Economics: The Governance of Contractual Relations, in: The Journal of Law and Economics 1979, Ss. 233 - 261

Williamson, Oliver E., Transaktionskostenökonomik, LIT Verlag, Hamburg, 1996

Willimsky, Sonya Margaret, The Concept(s) of Competition, in: ECLR 1997, Ss. 54 - 57

Wolf, Dieter, Erlaß einer Gruppenfreistellungsverordnung für vertikale Wettbewerbsbeschränkungen (Gastkommentar), in: EuZW 1999, S. 641

Wolf, Dieter/Fink, Reinhard, Mit der Verordnung Nr. 17 ins nächste Jahrtausend?, in: WuW 1994, Ss. 289 - 293

Verzeichnisse der zitierten Rechtsquellen, Urteile und Entscheidungen

Verzeichnis der zitierten Rechtsquellen

Verordnungen

Verordnung Nr. 17 des Rates vom 6.2.1962, Erste Durchführungsverordnung zu den Art. 85 und 86 des Vertrages, ABl. 13 vom 21.2.1962, S. 204 ff.

Verordnung Nr. 19 (EWG) des Rates vom 2.3.1965 über die Anwendung von Art. 85 Abs. 3 EGV auf Gruppen von Vereinbarungen und aufeinander abgestimmten Verhaltensweisen, ABl. 36 vom 6.3.1965, S. 533 ff.

Verordnung (EWG) Nr. 1983/83 der Kommission vom 22.6.1983 über die Anwendung von Art. 85 Abs. 3 des Vertrages auf Gruppen von Alleinvertriebsvereinbarungen, ABl. L 173 vom 30.6.1983, S. 1 ff.

Verordnung (EWG) Nr. 1984/83 der Kommission vom 22.6.1983 über die Anwendung von Art. 85 Abs. 3 des Vertrages auf Gruppen von Alleinbezugsvereinbarungen, ABl. L 173 vom 30.6.1983, S. 5 ff.

Verordnung (EWG) Nr. 4087/88 der Kommission vom 30.11.1988 über die Anwendung von Art. 85 Abs. 3 des Vertrages auf Gruppen von Franchisevereinbarungen, ABl. L 359 vom 28.12.1988, S. 46 ff.

Fusionskontrollverordnung Nr. 4064/89 vom 21.12.1989, ABl. 1989, L 395/1; ABl. 1990, L 257/13; ABl. 1997, L 180/1

Verordnung Nr. 3385/94 der Kommission vom 21.12.1994 über die Form, den Inhalt und die anderen Einzelheiten der Anträge und Anmeldungen nach der Verordnung Nr. 17 des Rates, ABl. L 377 vom 31.12.1994, S. 28 ff.

Verordnung (EG) Nr. 1475/95 der Kommission vom 28.6.1995 über die Anwendung von Artikel 85 Absatz 3 des Vertrages auf Gruppen von Vertriebs- und Kundendienstvereinbarungen über Kraftfahrzeuge, ABl. L 145, vom 29.6.1995, S. 25 ff.

Verordnung (EG) Nr. 2842/98 vom 22.12.1998 der Kommission über die Anhörung in bestimmten Verfahren nach Art. 85 und 86 EGV, ABl. L 354 vom 30.12.1998, S. 18 ff.

Verordnung (EG) Nr. 1216/1999 des Rates vom 10.6.1999 zur Änderung der Verordnung Nr. 17: Erste Durchführungsverordnung zu den Art. 81 und 82 EGV, ABl. L 148 vom 15.6.1999, S. 5 f.

Verordnung (EG) Nr. 2790/1999 der Kommission über die Anwendung von Art. 81 Abs. 3 EGV auf Gruppen von vertikalen Vereinbarungen und aufeinander abgestimmten Verhaltensweisen, ABl. L 336 vom 29.12.1999, S. 21 ff.

Bekanntmachungen

Bekanntmachung der Kommission über Alleinvertriebsverträge mit Handelsvertretern, ABl. 139 vom 24.12.1962, S. 2921 ff.

Bekanntmachung der Kommission zu den Verordnungen (EWG) Nr. 1983/83 und 1984/83 der Kommission vom 22. 6. 1983 über die Anwendung von Art. 85 Abs. 1 EGV auf Gruppen von Alleinvertriebsvereinbarungen bzw. Alleinbezugsvereinbarungen, ABl. C 355 vom 30.12.1983, S. 7 ff.

Bekanntmachung der Kommission über die Zusammenarbeit zwischen der Kommission und den Gerichten der Mitgliedstaaten bei der Anwendung der Art. 85 und 86 des EWGV, ABl. C 39 vom 13.2.1993, S. 6 ff.

Bekanntmachung der Kommission über die Zusammenarbeit der Kommission und den Wettbewerbsbehörden der Mitgliedstaaten bei der Bearbeitung von Fällen im Anwendungsbereich der Art. 85 und 86 EGV, ABl. C 313 vom 15.10.1997, S. 3 ff.

Bekanntmachung der Kommission über die Definition des relevanten Marktes im Sinne des Wettbewerbsrechts der Gemeinschaft, ABl. C 372 vom 9.12.1997, S. 5 ff.

Bekanntmachung der Kommission über Vereinbarungen von geringer Bedeutung, die nicht unter Art. 85 Abs. 1 EGV fallen, ABl. C 372 vom 9.12.1997, S. 13 ff.

Sonstige Rechtsquellen

Empfehlung der Kommission betreffend die Definition der kleinen und mittleren Unternehmen 96/280/EG vom 3.4.1996

Mitteilung zum Grünbuch, KOM (98) 544 endg., ABl. C 365 vom 26.11.1998, S. 3 ff.

Weißbuch über die Modernisierung der Vorschriften zur Anwendung der Art. 81 und 82 EGV, KOM (99) 101 endg., vom 12.5.1999

Leitlinien zur GVO über vertikale Vereinbarungen, ABl. C 291 vom 13.10.2000, S. 1 ff.

Grünbuch zu Handel und Vertrieb, KOM (96) 530 endg. vom 20.11.1996

Grünbuch der EG über vertikale Beschränkungen des Wettbewerbs, KOM (96) 721 endg. vom 22.1.1997

Berichte über die Wettbewerbspolitik

I.WBB (1970)
IV. WBB (1974)
XIII. WBB (1983)
XVI. WBB (1986)
XVII. WBB (1987)
XVIII. WBB (1988)
XX. WBB (1990)
XXI. WBB (1991)
XXV. WBB (1995)
XXVI. WBB (1996)

Tschechische Vorschriften

Zákon o kartelích a soukromých monopolech [Gesetz über Kartelle und private Monopole] Nr. 141/1933 Sb.

Občanský soudní řád [Zivilprozessordnung] Nr. 99/1963 Sb., in der Fassung der Änderungen

Zákon o ochraně hospodářské soutěže [Gesetz zum Schutze des wirtschaftlichen Wettbewerbs] Nr. 63/1991 Sb. in der Fassung der Gesetze Nr. 495/1992 Sb. und Nr. 286/1993 Sb., Deutsche Übersetzung (Ulrich W. Schulze) in: Brunner, Georg/Schmid, Karin/Westen, Klaus (Hrsg.), Wirtschaftsrecht der osteuropäischen Staaten, I 2 Tschechische Republik, Nomos Verlag

Ústava České republiky [Verfassung der Tschechischen Republik] Nr. 1/1993 Sb.

Zákon o sbírce zákonů [Gesetz über das Gesetzblatt] Nr. 545/1992 Sb.

Zákon o působnosti Úřadu pro ochranu hospodářské soutěže [Gesetz über die Kompetenz der Kartellbehörde] Nr. 273/1996 Sb., in der Fassung des Gesetzes Nr. 187/1999 Sb.

Vyhláška Úřadu pro ochranu hospodářské soutěže o povolení obecné vyjímky ze zákazu dohod narušujících soutěž podle § 3 odst. 1 a § 4 odst. 1 zákona č. 63/1991 Sb., o ochraně hospodářské soutěže, ve znění zákona č. 286/1993 Sb., pro určité druhy dohod o frančíze [Verordnung der Kartellbehörde Nr. 5/2000 Sb. über die Genehmigung einer allgemeinen Ausnahme/Freistellung gemäß § 3 Abs. 1 und § 4 Abs. 1 des Gesetzes Nr. 63/1991 Sb., über den Schutz des wirtschaflichen Wettbewerbs, in der Fassung des Gesetzes Nr. 286/1993 Sb, für bestimmte Gattungen von Franchisevereinbarungen]

Europa-Abkommen und zusammenhängende Vorschriften

Europa-Abkommen zur Gründung einer Assoziation zwischen den Europäischen Gemeinschaften und ihren Mitgliedstaaten einerseits und der Tschechischen Republik andererseits, ABl. L 360 vom 31.12.1994, S. 2 ff.

Europa-Abkommen zur Gründung einer Assoziation zwischen den Europäischen Gemeinschaften und ihren Mitgliedstaaten einerseits und der Republik Polen, ABl. L 348 vom 31.12.1993, S. 2 ff.

Weißbuch: Vorbereitung der assoziierten Staaten Mittel- und Osteuropas auf die Integration in den Binnenmarkt der Union, KOM (95) endg. 163 vom 3.5.1995

Durchführungsbestimmungen zu Art. 64 Abs. 1 und 2 EA-Tschechien, Bekanntmachung des Ministeriums für auswärtige Beziehungen Nr. 233/1996 Sb. vom 30.1.1996 über die Entscheidung Nr. 1/96 des Assoziationsrates vom 30.1.1996

Verzeichnis der zitierten Urteile des EuGH und des EuG – chronologisch geordnet

Rs. 26/62, *Van Gend & Loos*, vom 16.8.1962, Slg. 1963, 1
Rs. 6/64 *Costa/ENEL*, vom 13.7.1964, Slg. 1964, 558
Verb. Rs. 56/64 und 58/64, *Consten/Grundig*, vom 13.7.1966, Slg. 1966, 321
Rs. 32/65, *Italien/Kommission*, vom 13.7.1966, Slg. 1966, 457
Rs. 56/65, *STM*, vom 30.6.1966, Slg. 1966, 281
Rs. 23/67, *Brasserie de Haecht I.*, vom 12.12.1967, Slg. 1967, 543
Rs. 5/69, *Völk/Verwaecke*, vom 9.7.1969, 295
Rs. 48/69, *ICI/Kommission*, vom 14.7.1972, Slg. 1972, 619
Rs. 1/71, *Cadillon/Höss*, vom 6.5.1971, Slg. 1971, 351
Rs. 22/71, *Béguelin*, vom 25.11.1971, Slg. 1971, 949
Rs. 6/72, *Continental Can*, vom 21.2.1973, Slg. 1973, 215
Rs. 40 - 48, 50, 54 - 56, 111, 113 und 114/73, *Suiker Unie*, vom 16.12.1975, Slg. 1975, 1663
Rs. 8/74, *Dassonville*, vom 11.7.1974, Slg. 1974, 837
Rs. 25/75, *Dalle Crode*, vom 1.10.1975, Slg. 1975, 1103
Rs. 26/75 *General Motors*, vom 13.11.1975, Slg. 1975, 1367
Rs. 26/76, *Metro/SABA I*, vom 25.10.1977, Slg. 1977, 1875
Rs. 27/76, *United Brands*, vom 14.2.1978, Slg. 1978, 207
Rs. 85/76, *Hoffmann-La Roche (Vitamine)*, vom 13.2.1979, Slg. 1979, 461
Rs. 102/77, *Hoffman-La Roche/Centrafarm*, vom 23.5.1978, Slg. 1978, 1139
Rs. 3/78, *Centrafarm/AHPC*, vom 10.10.1978, Slg. 1978, 1823
Rs. 22/78, *Hugin*, vom 31.5.1979, Slg. 1979, 1869
Rs. 30/78, *Distillers*, vom 10.7.1980, Slg. 1980, 2229
Verb. Rs. 253/78 und 1 bis 3/79, *Parfums*, vom 10.7.1980, Slg. 1980, 2327
Rs. 258/78, *Nungesser (Maissaatgut)*, vom 8.6.1982, Slg. 1982, 2015
Rs. 99/79, *Lancôme,* vom 10.7.1980, Slg. 1980, 25 11
Rs. 31/80, *L'Oréal*, vom 11.12.1980, Slg. 1980, 3775
Verb. Rs. 100 - 103/80, *Musique Diffusion Francaise*, vom 7.6.1983, Slg. 1983, 1825
Rs. 126/80, *Salonia/Poidomani und Giglio*, vom 16.6.1981, Slg. 1981, 1563
Rs. 1/81, *Pfizer/Eurim-Pharm*, vom 3.12.1981, 2913
Rs. 210/81, *Demo-Studio Schmidt*, vom 11.10.1983, Slg. 1983, 3045
Rs. 283/81, *C.I.L.F.I.T.*, vom 6.10.1982, Slg. 1982, 3415
Rs. 322/81, *Michelin*, vom 9.11.1983, Slg. 1983, 3461
Rs. 86/82, *Hasselblad*, vom 21.1.1984, Slg. 1984, 883
Rs. 107/82, *AEG/Kommission*, vom 25.10.1983, Slg. 1983, 3151
Rs. 170/83, *Hydrotherm/Compact*, vom 12.7.1984, Slg. 1984, 2999
Rs. 193/83, *Windsurfing International*, vom 25.2.1986, Slg. 1986, 611

Rs. 243/83, *Binon/AMP*, vom 3.7.1985, Slg. 1985, 2015
Verb. Rs. 25 und 26/84, *Ford/Kommission*, vom 17.9.1985, Slg. 1985, 2725
Rs. 75/84, *Metro/SABA II*, vom 22.10.1986, Slg. 1986, 3021
Rs. 161/84, *Pronuptia*, vom 19.6.1985, Slg. 1985, 353
Rs. 31/85, *ETA/DK Investment (Swatch)*, vom 10.12.1985, Slg. 1985, 3933
Rs. 12/86, *Demirel*, vom 30.9.1987, Slg. 1987
Rs. C-62/86, *AKZO/Kommission*, vom 3.7.1991, Slg. 1991, I-3359
Rs. C-279/87, *Tipp-ex*, vom 8.2.1990, Slg. 1990, I-261
Rs. T-51/89, *Tetra Pak I*, vom 10.7.1990, Slg. 1990, II-309
Verb. Rs. T 68/89, T 77/89 und T78/89, *SIV/Kommission*, vom 10.3.1992, Slg. 1992, II-1403
Rs. C-192/89, *Sevince*, vom 20.9.1990, Slg. 1990, I-3461
Rs. C-234/89, *Delimitis*, vom 13.7.1989, Slg. 1991, I-935
Rs. T-83/91, *Tetra Pak II.*, vom 6.10.1994, Slg. 1994, II-755
Rs. T-29/92, *SPO/Kommission*, vom 21.2.1995, Slg. 1995, II-289
Rs. C-53/92P, *Hilti*, vom 12.12.1991, Slg. 1991, II-1439
Rs. C-376/92, *Metro/Cartier*, vom 13.1.1994, Slg. 1994, I-15
Rs. T-7/93, *Langnese-Iglo*, vom 8.6.1995, Slg. 1995, II-1533
Rs. T-9/93, *Schöller*, vom 8.6.1995, Slg. 1995, II-1611
Rs. C -219/95 P, *Ferriere Nord*, vom 10.7.1997, Slg. 1997, I-4411

Verzeichnis der zitierten Entscheidungen der Kommission – chronologisch geordnet

Entscheidung der Kommission 70/322/EWG, *Kodak*, ABl. L 147 vom 7.7.1970, 24
Entscheidung der Kommission 70/488/EWG, *Omega*, ABl. L 242 vom 5.11.1970, 22
Entscheidung der Kommission 73/194/EWG, *Du Pont de Nemours*, ABl. L 194 vom 16.7.1973, 27
Entscheidung der Kommission 73/322/EWG, *Deutsche Philips*, ABl. L 293 vom 20.10.1973, 40
Entscheidung der Kommission 75/73/EWG, *BMW*, ABl. L 29 vom 13.12.1974, 1975, 1
Entscheidung der Kommission 75/76/EWG, *Rank/Sopelem*, L 29 vom 3.2.1975, 20
Entscheidung der Kommission 76/159/EWG, *SABA I*, ABl. L 28 vom 3.2.1976, 19
Entscheidung der Kommission 77/66/EWG, *Gerofabriek*, ABl. L 16 vom 19.1.1977, 8

Entscheidung der Kommission 77/100/EWG, *Junghans*, ABl. L 30 vom 2.2.1977, 10
Entscheidung der Kommission 78/163/EWG, *Distillers*, ABl. L 50 vom 22.2.1978, 16
Entscheidung der Kommission 78/172/EWG, *Gewürze*, ABl. L 53 vom 24.2.1978, 20
Entscheidung der Kommission 78/253/EWG, *Campari*, ABl. L 70 vom 13.3.1978, 69
Entscheidung der Kommission 78/922/EWG, *Zanussi*, ABl. L 322 vom 16.11.1978, 36
Entscheidung der Kommission 79/934/EWG, *BP Kemi - DDSF*, ABl. L 286 vom 5.9.1979, 32
Entscheidung der Kommission 80/489/EWG, *Krups*, ABl. L 120 vom 17.4.1980, 26
Entscheidung der Kommission 82/267/EWG, *AEG-Telefunken*, ABl. L 117 vom 30.4.1982, 15
Entscheidung der Kommission 82/367/EWG, *Hasselblad*, ABl. L 161 vom 12.6.1982, 18
Entscheidung der Kommission 83/400/EWG, *Windsurfing International*, ABl. L 229 vom 20.8.1983, 1
Entscheidung der Kommission 83/560/EWG, *Ford*, ABl. L 327 vom 24.11.1983, 31
Entscheidung der Kommission 83/610/EWG, *Murat*, ABl. L 348 vom 10.12.1983, 20
Entscheidung der Kommission 84/233/EWG, *IBM-Personalcomputer*, ABl. L 118 vom 4.5.1984, 24
Entscheidung der Kommission 83/672/EWG, *SABA II*, ABl. L 376 vom 31.12.1983, 41
Entscheidung der Kommission 84/282/EWG, *Polistil/Arbois*, ABl. L 136 vom 23.5.1984, 9
Entscheidung der Kommission 85/44/EWG, *Grohe*, ABl. L 19 vom 23.1.1985, 17
Entscheidung der Kommission 85/45/EWG, *Ideal-Standard*, ABl. L 20 vom 24.1.1985, 38
Entscheidung der Kommission 85/79/EWG, *John Deere*, ABl. L 35 vom 7.2.1985, 58
Entscheidung der Kommission 85/404/EWG, *Grundig EG-Vertriebsbindung*, ABl. L 233 vom 30.8.1985, 1
Entscheidung der Kommission 85/559/EWG, *Ivoclar*, ABl. L 369 vom 31.12.1985, 1

Entscheidung der Kommission 85/562/EWG, *Whisky and Gin*, ABl. L 369 vom 31.12.1985, 19

Entscheidung der Kommission 85/616/EWG, *Villeroy & Boch*, ABl. L 376 vom 16.12.1985, 15

Entscheidung der Kommission 85/617/EWG, *Sperry New Holland*, ABl. L 376 vom 31.12.1985, 21

Entscheidung der Kommission 87/14/EWG, *Yves Rocher*, ABl. L 8 vom 10.1.1987, 49

Entscheidung der Kommission 87/17/EWG, *Pronuptia*, ABl. L 13 vom 15.1.1987, 39

Entscheidung der Kommission 87/406/EWG, *Tipp-Ex*, ABl. L 222 vom 10.8.1987, 1

Entscheidung der Kommission 87/407/EWG, *Computerland*, ABl. L 222 vom 10.8.1987, 12

Entscheidung der Kommission 87/409/EWG, *Sandoz*, ABl. L 222 vom 10.8.1987, 28

Entscheidung der Kommission 88/138/EWG, *Eurofix-Bauco/Hilti*, ABl. L 65 vom 11.3.1988, 19

Entscheidung der Kommission 88/172/EWG, *Konica*, ABl. L 78 vom 23.3.1988, 34

Entscheidung der Kommission 88/563/EWG, *Delta Chemie - DDD*, ABl. L 309 vom 15.11.1988, 34

Entscheidung der Kommission 88/604/EWG, *ServiceMaster*, ABl. L 332 vom 14.11.1988, 38

Entscheidung der Kommission 89/94/EWG, *Charles Jourdan*, ABl. L 35 vom 7.2.1989, 31

Entscheidung der Kommission, 89/113/EWG, *Decca Navigator System*, ABl. L 43 vom 21.12.1988, 27

Entscheidung der Kommission 90/38/EWG, *Bayo-n-ox*, ABl. L 21 vom 26.1.1990, 71

Entscheidung der Kommission 90/186/EWG, *Moosehead/Whitbread*, ABl. L 100 vom 20.4.1990, 32

Entscheidung der Kommission 90/645/EWG, *Bayer Dental*, ABl. L 351 vom 15.12.1990, 46

Entscheidung der Kommission 91/50/EWG, *Ijsselcentrale*, ABl. L 28 vom 2.2.1991, 32

Entscheidung der Kommission 91/153/EWG, *Vichy*, ABl. L 75 vom 21.3.1991, 57

Entscheidung der Kommission 91/335/EWG, *Gosme/Martell*, ABl. L 185 vom 11.7.1991, 23

Entscheidung der Kommission 92/33/EWG, *Yves Saint-Laurent Parfums*, ABl. L 12 vom 18.1.1992, 24
Entscheidung der Kommission 92/428/EWG, *Parfums Givenchy*, ABl. L 236 vom 19.8.1992, 11
Entscheidung der Kommission 93/247/EWG, *Mannesmann/Hoesch*, ABl. L 114 vom 8.5.1993

Verzeichnis der zitierten Urteile des EWR-Gerichts

Restamark, CMLR 72 (1995), 161
Regina, CMLR 72 (1995), 569

Entscheidungen der tschechischen Kartellbehörde 1995 – 1998

S 11/96-230/357, *Mittelrhein Verlag Bohemia/ASTROSAT*, vom 22.3.1996, Slg. Ent. 1995/96, S. 373 ff.
S 136/96 - 27/97-210, *EuroTel Praha/Panasonic Czech Republic*, vom 3.1.1997, Slg. Ent. 1997/I, S. 100 ff.
S 6/97-240, *Plzeňský Prazdroj/Primalco*, vom 17.2.1997, Slg. Ent. 1997/I, S. 128 ff.
S 62/97-240, *Plzeňský Prazdroj/William Grant*, vom 21.7.1997, Slg. Ent. 1997/II, S. 208 ff.
S 11/97-240, *Karlovarská Becherovka/Plzeňský Prazdroj*, vom 22.5.1997, Slg. Ent. 1998/I, S. 2 ff.
S 25/97-230/642, *Montblanc – Simplo/Carollinum*, vom 25.7.1997, Slg. Ent. 1997/II, S. 222 ff.
S 82/97-240, *UNILEVER ČR (Algida, Kapitán Iglo)*, vom 27.11.1997, Slg. Ent. 1997/II, S. 234 ff.
R 38/97, *Sklárny Kavalier*, vom 9.1.1998, Slg. Ent. 1998/I, S. 36 ff.
R 35/97, 36/97, *Karlovarská Becherovka/Plzeňský Prazdroj*, vom 12.1.1998, Slg. Ent. 1998/I, S. 18 ff.
S 91/97-240, *Pivovar RADEGAST*, vom 16.3.1998, Slg. Ent. 1998/II, S. 125 ff.
S 1/97 - 230/414, *Sklárny Kavalier*, vom 16.5.1998, Slg. Ent. 1998/I, S. 28 ff.
S 54/98-240, *McDonald´s ČR/Jandouš*, vom 21.5.1998, Slg. Ent. 1998/II, S. 294 ff.
S 87/98-240, *Procter & Gamble - Rakona*, vom 12.8.1998, Slg. Ent. 1998/II, S. 105 ff.
R 7/98, *Pivovar RADEGAST*, vom 24.8.1998, Slg. Ent. 1998/II, S. 140 ff.
S 124/98-240, *Pivovar RADEGAST*, vom 16.11.1998, Slg. Ent. 1998/II, S. 186 ff.

Entscheidungen der tschechischen Kartellbehörde 1999 (Quelle: Internet: www.compet.cz)

S 130/98-240, *Radegast/JULIUS MEINL Praha*, vom 11.1.1999
R 3/99, *Radegast* (Einspruch gegen S 130/98-240), vom 6.9.1999
S 5/99-240, *Pražské pivovary/Allied Domecq*, vom 28.4.1999
S 39/99-960/99-210, *Český Plyn*, vom 23.6.1999
S 38/99-1230/99-210, *PRIMAPLYN*, vom 2.7.1999
R 17/98, *Benzina* (Einspruch gegen S 89/98-240), vom 29.7.1999
S 56/99-240, *Jihočeské pivovary*, vom 30.7.1999

S 89/98-240, *Benzina*, vom 17.8.1998
S 76/99-220/2201, *Česká rafinérská/Shell Czech Republic*, vom 9.9.1999

Entscheidung des ungarischen Verfassungsgerichts (Quelle: Internet: www.mkab.hu/Dec/deu/30-1998.htm, 1.12.1999)

Entscheidung des ungarischen Verfassungsgerichts 30/1998. (VI. 25.) AB

Europäische Integration
und internationale Wirtschaftsbeziehungen
Rechtswissenschaftliche Studien

Herausgegeben von Peter Behrens

Band 1 Hella Kinder: Die Außenindustriepolitik der Europäischen Gemeinschaft dargestellt am Beispiel von Antidumpingmaßnahmen. 1996.

Band 2 Stefan Flach: Rechtsbindung einer industriepolitischen Instrumentalisierung öffentlicher Aufträge. 1996.

Band 3 Nicolas Baron von Behr: Multinationale Unternehmen und Exportkontrollen. Völkerrechtliche Zulässigkeit und Grenzen extraterritorialer Ausfuhrbeschränkungen. With an English Summary. 1996.

Band 4 Andreas Pense: Die personalistische Eurokapitalgesellschaft als Instrument der Unternehmenskooperation in der EU. Ein Entwurf auf rechtsvergleichender Grundlage. 1997.

Band 5 Marcus Mackensen: Institutionelle Anleger im Unternehmensrecht Deutschlands und der USA. 2000.

Band 6 André Schwanna: Die Gründung von Gesellschaften in Deutschland, Frankreich und Großbritannien. Gemeineuropäische Prinzipien des Gesellschaftsrechts. 2002.

Band 7 Ulfert Frenzel: Die Beurteilung von Forschungs- und Entwicklungskooperationen zwischen Herstellern und Zulieferern in der deutschen Automobilindustrie nach europäischem und deutschem Kartellrecht. 2003.

Band 8 Fabian Stancke: Einstweilige Anordnungen im dezentralen Vollzug des Gemeinschaftsrechts. Einstweilige Anordnungen und die Kohärenz des gemeinschaftlichen Rechtsschutzsystems bei der Anwendung des Gemeinschaftsrechts durch deutsche Verwaltungs- und Zivilgerichte. 2004.

Band 9 Katerina Buchtova: Marktstrukturelle Kriterien bei der kartellrechtlichen Beurteilung vertikaler Bindungen im europäischen und im tschechischen Kartellrecht. 2004.

FSC
www.fsc.org
MIX
Papier | Fördert
gute Waldnutzung
FSC® C083411

Kolibri 360 GmbH
Ferdinand-Jühlke-Straße 7
99095 Erfurt, Deutschland
produktsicherheit@kolibri360.de

Druck:
CPI Druckdienstleistungen GmbH
im Auftrag der
Kolibri 360 GmbH
Ferdinand-Jühlke-Str. 7
99095 Erfurt